U0534584

甘肃省一流学科建设项目资助成果

教育部人文社会科学重点研究基地西北师范大学西北少数民族教育发展研究中心资助成果

西师教育论丛
主编 万明钢

# 西北地区学前教师课程能力研究

左雯霞 著

Xibei Diqu Xueqian Jiaoshi
Kecheng Nengli Yanjiu

中国社会科学出版社

# 图书在版编目（CIP）数据

西北地区学前教师课程能力研究 / 左雯霞著 . —北京：中国社会科学出版社，2019.8
ISBN 978 - 7 - 5203 - 4561 - 3

Ⅰ.①西… Ⅱ.①左… Ⅲ.①幼教人员—课程—教学能力—研究—西北地区 Ⅳ.①G615

中国版本图书馆 CIP 数据核字（2019）第 115411 号

| | |
|---|---|
| 出 版 人 | 赵剑英 |
| 责任编辑 | 周晓慧 |
| 责任校对 | 无 介 |
| 责任印制 | 戴 宽 |

| | |
|---|---|
| 出　　版 | 中国社会科学出版社 |
| 社　　址 | 北京鼓楼西大街甲 158 号 |
| 邮　　编 | 100720 |
| 网　　址 | http://www.csspw.cn |
| 发 行 部 | 010 - 84083685 |
| 门 市 部 | 010 - 84029450 |
| 经　　销 | 新华书店及其他书店 |
| 印　　刷 | 北京明恒达印务有限公司 |
| 装　　订 | 廊坊市广阳区广增装订厂 |
| 版　　次 | 2019 年 8 月第 1 版 |
| 印　　次 | 2019 年 8 月第 1 次印刷 |
| 开　　本 | 710×1000　1/16 |
| 印　　张 | 21.5 |
| 插　　页 | 2 |
| 字　　数 | 313 千字 |
| 定　　价 | 99.00 元 |

凡购买中国社会科学出版社图书，如有质量问题请与本社营销中心联系调换
电话：010 - 84083683
版权所有　侵权必究

# 总　序

　　正如学校的发展一样，办学历史越久，文化底蕴越厚重。同样，一门学科的发展水平，离不开对优良学术传统的坚守、继承与发展。西北师范大学教育学的发展，也正经历着这样的一条发展之路。回溯历史，西北师范大学前身为国立北平师范大学，发端于1902年建立的京师大学堂师范馆，1912年改为"国立北京高等师范学校"，1923年改为"国立北平师范大学"。1937年"七七"事变后，国立北平师范大学与同时西迁的国立北平大学、北洋工学院共同组成西北联合大学，国立北平师范大学整体改组为西北联合大学下设的教育学院，后改为师范学院。1939年西北联合大学师范学院独立设置，改称国立西北师范学院，1941年迁往兰州。从此，西北师范大学的教育学人扎根于陇原大地，躬耕默拓，薪火相传，为国家培育英才。

　　教育学科是西北师范大学教育学院的传统优势学科，具有悠久的历史和较强的实力。1960年就开始招收研究生，这为20年后的1981年获批国家第一批博士点打下了坚实的基础。当时，西北师范学院教育系的师资来自五湖四海，综合实力很强，有在全国师范教育界影响很大的著名八大教授：胡国钰、刘问岫、李秉德、南国农、萧树滋、王文新、王明昭、杨少松，他们中很多人曾留学海外，很多人迁居兰州，宁把他乡做故乡，扎根于西北这片贫瘠的黄土高原，甘于清贫、淡泊名利、默默奉献，把事业至上、自强不息、爱岗敬业的精神，熔铸在西北师范大学教育学科发展的文化传统之中，对西部教育事业的发展作出了重要贡献。"随风潜入夜,润物细无声。"先生之风,山高水长。为西北师范大学早期教育学科的卓越发展作出重大贡献的先生们,他们身体力行、典型示范,对后辈学者们潜心学术,继承学问产生了重要的、潜移默化的影响,体现了西北师范大学的教育学人扎根本土、潜心学术、面向全国、放眼世界,站在学科发展前沿,培养培训优秀师资,服务地方经济社会发展的教育胸怀与本色。

西北师范大学教育学科历经历史沧桑的洗礼发展走到今天,已形成了相对稳定而有特色的研究领域。尤其是在国家统筹推进世界一流大学和一流学科建设的大背景下,西北师范大学的教育学作为甘肃省《统筹推进高水平大学和一流学科建设实施方案》规划的一流学科建设项目,迎来了学科再繁荣与大发展的历史良机。为此,作为甘肃省一流学科建设项目成果、西北师范大学课程与教学论国家重点(培育)学科建设成果、教育部人文社会科学重点研究基地西北师范大学西北少数民族教育发展研究中心科研成果,我们编撰了"西师教育论丛",汇聚近年来教育学院教师在课程与教学论、民族教育、农村教育、高等教育以及学前教育等方面的学术成果。这些成果大多数是在中青年学者的博士学位论文,科研项目以及扎根教学实践的基础上进一步凝练的结晶。他们深入民族地区和农村地区的村落、学校,深入大学与中小学的课堂实践,通过详查细看,对语文、数学、英语、物理、化学、研究性学习等学科课程教育教学的问题研究,对教育基本理论问题的思考,对教育发展前沿问题的探索……这些成果是不断构建和完善高水平的现代教育科学理论体系,大力提高教育科学理论研究水平和教育科学实践创新能力,进一步发挥教育理论研究高地、教育人才培养重镇、教育政策咨询智库作用的一定体现,更是教育学学科继承与发展的重要过程。

筚路蓝缕,以启山林。目前付梓出版的这些著作不仅是教师自我专业成长的一个集中体现,也是西北师范大学教育学院教育学科发展与建设的新起点。当然,需要澄明的是,"西师教育论丛"仅仅是西北师范大学教育学研究者们在某一领域的阶段性成果,是研究者个人对教育问题的见解与思考，其必然存在一定的不足，还期待同行多提宝贵意见，以促进我们的学科建设和发展。

万明钢
2017 年 9 月

# 前　言

西北地区是我国社会和经济发展水平较低的地区，也是我国教育发展最为落后的地区。由于自然、历史、传统等因素，西北地区的学前教育发展与全国其他地区的发展存在较大差距。自2010年《国务院关于当前发展学前教育的若干意见》颁布以来，学前教育事业迎来了新的发展阶段。中央政府和西北地区各级政府采取了一系列措施发展西北地区的学前教育，在普及幼儿入园、兴建幼儿园、规范办园行为、增加教师数量、加强教师培训和规范教师队伍等方面做了大量努力，并取得了明显成效。行政支持既为学前教育发展创造了千载难逢的契机，又激发了全新的挑战。所谓机遇，学前教育在我国历史上从未得到政府层面的如此关注、重视与支持；所谓挑战，学前教育发展道路既漫长又艰辛，需要数代人的不懈努力，才能实现心中的理想乐园。学前教师的专业能力是教育质量提升的关键因素，其中，课程能力又是专业能力的核心，事关学前教育事业的整体推进。当前学前教师的课程能力水平如何？存在哪些问题？受到哪些因素的影响？如何提升教师的课程能力？这些疑惑促使笔者通过科学的研究方法对这些问题进行解答，为学前教师课程能力的发展探索出有效策略，从而提高幼儿教育质量，促进学前教育事业的发展。

本书是一项实证研究，其重要的研究方法是问卷调查法、访谈法、课堂观察法和文本分析法。全书共六章，呈现了主要的研究过程和研究结果。

第一章介绍了学前教师课程能力的研究背景及其主要内容。本章诠释了学前教师课程能力研究是基于学前教育事业的发展需求、学前教育专业的实践需求和学前教师的专业成长诉求而展开的。在综述教师课程能力的内涵研究、外延研究、现状研究、影响因素研究和发展策略研究基础上提出未来教师课程能力研究的基本走向。梳理出哲学、心理学、教育学和课程理论对于本书研究的理论指导。最后，交代了本书研究的目的和方法。

第二章是对学前教师课程能力表现水平的测量与指标检验。本章运用 SPSS 19.0 软件对预试问卷进行项目分析，包括决断值—临界比分析、题项与总分相关分析、因素分析和信度检验，删除未达标题项，最后形成正式问卷。然后对 1569 份有效问卷进行信度检验与探索性因素分析；运用 AMOS 21.0 软件对量表的模型匹配度、收敛效度和区分效度进行检验。数据分析结果表明，问卷具有良好的信度和效度，采样数据能有效反映学前教师课程能力的现状。

第三章是分析学前教师课程能力的现状表征。定量研究表明，除"性别"变量外，学前教师的总体课程能力及各层面能力在不同民族、年龄、教龄、学历、职称、编制、专业、转岗、区域、性质和等级变量上均存在显著差异。汉族教师的能力表现水平最高；"31—40 岁"年龄组与"11—20 年""31 年以上"教龄组群体教师的能力表现水平最好；学历越高、职称越高，教师的能力表现越好；有编制教师、专业出身、非转岗教师、城市教师、公办园教师的能力表现水平显著高于其他条件群组教师；幼儿园等级与教师的能力水平呈正相关。在质性研究视野下，学前教师的课程能力水平整体较弱，教师缺乏生成性目标与表现性目标取向，缺乏对幼儿身心特点的把握能力，缺乏专家指导，缺乏对"过程与方法"目标的重视，目标表述缺乏完整性、一致性、准确性、有效性和可行性等；缺乏课程内容的经验选择取向，缺乏纵向式与横向式组织能力、直线式与螺旋式组织能力、逻辑顺序与心理顺序组织能力；缺乏课程实施的创生取向与相互适应取向，缺乏完善的课程准备能力，缺乏游戏组织能力，缺乏有效师幼互动能力，缺乏课程评价的过程取向和教师主体取向，缺乏形成性评价和量化评价组织能力，质性评价组织能力低。但教师的自我能力满意度较高，教师自评与专业评价形成鲜明对比。

第四章是对学前教师课程能力影响因素的探析。笔者首先根据理论建构出"学前教师课程能力结构模型"，运用 AMOS 21.0 软件对初识模型进行运算,在不违背理论与经验法则的基础上,建立误差变量的相关关系,得出修正后的路径系数图,计算出学前教师课程能力内部因素之间的影响关系。研究发现,教师课程自主权的缺失导致课程内容设计能力违背理论规律:课程认知未成为课程设计的主导因素,教师不是根据课程目标选择课程内容,而是直接选用教材并对课程目标进行修改,课程实施与评价重视课程目标的引导。其次,职前培养、幼儿园管理、家长期望、教育行政管理、社会经济等通过教师的师德理念、专业知识和专业能力最终实现对教师课程能力的综合影响。

第五章是对学前教师课程能力提升的行动研究。本书研究选取一位具有丰富信息量和代表性的Q园徐教师作为行动研究对象。通过笔者与徐老师为期四个月的三轮行动研究,研究对象在思想层面的变化表现为:课程目标取向平衡能力、课程实施取向协调能力变化不显著,仍然秉持普遍性目标与行为目标,坚持课程实施的忠实取向,缺乏对课程的生成,以及在课程中根据幼儿的表现随机应变以促使课程更加适应幼儿学习的能力;但其课程内容取向选择能力由以往的教材取向转变为具有活动取向和一定程度的经验取向;课程评价取向确定能力由目标取向发展为重视过程性评价取向。研究对象在知识和技能层面的变化最大:三维目标组织完善,目标表述规范;课程内容组织符合幼儿心理发展特点;课程准备充分,重视幼儿的参与,强调幼儿的真实体验,故事设计丰富,游戏活动精彩,切合幼儿的生活与心理特点;课程评价关注幼儿的学习表现以及教学过程。

第六章分析了学前教师课程能力的发展策略。从内外因角度着手,一是转变教师的思想意识,重塑教师的教育观念,包括树立"引导、支持、发展"的教育观,"平等、自由、信任、尊重"的儿童观,"以幼儿为中心、游戏为精神、体验为目的"的课程观;二是倡导教师自主学习以提升主体内在素质;三是保育教育实践结合以修炼主体的品格与能力;四是增强教师的课程自主权以创生主体课程意识;五是优化职前教育体系,培养优质师范后备力量;六是完善园本管理机制,营造教师卓越发展的人文环境;七是转换教育行政角色,为教师发展提供支持性条件。

本书是在博士导师傅敏教授的悉心指导下完成的，感谢恩师的谆谆教诲！另外，感谢学前教育系同事们在调研与数据分析过程中的帮助与技术指点！感谢本科同学在大量文本资料整理过程中的认真与耐心！感谢诸多园长与教师们的配合！特别感谢行动研究中一起合作与成长的 X 园长与徐教师！亦感谢家人一直给予的支持、理解和帮助！

本书研究的不足之处在于，由于研究经费的限制，不能在甘肃省以外的西北其他省采集样本；同时，由于文章篇幅的限制，大量的访谈资料和课堂观察内容未能充分使用。当然，问题可能还不止这些。古人云：敝帚自珍，相信未来的研究会在实践中不断完善与进步。

左雯霞<br>
2019 年 3 月 9 日

# 目　录

**第一章　学前教师课程能力研究的背景与主要内容** …………（1）
　一　研究缘起 ……………………………………………（1）
　　（一）学前教育事业的发展需要 ……………………（1）
　　（二）学前教育专业的实践需求 ……………………（4）
　　（三）学前教师的专业成长诉求 ……………………（5）
　二　文献述评 ……………………………………………（7）
　　（一）教师课程能力的理论研究 ……………………（7）
　　（二）教师课程能力的实践研究 ……………………（9）
　　（三）未来研究走向 …………………………………（13）
　三　核心概念 ……………………………………………（14）
　　（一）幼儿园课程 ……………………………………（14）
　　（二）学前教师课程能力 ……………………………（15）
　四　理论基础 ……………………………………………（16）
　　（一）存在主义哲学 …………………………………（16）
　　（二）分析哲学 ………………………………………（18）
　　（三）建构主义心理学 ………………………………（18）
　　（四）人本主义心理学 ………………………………（19）
　　（五）实用主义教育学 ………………………………（21）
　　（六）课程理论 ………………………………………（21）
　五　研究设计 ……………………………………………（22）
　　（一）研究目的 ………………………………………（22）
　　（二）研究方法 ………………………………………（23）

**第二章 学前教师课程能力表现水平的测量与指标检验** ………（28）
　一　"学前教师课程能力表现水平测量问卷"的
　　　预试与修正 …………………………………………（28）
　　　（一）预试问卷的结构 …………………………………（29）
　　　（二）量表的项目分析 …………………………………（33）
　　　（三）正式问卷的形成 …………………………………（55）
　二　"学前教师课程能力表现水平测量问卷"的正式施测
　　　………………………………………………………（59）
　　　（一）调研对象与分析工具 ……………………………（59）
　　　（二）总样本的人口学统计量 …………………………（59）
　三　"学前教师课程能力表现水平测量问卷"的
　　　信度检验 ……………………………………………（62）
　　　（一）"观念与态度"量表的信度检验 ………………（62）
　　　（二）"课程目标设计能力"量表的信度检验 ………（63）
　　　（三）"课程内容设计能力"量表的信度检验 ………（64）
　　　（四）"课程实施能力"量表的信度检验 ……………（64）
　　　（五）"课程评价能力"量表的信度检验 ……………（65）
　四　"学前教师课程能力表现水平测量问卷"的
　　　效度检验 ……………………………………………（66）
　　　（一）探索性因素分析（EFA）检验 …………………（66）
　　　（二）验证性因素分析（CFA）检验 …………………（66）

**第三章 学前教师课程能力的现状表征** ………………………（82）
　一　定量研究视阈下的能力现状扫描 ……………………（82）
　　　（一）不同背景变量学前教师在课程能力各层面的
　　　　　　差异分析 ………………………………………（82）
　　　（二）不同背景变量学前教师在课程能力总体水平
　　　　　　上的差异分析 …………………………………（109）
　二　质性研究视野下的能力现状探析 ……………………（117）

（一）学前教师的课程目标设计能力现状 …………（117）
　　（二）学前教师的课程内容设计能力现状 …………（133）
　　（三）学前教师的课程实施能力现状 ………………（144）
　　（四）学前教师的课程评价能力现状 ………………（155）
　　（五）学前教师的课程认知状况………………………（157）
　三　学前教师课程能力的总体情况………………………（159）
　　（一）学前教师的课程能力水平总体较低 …………（159）
　　（二）学前教师的自我能力满意度较高 ……………（160）
　　（三）自我评价与专业评价形成鲜明对比 …………（162）

## 第四章　学前教师课程能力的影响因素探析 ……………（164）
　一　内部因素的影响表现与作用机制……………………（164）
　　（一）"学前教师课程能力结构模型"的验证 ………（164）
　　（二）"课程认知"对其他因素的影响分析 …………（170）
　　（三）"课程目标取向平衡能力"对其他因素的
　　　　　影响分析 ……………………………………（174）
　　（四）"课程内容取向选择能力"对其他因素的
　　　　　影响分析 ……………………………………（177）
　　（五）"课程实施取向协调能力"对其他因素的
　　　　　影响分析 ……………………………………（179）
　　（六）"课程评价取向确定能力"对其他因素的
　　　　　影响分析 ……………………………………（180）
　　（七）各因素对"能力满意度"的影响分析 …………（181）
　二　外部因素的影响表现与作用机理……………………（184）
　　（一）学前教师自身因素………………………………（184）
　　（二）职前院校因素……………………………………（207）
　　（三）幼儿园因素………………………………………（209）
　　（四）教育行政部门因素………………………………（211）
　　（五）家长因素…………………………………………（215）
　　（六）社会因素…………………………………………（216）

**第五章 学前教师课程能力提升的行动研究** …………………（220）
  一 行动研究设计 ……………………………………………（220）
    （一）行动研究框架 ………………………………………（221）
    （二）行动研究的背景资料 ………………………………（222）
  二 第一轮行动研究 …………………………………………（226）
    （一）课程能力的表现、分析与问题诊断 ………………（226）
    （二）课程能力的策略制定与执行 ………………………（249）
  三 第二轮行动研究 …………………………………………（251）
    （一）课程能力的表现、分析与问题诊断 ………………（251）
    （二）课程能力的策略制定与执行 ………………………（273）
  四 第三轮行动研究 …………………………………………（275）
    （一）课程能力的表现、分析与问题诊断 ………………（275）
    （二）课程能力的策略制定与执行 ………………………（294）
  五 行动研究的结果分析 ……………………………………（295）

**第六章 学前教师课程能力的发展策略** …………………………（297）
  一 转变教师思想意识，重塑教师教育观念 ………………（297）
    （一）树立"引导、支持、发展"的教育观 ……………（298）
    （二）树立"平等、自由、信任、尊重"的儿童观 …（299）
    （三）树立"以幼儿为中心、游戏为精神、体验
       为目的"的课程观 ………………………………（300）
  二 倡导教师自主学习，提升主体内在素养 ………………（302）
  三 保育教育实践结合，修炼主体品格能力 ………………（304）
  四 增强课程自主权力，创生主体课程意识 ………………（305）
  五 优化职前教育体系，培养优质后备力量 ………………（306）
    （一）严把入学条件 ………………………………………（306）
    （二）优化培养质量 ………………………………………（307）
    （三）严格人才输出 ………………………………………（308）
  六 完善园本管理机制，营造人文发展环境 ………………（308）

（一）营造"学与教共同体"环境 …………………………（308）
　　（二）建立与高校或研究机构的专业合作 ………………（309）
　　（三）家园合作注重沟通的有效性…………………………（310）
　七　转换教育行政角色，提供发展支持条件………………（311）

**参考文献** ……………………………………………………（312）

**附录** …………………………………………………………（321）

# 第一章 学前教师课程能力研究的背景与主要内容

课程能力是学前教师教育能力的综合体现，是教师专业发展的核心，是幼儿园教育质量提升的关键，事关学前教育事业的整体推进。现阶段，我国的学前教育事业已经进入以质量提升为核心的内涵式发展阶段。① 高质量的幼儿园教师队伍是保证学前教育质量的核心，是学前教育事业健康发展的根本保障。

## 一 研究缘起

### （一）学前教育事业的发展需要

2010 年，《国家中长期教育改革和发展规划纲要（2010—2020年）》明确了未来 10 年学前教育发展的方向与目标。《国务院关于当前发展学前教育的若干意见》从学前教育地位、学前教育资源、学前教育投入、教师队伍建设、幼儿园准入管理、幼儿园收费管理、幼儿园安全监管、科学保教、工作机制与组织领导等方面指明了学前教育事业发展的具体任务。2012 年，《国家教育事业发展第十二个五年规划》明确了"十二五"时期学前教育改革发展的总体目标，提出要进一步加快发展学前教育，推行学前教育发展改革试点；推进农村学前教育发展。《国务院关于加强教师队伍建设的意

---

① 易凌云：《示范园"只进不出"的时代应终结》，《中国教育报》2018 年 3 月 4 日第 6 版。

见》提出加强教师思想政治教育和师德建设；提高教师专业化水平；健全教师管理制度；保障教师合法权益和待遇；加强组织领导、经费保障与考核督导。2017年，《国家教育事业发展"十三五"规划》提出继续扩大普惠性学前教育资源投入；发展0—3岁婴幼儿早期教育；提高保教质量；健全学前教育管理体制；强化省级政府的统筹责任；加大对贫困地区、民族地区学前教育薄弱环节的扶持力度；建立学前教育质量评估监管体系；着力提升幼儿园教师和保育员的素质。2018年，《中共中央 国务院关于学前教育深化改革规范发展的若干意见》明确到2035年，全面普及学前三年教育；建成覆盖城乡、布局合理的学前教育公共服务体系；形成完善的学前教育管理体制、办园体制和政策保障体系，为幼儿提供更加充裕、更加普惠、更加优质的学前教育。

近几年来，国家各级各类部门相继出台一系列文件回应以上政策精神。在督导评估学前教育发展方面，出台了《学前教育督导评估暂行办法》《幼儿园办园行为督导评估办法》。在幼儿园安全监管方面，强调幼儿园消防安全、校车安全、食品安全、季节安全与人身安全。在幼儿园教师队伍建设方面，每年实施幼儿园教师国家级培训，出台了《乡村校园长"三段式"培训指南》《幼儿园教职工配备标准（暂行）》《幼儿园教师专业标准（试行）》《幼儿园教师违反职业道德行为处理办法》《新时代幼儿园教师职业行为十项准则》，成立了教育部高等学校幼儿园教师培养教学指导委员会，并实施卓越教师培养计划。在坚持科学保教以促进幼儿身心健康发展方面，出台了《托儿所幼儿园卫生保健管理办法》《教育部关于规范幼儿园保育教育工作 防止和纠正"小学化"现象的通知》《教育部关于建立中小学幼儿园家长委员会的指导意见》《教育部关于加强家庭教育工作的指导意见》《幼儿园工作规程》《3—6岁儿童学习与发展指南》。这些文件的出台有利于规范、监督、促进学前教育的发展。

政府的重视促使学前教育在短时间内获得了极大的发展。2012年《全国教育事业发展统计公报》显示：全国共有幼儿园18.13万所；在园幼儿（包括附设班）3685.76万人；有幼儿园园长和教师

167.75万人；学前教育毛入园率达到64.5%。① 经过近几年的努力，2017年全国教育事业发展情况显示：我国共有幼儿园25.50万所，其中，有少数民族幼儿园7659所；在园幼儿4600.14万人；② 教职工419.29万人，其中，园长27.99万人，专任教师243.21万人，保健医10.13万人，保育员81.37万人；③ 在幼儿园园长和专任教师中，研究生毕业0.73万人，本科毕业60.77万人，专科毕业155.40万人，高中毕业49.76万人，高中以下4.55万人；具有中学高级职称者2.27万人，具有小学高级职称者20.96万人，具有小学一级职称者29.76万人，具有小学二级职称者14.68万人，具有小学三级职称者2.76万人；④ 幼儿园占地面积57640.55万平方米，其中，绿化用地面积9913.03万平方米、运动场地面积19223.45万平方米；有图书35886.23万册。⑤

以上数据表明，我国学前教育事业在数量层面已取得显著进步，甘肃省多个国家级贫困县的学前教育亦有了极大发展，但仍存在一些共性问题：一是部分幼儿园处于闲置状态，无一名幼儿入园，造成资源浪费；二是部分幼儿园在小学校舍基础上改建而成，教室、操场和厕所设计均不符合幼儿的使用标准；三是班级内部结构仍是小学秧田式座位设计，没有足够的玩教具，没有活动区角；四是班级环境创设无审美性与教育性；五是学前教师多是小学转岗教师，固有的小学化教育思维、学科教学习惯、匮乏的专业能力使她们无法胜任学前教育。物质条件能够快速得以缓解，但促使幼儿发展的软件机制却未得到有效改善。最突出的问题就是：学前教师的课程能力不理想，不能

---

① 中华人民共和国教育部：《2012年全国教育事业发展统计公报》，http://www.moe.gov.cn/srcsite/A03/s180/moe_633/201308/t20130816_155798.html，2013—08—16。

② 中华人民共和国教育部：《学前教育基本情况》，http://www.moe.gov.cn/s78/A03/moe_560/jytjsj_2017/gd/201808/t20180809_344848.html，2018-07-30。

③ 中华人民共和国教育部：《幼儿园教职工数》，http://www.moe.gov.cn/s78/A03/moe_560/jytjsj_2017/gd/201808/t20180809_344847.html，2018-07-30。

④ 中华人民共和国教育部：《幼儿园园长》《专任教师学历》《专业技术职务情况》，http://www.moe.gov.cn/s78/A03/moe_560/jytjsj_2017/gd/201808/t20180809_344846.html，2018-07-30。

⑤ 中华人民共和国教育部：《幼儿园办学条件（总计）（二）》，http://www.moe.gov.cn/s78/A03/moe_560/jytjsj_2017/gd/201808/t20180809_344843.html，2018-07-30。

满足幼儿日益增长的身心发展需要。

**(二) 学前教育专业的实践需求**

1. 学前教师缺乏科学教育理念、专业知识和专业能力

教师重视传授知识与技能，忽视培养能力、情感、个性和社会性等品质。知识传授是通往能力培养、情感熏陶、个性塑造和社会性规范的桥梁。知识和技能可以进行快速学习与评价，能力、情感、个性和社会性等非智力因素的养成却需要一个长期的潜移默化的过程。学前教师将知识与技能的培养当作教育的根本目的，强调幼儿行为的表现与成果，忽视幼儿的思想与态度。

教师固化的教育思维，导致学前小学化教育倾向严重。过早的小学化教育让幼儿丧失学习兴趣，甚至产生厌学情绪。特别是小学转岗教师，因为长期习惯于小学教学，不了解幼儿教育的根本意义，在环境创设、一日生活、集体教学、户外活动和区域活动方面体现出小学化教育倾向。

教师缺乏对幼儿身心发展特点的掌握。学习者本身的需要是确定课程来源的重要方面，维果斯基的"最近发展区理论"认为，学生的发展有两种水平：一是学生的现有水平，即在独立活动时所能达到的解决问题的水平；另一种是学生可能的发展水平，也就是通过教学所获得的潜力。两者之间的差异就是"最近发展区"。学前教育应着眼于幼儿的最近发展区，调动幼儿的积极性，发挥其潜能。但学前教师缺乏对幼儿身心特点的把握能力，设计的课程内容要么太浅，幼儿的能力得不到发展；要么太深，幼儿无法理解。

2. 学前教师在专业知识向专业能力转化上身陷困境

教师知道学前教育的目标是保教结合，为幼儿进入小学学习奠定基础，但并不明了如何在幼儿的身体和心理方面进行有效教育。学前阶段的卫生生活习惯、良好学习行为、丰富想象能力、积极思维能力、健康情绪情感是幼儿顺利进入小学学习的前提。但教师更注重课堂纪律规范和系统知识学习，这种违背幼儿身心发展特点的教育致使幼儿对"课堂"产生厌烦情绪。

教师知道教育要面向每个孩子，但与幼儿的交往没有发生实质性

的心灵沟通。在课堂上，教师会以提问形式照顾每一个孩子，但教师的提问仅能引发幼儿的记忆反馈，缺乏具有思考性、想象性、创造性的提问；当孩子的回答与教师预设问题之间没有直接联系或偏离教师本意时，教师会以忽略、敷衍等方式反馈幼儿；尽管教育气氛十分热闹，幼儿们争先恐后回答问题，在形式上满足了"教育面向一切孩子"的教育理念，但在幼儿的知识建构、思维发展、想象提升、情感促进等方面没有本质性的建构意义。

教师知道游戏是教育活动的基本形式，但不能将课程内容与游戏进行有效整合。幼儿的身心发展特点决定了幼儿园课程必须以游戏形式开展，但在游戏与课程之间，教师总是顾此失彼：一旦游戏有了趣味性，幼儿的积极性被调动起来，教育性却丧失了；一旦课程有了丰富性，教师又以严格的课堂纪律压抑幼儿的小嘴、小手和大脑。游戏与学习之间总是水火不容、难以寻求平衡。

### （三）学前教师的专业成长诉求

自1966年联合国教科文组织与国际劳工组织在巴黎会议上通过《关于教师地位的建议》以来，教师职业就被视为专门职业看待。教师的专业发展成为人们关注的焦点和当代教育改革的中心主题之一，重视教师职业的专业性是当今国际教师教育的新趋向。现代社会要求教师必须掌握先进的教学理念、合理的专业知识、复合型的专业能力、崇高的思想道德和良好的身体素质。

学前教育的特殊性对学前教师提出了更具挑战性的要求，《幼儿园教师专业标准（试行）》要求学前教师以师德为先、以幼儿为本、以能力为重和终身学习。第一，在专业理念与师德方面，教师要贯彻党和国家教育方针政策，遵守教育法律法规；理解幼儿保教工作的意义，热爱学前教育事业，具有职业理想和敬业精神；认同职业的专业性和独特性；为人师表；具有团队合作精神；将幼儿的生命安全放在首位；尊重幼儿的人格与个体差异；重视生活对幼儿健康成长的重要价值；培育幼儿良好的意志品质；帮助幼儿养成良好的行为习惯；培养幼儿的想象力；创设富有教育意义的环境氛围；将探索和交往等实践活动作为幼儿最重要的学习方式；重视自身日常态度和言行对幼儿发展的重要影响；重视幼儿园、家庭和社区的合作；富有爱心、责任心、耐心和细心；乐观向上、热情开朗，有亲和力；善于调节自我情绪，保持平和心态；勤于学习，不断进取；举止文明礼貌。

第二，在专业知识方面，教师要熟知与幼儿生存、发展和保护有关的法律法规及政策规定；熟知不同年龄段幼儿身心发展的专业知识；熟知有特殊需要幼儿身心发展特点及教育策略与方法；熟悉幼儿园教育的目标、任务、内容、要求和基本原则；掌握幼儿园各领域教育的特点与知识；掌握环境创设、一日生活安排、游戏与教育、保育和班级管理的知识与方法；熟知幼儿园安全应急预案及必要的急救方法；掌握了解幼儿的基本方法；了解0—3岁婴幼儿保教和幼小衔接相关知识与方法；具有自然科学、人文科学、艺术欣赏、信息技术、中国教育基本情况等通识性知识。

第三，在专业能力方面，教师要建立良好的师幼关系并帮助幼儿发展良好的同伴关系；建立班级秩序与规则，创造安全与舒适的班级氛围；创设有助于幼儿成长与学习的教育环境；引发和支持幼儿的主动活动；具备一日生活的科学组织与保育能力；渗透教育于生活中，利用教育契机随机教育；有效保护幼儿，及时处理幼儿的常见事故；提供符合幼儿兴趣、需要、特点和发展目标的游戏条件和丰富、适宜的游戏材料；支持幼儿主动地、创造性地开展游戏；具有教育活动的计划与实施能力：能制定阶段性的教育活动计划和具体活动方案；根据幼儿的表现和需要调整活动；灵活运用各种组织形式和适宜的教育方式；提供更多的操作探索、交流合作、表达表现的机会；支持和促进幼儿主动学习；及时发现和赏识每个幼儿的点滴进步；注重激发和保护幼儿的积极性和自信心；有效运用观察与谈话等多种方法，客观、全面地了解和评价幼儿；能使用符合幼儿年龄特点的语言进行保教工作，与幼儿进行有效沟通；主动收集分析相关信息；不断进行反思；改进保教工作；针对保教工作中的现实需要与问题，进行探索和研究；积极提高自身专业素质。[①] 课程能力是教师专业能力的核心与

---

① 中华人民共和国教育部：《幼儿园教师专业标准（试行）》，http://old.moe.gov.cn//publicfiles/business/htmlfiles/moe/s7232/201212/xxgk_145603.html，2012—02—10。

综合表现，课程能力的提升代表着教师专业成长的基本诉求。

## 二 文献述评

教师课程能力的研究起源于 19 世纪中期人们对有效教师应具备何种素质的关注。如巴瑞师范学校于 20 世纪 30 年代提出有效教师应具备一定的知识和技能，如未达到这些标准，教师即被认为缺乏课程能力。[①] 自此，国内外学术界对教师课程能力开展了广泛的理论与实践研究，在不同的社会背景下，教师课程能力被赋予不同的时代意义。

### （一）教师课程能力的理论研究

1. 教师课程能力的内涵研究

20 世纪早期，在赫尔巴特教育学思想的影响下，教育以教师、教材、课程为中心，国外研究重视教师课程能力中的知识因素，忽视教师的情意、态度和价值观等非智力因素。[②] 20 世纪 50 年代，随着学科结构运动的兴起，教师课程能力被理解为教师传递知识的能力（包括课堂管理能力和有效教学能力）。在当前美国多元文化教育背景和全纳教育运动的境况下，教师课程能力的内涵指向于"为满足学生多样化需求而历练的知识、技能、性情以及为实现种族、性别、文化、语言和平等而应具备的敏锐意识"[③]。近年来，学界倾向于从文化政治视角理解教师课程能力的内涵，研究社会文化对教师课程能力建设的影响。

国内研究主要从心理学角度解读教师课程能力，认为"课程能力是指教师具有的、基于课程知识与技能的、直接影响课程活动运行及

---

[①] G. W. Mcdiarmid, "Rethinking Teacher Capacity," C. S. Marilyn, & F. N. Sharon, *Handbook of Research on Teacher Education: Enduring Questions in Changing Contexts*, N. Y.: Routledge, 2008, p. 134.

[②] M. D. Andrew, & C. D. Cobb, "Verbal Ability and Teacher Effectiveness," *Journal of Teacher Education*, 2005, 56 (4): 343 – 354.

[③] S. Turkan, & O. Luclanac, "Proposing a Knowledge Base for Teaching Academic Content to English Language Learners: Disciplinary Linguistic Knowledge," *Teachers College Record*, 2014, 116 (3): 1 – 30.

其成效取得的能动力量。"① 或认为教师课程能力是"教师对于课程这一特定领域的运作、驾驭过程中所表现出来的个性心理特征,包括实际能力和潜在能力"②。

2. 教师课程能力的外延研究

国外研究认为,教师课程能力主要由知识、技能和情意三要素构成。在此基础上,随着教育的发展,以及对课程理解的多元化,教师课程能力的构成要素亦日渐多元化。这种多元化体现为在知识、技能和情意基础上,认为教师课程能力还包括教师对国家、学校和社区课程改革的态度③,教师的终身学习能力④,教师为满足学生不同需求的教学能力⑤,教师在教学中实现社会公正和教育民主的能力⑥,教师在民主社会中的社会正义和自我解放。⑦

国内研究在泰勒原理的指导下,强调教师课程能力的技术化取向,将教师课程能力理解为多种能力的组合,认为它包括课程组织与实施能力、课程评鉴与选择能力、课程设计与开发能力;⑧ 或是以个体活动为基础,将教师的课程能力分为课程认知能力、课程实践能力和课程反思评价能力;⑨ 或是认为教师课程能力包括课程设计能力、

---

① 田秋华:《论教师的课程能力》,《课程·教材·教法》2013 年第 8 期。
② 吴惠青、刘迎春:《论教师课程能力》,《高等师范教育研究》2003 年第 3 期。
③ G. W. Mcdiarmid, "Rethinking Teacher Capacity," C. S. Marilyn, & F. N. Sharon, *Handbook of Research on Teacher Education*: *Enduring Questions in Changing Contexts*, N. Y. : Routledge, 2008, p. 134.
④ N. S. Feiman, "From Preparation to Practice: Designing a Continuum to Strengthen and Sustain Teaching," *Teachers College Record*, 2001, 103 (6): 1013 – 1055.
⑤ T. C. Howard, & R. A. Glenda, "Teacher Capacity for Diverse Learners: What Do Teachers Need to Know?" C. S. Marilyn, & F. N. Sharon, *Handbook of Research on Teacher Education*: *Enduring Questions in Changing Contexts*, N. Y. : Routledge, 2008, p. 157.
⑥ National Council for Accreditation of Teacher Educators, *Professional Standards for the Accreditation of Schools, Colleges, and Departments of Education*, Washington: N. W., 2008, pp. 1 – 7.
⑦ D. G. Maureen, & D. S. Brian, "Do You See What I See? Teacher Capacity as Vision for Education in Democracy," C. S. Marilyn, & F. N. Sharon, *Handbook of Research on Teacher Education*: *Enduring Questions in Changing Contexts*, N. Y. : Routledge, 2008, pp. 231 – 235.
⑧ 吴慧青、刘迎春:《论教师课程能力》,《高等师范教育研究》2003 年第 3 期。
⑨ 赵文平:《教师课程能力——一个不容忽视的问题》,《江西教育科研》2007 年第 2 期。

课程决策能力、课程组织能力、课程开发能力、课程实施能力、课程研究能力和课程评价能力。①

**(二) 教师课程能力的实践研究**

1. 教师课程能力的现状研究

20世纪前期,教师的课程能力明显欠缺,杜威在进步教育运动中提倡教师应为推进社会进步与国家民主承担责任,要求教师的课程能力应以推动儿童发展为目的。20世纪50年代,教师的课程能力依然不能满足教育需求,政府要求教师以"国家安全维护者的身份提高自身的教学能力和课程评价能力"②。20世纪80年代,学术界更为强调教师的课程实践效率,包括教师实现课程标准的能力、教师组织课程的能力、教师评价课程的能力。加德纳掀起的"认知革命"凸显出教师在自身学习过程、课程决策制定过程和教学反思过程中的能力缺失。③ 当前教师课程能力表现为教师在特定课程教学情境中的能力缺失。④

国内现状研究,一是在新课程改革的背景下进行的,二是研究方法以理性思辨与实证研究为主。教师课程能力缺失表现为:第一,在课程理解方面,教师的观念陈旧,仍停留在"课程就是教科书、课程表和教学材料"的认识上;就教材讲授教材,把知识传授作为教学重点,忽视学生的能力发展;认为按照专家们确定的课程内容教会学生就完成了教学任务。第二,在课程目标确定方面,教师难以贯彻三维课程目标观,特别是对情感态度目标的把握不到位;难以把握学生的需求,仍然只能照顾大部分学生的学习现状;表述课程目标的能力不足,缺乏专业的课程目标操作规范。第三,

---

① 姚敬华:《基于整合理念的教师课程能力提升》,《江苏教育》2013年第12期。

② G. W. Kevin, & O. Jeannie, "Structuring Curriculum: Technical, Normative and Political Cosiderations," F. M. Connelly, & F. H. Ming, (ed.), *The Sage Handbook of Curriculum and Instruction*, California: Sage, 2008, pp. 91 – 110.

③ R. Greenwald, & R. D. Laine, "Have Times Changed? The Effect on School Resources on Student Achievement," *Review of Educational Research*, 1996, 66 (3): 361 – 396.

④ T. W. Hewitt, *Understanding and Shaping Curriculum: What We Teach and Why*, N. Y.: Sage, 2006, pp. 226 – 256.

在课程内容选择方面，大部分教师能在众多教材中选择适合学生、适合自身长处的教学材料，但是不能综合其他学科的内容。第四，在课程内容组织方面，教师的学科视野狭窄，缺乏综合课程素养和能力，开设的综合课程出现了随意拼凑知识的现象，导致知识琐碎化。第五，在课程实施方面，教师的教学活动方式单一；缺乏解决课程实际问题的能力；课程创造力不足；教学方法与策略运用能力欠缺；根据反馈信息及时调整教学的能力不足。第六，在课程评价方面，教师的评价指标更多地依赖于智力评价，缺乏对学生的能力、情感和态度等非理性因素的评价；评价方式落后，对信息的反馈存在不足。①

2. 教师课程能力的影响因素研究

国内外研究认为，社会对教师的课程能力具有决定性影响。第一，政治影响课程能力的发展方向。20世纪初期，随着进步主义教育运动的推进，促进儿童发展与实现教育民主是判断教师课程能力水平的重要指标；20世纪50年代，随着学科结构运动的兴起，教师课程能力的评价受到教师对学科知识教学重视程度与课程教学评价技能的影响；20世纪80年代，随着教育绩效运动的推进和各种标准的出台，教师帮助学生"达标"的程度与效率成为教师课程能力的重要评价标准；20世纪90年代，随着批判教育运动的发展，教师对学生多元化需求的关注程度，促进教育民主和社会公平建设又成为评判教师课程能力的重要准则。② 第二，经济发展影响教师对待课程能力的态度。我国市场经济的发展引发人们价值取向多元化，某些负面因素导致教师形成个体意识形态的经济主义倾向，扭曲了教育的本质与价值。③ 第三，传统文化背景下的应试教育导致分数与升学率成为评判

---

① 周海涛：《教师课程能力发展的困境、探因与突围》，《教育理论与实践》2018年第28期；朱超华：《新课程视角下教师课程能力的缺失与重建》，《课程·教材·教法》2004年第6期；黄敏、于动：《新课程理念下教师课程能力现状分析》，《教育探索》2007年第4期。

② 陈效飞：《教师课程能力研究的进展与反思》，《当代教育科学》2018年第5期。

③ 朱超华：《新课程视角下教师课程能力的缺失与重建》，《课程·教材·教法》2004年第6期。

教师的唯一标准，教师无心发展课程能力。[1]

教育行政管理对教师的课程能力具有导向性影响。首先，国家课程管理过于集中，限制了教师的专业自主能力，忽视教师的课程权利，进而养成教师的课程惰性；其次，行政部门的评价制度，如定期与不定期统考、课程进度抽查等完全控制了教师的课程实施，将学生成绩作为评价教师课程能力的唯一依据，造成教师课程能力的消极性。[2]

学校对教师的课程能力具有直接影响。这些影响包括校长提供定向计划，调动各部门参与课程发展，鼓励学校之间的交流，处理好有争议的课程问题，安排时间拜访教师，制定教师专业发展计划，奖励课程革新；[3] 校长协调国家课程、地方课程和校本课程，规划学校具体课程实施方案；选择或自主开发课程内容；制定规章制度；提供思想与物质支持；组织学校文化建设。[4] 此外，校长是否具有相关课程能力，是否愿意寻求支援，是否对教师充分赋权与鼓励，以及学校文化（包括领导模式、人际关系、工作人员的信念和性格等）都对教师的课程能力产生着直接影响。[5]

教师自身是课程能力发展的核心因素。教师的课程知识、课程技能，[6] 教师的个性品质（如心智、性格、进取精神、创新能力、自主发展意识、自我反思能力），教师的生命体验、专业认同感、角色定位、实践反思、课程改革认同感[7]，教师对待课程方案的态度、教师

---

[1] 黄敏、于动：《新课程理念下教师课程能力现状分析》，《教育探索》2007年第4期。
[2] 朱超华：《新课程视角下教师课程能力的缺失与重建》，《课程·教材·教法》2004年第6期。
[3] [美]艾伦·C.奥恩斯坦、费朗西斯·P.汉金斯：《课程：基础、原理和问题》，柯森译，江苏教育出版社2002年版，第335页。
[4] 靳玉乐：《课程论》，人民教育出版社2015年版，第333页。
[5] 李子健、杨晓萍、殷洁：《幼儿园园本课程开发的理论与实践》，人民教育出版社2009年版，第132—135页。
[6] 田秋华：《论教师的课程能力》，《课程·教材·教法》2013年第8期。
[7] 李子健、杨晓萍、殷洁：《幼儿园园本课程开发的理论与实践》，人民教育出版社2009年版，第121—132页。

的不安全感、教师的时间,① 教师在课程教学现场的情意控制和表达能力,② 教师在课程教学中能否习得必要的实践性知识等都对课程能力产生着重要影响。③

此外,学生对课程的态度④,课程方案本身的特征,特别是课程方案的适切性、明确性、复杂性和实用性⑤,校外专家的指导和支撑⑥,职前院校的培养⑦等因素对教师的课程能力亦具有影响。

3. 教师课程能力的发展策略研究

国外研究关注教师在课程教学活动中的具体能力提升,包括课程资源加工能力、课程材料有效利用能力、具体教学策略的灵活运用、教师共同体的建构、⑧ 教师专业身份重塑、⑨ 教学有效性、⑩ 对学生多样化需求的满足能力;教师为实现教育公平而进行的课程能力的提升,如卡尔等人提出在批判教育视野下,基于社会正义和教育民主的考虑,教师在课程实践中要正确认识促进民主和正义的基本背景,发挥教师"转化型知识分子"的作用。⑪

---

① 靳玉乐:《课程论》,人民教育出版社2015年版,第333—335页。

② A. Hargreaves, "The Emotional Practice of Teaching," *Teaching and Teacher Education*, 1998, 14 (8): 835 – 854.

③ E. M. Graue, & K. L. Whyte, "The Power of Improvisational Teaching," *Teaching and Teacher Education*, 2015, 48 (4): 13 – 21.

④ 靳玉乐:《课程论》,人民教育出版社2015年版,第333—335页。

⑤ 黄政杰:《课程设计》,台北东华书局1991年版,第413页。

⑥ 李子健、杨晓萍、殷洁:《幼儿园园本课程开发的理论与实践》,人民教育出版社2009年版,第134页。

⑦ 朱超华:《新课程视角下教师课程能力的缺失与重建》,《课程·教材·教法》2004年第6期。

⑧ C. J. Craig, & J. You, "Tensins in Teacher Community: Competing Commitments in the Teaching of US Middle School Physical Education," *Journal of Curriculum Studies*, 2014, 46 (5): 697 – 728.

⑨ J. Gerrard, & L. Farrell, "Remaking the Professional Teacher: Authority and Curriculum Reform," *Journal of Curriculum Studies*, 2014, 46 (5): 643—655.

⑩ G. Sensevy, "Characterizing Teaching Effectiveness in the Joint Action Theory in Didactics: An Exploratory Study in Primary School," *Journal of Curriculum Studies*, 2014, 46 (5): 577 – 610.

⑪ A. G. Carl, & V. Agosto, "Teacher Capacity and Social Justice in Teacher Education," C. S. Marilyn & F. N. Sharon, *Handbook of Research on Teacher Education: Enduring Questions in Changing Contexts*, N. Y.: Routledge, 2008, pp. 175 – 198.

国内研究，一是从内因角度提出教师层面的发展策略，包括转变教师的课程认知（课程价值观、文化观、生态观、发展观），培养教师的课程自主意识，提高教师的课程自主权，提升教师的教学反思能力，鼓励教师参与课程行动研究、参加课程培训活动。二是在制度层面提供政策支持，改革教师教育体制，改革课程体系，重建课程制度。三是在学校层面开发校本课程，明晰学校课程开发的权责，强化学校课程的行动研究，重构课堂生活，改善教学条件，发展教学技术，创新评价方式，构建校园文化，开展校本研修，开展教师合作，促进教师和学科专家之间的沟通，加强学校的外部环境建设，获得更多外部支持等。[①]

### （三）未来研究走向

第一，研究重心。已有研究在理论层面倾向于对教师课程能力的内涵和外延进行解读，在实践层面对教师课程能力的现状、影响因素和发展策略进行探析。无论是理论研究，还是实践研究，其目的不只是呈现能力状态，其出发点和归宿应着眼于教师课程能力的发展。因此，未来研究应更多地在对过去状态分析的基础上，致力于具体情境中教师课程能力发展的行动研究，通过理论指导教育实践，在实践中完善能力发展策略。

第二，研究范式。已有思辨研究与实证研究更多地从宏观层面勾勒出教师课程能力的大致面貌。但已有思辨研究仅是泛泛的纸上谈兵，已有实证研究的数据指标也仅是简单佐证。二者无力

---

[①] 王天奎：《中学数学教师课程能力发展的个案研究》，学位论文，西北师范大学，2006 年；黄敏、于动：《新课程理念下教师课程能力现状分析》，《教育探索》2007 年第 4 期；王治高：《发展教师课程能力的实践探索——以武汉市常青第一学校为例》，学位论文，华中师范大学，2007 年；魏青云、张立新：《课程能力：教师参与课程发展中的一个迫切问题》，《教育理论与实践》2005 年第 11 期；吕长生：《教师课程能力缺失的原因与对策》，《教育科学论坛》2011 年第 10 期；刘艳超、于海波：《中小学教师课程能力培养模式研究》，《教育理论与实践》2013 年第 29 期；杨九俊：《高中新课程实施中的学校课程能力建设》，《教育发展研究》2008 年第 5—6 期；耿秀丽：《新课程改革视野下教师课程能力的提升》，《继续教育研究》2008 年第 10 期；唐芳丽：《新课改视野下湘西高中教师课程能力研究——基于对溆浦县几所高中的调查》，学位论文，湖南师范大学，2009 年。

对教师课程能力背后的根源进行深层次解读。未来研究应结合质性研究与量化研究范式，综合灵活运用问卷调查法、文献法、观察法、访谈法、文本分析法等研究方法，在宏观层面掌握教师课程能力发展的实际走势，在微观层面描述具体情境中的教师课程能力状况。

第三，研究基础。已有研究在分析教师课程能力的现状、影响因素和发展策略时，较少谈及教师课程能力发展的理论基础。理论是教师课程能力实践的指导，无理论基础或理论基础模糊不清，都不能为教师课程能力发展提出具有说服力和可行性的策略。因此，未来研究应将哲学、心理学、教育学和课程理论等多学科理论作为教师课程能力发展的研究基础。

## 三　核心概念

### （一）幼儿园课程

自我国开发幼儿园课程以来，主要存在三种看法：一是认为"幼儿园课程是教学科目"。这是中华人民共和国成立以来影响我国时间最长、范围最广的一种对幼儿园课程的定义，其代表便是1952年教育部制定的《幼儿园暂行规程（草案）》和1986年教育部制定的《幼儿园暂行教学纲要（草案）》。《幼儿园暂行规程（草案）》设置了六项教养活动，包括体育、语言、认识环境、图画工、音乐和计算；《幼儿园暂行教学纲要（草案）》规定，幼儿园设置语言、计算、常识、音乐、美术和体育六门课程。在这种对学科课程的理解下，教师重视向幼儿传授她们认为有价值且实用的知识。二是认为"幼儿园课程是学习经验"。这是20世纪80年代末我国出现的一种广义幼儿园课程认知，认为幼儿园课程是儿童在幼儿园环境里获得的旨在促进其身心全面发展的教育性经验。三是2012年教育部颁布的《幼儿园教育指导纲要（试行）》认为，"幼儿园的教育内容是全面的、启蒙性的，可以相对划分为健康、语言、社会、科学、艺术五个领域，也可作其他不同的划分。各领域的内容相互渗透，从不同的角度促进幼儿情感、态度、能力、知识、技能等方面的发展。"① 该纲要用"领域"取代长久以来的"科目"，目的在于模糊教育内容之间的界限，改变幼儿园教育的学科化倾向。领域的划分不是从外在知识的角度，而是从幼儿发展的角度进行的，在这一视角下，只要能有效促进幼儿身心和谐发展的教育内容都是可以成为幼儿园课程的。这是幼儿园课程认知从注重外在知识科目转向注重幼儿身心发展的表现。

当前，我国幼儿园课程主要从领域角度对课程进行设计。幼儿园课程是学前教师根据教育目的的要求，有计划、有组织地对幼儿身心发展施以影响的活动。狭义的幼儿园课程是指幼儿园集体教育活动，与一日生活保育、区域活动和户外活动并列组成幼儿在园的一切活动；广义的幼儿园课程是指"一日生活即课程"，包括幼儿在园的一切活动。本书采用狭义的幼儿园课程概念，认为幼儿园课程应当以《幼儿园工作规程》《幼儿园教育指导纲要（试行）》和《3—6岁儿童学习与发展指南》为依据；以游戏为课程的组织形式；重视幼儿五大领域的融合。在幼儿园里，一般以"教育活动"指代"幼儿园课程"，目的在于区分幼儿园教育与学科教育的区别。

### （二）学前教师课程能力

本书中学前教师课程能力是指幼儿园教师在对课程目标、课程内容、课程实施、课程评价的操作过程中所表现出来的个体心理特征，主要包括课程目标设计能力、课程内容设计能力、课程实施能力、课程评价能力。其中，课程目标设计能力包括课程目标取向平衡能力、课程目标来源整合能力、课程目标组织能力和课程目标表述能力；课程内容设计能力包括课程内容取向选择能力和课程内容组织能力；课程实施能力包括课程实施取向协调能力和课程实施组织能力；课程评价能力包括课程评价取向确定能力和课程评价组织能力（见表1-1）。

---

① 中华人民共和国教育部：《幼儿园教育指导纲要（试行）》，北京师范大学出版社2001年版，第2—8页。

表1-1　　　　　　　学前教师课程能力的构成维度

| 一级指标 | 二级指标 |
| --- | --- |
| 课程目标设计能力 | 课程目标取向平衡能力<br>课程目标来源整合能力<br>课程目标组织能力<br>课程目标表述能力 |
| 课程内容设计能力 | 课程内容取向选择能力<br>课程内容组织能力 |
| 课程实施能力 | 课程实施取向协调能力<br>课程实施组织能力 |
| 课程评价能力 | 课程评价取向确定能力<br>课程评价组织能力 |

## 四　理论基础

### （一）存在主义哲学

萨特（Jean Paul Sartre）是存在主义哲学中影响最大的人物，现以他的思想为主，了解存在主义的哲学意蕴及教育启示。第一，存在先于本质。"说存在先于本质，这里是指什么呢？它的意思是：首先人的存在、出现、登场，然后才给他下定义。按照存在主义对人的看法，即是：如果人是不能下定义的，那就是因为最初他什么也不是。只是到后来他才是某种样子的人，是他自己把他造成了他所要造成的那样的人。……人不仅是他想把自己造成那样的人，而且也是在他冲入存在以后决心把自己造成那样的人。人，除了他把自己所造成的那个样子以外，什么也不是。"① 根据萨特的观点，人之初并无人类本性，人之所以变成那个样子是自己行为造成的后果。"萨特认为人的存在先于其本质使人与物严格区分开了。物总是消极被动的，没有自由，不能造就自己……它们的本质是当它们作为人（自为）的对象而存在的时候由人赋予的。……人与物的重要区别就在于人是一种不

---

① 萨特：《存在主义》，纽约哲学图书出版公司1947年版，第18页。

断自我设计、自我谋划、自我选择、自我造就的存在物。"① 萨特认为，人与物的根本区别在于人具有主观性和能动性，人自己造就了自己，是存在先于本质的；物则是因为人的需要、创造和使用才出现的，是本质先于存在的。因此，人在自我发展中具有充分的主动性，是人决定自己成为什么样的人。第二，自由选择与道德责任。"人的自由先于人的本质，并使本质成为可能；人的存在的本质悬置于人的自由之中，因此我们称为自由的东西是不可能区别于'人的实在'之存在的。人并不是首先存在以便后来成为自由的人，人的存在与'他是自由的'这两者之间没有区别。"② 正是因为人的自由选择，才使人自己决定自己的未来，并成为预想的人。萨特一再强调要将个人的自由选择与所应担负的道德责任联系起来，个人有自由选择的权利，但必须对选择的后果承担相应责任。

　　存在主义哲学对本书研究具有以下启示：第一，教师应承认幼儿的个体差异，促进幼儿的个性发展。存在主义认为"存在先于本质"，人是自己的主人，决定自己成为什么样的人，人不应该被主体外的思想所塑造。教师应承认幼儿的个体差异，尊重幼儿的特点，扬长避短，在促进幼儿社会性发展的同时，发挥幼儿的个性，教育幼儿成为具有自主意识与自我能力的个体。第二，教师应尊重幼儿的思维自由。存在主义告诉我们，人有选择的自由，因为有自由，人就能获得心灵解放与自我展现，人的生命才能生动、真实、愉悦。教师应尊重幼儿思想的自由，让他们在丰富的想象力中大胆创造，成为具有思想的人。第三，教师应给予幼儿选择与表现的自由。存在主义告诉我们，人因为自由选择而成为自己想成为的人。幼儿亦是如此，遵循内心的生活是一件十分惬意的事情，但他们的心灵总是被教育者塑造的，成为教师期望他们成为的人。第四，知识是培养自我的一种手段，不是目的。"正确的知识应当能产生自由，因为它能把人从无知的偏见中解脱出来，并使他看到自己真正的样子。因此，学校必须完全修改传统的知识观，必须不再认为教材本身就是目的，或者是为学

---

① 刘放桐：《新编现代西方哲学》，人民教育出版社2000年版，第374—375页。
② 同上书，第374页。

生从事未来职业做准备的工具,而应当看作培养自我的一种手段。"①存在主义认为,知识本身不是目的,而是在为人的自由发展做准备。教师应认识到知识的这种工具性作用,不要止步于知识传授,而忽视了教育的本意。

### (二) 分析哲学

分析哲学(analytic philosophy)认为,教育界漫无止境的学说之争,都是源于对名词、概念、术语、命题等理解混乱所造成的。分析哲学对教育的启示主要有:"(1)教育工作者们必须清楚地思考和传授知识;必须区别有意义的话和无意义的话;避免含糊、不明确。(2)他们必须前后一致地进行推理,遵守形式逻辑的规则。(3)他们所传授的知识必须是客观的,不仅必须没有个人的和文化的偏见,而且必须可以受专家的公开检查。(4)他们所传授的知识必须是可靠的,当证据不足时,就必须不下判断,直至进一步找到资料以后才决定问题。(5)教育工作者必须仔细考查所有明显和不明显的规范性的命题,它们是什么就做什么说明。(6)它们应该弄清楚一切言论或争论中的名词和分析标准。"②

分析哲学对本书研究具有以下启示:教师在课程设计时必须具有清晰的目标认识,课程目标符合教育目的、幼儿的身心特点与生活需要;课程目标之间具有逻辑递进关系,目标表述言简意赅;课程内容以课程目标为导向,能有效结合新旧经验,层次分明,重难点突出;课程实施中传授的知识是科学的、正确的、合理的,对幼儿说话要清晰、简明,不用反语;课程评价要客观、公正、具体。

### (三) 建构主义心理学

第一,建构主义知识观认为,知识是发展的、演化的;知识不存在绝对的终极真理;知识总是内在于主体;生存是掌握知识的目的。第二,建构主义学习观认为,学习是认知结构的改变过程;学习是主

---

① 黄济:《教育哲学通论》,山西教育出版社2011年版,第247—248页。
② 同上书,第258页。

体建构的自组织循环系统；学习是个体主动建构自己知识的过程；学习会受到先前经验、真实情境、协作与对话的作用；情感、错误和失败意义、评价对学生的学习具有重要影响。第三，建构主义教学观认为，在教学目标上，应把"理解的认知过程"和有用的"意义建构"作为教学的中心目标，把社会化和文化适应作为教学目标；在教学活动上，活动应确保学生的学习在"最近发展区"中，学习者具有在丰富的学习环境中进行自我建构知识的空间，教学活动应促进和接受学习者的自主性和创造性。建构主义强调教学过程是建构和理解的过程，教师应从学生已有的知识、兴趣、个性出发，精密地设计能够给学生提供经验的教学情境，哲学经验能与学生已有知识发生有效的相互作用，使学生能在教师的支持下建构自己的知识。①

建构主义心理学对本书研究的启示包括：幼儿的知识学习不是为了重复记忆，而是实现幼儿技能、能力、情感、个性发展的手段；幼儿的新经验学习必须和已知经验结合起来；幼儿主动建构的结果是值得尊重的；教师应承认每一名幼儿都具有独立的思想；教师的作用是组织者、引导者、支持者；教师的课程设计应充分考虑幼儿的兴趣和需要；教师应为课程提供丰富的情境和物质准备；教学过程应着重建构幼儿自己的理解。

### （四）人本主义心理学

"人本主义心理学（或人本心理学）（humanistic psychology）是以人为本研究整体人的本性、经验与价值的心理学，亦即研究人的本性、潜能、经验、价值、意向性、创造力、自我选择和自我实现的科学。"② 人本主义心理学教育观的主要内容包括教育目标论、学习论和课程论。

第一，主张确立明确的教育目标。马斯洛和罗杰斯从成长假设出发，把自我实现，即充分发挥机能（作用）的人视为教育的根本目标，教育就是要培养能够适应变化和知道如何学习的人。"罗杰斯认

---

① 郭本禹：《当代心理学的新进展》，山东教育出版社2003年版，第308—315页。
② 车文博：《人本主义心理学》，浙江教育出版社2003年版，第3页。

为，按此教育目标培养出来的人的基本特征包括：（1）能充分发挥他所有的全部组织潜能；（2）对社会和他人具有建设性和信任感；（3）富于理性的、能适应社会要求的、具有面对现实的精神；（4）对经验能够采取开放态度，富有创造性；（5）不断变化和发展，并能经常发现自己身上新的东西；（6）行为既要符合规律性又有独立自主性和自由感，不会被机械地加以控制。"[①]

第二，倡导内在学习和意义学习。内在学习和意义学习是人本主义心理学的两种学习理论，是人本主义课程论的理论基础之一，也是人本主义心理学教育模式形成的理论前提之一。（1）马斯洛的内在学习论与行为主义的外在学习论形成对立。外在学习是单纯地依赖强化和条件作用的学习，对于学习者而言是被动的、机械的、灌输的学习；内在学习是依靠学生的内在驱动、充分开发潜能、达到自我实现的学习，对于学习者而言是主动的、自觉的、创造性的学习。（2）罗杰斯的意义学习论与行为主义的机械学习论形成对立。意义学习是指学习的知识能够引起个人的变化，能够全面地渗入人格和人的行动之中。罗杰斯认为，知识学习是手段，其目的是通过学习过程影响学生的思想、情感、个性和价值观。

第三，人本主义课程论。人本主义课程论（humanistic theory of curriculum）是在抨击 20 世纪 60 年代学问中心课程论（learning-centered curriculum）的"非人性化"的浪潮中应运而生的。学问中心课程强调学生认知的发展与智力的优异性，抹杀了学生作为人的整体性；人本主义课程肯定人的情绪、情感，坚持课程应面向完整的学生，主张统一学生的认知、情感、个性，强调开发学生的潜能，促进学生的自我实现。[②]

人本主义课程主要具有以下特点：尊重学习者的本性与要求；强调认知与情感的整合发展；承认幼儿的学习方式同成熟学者的研究活动有重大的质的差异；学校课程必须同青少年的生活及现实的社会问

---

[①] 车文博：《人本主义心理学》，浙江教育出版社 2003 年版，第 440 页。
[②] 同上书，第 444 页。

题联系起来。① 人本主义心理学对本书研究的启示包括：第一，教育应尊重幼儿的本性与身心特点；第二，教育应帮助幼儿学会学习与适应环境；第三，课程组织应以促进幼儿的认知、情感、个性等综合发展为目的；第四，课程内容应紧密结合幼儿的生活。

### （五）实用主义教育学

以杜威为代表的实用主义教育学认为，"教育即生活"，教育的过程不是为将来的某种生活做准备，而是与生活过程合二为一；教育是儿童个体经验的不断增长，除此之外，教育不应该有其他目的；学校是一个雏形社会，儿童在其中要学习现实生活中所要求的基本态度、技能和知识；课程活动的组织要以儿童的经验为中心，师幼关系以儿童为中心，而不是以学科知识和教师为中心；教育过程应该重视儿童自己的独立发现、表现和体验，尊重儿童发展的差异性。

实用主义教育一改传统教育以教师、教材、课程为中心的思想，将儿童、活动、经验作为教育的出发点；教师的责任不是牵着儿童的鼻子学习，而是为他们提供各种活动准备；教师与儿童之间是平等、尊重、互助的合作关系，教师不是权威者，而是组织者、引导者；儿童生活的本身就是教育，教育不能脱离儿童的现实生活。实用主义教育学的观点启发我们应该以幼儿的整体发展为核心，以幼儿的生活为教材，以幼儿的兴趣为重点，为幼儿的学习与发展创造支持性条件，促进幼儿身心的全面发展。因此，幼儿园课程的重心应从以传授知识为目的转向对幼儿身体、情感、能力、个性、社会性的培养；课程设计应符合幼儿的生活经验；教师与幼儿建立平等、合作关系；课程的实施应促进幼儿对问题解决的思考。②

### （六）课程理论

课程理论为我国基础教育课程改革实践提供了理论基础，为学前

---

① 车文博：《人本主义心理学》，浙江教育出版社 2003 年版，第 445—446 页。
② 全国十二所重点师范大学联合编写：《教育学基础》，教育科学出版社 2014 年版，第 20 页。

教育领域的课程改革开拓思路。根据泰勒的课程与教学基本原理，课程要设计教育目标，有效地组织教育经验以实现目标，以及评估这些教育目标是否实现。从课程目标设计到课程内容设计，再到课程实施与课程评价，后者以前者为基础，形成一个循环过程。每个环节都有一定的规律：教师在课程目标设计上总带有一定的目标取向，包括普遍性目标取向、行为目标取向、生成性目标取向和表现性目标取向，目标设计取向直接影响教师对课程目标来源的整合、课程目标的组织，以及课程目标的表述；教师的课程内容选择具有一定的倾向性，包括"课程内容即教材""课程内容即学习活动"和"课程内容即学习经验"，这种倾向性会直接作用于教师对课程内容的组织；教师的课程实施包括忠实取向、相互适应取向和课程创生取向，在教学实施过程中，教师的教学行为表现出教师持有的教育观、儿童观和课程观；教师的课程评价取向确定能力，包括目标取向、过程取向和主体取向，影响着教师选择何种方法去组织课程评价。课程论对本书研究的启示是：课程设计要遵循课程发展规律，一旦违反这种规律，课程的设计就会出现混乱局面，从而导致课程实施出现诸多问题。

通过对理论知识的梳理，本书认为，教师的课程能力应在以下观念基础上开发：在教育观上，教师应认识到教育的目的是通过知识与技能的传授培养幼儿的能力、情感、意志、个性、价值观；教育要培养完整的人，培养幼儿获得学习与幸福的能力。在儿童观上，教师应认识到幼儿是完整的、有思想的人，幼儿应得到思想与行为上的尊重。在课程观上，幼儿的学习是主动建构知识的过程，每个孩子接受知识的过程，就是自我内部结构重新建构的过程；教师为幼儿提供的应是尊重个体想法与一定自由的教育。

## 五　研究设计

### （一）研究目的

本书研究旨在促进学前教师课程能力的发展。通过对学前教师课程能力现状的调查发现问题，并对影响因素及其运行机制进行探析，在此基础上制定行动研究方案以探索如何提高学前教师的课程能力。

第一,调查学前教师的课程能力现状。通过问卷调查法从宏观层面了解学前教师的课程能力在不同性别、民族、年龄、教龄、学历、职称、编制、专业、转岗、区域、性质、等级背景变量上是否存在显著差异;通过访谈法、观察法和文本分析法从微观层面了解学前教师在课程能力及其子能力(课程目标设计能力、课程内容设计能力、课程实施能力、课程评价能力)层面上的具体表现。

第二,分析学前教师课程能力的影响因素及其作用机制。通过A-MOS 21.0 软件建构"学前教师课程能力结构模型",在模型与现实拟合的基础上,计算内部因素之间的相互影响系数及显著性;通过问卷调查法、访谈法与观察法分析学前教师课程能力的外部影响因素及其运行机制。在此基础上,探索内外部影响因素之间的相互作用关系。

第三,开展学前教师课程能力的行动研究。从前期调研中选取具有典型特征的一位教师进行课程能力提升行动研究,在对其课程目标设计能力、课程内容设计、课程实施能力和课程评价能力进行观察与分析的基础上,运用哲学、心理学、教育学与课程理论对行动研究进行指导,并在研究过程中调整与完善能力发展策略。

第四,探析学前教师课程能力的发展策略。在前期对学前教师课程能力现状、影响因素和行动研究的基础上,从教师的教育观念、自主学习、教育实践、课程自主权,职前教育的入学条件、培养质量、人才输出,幼儿园的"学与教共同体"、专业合作、家园沟通,以及教育行政提供支持性条件角度提出学前教师课程能力的发展策略。

### (二) 研究方法

"'研究方法'可以从三个层面进行探讨:一是方法论,即指导研究的思想体系,其中包括基本的理论假定、原则、研究逻辑和思路等;二是研究方法或方式,即贯穿于研究全过程的程序与操作方式;三是具体的技术和技巧,即在研究的某一个阶段使用的具体工具手段和技巧等。"[①] 沿着此思路,本书遵循以下研究路径:在研究取向上

---

① 袁方:《社会研究方法教程》,北京大学出版社1997年版,第1页。

将"量的研究"和"质的研究"相结合，在具体方法上采用文献法、问卷调查法、访谈法、观察法和文本分析法。

1. 研究取向

社会科学研究中主要有"量的研究"和"质的研究"两种范式，二者在指导思想和研究目的等方面存在显著差异。"定量研究是一种运用调查、实验、测量、统计等量化的手段来收集和分析研究资料，从而判断教育现象的性质，发现内在规律，检验某些理论假设的研究方法。"①"质的研究方法是以研究者本人作为研究工具，在自然情境下采用多种资料收集方法对社会现象进行整体性探究，使用归纳法分析资料和形成理论，通过与研究对象互动对其行为和意义建构获得解释性理解的一种活动。"②

第一，质的研究取向符合本书研究的需要。本书是幼儿园课程领域关于学前教师课程能力的研究，在取向上以质的研究为主。能力是个体的心理特征，通过行为表现出来，要了解一个人的能力，必须通过对其行为进行观察。但行为与能力之间并非一一对应的关系，能力的表现还受到个体价值观、文化背景、情境、动机和需要等因素的影响。"从理论上讲，能力将涉及动脑动手的过程、智力和非智力因素、先天和后天的素质、目的和手段、反思和操作，涉及生理机能、心理、道德、法律、精神等诸领域——总之是涉及人的生活与活动的所有要因。人解决问题的活动过程，主要是把已有的知识加以'联系和变化'并付诸实际的过程，具体地讲，是对各种与要解决的问题有关的必要知识加以联系和组合，同时把这些知识根据其特定问题加以变种化和具体化，进而按着具体化了的知识组合（最接近实际的观念图像）给予特定条件并加以利用和改变的操作过程。"③质的研究方法正契合能力研究的要求，它强调在自然情境中对个人的生活世界以及社会组织的日常运作进行研究。"是对被研究者的个人经验和意义建构作'解释性理解'或'领会'（verstehen），研究者通过自己亲身

---

① 陈向明：《教育行动研究中如何使用质的方法（一）》，《基础教育课程》2005年第4期。
② 陈向明：《质的研究方法与社会科学研究》，教育科学出版社2000年版，第12页。
③ 崔相录：《能力的概念及培养》，《天津市教科院学报》1999年第2期。

的体验，对被研究者的生活故事和意义建构做出解释。"① 学前教师的课程能力需要通过研究者深入自然情境进行观察、理解与诠释。

第二，质的研究与量的研究结合相得益彰。本书运用量的研究，通过对问卷调查数据的分析，从宏观层面了解不同背景变量的学前教师在课程能力及其各层面上的显著差异，可以弥补质的研究的不足。"质的研究与量的研究与其说是互相对立的两种方法，不如说是一个连续统一体，它们之间有很多相辅相成之处。"② "量的研究依靠对事物可以量化的部分及其相关关系进行测量、计算和分析，以达到对事物'本质'的一定把握。而质的研究是通过研究者和被研究者之间的互动对事物进行深入、细致、长期的体验，然后对事物的'质'得到一个比较全面的解释性理解。"③ 定量研究与质的研究相结合，更能在宏观和微观层面对事物的本质与意义进行全方位、多层面的诠释。

2. 具体研究方法

（1）文献法

通过对哲学、心理学、教育学、课程理论和教师课程能力等文献的梳理，了解国内外教师课程能力的发展历程与研究现状，为研究寻找立足点；厘清"幼儿园课程""课程能力"等核心概念，为研究理清思路；为调查问卷、访谈提纲、观察提纲等研究工具的设计提供理论支持；为学前教师课程能力应然状态表征提供理论基础；为学前教师课程能力行动研究提供理论指导；为学前教师课程能力发展策略制定提供理论参考。

（2）问卷调查法

本书采用自编问卷"学前教师课程能力表现水平测量问卷"调查学前教师的课程能力现状。总问卷由"观念与态度""课程目标设计能力""课程内容设计能力""课程实施能力"和"课程评价能力"五个子量表组成，共计46个题项，采用Likert五级自陈量表的形式

---

① 陈向明：《质的研究方法与社会科学研究》，教育科学出版社2000年版，第7页。
② 同上书，第11页。
③ 同上书，第10页。

统计答案。人口特征变量包括性别、民族、年龄、教龄、职称、学历、是否有编制、是否学前教育专业、是否转岗、幼儿园所在区域、幼儿园等级和办园性质12项。

预试问卷在甘肃省张掖、临夏、兰州和平凉四个市的六类等级幼儿园进行发放，笔者亲自到园发放与回收问卷。有效问卷运用SPSS 19.0对其进行决断值检验、项目与总分相关分析、探索性因素分析、信度检验，删除不达标题项3个，最终形成正式问卷。

正式问卷实施大样本调查，在甘肃省兰州、白银、酒泉、嘉峪关、金昌、张掖、武威、平凉、定西、陇南、庆阳、天水、临夏和甘南14个市州六类等级幼儿园进行发放，采用纸质问卷与网络问卷相结合的方式。共发放正式问卷1802份，回收问卷1706份，回收率94.67%，剔除漏答、多答、连续多个选项答案以及人口学统计量缺失的问卷，最后用于做分析的样本共有1569份（其中网络问卷633份），问卷有效率为91.97%。运用SPSS 19.0对有效问卷进行探索性因素分析与效度检验，运用AMOS 21.0对有效问卷进行验证性因素分析。问卷的具体设计及数据分析详见第二章"学前教师课程能力表现水平的测量与指标检验"。

（3）访谈法

教师访谈根据自编"学前教师课程能力表现水平访谈提纲（教师）"进行。提纲包括学前教师的课程认知、课程目标设计能力、课程内容设计能力、课程实施能力、课程评价能力和能力满意度六个维度。在甘肃省14个市州城市、县城、镇/村六类等级幼儿园进行采样，共选取70位学前教师进行访谈。

园长访谈根据自编"学前教师课程能力表现水平访谈提纲（园长）"进行。提纲包括园长的课程认知、教师队伍建设、教师培训、幼儿园课程建设、家长期望和能力满意度六个维度。在甘肃省14个市州城市、县城、镇/村六类等级幼儿园进行采样，共选取29位园长进行访谈。

（4）观察法

本书选取甘肃省14个市州的城市、县城、镇/村六类等级幼儿园33位学前教师的课程进行观察，并选出具有代表性的12次课程实例作为案例分析样本（见表1-2）。

表1-2　　　　　　观察研究的样本信息

| 教师 | 年龄（岁） | 教龄（年） | 学历 | 职称 | 幼儿园所在区域 | 办园性质 | 幼儿园等级 | 课程名称 |
|---|---|---|---|---|---|---|---|---|
| A | 46 | 26 | 大学本科 | 小教1级 | 陇南市 | 公办 | 市级一类 | 《画祥云》 |
| B | 35 | 14 | 大专 | 小教2级 | 白银市 | 公办 | 市级示范 | 《娃娃商店》 |
| C | 29 | 7 | 大专 | 幼教1级 | 威武市 | 民办 | 市级三类 | 《仙人掌》 |
| D | 36 | 10 | 大学本科 | 幼教1级 | 金昌市 | 公办 | 市级二类 | 《甜甜的汤圆》 |
| E | 28 | 7 | 大学本 | 幼教1级 | 平凉市 | 私立 | 市级二类 | 《快乐闯关》 |
| F | 38 | 15 | 研究生 | 小教1级 | 兰州市 | 公办 | 省级示范 | 《国王生病了》 |
| G | 45 | 25 | 大专 | 小教高级 | 定西市 | 公办 | 省级一类 | 《我的好妈妈》 |
| H | 33 | 17 | 中专 | 小教1级 | 庆阳市 | 民办 | 市级二类 | 《吹画》 |
| I | 22 | 2 | 大专 | 无 | 天水市 | 公办 | 市级一类 | 《"有趣"的吆喝声》 |
| J | 28 | 9 | 大专 | 幼教1级 | 临夏州 | 公办 | 市级示范 | 《盒子里的秘密》 |
| K | 30 | 4 | 大专 | 小教2级 | 甘南州 | 公办 | 市级一类 | 《多彩的画》 |
| L | 36 | 18 | 大专 | 小教1级 | 酒泉市 | 民办 | 市级二类 | 《小猴救唐僧》 |

（5）文本分析法

文本分析法主要是对收集到的幼儿园课程月计划、教育活动周计划、教育活动方案、教材、教学反思、幼儿记录表等文本进行分析。分析内容主要从课程目标取向、课程目标来源、课程目标组织、课程目标表述、课程内容取向、课程内容组织、课程实施取向、课程实施组织、课程评价取向、课程评价组织等维度展开。分析内容详见第三章"学前教师课程能力的现状表征"、第四章"学前教师课程能力的影响因素探析"、第五章"学前教师课程能力提升的行动研究"。

# 第二章 学前教师课程能力表现水平的测量与指标检验

通过对已有文献的分析，本书将学前教师课程能力划分为四个维度：课程目标设计能力、课程内容设计能力、课程实施能力、课程评价能力。课程目标设计能力包括课程目标取向平衡能力、课程目标来源整合能力、课程目标组织能力、课程目标表述能力；课程内容设计能力包括课程内容取向选择能力、课程内容组织能力；课程实施能力包括课程实施取向协调能力、课程实施组织能力；课程评价能力包括课程评价取向确定能力、课程评价组织能力。鉴于课程目标表述能力是教师课程目标设计能力的外在表现，主要通过教育活动方案呈现，且考虑到问卷结构的平衡性，因此，问卷中不包含该要素。另外，观念是能力的反映，"课程认知"和"能力满意度"是教师课程能力的综合体现，在问卷调查中加入这两个因素，以测量教师课程能力的元认知和自我能力认知状况。

## 一 "学前教师课程能力表现水平测量问卷"的预试与修正

本书从文献源[①]与幼儿园教育实践源（开放式问卷、结构式访

---

① ［美］Ralph W. Tyler：《课程与教学的基本原理》，罗康等译，中国轻工业出版社2008年版，第3—53页；施良方：《课程理论——课程的基础、原理与问题》，教育科学出版社1996年版，第83—168页；［美］艾伦·C. 奥恩斯坦、费朗西斯·P. 汉金斯：《课程：基础、原理和问题》，柯森译，江苏教育出版社2002年版，第248—370页；钟启泉：《课程论基础》，教育科学出版社2007年版，第104—339页；靳玉乐：《课程论》，人民教育出版社2015年版，第165—373页；朱家雄：《幼儿园课程的理论与实践》，华东师范大学出版社2012年版，第136—219页。

谈、学前教育专家座谈）途径搜集学前教师课程能力的典型特征，严格遵循教育科学研究方法，建构出"学前教师课程能力表现水平测量问卷"的预试问卷。运用 SPSS 19.0 软件对有效预试问卷进行决断值检验、题项与总分相关分析、探索性因素分析和信度检验，删除无效题项，最终形成正式问卷。

### （一）预试问卷的结构

预试问卷由"观念与态度""课程目标设计能力""课程内容设计能力""课程实施能力""课程评价能力"五个量表构成，共计 46 个题项，具体内容详见表 2-1 所示。其中，"观念与态度"量表由题项 KC1—KC6 和 NL1—NL4 组成，包括两个维度 10 个题项；"课程目标设计能力"量表由题项 MB1—MB10 组成，包括三个维度 10 个题项；"课程内容设计能力"量表由 NR1—NR11 组成，包括两个维度 11 个题项；"课程实施能力"量表由 SS1—SS6 组成，包括两个维度 6 个题项；"课程评价能力"量表由 PJ1—PJ9 组成，包括两个维度 9 个题项。预试问卷采用 Likert 5 点计分：1 = 完全不符合，2 = 多数不符合，3 = 一半不符合，4 = 大部分符合，5 = 完全符合。人口特征变量包括性别、民族、年龄、教龄、学历、职称、是否有正式编制、是否学前教育专业毕业、是否转岗教师、幼儿园所在区域、幼儿园等级、办园性质。

表 2-1　　　　　　　　　预试问卷结构

| 量表 | 一级指标 | 二级指标 |
| --- | --- | --- |
| 量表1：观念与态度 | 1. 课程认知 | （1）学科取向：KC1<br>（2）活动取向：KC2<br>（3）计划取向：KC3<br>（4）目标取向：KC4<br>（5）内容取向：KC5<br>（6）经验取向：KC6 |
|  | 2. 能力满意度 | （7）课程目标设计能力满意度：NL1<br>（8）课程内容设计能力满意度：NL2<br>（9）课程实施能力满意度：NL3<br>（10）课程评价能力满意度：NL4 |

续表

| 量表 | 一级指标 | 二级指标 |
| --- | --- | --- |
| 量表2：课程目标设计能力 | 1. 课程目标取向平衡能力<br>2. 课程目标来源整合能力<br>3. 课程目标组织能力 | （1）普遍性目标取向：MB1<br>（2）行为目标取向：MB2<br>（3）生成性目标取向：MB3<br>（4）表现性目标取向：MB4<br>（5）幼儿来源：MB5<br>（6）生活来源：MB6<br>（7）专家来源：MB7<br>（8）知识与技能目标：MB8<br>（9）过程与方法目标：MB9<br>（10）情感态度与价值观目标：MB10 |
| 量表3：课程内容设计能力 | 1. 课程内容取向选择能力<br>2. 课程内容组织能力 | （1）知识本位取向：NR1<br>（2）社会本位取向：NR2<br>（3）学习者本位取向：NR3<br>（4）纵向组织：NR4<br>（5）横向组织：NR5<br>（6）渐进性组织：NR6<br>（7）跨越性组织：NR7<br>（8）直线式组织：NR8<br>（9）螺旋式组织：NR9<br>（10）逻辑顺序：NR10<br>（11）心理顺序：NR11 |
| 量表4：课程实施能力 | 1. 课程实施取向协调能力<br>2. 课程实施组织能力 | （1）忠实取向：SS1<br>（2）相互适应取向：SS2<br>（3）课程创生取向：SS3<br>（4）课程准备能力：SS4<br>（5）游戏组织能力：SS5<br>（6）师幼互动能力：SS6 |
| 量表5：课程评价能力 | 1. 课程评价取向确定能力<br>2. 课程评价组织能力 | （1）目标取向：PJ1<br>（2）过程取向：PJ2<br>（3）教师主体取向：PJ3<br>（4）幼儿主体取向：PJ4<br>（5）形成性评价：PJ5<br>（6）总结性评价：PJ6<br>（7）量化评价：PJ7<br>（8）质性评价：PJ8<br>（9）同事互评：PJ9 |

预试对象为甘肃省张掖、临夏、兰州与平凉四个市州的六类等级幼儿园的学前教师。笔者亲自到园进行实地发放与问卷回收，共计发放预试问卷320份，收回297份，其中有效问卷282份，有效率为

94.95%。回收问卷采用 SPSS 19.0 软件进行统计分析,具体人口学统计情况详见表 2-2 和表 2-3。

表 2-2　　　　预试样本的描述性特征（N=282）

| 变量 | N | 极小值 | 极大值 | 众数 |
| --- | --- | --- | --- | --- |
| 性别 | 282 | 1 | 2 | 2 |
| 民族 | 282 | 1 | 4 | 1 |
| 年龄 | 282 | 1 | 5 | 2 |
| 教龄 | 282 | 1 | 5 | 1 |
| 学历 | 282 | 1 | 6 | 5 |
| 职称 | 282 | 1 | 7 | 2 |
| 是否有正式编制 | 282 | 1 | 2 | 1 |
| 是否学前教育专业毕业 | 282 | 1 | 2 | 1 |
| 是否转岗教师 | 282 | 1 | 2 | 2 |
| 幼儿园所在区域 | 282 | 1 | 3 | 1 |
| 办园性质 | 282 | 1 | 4 | 1 |
| 幼儿园等级 | 282 | 1 | 6 | 1 |

由表 2-3 可知,在调查的 282 名学前教师中,男性 11 人,女性 271 人;汉族 263 人,回族 10 人,藏族 4 人,东乡族 5 人;20 岁及以下 4 人,21—30 岁 129 人,31—40 岁 99 人,41—50 岁 43 人,51 岁及以上 7 人;5 年教龄及以下 109 人,6—10 年教龄 52 人,11—20 年教龄 80 人,21—30 年教龄 35 人,31 年教龄及以上 6 人;初中 1 人,高中 5 人,中职 6 人,大专 86 人,本科 181 人,研究生 3 人;小教高级 79 人,小教 1 级 96 人,小教 2 级 20 人,小教 3 级 2 人,幼教 1 级 62 人,幼教 2 级 6 人,幼教 3 级 17 人;有正式编制 205 人,无正式编制 77 人;学前教育专业毕业 182 人,非学前教育专业毕业 100 人;转岗 64 人,非转岗 218 人;城市 118 人,县城 96 人,镇/村 68 人;公办园 235 人,民办园 38 人,集体办园 5 人,其他类型园 4 人;省级示范园 153 人,省级一类园 22 人,市级示范园 31 人,市级一类园 27 人,市级二类园 25 人,市级三类园 24 人。

表 2-3　预试样本的人口学特征（N=282）

| 变量 | 类别 | 频率 | 百分比 | 有效百分比 | 累积百分比 |
|---|---|---|---|---|---|
| 性别 | 男 | 11 | 3.9 | 3.9 | 3.9 |
|  | 女 | 271 | 96.1 | 96.1 | 100.0 |
|  | 合计 | 282 | 100.0 | 100.0 |  |
| 民族 | 汉族 | 263 | 93.3 | 93.3 | 93.3 |
|  | 回族 | 10 | 3.5 | 3.5 | 96.8 |
|  | 藏族 | 4 | 1.4 | 1.4 | 98.2 |
|  | 东乡 | 5 | 1.8 | 1.8 | 100.0 |
|  | 合计 | 282 | 100.0 | 100.0 |  |
| 年龄 | 20 岁及以下 | 4 | 1.4 | 1.4 | 1.4 |
|  | 21—30 岁 | 129 | 45.7 | 45.7 | 47.2 |
|  | 31—40 岁 | 99 | 35.1 | 35.1 | 82.3 |
|  | 41—50 岁 | 43 | 15.2 | 15.2 | 97.5 |
|  | 51 岁及以上 | 7 | 2.5 | 2.5 | 99.9 |
|  | 合计 | 282 | 99.9 | 99.9 |  |
| 教龄 | 5 年及以下 | 109 | 38.7 | 38.7 | 38.7 |
|  | 6—10 年 | 52 | 18.4 | 18.4 | 57.1 |
|  | 11—20 年 | 80 | 28.4 | 28.4 | 85.5 |
|  | 21—30 年 | 35 | 12.4 | 12.4 | 97.9 |
|  | 31 年及以上 | 6 | 2.1 | 2.1 | 100.0 |
| 学历 | 初中 | 1 | 0.4 | 0.4 | 0.4 |
|  | 高中 | 5 | 1.8 | 1.8 | 2.2 |
|  | 中职 | 6 | 2.1 | 2.1 | 4.3 |
|  | 大专 | 86 | 30.5 | 30.5 | 34.8 |
|  | 本科 | 181 | 64.2 | 64.2 | 98.9 |
|  | 研究生 | 3 | 1.1 | 1.1 | 101.1 |
|  | 合计 | 282 | 101.1 | 101.1 |  |
| 职称 | 小教高级 | 79 | 28.0 | 28.0 | 28.0 |
|  | 小教 1 级 | 96 | 34.0 | 34.0 | 62.1 |
|  | 小教 2 级 | 20 | 7.1 | 7.1 | 69.1 |
|  | 小教 3 级 | 2 | 0.7 | 0.7 | 69.9 |
|  | 幼教 1 级 | 62 | 22.0 | 22.0 | 91.8 |
|  | 幼教 2 级 | 6 | 2.1 | 2.1 | 94.0 |
|  | 幼教 3 级 | 17 | 6.0 | 6.0 | 99.9 |
|  | 合计 | 282 | 99.9 | 99.9 |  |
| 是否正式编制 | 有 | 205 | 72.7 | 72.7 | 72.7 |
|  | 无 | 77 | 27.3 | 27.3 | 100.0 |

续表

| 变量 | 类别 | 频率 | 百分比 | 有效百分比 | 累积百分比 |
|---|---|---|---|---|---|
| 是否学前教育专业 | 是 | 182 | 64.5 | 64.5 | 64.5 |
| | 否 | 100 | 35.5 | 35.5 | 100.0 |
| | 合计 | 282 | 100.0 | 100.0 | |
| 是否转岗 | 是 | 64 | 22.7 | 22.7 | 22.7 |
| | 否 | 218 | 77.3 | 77.3 | 100.0 |
| | 合计 | 282 | 100.0 | 100.0 | |
| 幼儿园所在区域 | 城市 | 118 | 41.8 | 41.8 | 41.8 |
| | 县城 | 96 | 34.0 | 34.0 | 75.9 |
| | 镇/村 | 68 | 24.1 | 24.1 | 99.9 |
| | 合计 | 282 | 99.9 | 99.9 | |
| 办园性质 | 公办园 | 235 | 83.3 | 83.3 | 83.3 |
| | 民办园 | 38 | 13.5 | 13.5 | 96.8 |
| | 集体办园 | 5 | 1.8 | 1.8 | 98.6 |
| | 其他类型园 | 4 | 1.4 | 1.4 | 100.0 |
| | 合计 | 282 | 100.0 | 100.0 | |
| 幼儿园等级 | 省级示范园 | 153 | 54.3 | 54.3 | 54.3 |
| | 省级一类园 | 22 | 7.8 | 7.8 | 62.1 |
| | 市级示范园 | 31 | 11.0 | 11.0 | 73.0 |
| | 市级一类园 | 27 | 9.6 | 9.6 | 82.6 |
| | 市级二类园 | 25 | 8.9 | 8.9 | 91.5 |
| | 市级三类园 | 24 | 8.5 | 8.5 | 101.1 |
| | 合计 | 282 | 101.1 | 101.1 | |

### （二）量表的项目分析

一份合格的问卷必须经过题项的项目分析、因素分析与信度检验后，删除未达标题项，才能形成正式问卷并进行发放。"项目分析的主要目的在于检验编制的量表或测验个别题项的适切或可靠程度……预试问卷测完后，要进行预试问卷项目分析、效度检验、信度检验，以作为编制正式问卷的依据。"[1] 预试问卷分析的步骤如图2-1所示。[2]

---

[1] 吴明隆：《问卷统计分析实务——SPSS操作与应用》，重庆大学出版社2010年版，第158页。

[2] 同上书，第477页。

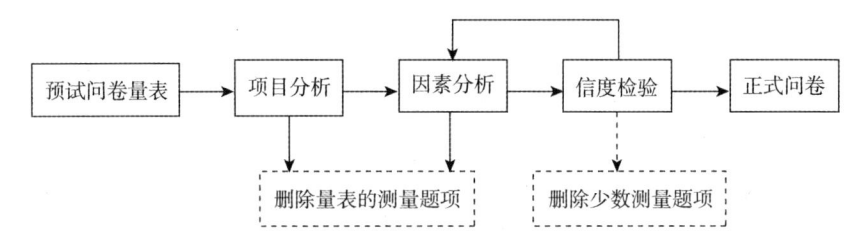

```
预试问卷量表 → 项目分析 → 因素分析 → 信度检验 → 正式问卷
                    ↓           ↓            ↓
              删除量表的测量题项      删除少数测量题项
```

**图 2 – 1　预试问卷分析流程**

以上分析流程的各步骤具有一定的判断标准。决断值的一般判别准则为 $CR \geqslant 3.00$，且达到显著性水平（$p < 0.05$）。题项与总分必须有中度相关性，即积差相关数值 $\geqslant 0.400$；校正题项与总分相关数值 $\geqslant 0.400$，且达到显著性水平（$p < 0.05$）。在同质性检验中，题项的因素负荷量 $\geqslant 0.45$，共同性 $\geqslant 0.2$，提取因素可以解释题项 20% 以上的变异量。在信度检验中，量表各题项的 α 值 ≤ 量表信度的 α 值，且量表信度 α 系数 $\geqslant 0.6$。[①]

1. 量表的决断值——临界比分析

决断值检验通过求出量表总分、对总分进行高低排列、找出高低分组上下 27% 的分数、依临界分数将量表分成高低两组，再以独立样本 T 检验法检验高低组在每个题项上的差异，得出决断值 t。t 值越高，题目的鉴别度就越高。若 $t < 3.000$，表示题项鉴别度较差，应予以删除。预试问卷根据以上程序，在对五个量表的题项分别进行决断值检验后发现：PJ9 的决断值 $t = 1.709 < 3$（$p = 0.093 > 0.05$），该题项不具有鉴别度，予以删除；其余 45 个题项的决断值处于 $6.441 \leqslant t \leqslant 22.198$（$p = 0.000 < 0.05$），题项具有良好的鉴别度，予以保留。具体运算结果详见表 2 – 4。

2. 量表的题项与总分相关分析

题项与总分相关是通过"双变量相关分析"检验每个题项与量表总分的相关性，"如果个别题项与总分的相关性愈高，表示题项与整体量表的同质性愈高，所要测量的心理特质或潜在行为更为接近。个

---

[①] 吴明隆：《问卷统计分析实务——SPSS 操作与应用》，重庆大学出版社 2010 年版，第 191—192 页。

## 第二章 学前教师课程能力表现水平的测量与指标检验

表2-4 决断值检验（预试问卷）

| 题项 | | 方差方程的 Levene 检验 | | 均值方程的 t 检验 | | | | | 差分的95%置信区间 | |
|---|---|---|---|---|---|---|---|---|---|---|
| | | F | Sig. | t | df | Sig.（双侧） | 均值差值 | 标准误差值 | 下限 | 上限 |
| KC1 | 假设方差相等 | 41.429 | .000 | 14.990 | 157 | .000 | 2.065 | .138 | 1.793 | 2.338 |
| | 假设方差不相等 | | | 15.355 | 128.866 | .000 | 2.065 | .135 | 1.799 | 2.332 |
| KC2 | 假设方差相等 | 69.561 | .000 | 12.682 | 157 | .000 | 1.601 | .126 | 1.352 | 1.851 |
| | 假设方差不相等 | | | 13.128 | 103.616 | .000 | 1.601 | .122 | 1.359 | 1.843 |
| KC3 | 假设方差相等 | 67.556 | .000 | 16.413 | 157 | .000 | 2.109 | .129 | 1.855 | 2.363 |
| | 假设方差不相等 | | | 16.916 | 114.116 | .000 | 2.109 | .125 | 1.862 | 2.356 |
| KC4 | 假设方差相等 | 26.221 | .000 | 18.205 | 157 | .000 | 2.267 | .125 | 2.021 | 2.513 |
| | 假设方差不相等 | | | 18.652 | 128.365 | .000 | 2.267 | .122 | 2.026 | 2.507 |
| KC5 | 假设方差相等 | 23.742 | .000 | 16.782 | 157 | .000 | 2.112 | .126 | 1.864 | 2.361 |
| | 假设方差不相等 | | | 17.112 | 139.110 | .000 | 2.112 | .123 | 1.868 | 2.356 |
| KC6 | 假设方差相等 | 32.645 | .000 | 13.876 | 157 | .000 | 1.753 | .126 | 1.504 | 2.003 |
| | 假设方差不相等 | | | 14.238 | 124.915 | .000 | 1.753 | .123 | 1.509 | 1.997 |
| NL1 | 假设方差相等 | .484 | .488 | 10.949 | 157 | .000 | 1.121 | .102 | .919 | 1.323 |
| | 假设方差不相等 | | | 10.972 | 156.736 | .000 | 1.121 | .102 | .919 | 1.323 |
| NL2 | 假设方差相等 | .054 | .817 | 11.312 | 157 | .000 | 1.135 | .100 | .937 | 1.333 |
| | 假设方差不相等 | | | 11.402 | 155.714 | .000 | 1.135 | .100 | .938 | 1.332 |

续表

| 题项 | | 方差方程的 Levene 检验 | | 均值方程的 t 检验 | | | | | 差分的 95% 置信区间 | |
|---|---|---|---|---|---|---|---|---|---|---|
| | | F | Sig. | t | df | Sig.(双侧) | 均值差值 | 标准误差值 | 下限 | 上限 |
| NL3 | 假设方差相等 | 1.043 | .309 | 8.710 | 157 | .000 | .921 | .106 | .712 | 1.130 |
| | 假设方差不相等 | | | 8.740 | 156.978 | .000 | .921 | .105 | .713 | 1.130 |
| NL4 | 假设方差相等 | 3.210 | .075 | 8.305 | 157 | .000 | .977 | .118 | .745 | 1.210 |
| | 假设方差不相等 | | | 8.367 | 155.999 | .000 | .977 | .117 | .747 | 1.208 |
| MB1 | 假设方差相等 | 8.638 | .004 | 13.627 | 160 | .000 | 1.494 | .110 | 1.277 | 1.710 |
| | 假设方差不相等 | | | 13.627 | 138.640 | .000 | 1.494 | .110 | 1.277 | 1.711 |
| MB2 | 假设方差相等 | 14.781 | .000 | 11.637 | 160 | .000 | 1.395 | .120 | 1.158 | 1.632 |
| | 假设方差不相等 | | | 11.637 | 127.674 | .000 | 1.395 | .120 | 1.158 | 1.632 |
| MB3 | 假设方差相等 | 7.291 | .008 | 11.096 | 160 | .000 | 1.432 | .129 | 1.177 | 1.687 |
| | 假设方差不相等 | | | 11.096 | 136.766 | .000 | 1.432 | .129 | 1.177 | 1.687 |
| MB4 | 假设方差相等 | 2.122 | .147 | 13.451 | 160 | .000 | 1.605 | .119 | 1.369 | 1.841 |
| | 假设方差不相等 | | | 13.451 | 146.720 | .000 | 1.605 | .119 | 1.369 | 1.841 |
| MB5 | 假设方差相等 | 120.217 | .000 | 10.619 | 160 | .000 | 1.235 | .116 | 1.005 | 1.464 |
| | 假设方差不相等 | | | 10.619 | 89.027 | .000 | 1.235 | .116 | 1.004 | 1.466 |
| MB6 | 假设方差相等 | 36.907 | .000 | 12.635 | 160 | .000 | 1.481 | .117 | 1.250 | 1.713 |
| | 假设方差不相等 | | | 12.635 | 111.261 | .000 | 1.481 | .117 | 1.249 | 1.714 |
| MB7 | 假设方差相等 | 1.432 | .233 | 13.546 | 160 | .000 | 1.901 | .140 | 1.624 | 2.178 |
| | 假设方差不相等 | | | 13.546 | 157.630 | .000 | 1.901 | .140 | 1.624 | 2.178 |

续表

| 题项 | | 方差方程的 Levene 检验 | | 均值方程的 t 检验 | | | | | 差分的 95% 置信区间 | |
|---|---|---|---|---|---|---|---|---|---|---|
| | | F | Sig. | t | df | Sig.（双侧） | 均值差值 | 标准误差值 | 下限 | 上限 |
| MB8 | 假设方差相等 | 17.622 | .000 | 12.509 | 160 | .000 | 1.432 | .114 | 1.206 | 1.658 |
| | 假设方差不相等 | | | 12.509 | 126.148 | .000 | 1.432 | .114 | 1.206 | 1.659 |
| MB9 | 假设方差相等 | 7.730 | .006 | 12.622 | 160 | .000 | 1.346 | .107 | 1.135 | 1.556 |
| | 假设方差不相等 | | | 12.622 | 142.689 | .000 | 1.346 | .107 | 1.135 | 1.556 |
| MB10 | 假设方差相等 | 23.139 | .000 | 11.833 | 160 | .000 | 1.432 | .121 | 1.193 | 1.671 |
| | 假设方差不相等 | | | 11.833 | 117.442 | .000 | 1.432 | .121 | 1.192 | 1.672 |
| NR1 | 假设方差相等 | 37.282 | .000 | 9.564 | 171 | .000 | 1.252 | .131 | .994 | 1.511 |
| | 假设方差不相等 | | | 9.459 | 119.055 | .000 | 1.252 | .132 | .990 | 1.514 |
| NR2 | 假设方差相等 | 7.668 | .006 | 12.393 | 171 | .000 | 1.616 | .130 | 1.358 | 1.873 |
| | 假设方差不相等 | | | 12.330 | 154.578 | .000 | 1.616 | .131 | 1.357 | 1.874 |
| NR3 | 假设方差相等 | 7.132 | .008 | 10.785 | 171 | .000 | 1.513 | .140 | 1.236 | 1.790 |
| | 假设方差不相等 | | | 10.739 | 158.855 | .000 | 1.513 | .141 | 1.235 | 1.791 |
| NR4 | 假设方差相等 | 15.176 | .000 | 11.720 | 171 | .000 | 1.603 | .137 | 1.333 | 1.873 |
| | 假设方差不相等 | | | 11.617 | 133.118 | .000 | 1.603 | .138 | 1.330 | 1.876 |
| NR5 | 假设方差相等 | 4.825 | .029 | 16.183 | 171 | .000 | 2.002 | .124 | 1.758 | 2.246 |
| | 假设方差不相等 | | | 16.135 | 164.129 | .000 | 2.002 | .124 | 1.757 | 2.247 |
| NR6 | 假设方差相等 | 20.314 | .000 | 7.654 | 171 | .000 | 1.289 | .168 | .956 | 1.621 |
| | 假设方差不相等 | | | 7.605 | 147.513 | .000 | 1.289 | .169 | .954 | 1.623 |

续表

| 题项 | | 方差方程的 Levene 检验 | | 均值方程的 t 检验 | | | | | 差分的 95% 置信区间 | |
|---|---|---|---|---|---|---|---|---|---|---|
| | | F | Sig. | t | df | Sig.（双侧） | 均值差值 | 标准误差值 | 下限 | 上限 |
| NR7 | 假设方差相等 | 1.479 | .226 | 6.441 | 171 | .000 | .976 | .152 | .677 | 1.276 |
| | 假设方差不相等 | | | 6.427 | 166.858 | .000 | .976 | .152 | .676 | 1.276 |
| NR8 | 假设方差相等 | .123 | .727 | 14.953 | 171 | .000 | 1.646 | .110 | 1.429 | 1.863 |
| | 假设方差不相等 | | | 14.911 | 164.729 | .000 | 1.646 | .110 | 1.428 | 1.864 |
| NR9 | 假设方差相等 | 50.879 | .000 | 13.321 | 171 | .000 | 1.839 | .138 | 1.567 | 2.112 |
| | 假设方差不相等 | | | 13.184 | 123.662 | .000 | 1.839 | .139 | 1.563 | 2.115 |
| NR10 | 假设方差相等 | .399 | .529 | 14.294 | 171 | .000 | 1.860 | .130 | 1.603 | 2.117 |
| | 假设方差不相等 | | | 14.273 | 168.545 | .000 | 1.860 | .130 | 1.603 | 2.117 |
| NR11 | 假设方差相等 | 3.400 | .067 | 13.619 | 171 | .000 | 1.603 | .118 | 1.371 | 1.836 |
| | 假设方差不相等 | | | 13.516 | 140.235 | .000 | 1.603 | .119 | 1.369 | 1.838 |
| SS1 | 假设方差相等 | 14.516 | .000 | 11.542 | 195 | .000 | 1.294 | .112 | 1.073 | 1.516 |
| | 假设方差不相等 | | | 11.318 | 154.747 | .000 | 1.294 | .114 | 1.068 | 1.520 |
| SS2 | 假设方差相等 | 7.049 | .009 | 10.727 | 195 | .000 | 1.363 | .127 | 1.113 | 1.614 |
| | 假设方差不相等 | | | 10.517 | 154.509 | .000 | 1.363 | .130 | 1.107 | 1.619 |
| SS3 | 假设方差相等 | 11.631 | .001 | 11.486 | 195 | .000 | 1.373 | .120 | 1.137 | 1.609 |
| | 假设方差不相等 | | | 11.216 | 143.645 | .000 | 1.373 | .122 | 1.131 | 1.615 |
| SS4 | 假设方差相等 | 50.360 | .000 | 12.802 | 195 | .000 | 1.506 | .118 | 1.274 | 1.738 |
| | 假设方差不相等 | | | 12.440 | 131.093 | .000 | 1.506 | .121 | 1.266 | 1.745 |

续表

| 题项 | | 方差方程的 Levene 检验 | | 均值方程的 t 检验 | | | | | 差分的 95% 置信区间 | |
| --- | --- | --- | --- | --- | --- | --- | --- | --- | --- | --- |
| | | F | Sig. | t | df | Sig.（双侧） | 均值差值 | 标准误差值 | 下限 | 上限 |
| SS5 | 假设方差相等 | 16.234 | .000 | 11.234 | 195 | .000 | 1.561 | .139 | 1.287 | 1.835 |
| | 假设方差不相等 | | | 10.990 | 148.585 | .000 | 1.561 | .142 | 1.280 | 1.841 |
| SS6 | 假设方差相等 | 11.927 | .001 | 13.847 | 195 | .000 | 1.590 | .115 | 1.364 | 1.817 |
| | 假设方差不相等 | | | 13.538 | 147.016 | .000 | 1.590 | .117 | 1.358 | 1.823 |
| PJ1 | 假设方差相等 | .681 | .411 | 15.492 | 124 | .000 | 1.744 | .113 | 1.521 | 1.966 |
| | 假设方差不相等 | | | 13.388 | 58.862 | .000 | 1.744 | .130 | 1.483 | 2.004 |
| PJ2 | 假设方差相等 | 5.434 | .021 | 14.293 | 124 | .000 | 1.758 | .123 | 1.515 | 2.002 |
| | 假设方差不相等 | | | 11.844 | 53.852 | .000 | 1.758 | .148 | 1.461 | 2.056 |
| PJ3 | 假设方差相等 | 24.063 | .000 | 14.452 | 124 | .000 | 1.680 | .116 | 1.450 | 1.910 |
| | 假设方差不相等 | | | 11.516 | 49.931 | .000 | 1.680 | .146 | 1.387 | 1.973 |
| PJ4 | 假设方差相等 | 54.555 | .000 | 13.038 | 124 | .000 | 1.565 | .120 | 1.328 | 1.803 |
| | 假设方差不相等 | | | 10.073 | 47.246 | .000 | 1.565 | .155 | 1.253 | 1.878 |
| PJ5 | 假设方差相等 | .004 | .948 | 22.198 | 124 | .000 | 1.935 | .087 | 1.762 | 2.107 |
| | 假设方差不相等 | | | 21.033 | 73.574 | .000 | 1.935 | .092 | 1.751 | 2.118 |
| PJ6 | 假设方差相等 | 4.557 | .035 | 18.775 | 124 | .000 | 1.966 | .105 | 1.759 | 2.173 |
| | 假设方差不相等 | | | 17.081 | 66.368 | .000 | 1.966 | .115 | 1.736 | 2.196 |
| PJ7 | 假设方差相等 | .392 | .532 | 14.950 | 124 | .000 | 2.013 | .135 | 1.747 | 2.280 |
| | 假设方差不相等 | | | 14.553 | 79.054 | .000 | 2.013 | .138 | 1.738 | 2.289 |

续表

| 题项 | | 方差方程的 Levene 检验 | | 均值方程的 t 检验 | | | | | | |
|---|---|---|---|---|---|---|---|---|---|---|
| | | F | Sig. | t | df | Sig.（双侧） | 均值差值 | 标准误差值 | 差分的95%置信区间 | |
| | | | | | | | | | 下限 | 上限 |
| PJ8 | 假设方差相等 | 2.382 | .125 | 14.236 | 124 | .000 | 2.152 | .151 | 1.853 | 2.451 |
| | 假设方差不相等 | | | 13.540 | 74.303 | .000 | 2.152 | .159 | 1.835 | 2.469 |
| PJ9 | 假设方差相等 | 12.715 | .001 | 1.966 | 124 | .052 | .341 | .173 | -.002 | .684 |
| | 假设方差不相等 | | | 1.709 | 59.670 | .093 | .341 | .200 | -.058 | .740 |

别题项与总分的相关系数未达到显著的题项，或两者为低度相关（相关系数小于0.4），表示题项与整体量表的同质性不高，最好删除。"[①]"特别值得注意的是，如果一个量表的因素结构在研究之初已经决定（基于特定理论或研究者的指定），那么不同因素的题目应该分开来执行此项检验，如果把不同因素的题目混合在一起执行项目总分相关，可能会造成相关低估的问题。"[②] 本书在进行题项与总分相关分析时，以量表为单位，具体检验结果如下。

(1)"观念与态度"量表的题项与总分相关分析

由表2-5可知，在"观念与态度"量表中，10个题项KG1、KG2、KG3、KG4、KG5、KG6、NL1、NL2、NL3、NL4与总分的相关处于0.510—0.746（p<0.05）。10个题项与量表总分的相关性较高，予以保留。

(2)"课程目标设计能力"量表的题项与总分相关分析

由表2-6可知，在"课程目标设计能力"量表中，10个题项MB1、MB2、MB3、MB4、MB5、MB6、MB7、MB8、MB9、MB10与总分的相关性处于0.588—0.696（p<0.05）。10个题项与量表总分的相关性较高，予以保留。

---

[①] 吴明隆：《问卷统计分析实务——SPSS操作与应用》，重庆大学出版社2010年版，第181页。

[②] 同上书，第476页。

表2-5 "观念与态度"量表的题项与总分相关分析（预试问卷）

|  | KC1 | KC2 | KC3 | KC4 | KC5 | KC6 | NL1 | NL2 | NL3 | NL4 | 总分 |
|---|---|---|---|---|---|---|---|---|---|---|---|
| KC1 | 1 | .514** | .541** | .448** | .517** | .438** | .172** | .288** | .219** | .181** | .709** |
| KC2 | .514** | 1 | .551** | .471** | .424** | .380** | .092 | .153* | .010 | .043 | .612** |
| KC3 | .541** | .551** | 1 | .579** | .614** | .505** | .170** | .205** | .170** | .141* | .743** |
| KC4 | .448** | .471** | .579** | 1 | .594** | .603** | .253** | .281** | .150* | .147* | .746** |
| KC5 | .517** | .424** | .614** | .594** | 1 | .550** | .251** | .224** | .147* | .160** | .739** |
| KC6 | .438** | .380** | .505** | .603** | .550** | 1 | .203** | .183** | .137* | .144* | .682** |
| NL1 | .172** | .092 | .170** | .253** | .251** | .203** | 1 | .763** | .655** | .694** | .570** |
| NL2 | .288** | .153* | .205** | .281** | .224** | .183** | .763** | 1 | .716** | .666** | .608** |
| NL3 | .219** | .010 | .170** | .150* | .147* | .137* | .655** | .716** | 1 | .724** | .514** |
| NL4 | .181** | .043 | .141* | .147* | .160** | .144* | .694** | .666** | .724** | 1 | .510** |
| 总分 | .709** | .612** | .743** | .746** | .739** | .682** | .570** | .608** | .514** | .510** | 1 |

\*\*表示在0.01水平（双侧）上显著相关。

表2-6 "课程目标设计能力"量表的题项与总分相关分析（预试问卷）

|  | MB1 | MB2 | MB3 | MB4 | MB5 | MB6 | MB7 | MB8 | MB9 | MB10 | 总分 |
|---|---|---|---|---|---|---|---|---|---|---|---|
| MB1 | 1 | .534** | .475** | .518** | .281** | .363** | .305** | .329** | .327** | .344** | .684** |
| MB2 | .534** | 1 | .551** | .571** | .177** | .237** | .210** | .336** | .305** | .240** | .633** |
| MB3 | .475** | .551** | 1 | .570** | .242** | .258** | .245** | .301** | .295** | .241** | .641** |
| MB4 | .518** | .571** | .570** | 1 | .214** | .310** | .347** | .357** | .332** | .282** | .696** |
| MB5 | .281** | .177** | .242** | .214** | 1 | .610** | .460** | .257** | .243** | .307** | .588** |
| MB6 | .363** | .237** | .258** | .310** | .610** | 1 | .591** | .172** | .261** | .344** | .650** |
| MB7 | .305** | .210** | .245** | .347** | .460** | .591** | 1 | .273** | .270** | .396** | .662** |
| MB8 | .329** | .336** | .301** | .357** | .257** | .172** | .273** | 1 | .626** | .470** | .631** |
| MB9 | .327** | .305** | .295** | .332** | .243** | .261** | .270** | .626** | 1 | .469** | .629** |
| MB10 | .344** | .240** | .241** | .282** | .307** | .344** | .396** | .470** | .469** | 1 | .638** |
| 总分 | .684** | .633** | .641** | .696** | .588** | .650** | .662** | .631** | .629** | .638** | 1 |

\*\*表示在0.01水平（双侧）上显著相关。

(3)"课程内容设计能力"量表的题项与总分相关分析

表2-7可知,在"课程内容设计能力"量表中,NR7与总分的相关性为0.390<0.4;其余10个题项与总分的相关性处于0.456—0.733（p<0.05）。因此,NR7与总分不具有较高的相关性,予以删除;其余10个题项与总分的相关性较高,予以保留。

表2-7 "课程内容设计能力"量表的题项与总分相关分析（预试问卷）

|      | NR1 | NR2 | NR3 | NR4 | NR5 | NR6 | NR7 | NR8 | NR9 | NR10 | NR11 | 总分 |
|------|-----|-----|-----|-----|-----|-----|-----|-----|-----|------|------|------|
| NR1  | 1 | .665** | .577** | .291** | .276** | .227** | .071 | .307** | .283** | .274** | .351** | .606** |
| NR2  | .665** | 1 | .712** | .353** | .343** | .274** | .157** | .371** | .334** | .350** | .393** | .702** |
| NR3  | .577** | .712** | 1 | .242** | .303** | .445** | .201** | .314** | .166** | .246** | .298** | .642** |
| NR4  | .291** | .353** | .242** | 1 | .449** | .108 | .167** | .527** | .474** | .523** | .493** | .662** |
| NR5  | .276** | .343** | .303** | .449** | 1 | .275** | .178** | .441** | .672** | .578** | .516** | .733** |
| NR6  | .227** | .274** | .445** | .108 | .275** | 1 | .273** | .128** | .120* | .109 | .086 | .456** |
| NR7  | .071 | .157** | .201** | .167** | .178** | .273** | 1 | .116 | .186** | .156** | .153** | .390** |
| NR8  | .307** | .371** | .314** | .527** | .441** | .128** | .116 | 1 | .459** | .583** | .529** | .677** |
| NR9  | .283** | .334** | .166** | .474** | .672** | .120* | .186** | .459** | 1 | .546** | .518** | .689** |
| NR10 | .274** | .350** | .246** | .523** | .578** | .109 | .156** | .583** | .546** | 1 | .535** | .706** |
| NR11 | .351** | .393** | .298** | .493** | .516** | .086 | .153** | .529** | .518** | .535** | 1 | .691** |
| 总分 | .606** | .702** | .642** | .662** | .733** | .456** | .390** | .677** | .689** | .706** | .691** | 1 |

\*\*表示在0.01水平（双侧）上显著相关。

(4)"课程实施能力"量表的题项与总分相关分析

由表2-8可知,在"课程实施能力"量表中,六个题项SS1、SS2、SS3、SS4、SS5、SS6与总分的相关性处于0.645—0.749（p<0.05）。六个题项与总分的相关性较高,予以保留。

表2-8 "课程实施能力"量表的题项与总分相关分析（预试问卷）

|      | SS1 | SS2 | SS3 | SS4 | SS5 | SS6 | 总分 |
|------|-----|-----|-----|-----|-----|-----|------|
| SS1  | 1 | .655** | .618** | .210** | .204** | .269** | .699** |
| SS2  | .655** | 1 | .678** | .139* | .079 | .166** | .645** |
| SS3  | .618** | .678** | 1 | .185** | .078 | .226** | .659** |
| SS4  | .210** | .139* | .185** | 1 | .587** | .665** | .690** |
| SS5  | .204** | .079 | .078 | .587** | 1 | .702** | .669** |
| SS6  | .269** | .166** | .226** | .665** | .702** | 1 | .749** |
| 总分 | .699** | .645** | .659** | .690** | .669** | .749** | 1 |

\*\*表示在0.01水平（双侧）上显著相关。

（5）"课程评价能力"量表的题项与总分相关分析

由表2-9可知，在"课程评价能力"量表中，八个题项PJ1、PJ2、PJ3、PJ4、PJ5、PJ6、PJ7、PJ8与总分的相关性处于0.741—0.806（p<0.05）。八个题项与总分的相关性较高，予以保留。

表2-9　"课程评价能力"量表的题项与总分相关分析（预试问卷）

|   | PJ1 | PJ2 | PJ3 | PJ4 | PJ5 | PJ6 | PJ7 | PJ8 | 总分 |
|---|---|---|---|---|---|---|---|---|---|
| PJ1 | 1 | .719** | .690** | .640** | .484** | .470** | .432** | .434** | .771** |
| PJ2 | .719** | 1 | .776** | .681** | .440** | .470** | .367** | .422** | .768** |
| PJ3 | .690** | .776** | 1 | .660** | .482** | .467** | .387** | .399** | .764** |
| PJ4 | .640** | .681** | .660** | 1 | .491** | .462** | .399** | .383** | .741** |
| PJ5 | .484** | .440** | .482** | .491** | 1 | .761** | .674** | .618** | .806** |
| PJ6 | .470** | .470** | .467** | .462** | .761** | 1 | .678** | .622** | .805** |
| PJ7 | .432** | .367** | .387** | .399** | .674** | .678** | 1 | .671** | .770** |
| PJ8 | .434** | .422** | .399** | .383** | .618** | .622** | .671** | 1 | .760** |
| 总分 | .771** | .768** | .764** | .741** | .806** | .805** | .770** | .760** | 1 |

＊＊表示在0.01水平（双侧）上显著相关。

通过决断值检验，删除题项PJ9；通过题项与总分相关分析性检验，删除题项NR7。目前为止共计删除两个题项，问卷仍保留44个题项。接下来，对预试问卷进行探索性因素分析。

3. 量表的因素分析

探索性因素分析主要是检验问卷各量表的建构效度，即"能够测量出理论的特质或概念的程度，亦即实际的测验分数能解释多少某一心理特质"[①]。根据吴明隆（2010）的观点，"若是使用者在量表编制过程中参考文献及相关理论后，明确将量表分成几个分量表（量表或构念），各分量表所包括的题项界定得很清楚，亦即各题项归属于哪个量表或构念非常明确，且量表也经过专家效度检验及修改，在预试完成后，使用者可以根据各量表的层面，以量表包括的题项变量分别

---

① 吴明隆：《问卷统计分析实务——SPSS操作与应用》，重庆大学出版社2010年版，第195页。

进行因素分析，而不用以整个量表进行因素分析"①。其次，"专家效度也是内容效度的一种，主要是由专家学者及该领域实务工作者就各构面所包含测量题项的适切性加以检验，包括测量题项表达的含义、题项词句的通顺与完整、题项所要测得的构面潜在特质是否适宜等"②。本书自编的"学前教师课程能力表现水平测量问卷"首先参考课程论与教育学相关文献，初步设计出理论框架与问卷初稿；在经过1名课程与教学论专家、两名学前教育专家和1名幼儿园园长的6次修正后，最终确定问卷各量表构成要素。该问卷符合探索性因素分析中根据各量表进行因素分析的条件。因此，分别对五个分量表的KMO值、共同性、转矩后的提取成分、因素负荷量进行检验后，删除多余题项。KMO值的判断准则见表2-10③，因素负荷量、解释变异百分比及选取准则判断标准见表2-11。④

表2-10　　　　　　　KMO指标的判断准则

| KMO统计量值 | 判别说明 | 因素分析适切性 |
| --- | --- | --- |
| .90以上 | 极适合进行因素分析（marvelous） | 极佳的（Perfect） |
| .80以上 | 适合进行因素分析（meritorious） | 良好的（Meritorious） |
| .70以上 | 尚可进行因素分析（middling） | 适中的（Middling） |
| .60以上 | 勉强可进行因素分析（mediocre） | 普通的（Mediocre） |
| .50以上 | 不适合进行因素分析（miserable） | 欠佳的（Miserable） |
| .50以下 | 非常不适合进行因素分析（unacceptable） | 无法接受的（Unacceptable） |

（1）"观念与态度"量表的因素分析

在"观念与态度"量表中，运用"主成分分析法"，旋转为"最大方差法"，基于特征值"1"进行因素分析。分析结果详见表2-12：KMO系数为0.848（$p < 0.000$），Bartlett球形检验值为1487.331，样本的因素分析适切性良好，适合进行因素分析；量表共

---

① 吴明隆：《问卷统计分析实务——SPSS操作与应用》，重庆大学出版社2010年版，第282页。
② 同上书，第476页。
③ 同上书，第208页。
④ 同上书，第201页。

表 2-11　因素负荷量、解释变异百分比及选取准则判断标准

| 因素负荷量 | 因素负荷量$^2$（解释变异量） | 题项变量状况 |
|---|---|---|
| .71 | 50% | 甚为理想（excellent） |
| .63 | 40% | 非常好（very good） |
| .55 | 30% | 好（good） |
| .45 | 20% | 普通（fair） |
| .32 | 10% | 不好（poor） |
| <.32 | <10% | 舍弃 |

抽取两个因素，KC1—KC6 为"课程认知"维度，NL1—NL4 为"能力满意度"维度，与预期量表维度划分相吻合；两个因素转轴后的特征值分别为 3.584、3.139，解释变异量分别为 35.835%、31.386%，联合解释变异量为 67.222%，题项变量状况非常好；题项的因子共同性均在 0.531 以上，因素负荷量均在 0.723 以上。因此，10 个题项均能有效反映"观念与态度"量表的因素构念，予以保留。

表 2-12　"观念与态度"量表的探索性因素分析（预试问卷）

| 题项 | 最大方差法直交转轴后的因素负荷量[a] | | 共同性 |
|---|---|---|---|
| | 课程认知 | 能力满意度 | |
| KC1 | .723 | .162 | .549 |
| KC2 | .728 | -.030 | .531 |
| KC3 | .819 | .089 | .678 |
| KC4 | .790 | .142 | .644 |
| KC5 | .792 | .130 | .644 |
| KC6 | .740 | .102 | .558 |
| NL1 | .140 | .869 | .776 |
| NL2 | .183 | .874 | .797 |
| NL3 | .062 | .879 | .777 |
| NL4 | .058 | .874 | .767 |

取样足够度的 KMO 度量：0.848**
Bartlett 球形检验值：1487.331

| 特征值 | 3.584 | 3.139 |
| 解释变异量（%） | 35.835 | 31.386 |
| 累积解释变异量（%） | 35.835 | 67.222 |

提取方法：主成分。
旋转法：具有 Kaiser 标准化的正交旋转法。
a 表示旋转在 3 次迭代后收敛。
＊＊表示在 0.01 水平（双侧）上显著相关。

### （2）"课程目标设计能力"量表的因素分析

在"课程目标设计能力"量表中，运用"主成分分析法"，旋转为"最大方差法"，基于特征值"1"进行因素分析。分析结果详见表2-13：KMO系数达到0.835（$p<0.000$），Bartlett球形检验值为1038.840，样本的因素分析适切性良好，适合进行因素分析；量表共抽取三个因素，MB1、MB2、MB3、MB4为"课程目标取向平衡能力"维度，MB5、MB6、MB7为"课程目标来源整合能力"维度，MB8、MB9、MB10为"课程目标组织能力"维度，与预期量表维度划分相吻合；三个因素转轴后的特征值分别为2.597、2.206、2.038，解释变异量分别为25.974%、22.058%、20.379%，联合解释变异量为68.410%，题项变量状况非常好；题项的因子共同性均在0.592以上，因素负荷量均在0.683以上。因此，10个题项均能有效反映"课程目标设计能力"量表的因素构念，予以保留。

表2-13　　"课程目标设计能力"量表的探索性因素分析（预试问卷）

| 题项 | 最大方差法直交转轴后的因素负荷量[a] | | | 共同性 |
| --- | --- | --- | --- | --- |
| | 课程目标取向平衡能力 | 课程目标来源整合能力 | 课程目标组织能力 | |
| MB1 | .695 | .258 | .207 | .592 |
| MB2 | .823 | .048 | .164 | .706 |
| MB3 | .792 | .128 | .123 | .658 |
| MB4 | .785 | .176 | .188 | .683 |
| MB5 | .102 | .795 | .146 | .665 |
| MB6 | .200 | .861 | .077 | .788 |
| MB7 | .169 | .758 | .208 | .646 |
| MB8 | .241 | .064 | .836 | .761 |
| MB9 | .209 | .115 | .826 | .739 |
| MB10 | .119 | .350 | .683 | .604 |
| 取样足够度的KMO度量：0.835** | | | | |
| Bartlett球形检验值：1038.840 | | | | |
| 特征值 | 2.597 | 2.206 | 2.038 | |
| 解释变异量（%） | 25.974 | 22.058 | 20.379 | |
| 累积解释变异量（%） | 25.974 | 48.031 | 68.410 | |

提取方法：主成分。
旋转法：具有Kaiser标准化的正交旋转法。
a表示旋转在5次迭代后收敛。
**表示在0.01水平（双侧）上显著相关。

(3)"课程内容设计能力"量表的因素分析

在"课程内容设计能力"量表中,运用"主成分分析法",旋转为"最大方差法",基于特征值"1"进行因素分析。分析结果详见表 2-14:KMO 系数达到 0.853（p<0.000）,Bartlett 球形检验值为 1256.582,样本的因素分析适切性良好,适合进行因素分析;量表共抽取两个因素,NR1、NR2、NR3、NR6 为"课程内容取向选择能力"维度,NR4、NR5、NR8、NR9、NR10、NR11 为"课程内容组织能力"维度,其中,NR6 在理论上应归为课程内容组织能力维度,与实际不吻合,予以删除。

表 2-14 "课程内容设计能力"量表的探索性因素分析（预试问卷）

| 题项 | 最大方差法直交转轴后的因素负荷量 | | 共同性 |
|---|---|---|---|
| | 课程内容取向的选择能力 | 课程内容组织能力 | |
| NR1 | .754 | .249 | .630 |
| NR2 | .806 | .318 | .751 |
| NR3 | .884 | .151 | .803 |
| NR4 | .153 | .723 | .546 |
| NR5 | .205 | .753 | .609 |
| NR6 | .590 | .022 | .349 |
| NR8 | .207 | .725 | .568 |
| NR9 | .082 | .796 | .641 |
| NR10 | .118 | .807 | .666 |
| NR11 | .205 | .743 | .594 |

取样足够度的 KMO 度量:0.853**
Bartlett 球形检验值:1256.582

| 特征值 | 3.640 | 2.518 |
|---|---|---|
| 解释变异量（%） | 36.404 | 25.176 |
| 累积解释变异量（%） | 36.404 | 61.580 |

提取方法:主成分。
旋转法:具有 Kaiser 标准化的正交旋转法。
a 表示旋转在 3 次迭代后收敛。
**表示在 0.01 水平（双侧）上显著相关。

在删除 NR6 题项后，再次对量表进行探索性因素分析。分析结果详见表 2-15：KMO 系数达到 0.856（$p < 0.000$），Bartlett 球形检验值为 1180.556，样本的因素分析适切性良好，适合进行因素分析；量表共抽取两个因素，NR1、NR2、NR3 为"课程内容取向选择能力"维度，NR4、NR5、NR8、NR9、NR10、NR11 属于"课程内容组织能力"维度，与预期量表维度划分相吻合；两个因素转轴后的特征值分别为 3.552、2.394，解释变异量分别为 39.469%、26.602%，联合解释变异量为 66.070%，题项变量状况非常好；题项的因子共同性均在 0.542 以上，因素负荷量均在 0.711 以上。因此，九个题项均能有效反映"课程内容设计能力"量表的因素构念，予以保留。

表 2-15　"课程内容设计能力"量表的探索性因素分析（删除 NR6）

| 题项 | 最大方差法直交转轴后的因素负荷量 | | 共同性 |
| --- | --- | --- | --- |
| | 课程内容取向的选择能力 | 课程内容组织能力 | |
| NR1 | .820 | .200 | .713 |
| NR2 | .862 | .273 | .817 |
| NR3 | .872 | .130 | .777 |
| NR4 | .188 | .712 | .542 |
| NR5 | .166 | .774 | .627 |
| NR8 | .243 | .711 | .565 |
| NR9 | .092 | .801 | .650 |
| NR10 | .145 | .803 | .666 |
| NR11 | .259 | .723 | .590 |
| 取样足够度的 KMO 度量：0.856** | | | |
| Bartlett 球形检验值：1180.556 | | | |
| 特征值 | 3.552 | 2.394 | |
| 解释变异量（%） | 39.469 | 26.602 | |
| 累积解释变异量（%） | 39.469 | 66.070 | |

提取方法：主成分。
旋转法：具有 Kaiser 标准化的正交旋转法。
a 表示旋转在 3 次迭代后收敛。
**表示在 0.01 水平（双侧）上显著相关。

(4)"课程实施能力"量表的因素分析

在"课程实施能力"量表中,运用"主成分分析法",旋转为"最大方差法",基于特征值"1"进行因素分析。分析结果详见表2-16:KMO系数达到 0.737（$p<0.000$）,Bartlett 球形检验值为754.363,样本的因素分析适切性适中,尚可进行因素分析;该量表共抽取两个因素,SS1、SS2、SS3 为"课程实施取向协调能力"维度,SS4、SS5、SS6 为"课程实施组织能力"维度;两个因素转轴后的特征值分别为 2.312、2.309,解释变异量分别为 38.537%、38.486%,联合解释变异量为 77.023%,题项变量状况甚为理想;题项的因子共同性均在 0.723 以上,因素负荷量均在 0.843 以上。因此,六个题项均能有效反映"课程实施能力"量表的因素构念,予以保留。

表 2-16　"课程实施能力"量表的探索性因素分析（预试问卷）

| 题项 | 最大方差法直交转轴后的因素负荷量[a] | | 共同性 |
|---|---|---|---|
| | 课程实施取向协调能力 | 课程实施组织能力 | |
| SS1 | .843 | .179 | .743 |
| SS2 | .893 | .036 | .800 |
| SS3 | .872 | .084 | .768 |
| SS4 | .113 | .843 | .723 |
| SS5 | .027 | .877 | .770 |
| SS6 | .158 | .890 | .817 |

取样足够度的 KMO 度量:0.737 * *
Bartlett 球形检验值:754.363
特征值　　　　　　　　　2.312　　　　　2.309
解释变异量（%）　　　　38.537　　　　38.486
累积解释变异量（%）　　38.537　　　　77.023

提取方法:主成分。
旋转法:具有 Kaiser 标准化的正交旋转法。
a 表示旋转在 3 次迭代后收敛。
* * 表示在 0.01 水平（双侧）上显著相关。

### (5)"课程评价能力"量表的因素分析

在"课程评价能力"量表中,运用"主成分分析法",旋转为"最大方差法",基于特征值"1"进行因素分析。分析结果详见表2-17:KMO系数达到0.889(p<0.000),Bartlett球形检验值为1468.742,样本的因素分析适切性良好,适合进行因素分析;该量表共抽取两个因素,PJ1、PJ2、PJ3、PJ4为"课程评价取向确定能力"维度,PJ5、PJ6、PJ7、PJ8为"课程评价操作能力"维度;两个因素转轴后的特征值分别为3.099、3.012,解释变异量分别为38.737%、37.649%,联合解释变异量为76.386%,题项变量状况甚为理想;题项的因子共同性均在0.701以上,因素负荷量均在0.798以上。因此,八个题项均能有效反映"课程评价能力"量表的因素构念,予以保留。

表2-17 "课程评价能力"量表的探索性因素分析(预试问卷)

| 题项 | 最大方差法直交转轴后的因素负荷量[a] | | 共同性 |
|---|---|---|---|
|  | 课程评价取向确定能力 | 课程评价操作能力 |  |
| PJ1 | .811 | .298 | .746 |
| PJ2 | .882 | .228 | .829 |
| PJ3 | .860 | .247 | .800 |
| PJ4 | .798 | .274 | .711 |
| PJ5 | .319 | .818 | .771 |
| PJ6 | .308 | .824 | .774 |
| PJ7 | .194 | .860 | .777 |
| PJ8 | .234 | .804 | .701 |
| 取样足够度的KMO度量:0.889** | | | |
| Bartlett球形检验值:1468.742 | | | |
| 特征值 | 3.099 | 3.012 | |
| 解释变异量(%) | 38.737 | 37.649 | |
| 累积解释变异量(%) | 38.737 | 76.386 | |

提取方法:主成分。
旋转法:具有Kaiser标准化的正交旋转法。
a 表示旋转在3次迭代后收敛。
** 表示在0.01水平(双侧)上显著相关。

通过对五个量表的探索性因素分析,"观念与态度"量表10个题项均能有效反映量表的因素构念;"课程目标设计能力"量表10个题项均能有效反映量表的因素构念;"课程内容设计能力"量表删除NR6后,其余9个题项均能有效反映量表的因素构念;"课程实施能力"量表6个题项均能有效反映量表的因素构念;"课程评价能力"量表8个题项均能有效反映量表的因素构念。对删除题项进行整理,得出以下保留题项,详见表2-18。

表2-18　探索性因素分析后保留题项（预试问卷）

| 量表 | 删除题项 | 保留题项 | 剩余题项（个） |
| --- | --- | --- | --- |
| 量表一：观念与态度 | | KCG1、KCG2、KCG3、KCG4、KCG5、KCG6、NL1、NL2、NL3、NL4 | 10 |
| 量表二：课程目标设计能力 | | MB1、MB2、MB3、MB4、MB5、MB6、MB7、MB8、MB9、MB10 | 10 |
| 量表三：课程内容设计能力 | NR6 | NR1、NR2、NR3、NR4、NR5、NR8、NR9、NR10、NR11 | 9 |
| 量表四：课程实施能力 | | SS1、SS2、SS3、SS4、SS5、SS6 | 6 |
| 量表五：课程评价能力 | | PJ1、PJ2、PJ3、PJ4、PJ5、PJ6、PJ7、PJ8 | 8 |
| 合计 | | | 43 |

4. 量表的信度检验

"信度是指测验或量表工具所测得结果的稳定性（stability）及一致性（consistency），量表的信度愈大，则其测量的标准误愈小。"[①]在社会科学领域中，克隆巴赫 α（Cronbach's α）系数最常用于 Likert 式量表。"信度检验旨在检视题项删除后，整体量表的信度系数变化情形，如果题项删除后的量表整体信度系数比原先的信度系数（内部一致性 α 系数）高出许多，则此题项与其余题项所要测量的属性或心理特质可能不相同，代表此题项与其他题项的同质性不高，在项目分

---

① 吴明隆：《问卷统计分析实务——SPSS 操作与应用》，重庆大学出版社 2010 年版，第237页。

析时可考虑将此题项删除。"① 当 $0.700 \leq \alpha \leq 0.799$ 时，量表信度"佳"；当 $0.800 \leq \alpha \leq 0.899$ 时，量表信度"甚佳"；当 $\alpha \geq 0.900$ 时，量表信度"非常理想"。②

(1) "观念与态度"量表的信度分析

在对"观念与态度"量表中 10 个题项进行可靠性分析（详见表 2-19）后可知：量表的内部一致性 $\alpha$ 系数值为 0.846，分量表信度"甚佳"；各题项的 $\alpha$ 值在 0.821—0.841，均小于 0.846；校正项的总计相关性在 0.421—0.646，均大于 0.400。因此，该量表具有可靠信度。

表 2-19　"观念与态度"量表的信度分析（预试问卷）

| 题项 | 项已删除的刻度均值 | 项已删除的刻度方差 | 校正的项总计相关性 | 项已删除的Cronbach's Alpha 值 |
| --- | --- | --- | --- | --- |
| KC1 | 33.28 | 33.525 | .597 | .827 |
| KC2 | 33.09 | 35.943 | .495 | .836 |
| KC3 | 33.41 | 33.452 | .646 | .821 |
| KC4 | 33.71 | 32.961 | .645 | .821 |
| KC5 | 33.56 | 33.614 | .643 | .822 |
| KC6 | 33.43 | 34.822 | .577 | .828 |
| NL1 | 33.38 | 38.017 | .479 | .837 |
| NL2 | 33.32 | 37.862 | .526 | .834 |
| NL3 | 33.30 | 38.873 | .421 | .841 |

可靠性统计量 Cronbach's Alpha：0.846

案例总计：282

(2) "课程目标设计能力"量表的信度分析

在对"课程目标设计能力"量表中 10 个题项进行可靠性分析（详见表 2-20）后可知：量表的内部一致性 $\alpha$ 系数值为 0.843，分

---

① 吴明隆：《问卷统计分析实务——SPSS 操作与应用》，重庆大学出版社 2010 年版，第 184 页。

② 同上书，第 249 页。

量表信度"甚佳";各题项的 α 值在 0.822—0.833,均小于 0.843;校正的项总计相关性在 0.480—0.599,均大于 0.400。因此,该量表具有可靠信度。

表 2-20 "课程目标设计能力"量表的信度分析(预试问卷)

| 题项 | 项已删除的刻度均值 | 项已删除的刻度方差 | 校正的项总计相关性 | 项已删除的Cronbach's Alpha 值 |
|---|---|---|---|---|
| MB1 | 34.89 | 31.012 | .595 | .823 |
| MB2 | 34.94 | 31.423 | .533 | .829 |
| MB3 | 34.99 | 31.067 | .536 | .828 |
| MB4 | 35.23 | 30.228 | .599 | .822 |
| MB5 | 34.57 | 31.969 | .480 | .833 |
| MB6 | 34.89 | 30.985 | .547 | .827 |
| MB7 | 35.72 | 29.355 | .529 | .831 |
| MB8 | 34.95 | 31.279 | .526 | .829 |
| MB9 | 34.98 | 31.626 | .531 | .829 |
| MB10 | 34.96 | 30.874 | .527 | .829 |

可靠性统计量 Cronbach's Alpha:0.843

案例总计:282

(3)"课程内容设计能力"量表的信度分析

通过对"课程内容设计能力"量表中 9 个题项进行可靠性分析(详见表 2-21)后可知:量表的内部一致性 α 系数值为 0.869,分量表信度"甚佳";各题项的 α 值在 0.850—0.865,均小于 0.869;校正的项总计相关性在 0.488—0.654,均大于 0.400。因此,该量表具有可靠的信度。

(4)"课程实施能力"量表的信度分析

在对"课程实施能力"量表中 6 个题项进行可靠性分析(详见表 2-22)后可知:量表的内部一致性 α 系数值为 0.771,分量表信度"佳";各题项的 α 值在 0.714—0.752,均小于 0.771;校正的项总计相关性在 0.463—0.609,均大于 0.400。因此,该量表具有可靠信度。

表2-21　"课程内容设计能力"量表的信度分析（预试问卷）

| 题项 | 项已删除的刻度均值 | 项已删除的刻度方差 | 校正的项总计相关性 | 项已删除的Cronbach's Alpha值 |
|---|---|---|---|---|
| NR1 | 27.95 | 36.546 | .526 | .861 |
| NR2 | 28.49 | 34.749 | .618 | .853 |
| NR3 | 28.88 | 36.109 | .488 | .865 |
| NR4 | 28.12 | 34.794 | .596 | .855 |
| NR5 | 28.62 | 33.447 | .646 | .851 |
| NR8 | 28.34 | 35.123 | .631 | .853 |
| NR9 | 28.20 | 33.953 | .620 | .853 |
| NR10 | 28.50 | 33.646 | .654 | .850 |
| NR11 | 28.09 | 34.918 | .652 | .851 |

可靠性统计量 Cronbach's Alpha：0.869

案例总计：282

表2-22　"课程实施能力"量表的信度分析（预试问卷）

| 题项 | 项已删除的刻度均值 | 项已删除的刻度方差 | 校正的项总计相关性 | 项已删除的Cronbach's Alpha值 |
|---|---|---|---|---|
| SS1 | 19.16 | 12.635 | .556 | .729 |
| SS2 | 19.37 | 12.683 | .463 | .751 |
| SS3 | 19.35 | 12.740 | .491 | .744 |
| SS4 | 19.07 | 12.312 | .523 | .736 |
| SS5 | 19.31 | 12.107 | .470 | .752 |
| SS6 | 19.22 | 11.895 | .609 | .714 |

可靠性统计量 Cronbach's Alpha：0.771

案例总计：282

(5)"课程评价能力"量表的信度分析

在对"课程评价能力"量表中8个题项进行可靠性分析（详见表2-23）后可知：量表的内部一致性α系数值为0.901，分量表信度"非常理想"；各题项的α值在0.887—0.893，均小于0.901；校正的项总计相关性在0.658—0.741，均大于0.400。因此，该量表具有可靠信度。

表2-23 "课程评价能力"量表的信度分析（预试问卷）

| 题项 | 项已删除的刻度均值 | 项已删除的刻度方差 | 校正的项总计相关性 | 项已删除的Cronbach's Alpha值 |
|---|---|---|---|---|
| PJ1 | 27.28 | 24.716 | .696 | .887 |
| PJ2 | 27.11 | 24.838 | .693 | .888 |
| PJ3 | 27.00 | 25.160 | .692 | .888 |
| PJ4 | 27.02 | 25.405 | .665 | .890 |
| PJ5 | 27.18 | 24.483 | .741 | .884 |
| PJ6 | 27.30 | 24.126 | .736 | .884 |
| PJ7 | 27.71 | 23.267 | .670 | .891 |
| PJ8 | 27.71 | 23.404 | .658 | .893 |

可靠性统计量 Cronbach's Alpha: 0.901

案例总计: 282

通过对五个量表的可靠性分析可知，问卷所有量表均具有良好信度，未删除任何题项。因此，在对问卷进行决断值检验、题项与总分相关性分析、探索性因素分析和信度检验后，问卷46个题项中共有3个题项NR6、NR7、PJ9不符合标准，予以删除。即删除"渐进性组织""跨越性组织""同事互评"三个要素，最后保留43个题项。

### （三）正式问卷的形成

在正式问卷形成之前，再次对预试问卷保留的43个题项进行综合检验，包括决断值判断、题项与总分相关分析、校正题项与总分相关分析、题项删除后的α值检验、共同性检验和因素负荷量检验。分析结果详见表2-24，五个量表的43个题项在各项指标上均达到标准，全部予以保留。

预试问卷经过以上项目分析后，对不达标的题项进行删除，最后保留题项，形成正式问卷。正式问卷由"观念与态度""课程目标设计能力""课程内容设计能力""课程实施能力""课程评价能力"五个量表构成，共计43个题项，具体内容及对应题项详见表2-25。

表 2-24　　预试问卷保留题项的整体指标检验

| 题项 | 极端组比较 决断值 | 题项与总分相关 题项与总分相关 | 题项与总分相关 校正题项与总分相关 | 同质性检验 题项删除后的α值 | 同质性检验 共同性 | 同质性检验 因素负荷量 | 未达标准指标数 | 备注 |
|---|---|---|---|---|---|---|---|---|
| KC1 | 15.355** | .709** | .597 | .827 | .549 | .723 | 0 | 保留 |
| KC2 | 13.128** | .612** | .495 | .836 | .531 | .728 | 0 | 保留 |
| KC3 | 16.916** | .743** | .646 | .821 | .678 | .819 | 0 | 保留 |
| KC4 | 18.652** | .746** | .645 | .821 | .644 | .790 | 0 | 保留 |
| KC5 | 17.112** | .739** | .643 | .822 | .644 | .792 | 0 | 保留 |
| KC6 | 14.238** | .682** | .577 | .828 | .558 | .740 | 0 | 保留 |
| NL1 | 10.949** | .570** | .479 | .837 | .776 | .869 | 0 | 保留 |
| NL2 | 11.312** | .608** | .526 | .834 | .797 | .874 | 0 | 保留 |
| NL3 | 8.710** | .514** | .421 | .841 | .777 | .879 | 0 | 保留 |
| NL4 | 8.305** | .510** | .597 | .827 | .767 | .874 | 0 | 保留 |
| MB1 | 13.627** | .684** | .595 | .823 | .592 | .695 | 0 | 保留 |
| MB2 | 11.637** | .633** | .533 | .829 | .706 | .823 | 0 | 保留 |
| MB3 | 11.096** | .641** | .536 | .828 | .658 | .792 | 0 | 保留 |
| MB4 | 13.451** | .696** | .599 | .822 | .683 | .785 | 0 | 保留 |
| MB5 | 10.691** | .588** | .480 | .833 | .665 | .795 | 0 | 保留 |
| MB6 | 12.635** | .650** | .547 | .827 | .788 | .861 | 0 | 保留 |
| MB7 | 13.546** | .662** | .529 | .831 | .646 | .758 | 0 | 保留 |
| MB8 | 12.509** | .631** | .526 | .829 | .761 | .836 | 0 | 保留 |
| MB9 | 12.622** | .629** | .531 | .829 | .739 | .826 | 0 | 保留 |
| MB10 | 11.833** | .638** | .527 | .829 | .604 | .683 | 0 | 保留 |
| NR1 | 9.699** | .625** | .526 | .861 | .713 | .820 | 0 | 保留 |
| NR2 | 12.786** | .710** | .618 | .853 | .817 | .862 | 0 | 保留 |
| NR3 | 10.025** | .605** | .488 | .865 | .777 | .872 | 0 | 保留 |
| NR4 | 12.045** | .694** | .596 | .855 | .542 | .712 | 0 | 保留 |
| NR5 | 16.521** | .742** | .646 | .851 | .627 | .774 | 0 | 保留 |

续表

| 题项 | 极端组比较 | 题项与总分相关 | | 同质性检验 | | | 未达标准指标数 | 备注 |
|---|---|---|---|---|---|---|---|---|
| | 决断值 | 题项与总分相关 | 校正题项与总分相关 | 题项删除后的α值 | 共同性 | 因素负荷量 | | |
| NR8 | 16.733** | .716** | .631 | .853 | .565 | .711 | 0 | 保留 |
| NR9 | 14.103** | .720** | .620 | .853 | .650 | .801 | 0 | 保留 |
| NR10 | 16.047** | .745** | .654 | .850 | .666 | .803 | 0 | 保留 |
| NR11 | 13.048** | .733** | .652 | .851 | .590 | .723 | 0 | 保留 |
| SS1 | 11.318** | .699** | .556 | .729 | .743 | .843 | 0 | 保留 |
| SS2 | 10.517** | .645** | .463 | .751 | .800 | .893 | 0 | 保留 |
| SS3 | 11.216** | .659** | .491 | .744 | .768 | .872 | 0 | 保留 |
| SS4 | 12.440** | .690** | .523 | .736 | .723 | .843 | 0 | 保留 |
| SS5 | 10.990** | .669** | .470 | .752 | .770 | .877 | 0 | 保留 |
| SS6 | 13.538** | .749** | .609 | .714 | .817 | .890 | 0 | 保留 |
| PJ1 | 15.834** | .771** | .696 | .887 | .746 | .811 | 0 | 保留 |
| PJ2 | 14.032** | .768** | .693 | .888 | .829 | .882 | 0 | 保留 |
| PJ3 | 15.209** | .764** | .692 | .888 | .800 | .860 | 0 | 保留 |
| PJ4 | 15.096** | .741** | .665 | .890 | .711 | .798 | 0 | 保留 |
| PJ5 | 21.853** | .806** | .741 | .884 | .771 | .818 | 0 | 保留 |
| PJ6 | 18.429** | .805** | .736 | .884 | .774 | .824 | 0 | 保留 |
| PJ7 | 18.290** | .770** | .670 | .891 | .777 | .860 | 0 | 保留 |
| PJ8 | 17.974** | .760** | .658 | .893 | .701 | .804 | 0 | 保留 |
| 判断准则 | ≥3.000 | ≥.400 | ≥.400 | ≤.各量表α值（注） | ≥2.00 | ≥.450 | | |

\*\*表示在0.01水平（双侧）上显著相关，\*表示在0.05水平（双侧）上显著相关。
"观念与态度"量表的内部一致性α系数为0.846。
"课程目标设计能力"量表的内部一致性α系数为0.843。
"课程内容设计能力"量表的内部一致性α系数为0.869。
"课程实施能力"量表的内部一致性α系数为0.771。
"课程评价能力"量表的内部一致性α系数为0.901。

表 2-25　　　　　　　　　　正式问卷的构成要素

| 量表 | 一级指标 | 二级指标 |
| --- | --- | --- |
| 量表 1：<br>观念与态度 | 1. 课程认知<br><br><br><br><br><br>2. 能力满意度 | （1）学科取向：KC1<br>（2）活动取向：KC2<br>（3）计划取向：KC3<br>（4）目标取向：KC4<br>（5）内容取向：KC5<br>（6）经验取向：KC6<br>（7）课程目标设计能力满意度：NL1<br>（8）课程内容设计能力满意度：NL2<br>（9）课程实施能力满意度：NL3<br>（10）课程评价能力满意度：NL4 |
| 量表 2：<br>课程目标设计能力 | 1. 课程目标取向平衡能力<br><br><br><br>2. 课程目标来源整合能力<br><br><br>3. 课程目标组织能力 | （1）普遍性目标取向：MB1<br>（2）行为目标取向：MB2<br>（3）生成性目标取向：MB3<br>（4）表现性目标取向：MB4<br>（5）幼儿来源：MB5<br>（6）生活来源：MB6<br>（7）专家来源：MB7<br>（8）知识与技能目标：MB8<br>（9）过程与方法目标：MB9<br>（10）情感态度与价值观目标：MB10 |
| 量表 3：<br>课程内容设计能力 | 1. 课程内容取向选择能力<br><br><br>2. 课程内容组织能力 | （1）知识本位取向：NR1<br>（2）社会本位取向：NR2<br>（3）学习者本位取向：NR3<br>（4）纵向组织：NR4<br>（5）横向组织：NR5<br>（6）直线式组织：NR6<br>（7）螺旋式组织：NR7<br>（8）逻辑顺序：NR8<br>（9）心理顺序：NR9 |
| 量表 4：<br>课程实施能力 | 1. 课程实施取向协调能力<br><br><br>2. 课程实施组织能力 | （1）忠实取向：SS1<br>（2）相互适应取向：SS2<br>（3）课程创生取向：SS3<br>（4）课程准备能力：SS4<br>（5）游戏组织能力：SS5<br>（6）师幼互动能力：SS6 |
| 量表 5：<br>课程评价能力 | 1. 课程评价取向确定能力<br><br><br><br>2. 课程评价组织能力 | （1）目标取向：PJ1<br>（2）过程取向：PJ2<br>（3）教师主体取向：PJ3<br>（4）幼儿主体取向：PJ4<br>（5）形成性评价：PJ5<br>（6）总结性评价：PJ6<br>（7）量化评价：PJ7<br>（8）质性评价：PJ8 |

## 二 "学前教师课程能力表现水平测量问卷"的正式施测

### (一) 调研对象与分析工具

本书正式使用的"学前教师课程能力表现水平测量问卷"在甘肃省兰州、白银、酒泉、嘉峪关、金昌、张掖、武威、平凉、定西、陇南、庆阳、天水、临夏、甘南14个市州各类型各层次幼儿园进行采样,采样方法为实地发放纸质问卷与网络问卷相结合。本书共计发放1802份问卷,回收1706份问卷,回收率94.67%,剔除漏答、多答、连续多个选项答案以及人口学统计量缺失的问卷,最后用于做分析的样本共计1569份,问卷有效率为91.97%。本书运用SPSS 19.0软件对问卷进行探索性因素分析和信度检验,运用AMOS 21.0软件对量表的模型匹配度、收敛效度和区分效度进行验证。

### (二) 总样本的人口学统计量

由表2-26与表2-27可知,在调查的1569名学前教师中,男性59人,女性1510人;汉族1335人,回族102人,藏族66人,东乡族66人;20岁及以下32人,21—30岁713人,31—40岁547人,41—50岁255人,51岁及以上22人;5年教龄及以下562人,6—10年教龄268人,11—20年教龄417人,21—30年教龄264人,31年教龄及以上58人;初中毕业7人,高中毕业48人,中职59人,大专毕业481人,本科毕业944人,研究生毕业30人;小教高级391人,小教1级391人,小教2级165人,小教3级235人,幼教1级234人,幼教2级65人,幼教3级88人;有正式编制1065人,无正式编制504人;学前教育专业毕业1017人,非学前教育专业毕业552人;转岗355人,非转岗1214人;城市688人,县城506人,镇/村375人;公办园954人,民办园365人,集体办园233人,其他类型园17人;省级示范园389人,省级一类园260人,市级示范园237人,市级一类园363人,市级二类园197人,市级三类园123人。

表2-26　　　　总样本的描述性特征（N=1569）

| 变量 | N | 极小值 | 极大值 | 众数 |
|---|---|---|---|---|
| 性别 | 1569 | 1 | 2 | 2 |
| 民族 | 1569 | 1 | 4 | 1 |
| 年龄 | 1569 | 1 | 5 | 2 |
| 教龄 | 1569 | 1 | 5 | 1 |
| 学历 | 1569 | 1 | 6 | 5 |
| 职称 | 1569 | 1 | 7 | 2 |
| 是否有正式编制 | 1569 | 1 | 2 | 1 |
| 是否学前教育专业毕业 | 1569 | 1 | 2 | 1 |
| 是否转岗教师 | 1569 | 1 | 2 | 2 |
| 幼儿园所在区域 | 1569 | 1 | 3 | 1 |
| 办园性质 | 1569 | 1 | 4 | 1 |
| 幼儿园等级 | 1569 | 1 | 6 | 1 |

表2-27　　　　总样本的人口学特征（N=1569）

| 变量 | 类别 | 频率 | 百分比 | 有效百分比 | 累积百分比 |
|---|---|---|---|---|---|
| 性别 | 男 | 59 | 3.8 | 3.8 | 3.8 |
| | 女 | 1510 | 96.2 | 96.2 | 100.0 |
| | 合计 | 1569 | 100.0 | 100.0 | |
| 民族 | 汉族 | 1335 | 85.1 | 85.1 | 85.1 |
| | 回族 | 102 | 6.5 | 6.5 | 91.6 |
| | 藏族 | 66 | 4.2 | 4.2 | 95.8 |
| | 东乡族 | 66 | 4.2 | 4.2 | 100.0 |
| | 合计 | 1569 | 100.0 | 100.0 | |
| 年龄 | 20岁及以下 | 32 | 2.0 | 2.0 | 2.0 |
| | 21—30岁 | 713 | 45.4 | 45.4 | 47.5 |
| | 31—40岁 | 547 | 34.9 | 34.9 | 82.3 |
| | 41—50岁 | 255 | 16.3 | 16.3 | 98.6 |
| | 51岁及以上 | 22 | 1.4 | 1.4 | 100.0 |
| | 合计 | 1569 | 100.0 | 100.0 | |

续表

| 变量 | 类别 | 频率 | 百分比 | 有效百分比 | 累积百分比 |
|---|---|---|---|---|---|
| 教龄 | 5年及以下 | 562 | 35.8 | 35.8 | 35.8 |
| | 6—10年 | 268 | 17.1 | 17.1 | 52.9 |
| | 11—20年 | 417 | 26.6 | 26.6 | 79.5 |
| | 21—30年 | 264 | 16.8 | 16.8 | 96.3 |
| | 31年及以上 | 58 | 3.7 | 3.7 | 100.0 |
| | 合计 | 1569 | 100.0 | 100.0 | |
| 学历 | 初中 | 7 | .4 | .4 | .4 |
| | 高中 | 48 | 3.1 | 3.1 | 3.5 |
| | 中职 | 59 | 3.8 | 3.8 | 7.3 |
| | 大专 | 481 | 30.7 | 30.7 | 38.0 |
| | 本科 | 944 | 60.2 | 60.2 | 98.2 |
| | 研究生 | 30 | 1.9 | 1.9 | 100.1 |
| | 合计 | 1569 | 100.1 | 100.1 | |
| 职称 | 小教高级 | 391 | 24.9 | 24.9 | 24.9 |
| | 小教1级 | 391 | 24.9 | 24.9 | 49.8 |
| | 小教2级 | 165 | 10.5 | 10.5 | 60.3 |
| | 小教3级 | 235 | 15.0 | 15.0 | 75.3 |
| | 幼教1级 | 234 | 14.9 | 14.9 | 90.2 |
| | 幼教2级 | 65 | 4.1 | 4.1 | 94.3 |
| | 幼教3级 | 88 | 5.6 | 5.6 | 99.9 |
| | 合计 | 1569 | 99.9 | 99.9 | |
| 是否正式编制 | 有 | 1065 | 67.9 | 67.9 | 67.9 |
| | 无 | 504 | 32.1 | 32.1 | 100.0 |
| | 合计 | 1569 | 100.0 | 100.0 | |
| 是否学前教育专业 | 是 | 1017 | 64.8 | 64.8 | 64.8 |
| | 否 | 552 | 35.2 | 35.2 | 100.0 |
| | 合计 | 1569 | 100.0 | 100.0 | |
| 是否转岗 | 是 | 355 | 22.6 | 22.6 | 22.6 |
| | 否 | 1214 | 77.4 | 77.4 | 100.0 |
| | 合计 | 1569 | 100.0 | 100.0 | |

续表

| 变量 | 类别 | 频率 | 百分比 | 有效百分比 | 累积百分比 |
|---|---|---|---|---|---|
| 幼儿园所在区域 | 城市 | 688 | 43.8 | 43.8 | 43.8 |
| | 县城 | 506 | 32.2 | 32.2 | 76.0 |
| | 镇/村 | 375 | 23.9 | 23.9 | 99.9 |
| | 合计 | 1569 | 99.9 | 99.9 | |
| 办园性质 | 公办园 | 954 | 60.8 | 60.8 | 60.8 |
| | 民办园 | 365 | 23.3 | 23.3 | 84.1 |
| | 集体办园 | 233 | 14.9 | 14.9 | 99.0 |
| | 其他性质园 | 17 | 1.1 | 1.1 | 100.1 |
| | 合计 | 1569 | 100.1 | 100.1 | |
| 幼儿园等级 | 省级示范园 | 389 | 24.8 | 24.8 | 24.8 |
| | 省级一类园 | 260 | 16.6 | 16.6 | 41.4 |
| | 市级示范园 | 237 | 15.1 | 15.1 | 56.5 |
| | 市级一类园 | 363 | 23.1 | 23.1 | 79.6 |
| | 市级二类园 | 197 | 12.6 | 12.6 | 92.2 |
| | 市级三类园 | 123 | 7.8 | 7.8 | 100.0 |
| | 合计 | 1569 | 100.0 | 100.0 | |

## 三 "学前教师课程能力表现水平测量问卷"的信度检验

### (一)"观念与态度"量表的信度检验

在对"观念与态度"量表中 10 个题项进行可靠性分析(详见表 2-28)后可知:量表的内部一致性 α 系数值为 0.857,分量表信度"甚佳";各题项的 α 值在 0.834—0.851,均小于 0.857;校正的项总计相关性在 0.476—0.661,均大于 0.400。因此,该量表具有可靠信度。

表2-28　"观念与态度"量表的信度分析（正式问卷）

| 题项 | 项已删除的刻度均值 | 项已删除的刻度方差 | 校正的项总计相关性 | 项已删除的Cronbach's Alpha值 |
|---|---|---|---|---|
| KC1 | 33.36 | 34.659 | .606 | .840 |
| KC2 | 33.16 | 36.557 | .569 | .843 |
| KC3 | 33.51 | 34.857 | .644 | .836 |
| KC4 | 33.83 | 34.595 | .622 | .839 |
| KC5 | 33.58 | 34.585 | .661 | .834 |
| KC6 | 33.50 | 35.968 | .587 | .842 |
| NL1 | 33.53 | 39.323 | .476 | .851 |
| NL2 | 33.44 | 39.110 | .516 | .848 |
| NL3 | 33.43 | 39.578 | .484 | .850 |

可靠性统计量 Cronbach's Alpha：0.857
案例总计：1569

### （二）"课程目标设计能力"量表的信度检验

在对"课程目标设计能力"量表中10个题项进行可靠性分析（详见表2-29）后可知：量表的内部一致性 α 系数值为0.848，分量表信度"甚佳"；各题项的 α 值在0.829—0.839，均小于0.848；校正的项总计相关性在0.488—0.598，均大于0.400。因此，该量表具有可靠信度。

表2-29　"课程目标设计能力"量表的信度分析（正式问卷）

| 题项 | 项已删除的刻度均值 | 项已删除的刻度方差 | 校正的项总计相关性 | 项已删除的Cronbach's Alpha值 |
|---|---|---|---|---|
| MB1 | 34.47 | 34.377 | .577 | .832 |
| MB2 | 34.60 | 34.269 | .582 | .831 |
| MB3 | 34.65 | 34.294 | .512 | .837 |
| MB4 | 34.85 | 33.628 | .563 | .832 |
| MB5 | 34.21 | 34.823 | .488 | .839 |
| MB6 | 34.48 | 33.908 | .548 | .834 |
| MB7 | 35.28 | 32.521 | .526 | .838 |
| MB8 | 34.55 | 33.852 | .598 | .829 |
| MB9 | 34.57 | 34.316 | .578 | .831 |
| MB10 | 34.55 | 34.448 | .532 | .835 |

可靠性统计量 Cronbach's Alpha：0.848

案例总计：1569

### （三）"课程内容设计能力"量表的信度检验

在对"课程内容设计能力"量表中9个题项进行可靠性分析（详见表2-30）后可知：量表的内部一致性α系数值为0.856，分量表信度"甚佳"；各题项的α值在0.833—0.855，均小于0.856；校正的项总计相关性在0.409—0.652，均大于0.400。因此，该量表具有可靠信度。

表2-30 "课程内容设计能力"量表的信度分析（正式问卷）

| 题项 | 项已删除的刻度均值 | 项已删除的刻度方差 | 校正的项总计相关性 | 项已删除的Cronbach's Alpha值 |
| --- | --- | --- | --- | --- |
| NR1 | 28.30 | 34.043 | .409 | .855 |
| NR2 | 28.82 | 31.753 | .562 | .842 |
| NR3 | 29.24 | 32.639 | .463 | .852 |
| NR4 | 28.48 | 30.859 | .618 | .836 |
| NR5 | 29.06 | 30.272 | .621 | .836 |
| NR6 | 28.73 | 31.826 | .596 | .839 |
| NR7 | 28.62 | 30.092 | .647 | .833 |
| NR8 | 28.88 | 29.718 | .652 | .833 |
| NR9 | 28.43 | 31.387 | .633 | .836 |

可靠性统计量 Cronbach's Alpha：0.856

案例总计：1569

### （四）"课程实施能力"量表的信度检验

在对"课程实施能力"量表中6个题项进行可靠性分析（详见表2-31）后可知：量表的内部一致性α系数值为0.757，分量表信度"佳"；各题项的α值在0.708—0.730，均小于0.757；校正的项总计相关性在0.464—0.546，均大于0.400。因此，该量表具有可靠信度。

表2-31 "课程实施能力"量表的信度分析（正式问卷）

| 题项 | 项已删除的刻度均值 | 项已删除的刻度方差 | 校正的项总计相关性 | 项已删除的Cronbach's Alpha值 |
|---|---|---|---|---|
| SS1 | 19.26 | 12.515 | .466 | .730 |
| SS2 | 19.43 | 11.636 | .546 | .708 |
| SS3 | 19.44 | 11.970 | .514 | .717 |
| SS4 | 19.04 | 12.404 | .464 | .730 |
| SS5 | 19.37 | 11.498 | .475 | .730 |
| SS6 | 19.24 | 11.827 | .525 | .714 |

可靠性统计量 Cronbach's Alpha：0.757

案例总计：1569

### （五）"课程评价能力"量表的信度检验

在对"课程评价能力"量表中8个题项进行可靠性分析（详见表2-32）后可知：量表的内部一致性 α 系数值为0.908，分量表信度"非常理想"；各题项的 α 值在0.892—0.903，均小于0.908；校正的项总计相关性在0.646—0.752，均大于0.400。因此，该量表具有可靠信度。

表2-32 "课程评价能力"量表的信度分析（正式问卷）

| 题项 | 项已删除的刻度均值 | 项已删除的刻度方差 | 校正的项总计相关性 | 项已删除的Cronbach's Alpha值 |
|---|---|---|---|---|
| PJ1 | 27.55 | 25.531 | .707 | .895 |
| PJ2 | 27.38 | 25.622 | .744 | .893 |
| PJ3 | 27.30 | 25.772 | .740 | .893 |
| PJ4 | 27.28 | 26.618 | .680 | .898 |
| PJ5 | 27.40 | 25.706 | .752 | .892 |
| PJ6 | 27.53 | 25.213 | .743 | .892 |
| PJ7 | 27.87 | 24.970 | .659 | .901 |
| PJ8 | 27.90 | 24.913 | .646 | .903 |

可靠性统计量 Cronbach's Alpha：0.908

案例总计：1569

通过对问卷五个量表进行可靠性分析可知，问卷各量表的信度均达到标准。

## 四 "学前教师课程能力表现水平测量问卷"的效度检验

### （一）探索性因素分析（EFA）检验

本书采用 SPSS 19.0 软件，运用"主成分分析法"，旋转为"最大方差法"，基于特征值"1"，以 0.45 为最低限制，对整个问卷进行探索性因素分析。分析结果如表 2-33 所示：KMO 统计量值为 0.910（$p<0.000$），Bartlett 球形检验值为 36634.529，题项变量的因素分析适切性极佳，适合进行因素分析。该量表共抽取 11 个因素，包括课程认知、课程内容组织能力、课程评价取向确定能力、能力满意度、课程目标取向平衡能力、课程评价组织能力、课程目标来源整合能力、课程实施取向协调能力、课程实施组织能力、课程内容取向选择能力、课程目标组织能力，与预期量表维度的划分吻合。11 个因素转轴后的特征值分别为 3.874、3.736、3.445、3.178、2.732、2.670、2.296、2.177、2.173、2.100、2.065；解释变异量分别为 9.010%、8.688%、8.011%、7.391%、6.353%、6.208%、5.339%、5.062%、5.054%、4.885%、4.803%；联合解释变异量为 70.805%，题项变量状况甚为理想。43 个题项的因子共同性均在 0.541 以上，因素负荷量均在 0.666 以上。数据分析结果表明"学前教师课程能力表现水平测量问卷"在探索性因素分析层面具有较好的效度。

### （二）验证性因素分析（CFA）检验

对量表的模型匹配度进行检验，适配度卡方值需要满足以下检验条件：卡方与自由度的比值 $CMIN/DF<5$，$RMSEA<0.080$，$AGFI>0.900$，$GFI>0.900$，$TLI>0.900$，$CFI>0.900$，$NFI>0.900$，满足以上条件说明假设因果模型可以被接受，可以进一步检验模型的效度。

第二章 学前教师课程能力表现水平的测量与指标检验

表2-33 "学前教师课程能力表现水平测量问卷"的探索性因素分析

最大方差法直交转轴后的因素负荷量

| 题项 | 1 课程认知 | 2 课程内容组织能力 | 3 课程评价取向确定能力 | 4 能力满意度 | 5 课程目标向平衡能力 | 6 课程评价组织能力 | 7 课程目标来源整合能力 | 8 课程实施向协调能力 | 9 课程实施组织能力 | 10 课程内容取向选择能力 | 11 课程目标组织能力 | 共同性 |
|---|---|---|---|---|---|---|---|---|---|---|---|---|
| KC1 | .774 | .007 | .051 | .144 | .088 | .057 | -.003 | -.002 | -.013 | .011 | -.069 | .639 |
| KC2 | .762 | .044 | .017 | .059 | .127 | -.001 | .074 | -.040 | .083 | .058 | -.005 | .620 |
| KC3 | .769 | -.055 | .144 | .076 | .105 | .090 | -.012 | .025 | .057 | -.078 | .097 | .659 |
| KC4 | .744 | -.018 | .031 | .029 | .136 | .053 | .130 | .148 | -.041 | -.012 | .157 | .643 |
| KC5 | .746 | -.061 | .085 | .101 | .099 | .108 | .074 | .117 | -.058 | -.027 | .150 | .645 |
| KC6 | .713 | -.027 | .016 | .048 | .085 | .024 | .096 | .158 | .001 | .014 | .159 | .579 |
| MB1 | .240 | -.053 | .054 | .073 | .729 | .106 | .116 | .049 | .138 | -.055 | .143 | .669 |
| MB2 | .171 | -.027 | .159 | .102 | .780 | .017 | .084 | .097 | .068 | -.053 | .137 | .716 |
| MB3 | .070 | -.044 | .051 | .077 | .807 | .096 | .066 | .045 | .061 | .018 | .090 | .694 |
| MB4 | .218 | -.039 | .159 | .144 | .702 | .026 | .077 | .207 | .027 | .000 | .123 | .653 |
| MB5 | .081 | .026 | .147 | .016 | .086 | .072 | .870 | .030 | .035 | .052 | .091 | .811 |
| MB6 | .102 | .050 | .092 | .077 | .145 | .036 | .859 | .104 | .028 | .052 | .132 | .819 |
| MB7 | .164 | -.043 | .067 | .176 | .093 | .259 | .726 | .162 | .028 | -.070 | .117 | .712 |
| MB8 | .232 | -.031 | .146 | .195 | .210 | .127 | .133 | .170 | .085 | -.055 | .689 | .706 |
| MB9 | .191 | -.030 | .136 | .194 | .167 | .104 | .132 | .173 | .077 | -.032 | .754 | .755 |
| MB10 | .112 | -.021 | .094 | .071 | .185 | .104 | .133 | .077 | .188 | .036 | .776 | .734 |
| NR1 | .029 | .166 | -.013 | -.054 | .002 | .034 | .039 | -.044 | .024 | .787 | .063 | .660 |
| NR2 | -.004 | .303 | -.014 | -.034 | -.037 | -.042 | -.005 | -.007 | -.023 | .836 | -.024 | .796 |
| NR3 | -.045 | .211 | -.031 | -.017 | -.039 | .008 | .008 | -.026 | -.062 | .814 | -.078 | .723 |
| NR4 | -.004 | .750 | -.009 | -.004 | -.051 | -.014 | .063 | -.039 | -.017 | .115 | .011 | .585 |
| NR5 | -.053 | .749 | -.022 | -.012 | -.048 | .030 | -.039 | .016 | -.009 | .125 | -.016 | .585 |
| NR6 | .016 | .715 | .040 | .062 | .004 | -.033 | .031 | -.017 | .010 | .146 | .018 | .541 |
| NR7 | -.017 | .793 | -.026 | -.035 | .000 | .005 | .007 | -.025 | -.020 | .091 | -.031 | .641 |
| NR8 | -.018 | .811 | .015 | .011 | -.033 | -.027 | .007 | .021 | -.033 | .068 | -.066 | .670 |
| NR9 | -.015 | .788 | -.009 | -.028 | -.014 | .023 | -.028 | -.013 | -.009 | .072 | .013 | .630 |

续表

| 题项 | 课程认知 1 | 课程内容组织能力 2 | 课程评价取向确定能力 3 | 能力满意度 4 | 课程目标取向平衡能力 5 | 课程评价组织能力 6 | 课程目标来源整合能力 7 | 课程实施取向协调能力 8 | 课程实施组织能力 9 | 课程内容取向选择能力 10 | 课程目标组织能力 11 | 共同性 |
|---|---|---|---|---|---|---|---|---|---|---|---|---|
| SS1 | .176 | -.043 | .154 | .160 | .254 | .070 | .099 | .700 | .060 | -.069 | .136 | .679 |
| SS2 | .103 | .005 | .151 | .135 | .083 | .175 | .136 | .802 | .139 | -.008 | .133 | .787 |
| SS3 | .118 | -.029 | .195 | .209 | .082 | .129 | .068 | .773 | .102 | -.028 | .112 | .746 |
| SS4 | .005 | -.014 | .172 | .142 | .094 | .022 | .019 | -.018 | .775 | -.008 | .134 | .678 |
| SS5 | -.026 | -.024 | .030 | .049 | .100 | -.030 | -.007 | .141 | .818 | -.015 | .028 | .705 |
| SS6 | .044 | -.036 | .013 | .074 | .048 | .048 | .067 | .104 | .840 | -.033 | .104 | .746 |
| PJ1 | .110 | .001 | .754 | .166 | .154 | .224 | .098 | .156 | .069 | -.044 | .057 | .726 |
| PJ2 | .080 | -.003 | .835 | .203 | .071 | .188 | .085 | .141 | .040 | -.026 | .121 | .829 |
| PJ3 | .065 | -.013 | .830 | .172 | .081 | .227 | .083 | .086 | .081 | -.011 | .091 | .809 |
| PJ4 | .082 | .000 | .790 | .172 | .118 | .172 | .074 | .117 | .061 | .005 | .059 | .731 |
| PJ5 | .074 | .020 | .469 | .116 | .119 | .666 | .079 | .060 | .095 | -.001 | .169 | .744 |
| PJ6 | .075 | -.006 | .366 | .170 | .070 | .751 | .101 | .084 | .052 | -.029 | .145 | .779 |
| PJ7 | .147 | -.021 | .177 | .238 | .095 | .786 | .126 | .150 | -.001 | .053 | .088 | .786 |
| PJ8 | .088 | -.002 | .220 | .323 | .043 | .727 | .110 | .144 | -.064 | -.012 | .008 | .728 |
| NL1 | .110 | -.002 | .215 | .750 | .109 | .179 | .119 | .150 | .065 | -.049 | .148 | .729 |
| NL2 | .145 | .001 | .204 | .806 | .129 | .149 | .143 | .097 | .103 | -.018 | .094 | .800 |
| NL3 | .123 | -.007 | .171 | .819 | .093 | .168 | .018 | .121 | .088 | -.021 | .090 | .784 |
| NL4 | .122 | .007 | .160 | .797 | .100 | .215 | .006 | .144 | .095 | -.052 | .101 | .774 |
| 特征值 | 3.874 | 9.010 | 3.736 | 3.445 | 3.178 | 2.732 | 2.670 | 2.296 | 2.177 | 2.173 | 2.100 | 2.065 |
| 解释变异量(%) | 9.010 | 9.010 | 8.688 | 8.011 | 7.391 | 6.353 | 6.208 | 5.339 | 5.062 | 5.054 | 4.885 | 4.803 |
| 累积解释变异量(%) | 9.010 | 9.010 | 17.698 | 25.710 | 33.101 | 39.453 | 45.662 | 51.001 | 56.063 | 61.117 | 66.002 | 70.805 |

取样足够度的KMO度量:0.910**
Bartlett球形度检验值:36634.529

提取方法:主成分。
旋转法:具有 Kaiser 标准化的正交旋转法。
a 表示旋转在 7 次迭代后收敛。
\*\* 表示在 0.01 水平(双侧)上显著相关。

然后对模型的区别效度和收敛效度进行检验,"收敛效度(convergent validity)是指测量相同潜在特质的题项或测验会落在同一个因素构面上,且题项或测验所测得的测量值之间具有高度的相关。"[①]在量表的收敛效度测试中,其组合信度(C.R)必须大于0.600,平均方差抽取量(AVE)必须大于0.500。"区别效度(discriminant validity)是指构面所代表的潜在特质与其他构面所代表的潜在特质间低度相关或有显著的差异性。"[②] 即量表的每两个相异维度的平均方差抽取值大于这两个维度自身的相关系数,则认为该量表是具有区别效度的。在验证性因素分析层面,当一份量表同时满足模型匹配度检验、收敛效度检验、区别效度检验三个条件时,才代表量表具有良好的效度。

1."观念与态度"量表的CFA检验

第一,模型匹配度检验。将搜集到的1569份有效问卷按照预先划分的维度建立初识结构方程模型图(见图2-2)。其中,显变量分别为KC1"学科取向"、KC2"活动取向"、KC3"计划取向"、KC4"目标取向"、KC5"内容取向"、KC6"经验取向"、NL1"课程目标设计能力满意度"、NL2"课程内容设计能力满意度"、NL3"课程实施能力满意度"、NL4"课程评价能力满意度";潜变量"课程认知"由KC1—KC6测量得出,潜变量"能力满意度"由NL1—NL4测量得出,由此,构成一阶验证性斜交因子模型。根据对初识模型的运算结果,在不违背经验和理论原则的条件下对假设模型进行修正,提升模型的拟合度,最终得出运算结果(详见图2-2):模型自由度=19,整体模型适配度的卡方值=63.748($p<0.05$),拒绝虚无假设,表示假设模型与样本数据不能契合;卡方自由度比值=3.355<4,达到模型适配标准;RMSEA值=0.039<0.080,AGFI值=0.977>0.900,GFI值=0.992>0.900,TLI值=0.987>0.900,CFI值=0.995>0.900,NFI值=0.992>0.900,均达模型适配标准,表示假

---

① 吴明隆:《结构方程模型——AMOS的操作与应用》,重庆大学出版社2009年版,第472页。

② 同上书,第467页。

设因果模型可以被接受。

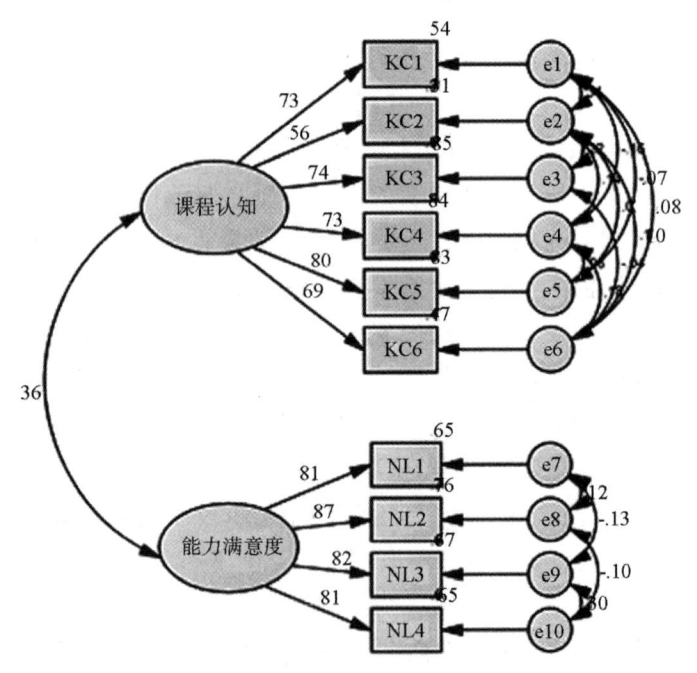

图 2-2 "观念与态度"量表的模型适配度检验

第二，收敛效度检验。量表经验证性因子分析得到的收敛效度结果见表 2-34：量表中 10 个题项的因素负荷量全部在 0.560—0.871，因素负荷量值越大，表示指标变量越能有效反映其要测得的维度内容；"课程认知"维度的组合信度 = 0.859 > 0.600，平均方差抽取量 = 0.506 > 0.500；"能力满意度"维度的组合信度 = 0.895 > 0.600，平均方差抽取量 = 0.682 > 0.500。以上分析说明量表具有较好的收敛效度。

表2-34　　　　　"观念与态度"量表的收敛效度检验

| 维度 | 题项 | 因素负荷量 | 信度系数 | 测量误差 | 组合信度（C.R） | 平均方差抽取量（AVE） |
|---|---|---|---|---|---|---|
| 课程认知 | KC1 | 0.734 | 0.539 | 0.461 | 0.859 | 0.506 |
|  | KC2 | 0.560 | 0.314 | 0.686 |  |  |
|  | KC3 | 0.740 | 0.548 | 0.452 |  |  |
|  | KC4 | 0.732 | 0.536 | 0.464 |  |  |
|  | KC5 | 0.796 | 0.634 | 0.366 |  |  |
|  | KC6 | 0.685 | 0.469 | 0.531 |  |  |
| 能力满意度 | NL1 | 0.808 | 0.653 | 0.347 | 0.895 | 0.682 |
|  | NL2 | 0.871 | 0.759 | 0.241 |  |  |
|  | NL3 | 0.816 | 0.666 | 0.334 |  |  |
|  | NL4 | 0.806 | 0.650 | 0.350 |  |  |

第三，区分效度检验。量表经验证性因子分析得到的区分效度结果见表2-35："课程认知"与"能力满意度"两个维度之间的相关系数为0.132，小于"课程认知"维度自身的收敛系数0.506，同时，小于"能力满意度"维度自身的收敛系数0.682。以上分析说明量表具有较好的区分效度。

表2-35　　　　　"观念与态度"量表的区分效度检验

|  | 课程认知 | 能力满意度 |
|---|---|---|
| 课程认知 | 0.506 |  |
| 能力满意度 | 0.132 | 0.682 |

通过对"观念与态度"量表的模型适配检验、收敛效度检验和区分效度检验可知，所有指标均达到标准要求，该量表具有理想的效度。

2. "课程目标设计能力"量表的CFA检验

第一，模型匹配度检验。将搜集到的1569份有效问卷按照预先划分的维度建立初识结构方程模型图（见图2-3）。其中，显变量为MB1"普遍性取向"、MB2"行为目标取向"、MB3"生成目标取向"、MB4"表现性目标取向"、MB5"幼儿来源"、MB6"生活来源"、MB7"专家来源"、MB8"知识与技能目标"、MB9"过程与方法目标"、MB10"情感态度与价值观目标";潜变量"课程目标取向平衡能力"由 MB1—MB4 测量得出,潜变量"课程目标来源整合能力"由 MB5—MB7 测量得出,潜变量"课程目标组织能力"由 MB8—MB10 测量得出,由此,构成一阶验证性斜交因子模型。

Standardized estimates;[N=1569]
卡方值=140.627(p值=.000); 自由度=32
卡方自由度比值=4.395
RMSEA=.047; AGFI=.970
GFI=.982; TLI=.977
CFI=.984; NFI=.979

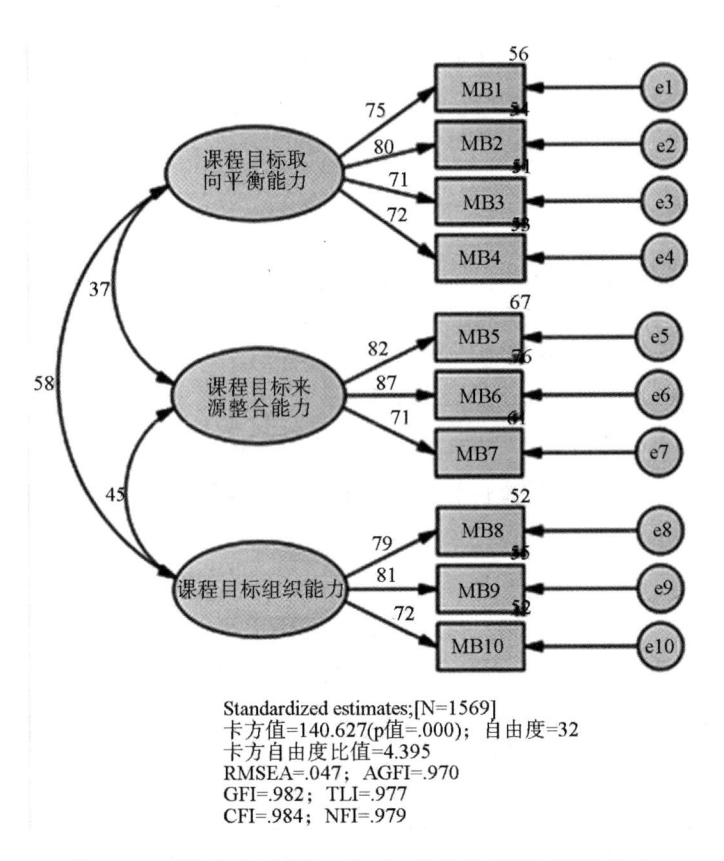

**图 2 – 3 "课程目标设计能力"量表的模型适配度检验**

根据对初识模型的运算结果,在不违背经验和理论原则的条件下对假设模型进行修正,提升模型的拟合度,最终得出运算结果(详见图 2 – 3):模型自由度 = 32,整体模型适配度的卡方值 = 140.627 (p<0.05),拒绝虚无假设,表示假设模型与样本数据不能契合;卡方自由度比值 = 4.395 < 5,达到模型适配标准;RMSEA 值 = 0.047 <

0.080，AGFI 值 = 0.970 > 0.900，GFI 值 = 0.982 > 0.900，TLI 值 = 0.977 > 0.900，CFI 值 = 0.984 > 0.900，NFI 值 = 0.979 > 0.900，均达模型适配标准，表示假设因果模型可以被接受。

第二，收敛效度检验。量表经验证性因子分析得到的收敛效度结果如表 2-36 所示：量表中 10 个题项的因素负荷量全部在 0.711—0.866，因素负荷量值越大，表示指标变量越能有效反映其要测得的维度内容；"课程目标取向平衡能力"维度的组合信度 = 0.834 > 0.600，平均方差抽取量 = 0.558 > 0.500；"课程目标来源整合能力"维度的组合信度 = 0.842 > 0.600，平均方差抽取量 = 0.642 > 0.500，"课程目标组织能力"维度的组合信度 = 0.816 > 0.600，平均方差抽取量 = 0.596 > 0.500。以上分析说明量表具有较好的收敛效度。

表 2-36　　"课程目标设计能力"量表的收敛效度检验

| 维度 | 题项 | 因素负荷量 | 信度系数 | 测量误差 | 组合信度（C.R） | 平均方差抽取量（AVE） |
|---|---|---|---|---|---|---|
| 课程目标取向平衡能力 | MB1 | 0.748 | 0.560 | 0.440 | 0.834 | 0.558 |
| | MB2 | 0.798 | 0.637 | 0.363 | | |
| | MB3 | 0.714 | 0.510 | 0.490 | | |
| | MB4 | 0.725 | 0.526 | 0.474 | | |
| 课程目标来源整合能力 | MB5 | 0.819 | 0.671 | 0.329 | 0.842 | 0.642 |
| | MB6 | 0.866 | 0.750 | 0.250 | | |
| | MB7 | 0.711 | 0.506 | 0.494 | | |
| 课程目标组织能力 | MB8 | 0.786 | 0.618 | 0.382 | 0.816 | 0.596 |
| | MB9 | 0.808 | 0.653 | 0.347 | | |
| | MB10 | 0.720 | 0.518 | 0.482 | | |

第三，区分效度检验。量表经验证性因子分析得到的区分效度结果见表 2-37："课程目标取向平衡能力"与"课程目标来源整合能力"两个维度之间的相关系数为 0.134，小于"课程目标取向平衡能力"维度自身的收敛系数 0.558，同时，小于"课程目标来源整合能力"维度自身的收敛系数 0.642；"课程目标取向平衡能力"与"课

程目标组织能力"两个维度之间的相关系数为 0.331，小于"课程目标取向平衡能力"维度自身的收敛系数 0.558，同时，小于"课程目标组织能力"维度自身的收敛系数 0.596；"课程目标来源整合能力"与"课程目标组织能力"两个维度之间的相关系数为 0.206，小于"课程目标来源整合能力"维度自身的收敛系数 0.642，同时，小于"课程目标组织能力"维度自身的收敛系数 0.596。以上分析说明量表具有较好的区分效度。

表 2-37　　"课程目标设计能力"量表的区分效度检验

|  | 课程目标取向平衡能力 | 课程目标来源整合能力 | 课程目标组织能力 |
| --- | --- | --- | --- |
| 课程目标取向平衡能力 | 0.558 |  |  |
| 课程目标来源整合能力 | 0.134 | 0.642 |  |
| 课程目标组织能力 | 0.331 | 0.206 | 0.596 |

通过对"课程目标设计能力"量表的模型适配检验、收敛效度检验和区分效度检验可知，所有指标均达到标准要求，该量表具有理想的效度。

3. "课程内容设计能力"量表的 CFA 检验

第一，模型匹配度检验。将搜集到的 1569 份有效问卷按照预先划分的维度建立初识结构方程模型图（见图 2-4）。其中，显变量为 NR1 "知识本位取向"、NR2 "社会本位取向"、NR3 "学习者本位取向"、NR4 "纵向组织"、NR5 "横向组织"、NR6 "直线式组织"、NR7 "螺旋式组织"、NR8 "逻辑顺序"、NR9 "心理顺序"；潜变量"课程内容取向选择能力"由 NR1—NR3 测量得出，潜变量"课程内容组织能力"由 NR4—NR9 测量得出，由此，构成一阶验证性斜交因子模型。

根据对初识模型的运算结果，在不违背经验和理论原则的条件下对假设模型进行修正，提升模型的拟合度，最终得出运算结果（详见图 2-4）：模型的自由度 = 17，整体模型适配度的卡方值 = 48.534（$p < 0.05$），拒绝虚无假设，表示假设模型与样本数据不能契合；卡

方自由度比值 =2.855 <5，达到模型适配标准；RMSEA 值 =0.034 < 0.080，AGFI 值 =0.982 >0.900，GFI 值 =0.993 >0.900，TLI 值 = 0.989 >0.900，CFI 值 =0.995 >0.900，NFI 值 =0.992 >0.900，均达模型适配标准，表示假设因果模型可以被接受。

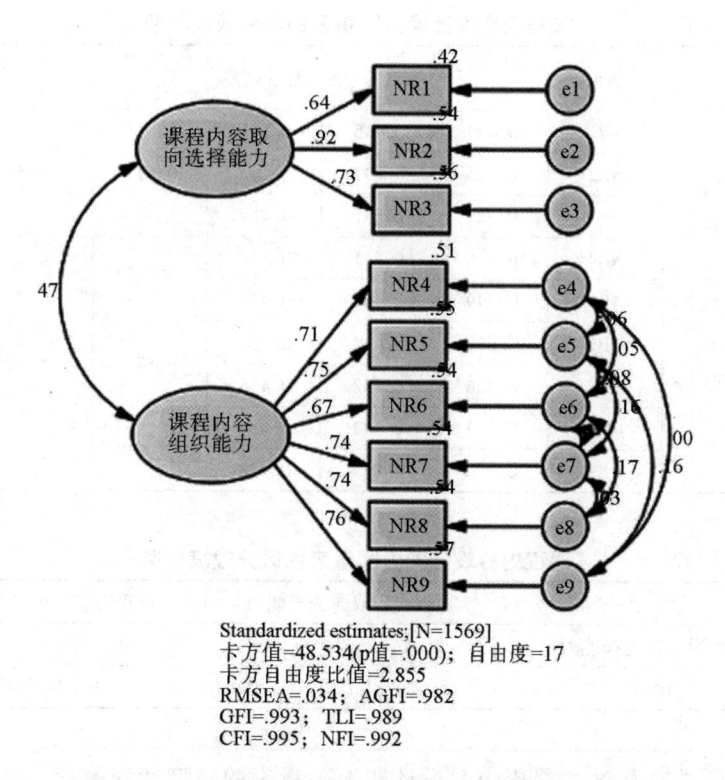

**图 2-4　"课程内容设计能力"量表的模型适配度检验**

第二，收敛效度检验。量表经验证性因子分析得到的收敛效度结果如表 2-38 所示：量表中 9 个题项的因素负荷量全部在 0.644—0.915；"课程内容取向选择能力"维度的组合信度 =0.811 >0.600，平均方差抽取量 =0.594 >0.500；"课程内容组织能力"维度的组合信度 =0.870 >0.600，平均方差抽取量 =0.529 >0.500。以上分析说明量表具有较好的收敛效度。

第三，区分效度检验。量表经验证性因子分析得到的区分效度结果见表 2-39："课程内容取向选择能力"与"课程内容组织能力"

两个维度之间的相关系数为0.222,小于"课程内容取向选择能力"维度自身的收敛系数0.594,同时,小于"课程内容组织能力"维度自身的收敛系数0.529。以上分析说明量表具有较好的区分效度。

表2-38　"课程内容设计能力"量表的收敛效度检验

| 维度 | 题项 | 因素负荷量 | 信度系数 | 测量误差 | 组合信度（C.R） | 平均方差抽取量（AVE） |
| --- | --- | --- | --- | --- | --- | --- |
| 课程内容取向选择能力 | NR1 | 0.644 | 0.415 | 0.585 | 0.811 | 0.594 |
| | NR2 | 0.915 | 0.837 | 0.163 | | |
| | NR3 | 0.729 | 0.531 | 0.469 | | |
| 课程内容组织能力 | NR4 | 0.715 | 0.511 | 0.489 | 0.870 | 0.529 |
| | NR5 | 0.749 | 0.561 | 0.439 | | |
| | NR6 | 0.666 | 0.444 | 0.556 | | |
| | NR7 | 0.736 | 0.542 | 0.458 | | |
| | NR8 | 0.737 | 0.543 | 0.457 | | |
| | NR9 | 0.756 | 0.572 | 0.428 | | |

表2-39　"课程内容设计能力"量表的区分效度检验

| | 课程内容取向选择能力 | 课程内容组织能力 |
| --- | --- | --- |
| 课程内容取向选择能力 | 0.594 | |
| 课程内容组织能力 | 0.222 | 0.529 |

通过以上对"课程内容设计能力"量表的模型适配检验、收敛效度检验和区分效度检验可知,所有指标均达到标准要求,该量表具有理想的效度。

4."课程实施能力"量表的CFA检验

第一,模型匹配度检验。将搜集到的1569份有效问卷按照预先划分的维度建立初识结构方程模型图（见图2-5）。其中,显变量为SS1"忠实取向"、SS2"相互适应取向"、SS3"课程创生取向"、SS4"课程准备能力"、SS5"游戏组织能力"、SS6"师幼互动能力";潜变量"课程实施取向协调能力"由SS1—SS3测量得出,潜变量"课程实施组织能力"由SS4—SS6测量得出,由此,构成一阶验证性斜交因子模型。根据对初识模型的运算结果，在不违背经验和理论原则的条件下对假设模型进行修正，提升模型的拟合度，最终得出运算结果（详见图2-5）：模型的自由度=8，整体模型适配度的卡方值=22.310（p<0.05），拒绝虚无假设，表示假设模型与样本数据不能契合；卡方自由度比值=2.789<5，达到模型适配标准；RMSEA值=0.034<0.080，AGFI值=0.988>0.900，GFI值=0.995>0.900，TLI值=0.992>0.900，CFI值=0.996>0.900，NFI值=0.993>0.900，均达模型适配标准，表示假设因果模型可以被接受。

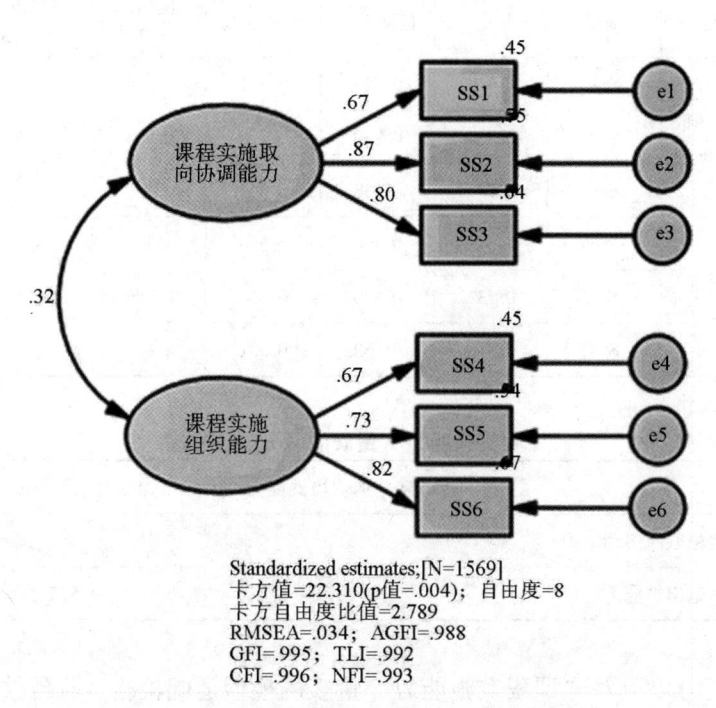

图2-5 "课程实施能力"量表的模型适配度检验

第二，收敛效度检验。量表经验证性因子分析得到的收敛效度结果见表2-40：量表中6个题项的因素负荷量全部在0.670—0.866；"课程实施取向协调能力"维度的组合信度=0.824>0.600，平均方差抽取量=0.612>0.500；"课程实施组织能力"维度的组合信度=

0.786＞0.600，平均方差抽取量＝0.552＞0.500。以上分析说明量表具有较好的收敛效度。

第三，区分效度检验。量表经验证性因子分析得到的区分效度结果见表2-41："课程实施取向协调能力"与"课程实施组织能力"两个维度之间的相关系数为0.104，小于"课程实施取向协调能力"维度自身的收敛系数0.612，同时，小于"课程实施组织能力"维度自身的收敛系数0.552。以上分析说明量表具有较好的区分效度。

表2-40　　　"课程实施能力"量表的收敛效度检验

| 维度 | 题项 | 因素负荷量 | 信度系数 | 测量误差 | 组合信度（C.R） | 平均方差抽取量（AVE） |
|---|---|---|---|---|---|---|
| 课程实施取向协调能力 | SS1 | 0.670 | 0.449 | 0.551 | 0.824 | 0.612 |
| | SS2 | 0.866 | 0.750 | 0.250 | | |
| | SS3 | 0.799 | 0.638 | 0.362 | | |
| 课程实施组织能力 | SS4 | 0.671 | 0.450 | 0.550 | 0.786 | 0.552 |
| | SS5 | 0.732 | 0.536 | 0.464 | | |
| | SS6 | 0.818 | 0.669 | 0.331 | | |

表2-41　　　"课程实施能力"量表的区分效度检验

| | 课程实施取向协调能力 | 课程实施组织能力 |
|---|---|---|
| 课程实施取向协调能力 | 0.612 | |
| 课程实施组织能力 | 0.104 | 0.552 |

通过以上对"课程实施能力"量表的模型适配检验、收敛效度检验和区分效度检验可知，所有指标均达到标准要求，该量表具有理想的效度。

5. "课程评价能力"量表的CFA检验

第一，模型匹配度检验。将搜集到的1569份有效问卷按照预先划分的维度建立初识结构方程模型图（见图2-6）。其中，显变量为PJ1"目标取向"、PJ2"过程取向"、PJ3"教师主体取向"、PJ4"幼儿主体取向"、PJ5"形成性评价"、PJ6"总结性评价"、PJ7"量化评价"、PJ8"质性评价";潜变量"课程评价取向确定能力"由PJ1—PJ4测量得出,潜变量"课程评价组织能力"由PJ5—PJ8测量得出,由此,构成一阶验证性斜交因子模型。根据初识模型的运算结果,在不违背经验和理论原则的条件下对假设模型进行修正,提升模型的拟合度,最终得出量表的运算结果(详见图2-6):模型的自由度=12,整体模型适配度的卡方值=54.533（p<0.05),拒绝虚无假设,表示假设模型与样本数据不能契合;卡方自由度比值=4.544<5,达到模型适配标准;RMSEA值=0.048<0.080,AGFI值=0.975>0.900,GFI值=0.992>0.900,TLI值=0.988>0.900,CFI值=0.995>0.900,NFI值=0.993>0.900,均达模型适配标准,表示假设因果模型可以被接受。

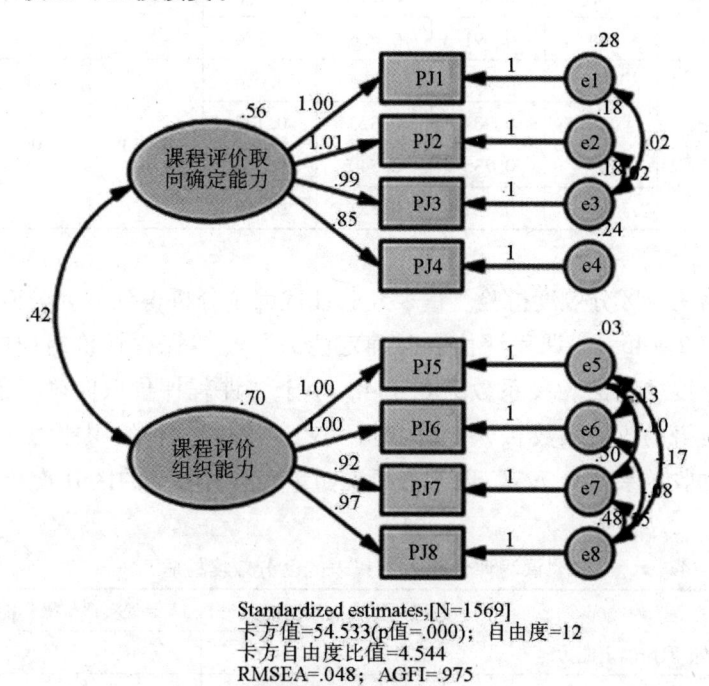

Standardized estimates;[N=1569]
卡方值=54.533(p值=.000);自由度=12
卡方自由度比值=4.544
RMSEA=.048; AGFI=.975
GFI=.992; TLI=.988
CFI=.995; NFI=.993

**图2-6 "课程评价能力"量表的模型适配度检验**

第二，收敛效度检验。量表经验证性因子分析得到的收敛效度结果见表2-42：量表中6个题项的因素负荷量全部在0.791—0.982；"课程评价取向确定能力"维度的组合信度＝0.904＞0.600，平均方差抽取量＝0.701＞0.500；"课程评价组织能力"维度的组合信度＝0.913＞0.600，平均方差抽取量＝0.727＞0.500。以上分析说明量表具有较好的收敛效度。

表2-42　　　　"课程评价能力"量表的收敛效度检验

| 维度 | 题项 | 因素负荷量 | 信度系数 | 测量误差 | 组合信度（C.R） | 平均方差抽取量（AVE） |
| --- | --- | --- | --- | --- | --- | --- |
| 课程评价取向确定能力 | PJ1 | 0.816 | 0.666 | 0.334 | 0.904 | 0.701 |
| | PJ2 | 0.873 | 0.762 | 0.238 | | |
| | PJ3 | 0.867 | 0.752 | 0.248 | | |
| | PJ4 | 0.791 | 0.626 | 0.374 | | |
| 课程评价组织能力 | PJ5 | 0.982 | 0.964 | 0.036 | 0.913 | 0.727 |
| | PJ6 | 0.907 | 0.823 | 0.177 | | |
| | PJ7 | 0.735 | 0.540 | 0.460 | | |
| | PJ8 | 0.762 | 0.581 | 0.419 | | |

第三，区分效度检验。量表经验证性因子分析得到的区分效度结果见表2-43："课程评价取向确定能力"与"课程评价组织能力"两个维度之间的相关系数为0.454，小于"课程评价取向确定能力"维度自身的收敛系数0.701，同时，小于"课程评价组织能力"维度自身的收敛系数0.727。以上分析说明量表具有较好的区分效度。

表2-43　　　　"课程评价能力"量表的区分效度检验

| | 课程评价取向确定能力 | 课程实评价操作能力 |
| --- | --- | --- |
| 课程评价取向确定能力 | 0.701 | |
| 课程评价组织能力 | 0.454 | 0.727 |

通过以上对"课程评价能力"量表的模型适配检验、收敛效度检验和区分效度检验可知，所有指标均达到标准要求，该量表具有理想

的效度。

在先导性研究中,通过对"学前教师课程能力表现水平测量问卷"进行预试分析,删除无效题项,最终形成正式问卷。正式问卷回收以后,再一次进行信度检验、探索性因素检验与验证性因素检验。研究结果表明,数据具有良好的信度与效度,对学前教师课程能力现状的研究具有一定的价值。

# 第三章 学前教师课程能力的现状表征

对学前教师课程能力现状的研究是一项系统化工程。在量化层面搜集数据，可以从宏观角度分析学前教师在性别、民族、年龄、教龄、学历、职称、编制、专业、转岗、幼儿园区域、幼儿园性质和幼儿园等级变量上的显著差异；在质性层面研究文字、图片、活动，可以从微观角度了解教育现场中教师课程能力的具体表现。

## 一 定量研究视阈下的能力现状扫描

### （一）不同背景变量学前教师在课程能力各层面的差异分析

1. 不同性别学前教师在课程能力各层面的差异分析

为探究不同性别学前教师在"课程目标设计能力""课程内容设计能力""课程实施能力""课程评价能力"四个层面上的差异是否达到显著，本书运用独立样本 t 检验的方法来比较不同性别学前教师群体的平均数差异，所得结果见表 3-1。

在受调查人群中，男性教师 59 人，女性教师 1510 人。"在独立样本 t 检验中，若是分组变量在检验变量的平均数差异达到显著差异后，使用者可进一步求出效果值，效果值（size of effect）代表的是实际显著性（practical significance），而 t 统计量及显著性 p 值代表的是统计显著性（statistical significance）。效果值若小于或等于 0.06 表示分组变量与检验变量间为一种低度关联强度；效果值若大于或等于 0.14 表示分组变量与检验变量间为一种高度关联强度；效果值大于

表 3-1　不同性别教师在课程能力各层面的差异比较

| 检验变量 | 性别 | 个数 | 均值 | 标准差 | t 值 | $\eta^2$ |
|---|---|---|---|---|---|---|
| 课程目标设计能力 | 男 | 59 | 38.14 | 6.691 | -0.404 | 0.000 |
| | 女 | 1510 | 38.48 | 6.421 | | |
| 课程内容设计能力 | 男 | 59 | 32.78 | 7.230 | 0.577 | 0.000 |
| | 女 | 1510 | 32.30 | 6.208 | | |
| 课程实施能力 | 男 | 59 | 23.71 | 3.851 | 1.072 | 0.001 |
| | 女 | 1510 | 23.14 | 4.063 | | |
| 课程评价能力 | 男 | 59 | 32.73 | 5.439 | 1.737 | 0.002 |
| | 女 | 1510 | 31.41 | 5.746 | | |

n.s. $p>0.05$。*表示 $p<0.05$；**表示 $p<0.01$；***表示 $p<0.001$。

0.06 小于 0.14 表示分组变量与检验变量间为一种中度关联强度。"[①] 对不同性别学前教师课程能力的独立样本 t 检验结果表明：就"课程目标设计能力""课程内容设计能力""课程实施能力"和"课程评价能力"因变量而言："男性学前教师"组群体与"女性学前教师"组群体无显著差异。

2. 不同民族学前教师在课程能力各层面的差异分析

为探究不同民族学前教师在"课程目标设计能力""课程内容设计能力""课程实施能力""课程评价能力"四个层面上的差异是否达到显著，本书运用单因素方差分析的方法来比较不同民族学前教师群体的平均数差异、检验变量均值、标准差等信息（详见表3-2）。

未违反方差同质性假定与违反方差同质性假定的变量在进行事后比较时所选择的比较方法不同。未违反方差同质性假定检验变量的事后比较方法较多，但最为严格的是雪费法，"若方差分析整体检验的 F 值达到显著，则进一步以雪费法（Scheffe's method）进行事后比较，但由于此法是各种事后比较方法中最严格的方法，其事后比较较

---

① 吴明隆：《问卷统计分析实务——SPSS 操作与应用》，重庆大学出版社 2010 年版，第 337 页。

表 3-2　不同民族教师在课程能力各层面的描述性统计与方差齐性检验

| 检验变量 | 民族 | 个数 | 均值 | 标准差 | Levene统计量 | df1 | df2 | 显著性 |
|---|---|---|---|---|---|---|---|---|
| 课程目标设计能力 | 汉族 | 1335 | 38.95 | 6.357 | 2.074 | 3 | 1565 | 0.102 |
| | 回族 | 102 | 35.91 | 5.348 | | | | |
| | 藏族 | 66 | 36.06 | 6.921 | | | | |
| | 东乡族 | 66 | 35.00 | 6.500 | | | | |
| 课程内容设计能力 | 汉族 | 1335 | 32.89 | 5.728 | 25.980 | 3 | 1565 | 0.000 |
| | 回族 | 102 | 31.94 | 6.811 | | | | |
| | 藏族 | 66 | 27.73 | 8.902 | | | | |
| | 东乡族 | 66 | 26.00 | 6.939 | | | | |
| 课程实施能力 | 汉族 | 1335 | 23.80 | 3.622 | 14.750 | 3 | 1565 | 0.000 |
| | 回族 | 102 | 19.92 | 3.712 | | | | |
| | 藏族 | 66 | 19.01 | 5.025 | | | | |
| | 东乡族 | 66 | 19.33 | 4.862 | | | | |
| 课程评价能力 | 汉族 | 1335 | 31.80 | 5.686 | 0.563 | 3 | 1565 | 0.639 |
| | 回族 | 102 | 30.36 | 5.330 | | | | |
| | 藏族 | 66 | 29.55 | 5.741 | | | | |
| | 东乡族 | 66 | 28.03 | 5.797 | | | | |

为保守，有时会发生整体检验的 F 值达到显著，但事后比较均不显著的情形，此时，使用者改用实在显著差异法（honestly significant difference；HSD 法）作为事后比较方法，以便和整体检验 F 值的显著性相呼应。"① 另外，对于违反方差同质性假定的检验变量，"在方差同质性检验中，如果 Levene 法 F 检验结果的 F 值显著（$p<0.05$），表示违反方差同质性的假定，若是情况严重，使用者须进行校正工作或在事后比较时点选适合方差异质的事后比较的四种方法之一。在实

---

① 吴明隆：《问卷统计分析实务——SPSS 操作与应用》，重庆大学出版社 2010 年版，第 349 页。

际操作中，若是方差分析违反同质性假定，SPSS 提供了四种方差异质的事后比较方法：Tamhane's T2 检验法、Dunnett's T3 检验法、Games-Howell 检验法、Dunnett's C 检验法，使用者可直接从 SPSS 提供的四种方法中选择一种事后比较方法，而不用进行数据转换。"① 本书对于未违反方差同质性假定的检验变量选取最严格的 Scheffe 法和较为宽松的 HSD 法，对于违反方差同质性假定的检验变量选取 Dunnett's C 检验法。

根据方差同质性检验结果可知（详见表 3 - 2），未违反方差同质性假定的变量分别为："课程目标设计能力"检验变量的 Levene 统计量的 F 值 = 2.074（$p = 0.102 > 0.05$），"课程评价能力"检验变量的

表 3 - 3　不同民族教师在课程能力各层面差异比较的方差分析

| 检验变量 | | 平方和（SS） | 自由度（df） | 平均平方和（MS） | F 检验 | 事后比较 | | |
|---|---|---|---|---|---|---|---|---|
| | | | | | | Scheffe 法 | HSD 法 | Dunnett's C 法 |
| 课程目标设计能力 | 组间 | 2156.569 | 3 | 718.856 | 17.955*** | A > B<br>A > C<br>A > D | A > B<br>A > C<br>A > D | |
| | 组内 | 62657.990 | 1565 | 40.037 | | | | |
| | 总数 | 64814.560 | 1568 | | | | | |
| 课程内容设计能力 | 组间 | 4473.141 | 3 | 1491.047 | 41.130*** | A > C<br>A > D<br>B > C<br>B > D | A > C<br>A > D<br>B > C<br>B > D | A > C<br>A > D<br>B > C<br>B > D |
| | 组内 | 56733.884 | 1565 | 36.252 | | | | |
| | 总数 | 61207.025 | 1568 | | | | | |
| 课程实施能力 | 组间 | 3713.013 | 3 | 1237.671 | 87.755*** | A > B<br>A > C<br>A > D | A > B<br>A > C<br>A > D | A > B<br>A > C<br>A > D |
| | 组内 | 22072.417 | 1565 | 14.104 | | | | |
| | 总数 | 25785.430 | 1568 | | | | | |
| 课程评价能力 | 组间 | 1299.492 | 3 | 433.164 | 13.469*** | A > C<br>A > D<br>B > D | A > C<br>A > D | |
| | 组内 | 50331.854 | 1565 | 32.161 | | | | |
| | 总数 | 51631.346 | 1568 | | | | | |

n. s. $p > 0.05$。*表示 $p < 0.05$；** 表示 $p < 0.01$；*** 表示 $p < 0.001$。
A = 汉族；B = 回族；C = 藏族；D = 东乡族。

---

① 吴明隆：《问卷统计分析实务——SPSS 操作与应用》，重庆大学出版社 2010 年版，第 343 页。

Levene 统计量的 F 值 = 0.563（p = 0.639 > 0.05）；违反方差同质性假定的变量为："课程内容设计能力"检验变量的 Levene 统计量的 F 值 = 25.980（p = 0.000 < 0.05），"课程实施能力"检验变量的 Levene 统计量的 F 值 = 14.750（p = 0.000 < 0.05）。

由表 3-3 可知：课程能力各层面的整体检验 F 值分别为 17.955（p = 0.000 < 0.05）、41.130（p = 0.000 < 0.05）、87.755（p = 0.000 < 0.05）、13.469（p = 0.000 < 0.05）。其中，四个检验变量均达到显著水平，拒绝虚无假设，接受对立假设。表示不同民族学前教师在"课程目标设计能力""课程内容设计能力""课程实施能力""课程评价能力"上均存在显著差异，研究假设获得支持。通过进行事后比较可以得知：

（1）就"课程目标设计能力"因变量而言："汉族"组群体显著高于"回族""藏族""东乡族"三组群体。

（2）就"课程内容设计能力"因变量而言："汉族"组群体显著高于"藏族""东乡族"两组群体；"回族"组群体显著高于"藏族""东乡族"两组群体。

（3）就"课程实施能力"因变量而言："汉族"组群体显著高于"回族""藏族""东乡族"三组群体。

（4）就"课程评价能力"因变量而言："汉族"组群体显著高于"藏族""东乡族"两组群体。

3. 不同年龄段学前教师在课程能力各层面的差异分析

为探究不同年龄段学前教师在"课程目标设计能力""课程内容设计能力""课程实施能力""课程评价能力"四个层面上的差异是否达到显著，本书运用单因素方差分析的方法来比较不同年龄段学前教师群体的平均数差异、检验变量均值、标准差等信息（详见表 3-4）。

根据方差同质性检验结果可知（详见表 3-4），违反方差同质性假定的变量为："课程目标设计能力"检验变量的 Levene 统计量的 F 值 = 3.749（p = 0.005 < 0.05），"课程内容设计能力"检验变量的 Levene 统计量的 F 值 = 2.801（p = 0.025 < 0.05），"课程实施能力"检验变量的 Levene 统计量的 F 值 = 3.164（p = 0.013 < 0.05）

表3-4 不同年龄段教师在课程能力各层面的描述性统计量与方差齐性检验

| 检验变量 | 年龄 | 个数 | 均值 | 标准差 | Levene统计量 | df1 | df2 | 显著性 |
| --- | --- | --- | --- | --- | --- | --- | --- | --- |
| 课程目标设计能力 | 20岁及以下 | 32 | 37.13 | 6.430 | 3.749 | 4 | 1564 | .005 |
| | 21—30岁 | 713 | 37.86 | 6.016 | | | | |
| | 31—40岁 | 547 | 39.72 | 6.804 | | | | |
| | 41—50岁 | 255 | 37.85 | 6.447 | | | | |
| | 51岁及以上 | 22 | 36.00 | 4.947 | | | | |
| 课程内容设计能力 | 20岁及以下 | 32 | 29.50 | 4.859 | 2.801 | 4 | 1564 | .025 |
| | 21—30岁 | 713 | 32.17 | 6.371 | | | | |
| | 31—40岁 | 547 | 32.53 | 6.381 | | | | |
| | 41—50岁 | 255 | 32.46 | 5.654 | | | | |
| | 51岁及以上 | 22 | 34.46 | 6.285 | | | | |
| 课程实施能力 | 20岁及以下 | 32 | 21.28 | 3.103 | 3.164 | 4 | 1564 | .013 |
| | 21—30岁 | 713 | 22.76 | 3.793 | | | | |
| | 31—40岁 | 547 | 24.05 | 4.139 | | | | |
| | 41—50岁 | 255 | 22.84 | 4.239 | | | | |
| | 51岁及以上 | 22 | 20.37 | 4.716 | | | | |
| 课程评价能力 | 20岁及以下 | 32 | 30.16 | 5.329 | 8.876 | 4 | 1564 | .000 |
| | 21—30岁 | 713 | 30.81 | 5.346 | | | | |
| | 31—40岁 | 547 | 33.12 | 5.407 | | | | |
| | 41—50岁 | 255 | 29.96 | 6.661 | | | | |
| | 51岁及以上 | 22 | 30.32 | 5.777 | | | | |

"课程评价能力"检验变量的Levene统计量的F值=8.876（p=0.000<0.05）。

由表3-5可知：课程能力各层面的整体检验F值分别为8.706（p=0.000<0.05）、2.570（p=0.036<0.05）、13.492（p=0.000<0.05）、19.694（p=0.000<0.05）。四个检验变量均达到显著水平，拒绝虚无

表3-5 不同年龄段教师在课程能力各层面差异比较的方差分析

| 检验变量 | | 平方和(SS) | 自由度(df) | 平均平方和(MS) | F检验 | 事后比较 | | |
|---|---|---|---|---|---|---|---|---|
| | | | | | | Scheffe法 | HSD法 | Dunnett's C法 |
| 课程目标设计能力 | 组间 | 1411.732 | 4 | 352.933 | 8.706*** | C>B<br>C>D | C>B<br>C>D | C>B<br>C>D<br>C>E |
| | 组内 | 63402.828 | 1564 | 40.539 | | | | |
| | 总数 | 64814.560 | 1568 | | | | | |
| 课程内容设计能力 | 组间 | 399.621 | 4 | 99.905 | 2.570* | | E>A | B>A<br>C>A<br>D>A<br>E>A |
| | 组内 | 60807.404 | 1564 | 38.879 | | | | |
| | 总数 | 61207.025 | 1568 | | | | | |
| 课程实施能力 | 组间 | 860.097 | 4 | 215.024 | 13.492*** | C>A<br>C>B<br>C>D<br>C>E | B>E<br>C>A<br>C>B<br>C>D<br>C>E | C>A<br>C>B<br>C>D<br>C>E |
| | 组内 | 24925.333 | 1564 | 15.937 | | | | |
| | 总数 | 25785.430 | 1568 | | | | | |
| 课程评价能力 | 组间 | 2475.910 | 4 | 618.977 | 19.694*** | C>B<br>C>D | C>A<br>C>B<br>C>D | C>A<br>C>B<br>C>D |
| | 组内 | 49155.436 | 1564 | 31.429 | | | | |
| | 总数 | 51631.346 | 1568 | | | | | |

n.s. p>0.05。*表示p<0.05；**表示p<0.01；***表示p<0.001。
A=20岁及以下；B=21—30岁；C=31—40岁；D=41—50岁；E=51岁及以上。

假设，接受对立假设。表示不同年龄段学前教师在"课程目标设计能力""课程内容设计能力""课程实施能力""课程评价能力"上均存在显著差异，研究假设获得支持。通过进行事后比较可以得知：

（1）就"课程目标设计能力"因变量而言："31—40岁"组群体显著高于"21—30岁""41—50岁"两组群体。

（2）就"课程内容设计能力"因变量而言："51岁及以上"组群体显著高于"20岁及以下"组群体。

（3）就"课程实施能力"因变量而言："31—40岁"组群体显著高于"20岁及以下""21—30岁""41—50岁""51岁及以上"四组群体。

（4）就"课程评价能力"因变量而言："31—40岁"组群体显著高于"21—30岁""41—50岁"两组群体。

### 4. 不同教龄段学前教师在课程能力各层面的差异分析

为探究不同教龄段学前教师在"课程目标设计能力""课程内容设计能力""课程实施能力""课程评价能力"四个层面上的差异是否达到显著，本书运用单因素方差分析的方法来比较不同年龄段学前教师群体的平均数差异、检验变量均值、标准差等信息（详见表3-6）。

表3-6 不同教龄段教师在课程能力各层面的描述性统计量与方差齐性检验

| 检验变量 | 段龄 | 个数 | 均值 | 标准差 | Levene统计量 | df1 | df2 | 显著性 |
|---|---|---|---|---|---|---|---|---|
| 课程目标设计能力 | 5年及以下 | 562 | 37.47 | 5.895 | 3.469 | 4 | 1564 | 0.008 |
| | 6—10年 | 268 | 37.91 | 6.701 | | | | |
| | 11—20年 | 417 | 39.58 | 6.461 | | | | |
| | 21—30年 | 264 | 39.33 | 6.647 | | | | |
| | 31年及以上 | 58 | 38.81 | 7.241 | | | | |
| 课程内容设计能力 | 5年及以下 | 562 | 32.36 | 6.302 | 0.497 | 4 | 1564 | 0.738 |
| | 6—10年 | 268 | 33.56 | 5.992 | | | | |
| | 11—20年 | 417 | 32.18 | 6.123 | | | | |
| | 21—30年 | 264 | 31.17 | 6.264 | | | | |
| | 31年及以上 | 58 | 32.41 | 6.816 | | | | |
| 课程实施能力 | 5年及以下 | 562 | 22.38 | 3.768 | 1.879 | 4 | 1564 | 0.112 |
| | 6—10年 | 268 | 22.69 | 4.127 | | | | |
| | 11—20年 | 417 | 23.97 | 3.950 | | | | |
| | 21—30年 | 264 | 23.63 | 4.335 | | | | |
| | 31年及以上 | 58 | 24.81 | 4.085 | | | | |
| 课程评价能力 | 5年及以下 | 562 | 30.38 | 5.455 | 3.670 | 4 | 1564 | 0.006 |
| | 6—10年 | 268 | 31.10 | 5.426 | | | | |
| | 11—20年 | 417 | 32.35 | 5.799 | | | | |
| | 21—30年 | 264 | 32.15 | 6.213 | | | | |
| | 31年及以上 | 58 | 34.05 | 4.943 | | | | |

根据方差同质性检验结果可知（详见表3-6），未违反方差同质性假定的变量为："课程内容设计能力"检验变量的Levene统计量的

F 值 = 0.497（p = 0.738 > 0.05），"课程实施能力"检验变量的 Levene 统计量的 F 值 = 1.879（p = 0.112 > 0.05）；违反方差同质性假定的变量分别为："课程目标设计能力"检验变量的 Levene 统计量的 F 值 = 3.469（p = 0.008 < 0.05），"课程评价能力"检验变量的 Levene 统计量的 F 值 = 3.670（p = 0.006 < 0.05）。

由表 3-7 可知：课程能力各层面的整体检验 F 值分别为 8.386（p = 0.000 < 0.05）、5.013（p = 0.001 < 0.05）、14.006（p = 0.000 < 0.05）、12.016（p = 0.000 < 0.05）。四个检验变量均达到显著水平，因此拒绝虚无假设，接受对立假设。表示不同教龄段学前教师在"课程目标设计能力""课程内容设计能力""课程实施能力""课程评价能力"上均存在显著差异，研究假设获得支持。

表 3-7　不同教龄段教师在课程能力各层面差异比较的方差分析

| 检验变量 | | 平方和（SS） | 自由度（df） | 平均平方和（MS） | F 检验 | 事后比较 | | |
|---|---|---|---|---|---|---|---|---|
| | | | | | | Scheffe 法 | HSD 法 | Dunnett's C 法 |
| 课程目标设计能力 | 组间 | 1360.946 | 4 | 340.236 | 8.386*** | C > A<br>C > B<br>D > A | C > A<br>C > B<br>D > A | C > A<br>C > B<br>D > A |
| | 组内 | 63453.614 | 1564 | 40.571 | | | | |
| | 总数 | 64814.560 | 1568 | | | | | |
| 课程内容设计能力 | 组间 | 774.824 | 4 | 193.706 | 5.013** | B > D | B > C<br>B > D | |
| | 组内 | 60432.201 | 1564 | 38.640 | | | | |
| | 总数 | 61207.025 | 1568 | | | | | |
| 课程实施能力 | 组间 | 891.695 | 4 | 222.924 | 14.006*** | C > A<br>C > B<br>D > A<br>E > A<br>E > B | C > A<br>C > B<br>D > A<br>E > A<br>E > B | |
| | 组内 | 24893.736 | 1564 | 15.917 | | | | |
| | 总数 | 25785.430 | 1568 | | | | | |
| 课程评价能力 | 组间 | 1539.424 | 4 | 384.856 | 12.016*** | C > A<br>C > B<br>D > A<br>E > A<br>E > B | C > A<br>C > B<br>D > A<br>E > A<br>E > B | C > A<br>C > B<br>D > A<br>E > A<br>E > B |
| | 组内 | 50091.923 | 1564 | 32.028 | | | | |
| | 总数 | 51631.346 | 1568 | | | | | |

n. s. p > 0.05.　* 表示 p < 0.05；　** 表示 p < 0.01；　*** 表示 p < 0.001。
A = 5 年及以下；B = 6—10 年；C = 11—20 年；D = 21—30 年；E = 31 年及以上。

通过事后比较可以得知：

（1）就"课程目标设计能力"因变量而言："11—20年"组群体显著高于"5年及以下""6—10年"两组群体；"21—30年"组群体显著高于"5年及以下"组群体。

（2）就"课程内容设计能力"因变量而言："6—10年"组群体显著高于"21—30年"组群体。

（3）就"课程实施能力"因变量而言："11—20年"组群体显著高于"5年及以下""6—10年"两组群体；"21—30年"组群体显著高于"5年及以下"组群体；"31年及以上"组群体显著高于"5年及以下""6—10年"两组群体。

（4）就"课程评价能力"因变量而言："11—20年"组群体显著高于"5年及以下"组群体；"21—30年"组群体显著高于"5年及以下"组群体；"31年及以上"组群体显著高于"5年及以下""6—10年"两组群体。

5. 不同学历学前教师在课程能力各层面的差异分析

为探究不同学历学前教师在"课程目标设计能力""课程内容设计能力""课程实施能力""课程评价能力"四个层面上的差异是否达到显著，本书运用单因素方差分析的方法来比较不同学历学前教师群体的平均数差异、检验变量均值、标准差等信息（详见表3-8）。

根据方差同质性检验结果可知（详见表3-8），未违反方差同质性假定的变量为："课程内容设计能力"检验变量的Levene统计量的F值=1.045（$p=0.389>0.05$），"课程评价能力"检验变量的Levene统计量的F值=0.839（$p=0.522>0.05$）；违反方差同质性假定的变量为："课程目标设计能力"检验变量的Levene统计量的F值=5.499（$p=0.000<0.05$），"课程实施能力"检验变量的Levene统计量的F值=5.520（$p=0.000<0.05$）。

由表3-9可知，"课程目标设计能力"的整体检验F值为20.450（$p=0.000<0.05$），"课程实施能力"的整体检验F值为16.666（$p=0.000<0.05$），"课程评价能力"的整体检验F值为32.501（$p=0.000<0.05$）；"课程内容设计能力"检验变量的整体

表 3 – 8　不同学历教师在课程能力各层面的描述性统计量与方差齐性检验

| 检验变量 | 学历 | 个数 | 均值 | 标准差 | Levene 统计量 | df1 | df2 | 显著性 |
| --- | --- | --- | --- | --- | --- | --- | --- | --- |
| 课程目标设计能力 | 初中 | 7 | 27.86 | 5.640 | 5.499 | 5 | 1563 | 0.000 |
| | 高中 | 48 | 35.00 | 5.023 | | | | |
| | 中职 | 59 | 35.44 | 4.248 | | | | |
| | 大专 | 481 | 37.37 | 5.852 | | | | |
| | 本科 | 944 | 39.30 | 6.557 | | | | |
| | 研究生 | 30 | 43.73 | 7.027 | | | | |
| 课程内容设计能力 | 初中 | 7 | 30.57 | 5.623 | 1.045 | 5 | 1563 | 0.389 |
| | 高中 | 48 | 32.23 | 5.292 | | | | |
| | 中职 | 59 | 32.47 | 5.737 | | | | |
| | 大专 | 481 | 32.62 | 6.242 | | | | |
| | 本科 | 944 | 32.09 | 6.317 | | | | |
| | 研究生 | 30 | 35.10 | 6.200 | | | | |
| 课程实施能力 | 初中 | 7 | 17.43 | 4.036 | 5.520 | 5 | 1563 | 0.000 |
| | 高中 | 48 | 21.19 | 2.718 | | | | |
| | 中职 | 59 | 21.05 | 3.431 | | | | |
| | 大专 | 481 | 22.65 | 3.607 | | | | |
| | 本科 | 944 | 23.59 | 4.191 | | | | |
| | 研究生 | 30 | 26.47 | 4.329 | | | | |
| 课程评价能力 | 初中 | 7 | 21.43 | 3.309 | 0.839 | 5 | 1563 | 0.522 |
| | 高中 | 48 | 26.96 | 6.126 | | | | |
| | 中职 | 59 | 27.03 | 5.330 | | | | |
| | 大专 | 481 | 30.44 | 5.486 | | | | |
| | 本科 | 944 | 32.40 | 5.459 | | | | |
| | 研究生 | 30 | 36.27 | 5.058 | | | | |

检验 F 值为 1.792（$p = 0.111 > 0.05$），未达到显著水平。表示不同学历学前教师在"课程目标设计能力""课程实施能力""课程评价能力"上均存在显著差异，研究假设获得支持。

表3-9　不同学历教师在课程能力各层面差异比较的方差分析

| 检验变量 | | 平方和（SS） | 自由度（df） | 平均平方和（MS） | F检验 | 事后比较 | | |
|---|---|---|---|---|---|---|---|---|
| | | | | | | Scheffe法 | HSD法 | Dunnett's C法 |
| 课程目标设计能力 | 组间 | 3979.682 | 5 | 795.936 | 20.450*** | D>A<br>E>A<br>E>B<br>E>C<br>E>D<br>F>A<br>F>B<br>F>C<br>F>D<br>F>E | C>A<br>D>A<br>E>A<br>E>B<br>E>C<br>E>D<br>F>A<br>F>B<br>F>C<br>F>D<br>F>E | D>A<br>D>B<br>D>C<br>E>A<br>E>B<br>E>C<br>E>D<br>F>A<br>F>B<br>F>C<br>F>D<br>F>E |
| | 组内 | 60834.878 | 1563 | 38.922 | | | | |
| | 总数 | 64814.560 | 1568 | | | | | |
| 课程内容设计能力 | 组间 | 348.929 | 5 | 69.786 | 1.792 | | | |
| | 组内 | 60858.096 | 1563 | 38.937 | | | | |
| | 总数 | 61207.025 | 1568 | | | | | |
| 课程实施能力 | 组间 | 1305.123 | 5 | 261.025 | 16.666*** | D>A<br>E>A<br>E>B<br>E>C<br>E>D<br>F>A<br>F>B<br>F>C<br>F>D<br>F>E | D>A<br>D>C<br>E>A<br>E>B<br>E>C<br>E>D<br>F>A<br>F>B<br>F>C<br>F>D<br>F>E | D>B<br>D>C<br>E>A<br>E>B<br>E>C<br>E>D<br>F>A<br>F>B<br>F>C<br>F>D<br>F>E |
| | 组内 | 24480.308 | 1563 | 15.662 | | | | |
| | 总数 | 25785.430 | 1568 | | | | | |
| 课程评价能力 | 组间 | 4862.517 | 5 | 972.503 | 32.501*** | D>A<br>D>B<br>D>C<br>E>A<br>E>B<br>E>C<br>E>D<br>F>A<br>F>B<br>F>C<br>F>D<br>F>E | D>A<br>D>B<br>D>C<br>E>A<br>E>B<br>E>C<br>E>D<br>F>A<br>F>B<br>F>C<br>F>D<br>F>E | |
| | 组内 | 46768.829 | 1563 | 29.922 | | | | |
| | 总数 | 51631.346 | 1568 | | | | | |

n.s. $p>0.05$。*表示$p<0.05$；**表示$p<0.01$；***表示$p<0.001$。
A=初中；B=高中；C=中职；D=大专；E=本科；F=研究生。

通过事后比较可以得知：

（1）就"课程目标设计能力"因变量而言："大专"组群体显著高于"初中"组群体；"本科"组群体显著高于"初中""高中""中职""大专"四组群体；"研究生"组群体显著高于"初中""高中""中职""大专""本科"五组群体。

（2）就"课程内容设计能力"因变量而言：不同学历组群体之间不存在显著差异。

（3）就"课程实施能力"因变量而言："本科"组群体显著高于"初中""高中""中职""大专"四组群体；"研究生"组群体显著高于"初中""高中""中职""大专""本科"五组群体。

（4）就"课程评价能力"因变量而言："大专"组群体显著高于"初中""高中""中职"三组群体；"本科"组群体显著高于"初中""高中""中职""大专"四组群体；"研究生"组群体显著高于"初中""高中""中职""大专""本科"五组群体。

6. 不同职称学前教师在课程能力各层面的差异分析

为探究不同职称学前教师在"课程目标设计能力""课程内容设计能力""课程实施能力""课程评价能力"四个层面上的差异是否达到显著，本书运用单因素方差分析的方法来比较不同职称学前教师群体的平均数差异、检验变量均值、标准差等信息（详见表3－10）。

根据方差同质性检验结果可知（详见表3－10），违反方差同质性假定的变量分别为："课程目标设计能力"检验变量的Levene统计量F值＝4.614（$p=0.000<0.05$），"课程内容设计能力"检验变量的Levene统计量的F值＝5.125（$p=0.000<0.05$），"课程实施能力"检验变量的Levene统计量的F值＝3.243（$p=0.004<0.05$），"课程评价能力"检验变量的Levene统计量的F值＝4.465（$p=0.000<0.05$）。

由表3－11可知：课程能力各层面的整体检验F值分别为12.428（$p=0.000<0.05$）、2.528（$p=0.019<0.05$）、18.231（$p=0.000<0.05$）、20.662（$p=0.000<0.05$）。四个检验变量均达到显著水

表3-10 不同职称教师在课程能力各层面的描述性统计量与方差齐性检验

| 检验变量 | 职称 | 个数 | 均值 | 标准差 | Levene统计量 | df1 | df2 | 显著性 |
|---|---|---|---|---|---|---|---|---|
| 课程目标设计能力 | 小教高级 | 391 | 40.27 | 6.783 | 4.614 | 6 | 1562 | 0.000 |
| | 小教1级 | 391 | 38.88 | 6.438 | | | | |
| | 小教2级 | 165 | 38.20 | 5.689 | | | | |
| | 小教3级 | 235 | 38.22 | 6.100 | | | | |
| | 幼教1级 | 234 | 36.85 | 6.302 | | | | |
| | 幼教2级 | 65 | 35.74 | 4.570 | | | | |
| | 幼教3级 | 88 | 36.10 | 6.014 | | | | |
| 课程内容设计能力 | 小教高级 | 391 | 31.99 | 5.966 | 5.125 | 6 | 1562 | 0.000 |
| | 小教1级 | 391 | 32.62 | 6.401 | | | | |
| | 小教2级 | 165 | 31.16 | 7.507 | | | | |
| | 小教3级 | 235 | 33.15 | 5.644 | | | | |
| | 幼教1级 | 234 | 32.03 | 6.450 | | | | |
| | 幼教2级 | 65 | 32.00 | 5.497 | | | | |
| | 幼教3级 | 88 | 33.42 | 5.289 | | | | |
| 课程实施能力 | 小教高级 | 391 | 24.53 | 4.089 | 3.243 | 6 | 1562 | 0.004 |
| | 小教1级 | 391 | 23.36 | 4.117 | | | | |
| | 小教2级 | 165 | 23.17 | 3.578 | | | | |
| | 小教3级 | 235 | 23.04 | 3.749 | | | | |
| | 幼教1级 | 234 | 21.73 | 4.012 | | | | |
| | 幼教2级 | 65 | 20.97 | 3.240 | | | | |
| | 幼教3级 | 88 | 21.86 | 3.649 | | | | |
| 课程评价能力 | 小教高级 | 391 | 33.37 | 5.881 | 4.465 | 6 | 1562 | 0.000 |
| | 小教1级 | 391 | 31.95 | 5.385 | | | | |
| | 小教2级 | 165 | 30.98 | 5.116 | | | | |
| | 小教3级 | 235 | 31.09 | 4.981 | | | | |
| | 幼教1级 | 234 | 30.41 | 5.536 | | | | |
| | 幼教2级 | 65 | 27.02 | 5.980 | | | | |
| | 幼教3级 | 88 | 28.71 | 6.354 | | | | |

平，因此拒绝虚无假设，接受对立假设。表示不同职称学前教师在"课程目标设计能力""课程内容设计能力""课程实施能力""课程评价能力"上均存在显著差异，研究假设获得支持。

表3-11 不同职称教师在课程能力各层面差异比较的方差分析

| 检验变量 | | 平方和(SS) | 自由度(df) | 平均平方和(MS) | F检验 | 事后比较 | | |
|---|---|---|---|---|---|---|---|---|
| | | | | | | Scheffe法 | HSD法 | Dunnett's C法 |
| 课程目标设计能力 | 组间 | 2953.216 | 6 | 492.203 | 12.428*** | A>C<br>A>D<br>A>E<br>A>F<br>A>G<br>B>E<br>B>F<br>B>G | A>B<br>A>C<br>A>D<br>A>E<br>A>F<br>A>G<br>B>E<br>B>F<br>B>G | A>C<br>A>D<br>A>E<br>A>F<br>A>G<br>B>E<br>B>F<br>C>F<br>D>F |
| | 组内 | 61861.344 | 1562 | 39.604 | | | | |
| | 总数 | 64814.560 | 1568 | | | | | |
| 课程内容设计能力 | 组间 | 588.530 | 6 | 98.088 | 2.528* | | D>C | |
| | 组内 | 60618.495 | 1562 | 38.808 | | | | |
| | 总数 | 61207.025 | 1568 | | | | | |
| 课程实施能力 | 组间 | 1687.564 | 6 | 281.261 | 18.231*** | A>B<br>A>C<br>A>D<br>A>E<br>A>F<br>A>G<br>B>E<br>B>F<br>C>E<br>C>F<br>D>E<br>D>F | A>B<br>A>C<br>A>D<br>A>E<br>A>F<br>A>G<br>B>E<br>B>F<br>B>G<br>C>E<br>C>F<br>D>E<br>D>F | A>B<br>A>C<br>A>D<br>A>E<br>A>F<br>A>G<br>B>E<br>B>F<br>B>G<br>C>E<br>C>F<br>D>E<br>D>F |
| | 组内 | 24097.866 | 1562 | 15.428 | | | | |
| | 总数 | 25785.430 | 1568 | | | | | |

续表

| 检验变量 | | 平方和（SS） | 自由度（df） | 平均平方和（MS） | F 检验 | 事后比较 | | |
|---|---|---|---|---|---|---|---|---|
| | | | | | | Scheffe 法 | HSD 法 | Dunnett's C 法 |
| 课程评价能力 | 组间 | 3796.598 | 6 | 632.766 | 20.662*** | A>B<br>A>C<br>A>D<br>A>E<br>A>F<br>A>G<br>B>F<br>B>G<br>C>F<br>D>F<br>E>F | A>B<br>A>C<br>A>D<br>A>E<br>A>F<br>A>G<br>B>E<br>B>F<br>B>G<br>C>F<br>C>G<br>D>F<br>D>G<br>E>F | A>B<br>A>C<br>A>D<br>A>E<br>A>F<br>A>G<br>B>E<br>B>F<br>B>G<br>C>F<br>D>F<br>D>G<br>E>F |
| | 组内 | 47834.748 | 1562 | 30.624 | | | | |
| | 总数 | 51631.346 | 1568 | | | | | |

n.s. p>0.05。* 表示 p<0.05；** 表示 p<0.01；*** 表示 p<0.001。
A=小教高级；B=小教1级；C=小教2级；D=小教3级；E=幼教1级；F=幼教2级；G=幼教3级。

通过事后比较可以得知：

（1）就"课程目标设计能力"因变量而言："小教高级"组群体显著高于"小教2级""小教3级""幼教1级""幼教2级""幼教3级"五组群体；"小教1级"组群体显著高于"幼教1级""幼教2级""幼教3级"三组群体。

（2）就"课程内容设计能力"因变量而言：各群体组学前教师差异不显著。

（3）就"课程实施能力"因变量而言："小教高级"组群体显著高于"小教1级""小教2级""小教3级""幼教1级""幼教2级""幼教3级"六组群体；"小教1级"组群体显著高于"幼教1级""幼教2级"两组群体；"小教2级"组群体显著高于"幼教1级""幼教2级"两组群体；"小教3级"组群体显著高于"幼教1级""幼教2级"两组群体。

（4）就"课程评价能力"因变量而言："小教高级"组群体显著高于"小教1级""小教2级""小教3级""幼教1级""幼教2级"

"幼教3级"六组群体;"小教1级"组群体显著高于"幼教2级""幼教3级"两组群体;"小教2级"组群体显著高于"幼教2级"组群体;"小教3级"组显著高于"幼教2级"组群体;"幼教1级"组群体显著高于"幼教2级"组群体。

7. 不同编制学前教师在课程能力各层面的差异分析

为探究不同编制的学前教师在"课程目标设计能力""课程内容设计能力""课程实施能力""课程评价能力"四个层面上的差异是否达到显著,本书运用独立样本t检验的方法来比较不同编制学前教师群体的平均数差异(详见表3-12)。

表3-12 不同编制教师在课程能力各层面的差异比较

| 检验变量 | 是否正式编制 | 个数 | 均值 | 标准差 | t值 | Eta方 |
| --- | --- | --- | --- | --- | --- | --- |
| 课程目标设计能力 | 是 | 1065 | 39.23 | 6.379 | 6.908*** | 0.030 |
| | 否 | 504 | 36.86 | 6.243 | | |
| 课程内容设计能力 | 是 | 1065 | 32.09 | 6.262 | -2.088* | 0.003 |
| | 否 | 504 | 32.80 | 6.198 | | |
| 课程实施能力 | 是 | 1065 | 23.61 | 3.996 | 6.552*** | 0.027 |
| | 否 | 504 | 22.19 | 4.014 | | |
| 课程评价能力 | 是 | 1065 | 32.03 | 5.665 | 5.859*** | 0.021 |
| | 否 | 504 | 30.24 | 5.706 | | |

n.s. $p>0.05$。*表示$p<0.05$;**表示$p<0.01$;***表示$p<0.001$。

在受调查的人群中,有正式编制教师1065人,无编制教师504人。学前教师编制变量在四个因变量检验的t统计量中均达到显著水平,显著性概率值均小于0.05,表示不同编制的学前教师在"课程目标设计能力""课程内容设计能力""课程实施能力""课程评价能力"上均存在显著差异。

(1)就"课程目标设计能力"因变量而言:"有编制"组群体(M=39.23)显著高于"无编制"组群体(M=36.86);编制变量与"课程目标设计能力"处于低关联强度,它可以解释总方差中3%的变异量。

(2)就"课程内容设计能力"因变量而言:"无编制"组群体

（M=32.09）显著高于"有编制"组群体（M=32.80）；编制变量与"课程内容设计能力"处于低关联强度，它可以解释总方差中0.3%的变异量。

（3）就"课程实施能力"因变量而言："有编制"组群体（M=23.61）显著高于"无编制"组群体（M=22.19）；编制变量与"课程实施能力"处于低关联强度，它可以解释总方差中2.7%的变异量。

（4）就"课程评价能力"因变量而言："有编制"组群体（M=32.03）显著高于"无编制"组群体（M=30.24）；编制变量与"能力"处于低关联强度，它可以解释总方差中2.1%的变异量。

8. 是否专业学前教师在课程能力各层面的差异分析

为探究是否学前教育专业毕业的学前教师在"课程目标设计能力""课程内容设计能力""课程实施能力""课程评价能力"四个层面上的差异是否达到显著，本书运用独立样本 t 检验的方法来比较是否学前教育专业毕业的学前教师群体的平均数差异（详见表3-13）。

表3-13 **是否学前教育专业毕业教师在课程能力各层面的差异比较**

| 检验变量 | 是否学前教育专业 | 个数 | 均值 | 标准差 | t 值 | Eta 方 |
|---|---|---|---|---|---|---|
| 课程目标设计能力 | 是 | 1017 | 39.61 | 6.347 | 9.948*** | 0.058 |
|  | 否 | 552 | 36.37 | 6.046 |  |  |
| 课程内容设计能力 | 是 | 1017 | 31.84 | 6.251 | -4.148*** | 0.011 |
|  | 否 | 552 | 33.20 | 6.151 |  |  |
| 课程实施能力 | 是 | 1017 | 24.55 | 3.424 | 20.021*** | 0.216 |
|  | 否 | 552 | 20.60 | 3.882 |  |  |
| 课程评价能力 | 是 | 1017 | 32.18 | 5.844 | 7.038*** | 0.029 |
|  | 否 | 552 | 30.13 | 5.292 |  |  |

n.s. $p>0.05$。*表示 $p<0.05$；**表示 $p<0.01$；***表示 $p<0.001$。

在受调查的人群中，有学前教育专业毕业教师1017人，非学前教育专业毕业教师552人。学前教师专业变量在四个因变量检验的 t 统计量中均达到显著水平，显著性概率值均小于0.05，表示不同专业毕业的学前教师在"课程目标设计能力""课程内容设计能力""课程实施能力""课程评价能力"上均存在显著差异。

（1）就"课程目标设计能力"因变量而言："学前教育专业"组群体（M=39.61）显著高于"非学前教育专业"组群体（M=36.37）；专业变量与"课程目标设计能力"处于低关联强度，它可以解释总方差中5.8%的变异量。

（2）就"课程内容设计能力"因变量而言："非学前教育专业"组群体（M=33.20）显著高于"学前教育专业"组群体（M=31.84）；专业变量与"课程内容设计能力"处于低关联强度，它可以解释总方差中1.1%的变异量。

（3）就"课程实施能力"因变量而言："学前教育专业"组群体（M=24.54）显著高于"非学前教育专业"组群体（M=20.60）；专业变量与"课程实施能力"处于高关联强度，它可以解释总方差中21.6%的变异量。

（4）就"课程评价能力"因变量而言："学前教育专业"组群体（M=32.18）显著高于"非学前教育专业"组群体（M=30.13）；专业变量与"能力"处于低关联强度，它可以解释总方差中2.9%的变异量。

9. 是否转岗学前教师在课程能力各层面的差异分析

为探究是否转岗的学前教师在"课程目标设计能力""课程内容设计能力""课程实施能力""课程评价能力"四个层面上的差异是否达到显著，本书运用独立样本t检验的方法来比较是否转岗学前教师群体的平均数差异（详见表3-14）。

表3-14 是否转岗学前教师在课程能力各层面的差异比较

| 检验变量 | 是否转岗 | 个数 | 均值 | 标准差 | t值 | Eta方 |
| --- | --- | --- | --- | --- | --- | --- |
| 课程目标设计能力 | 是 | 355 | 34.67 | 6.275 | -13.366*** | 0.102 |
|  | 否 | 1214 | 39.58 | 6.039 |  |  |
| 课程内容设计能力 | 是 | 355 | 32.87 | 6.423 | 1.901 | 0.002 |
|  | 否 | 1214 | 32.16 | 6.189 |  |  |

续表

| 检验变量 | 是否转岗 | 个数 | 均值 | 标准差 | t 值 | Eta 方 |
|---|---|---|---|---|---|---|
| 课程实施能力 | 是 | 355 | 17.79 | 2.383 | -45.520*** | 0.512 |
| | 否 | 1214 | 24.73 | 2.954 | | |
| 课程评价能力 | 是 | 355 | 28.93 | 5.744 | -9.722*** | 0.057 |
| | 否 | 1214 | 32.20 | 5.524 | | |

n.s. $p>0.05$。* 表示 $p<0.05$；** 表示 $p<0.01$；*** 表示 $p<0.001$。

在受调查的人群中，转岗教师355人，非转岗教师1214人。学前教师是否转岗这一变量在因变量检验的四个t统计量中，除"课程内容设计能力"检验变量未达到显著水平（$p=0.058>0.050$）外，其余三个检验变量均达到显著水平，显著性概率值均小于0.05。表示是否转岗的学前教师在"课程目标设计能力""课程实施能力""课程评价能力"上均存在显著差异。

（1）就"课程目标设计能力"因变量而言："非转岗教师"组群体（$M=39.58$）显著高于"转岗教师"组群体（$M=34.67$）；专业转岗变量与"课程目标设计能力"处于中关联强度，它可以解释总方差中10.2%的变异量。

（2）就"课程内容设计能力"因变量而言：两组群体间无显著差异。

（3）就"课程实施能力"因变量而言："非转岗教师"组群体（$M=24.73$）显著高于"转岗教师"组群体（$M=17.79$）；转岗变量与"课程实施能力"处于高关联强度，它可以解释总方差中51.20%的变异量。

（4）就"课程评价能力"因变量而言："非转岗教师"组群体（$M=32.20$）显著高于"转岗教师"组群体（$M=28.93$）；转岗变量与"课程评价能力"处于低关联强度，它可以解释总方差中5.7%的变异量。

10. 不同区域学前教师在课程能力各层面的差异分析

为探究不同区域学前教师在"课程目标设计能力""课程内容设计能力""课程实施能力""课程评价能力"四个层面上的差异

是否达到显著,本书运用单因素方差分析的方法来比较不同区域学前教师群体的平均数差异、检验变量均值、标准差等信息(详见表3-15)。

表3-15 不同区域学前教师在课程能力各层面的描述性统计量与方差齐性检验

| 检验变量 | 幼儿园所在区域 | 个数 | 均值 | 标准差 | Levene统计量 | df1 | df2 | 显著性 |
| --- | --- | --- | --- | --- | --- | --- | --- | --- |
| 课程目标设计能力 | 城市 | 688 | 39.45 | 6.495 | 5.041 | 2 | 1566 | 0.007 |
| | 县城 | 506 | 38.47 | 5.803 | | | | |
| | 镇/村 | 375 | 36.66 | 6.730 | | | | |
| 课程内容设计能力 | 城市 | 688 | 33.73 | 5.970 | 21.703 | 2 | 1566 | 0.000 |
| | 县城 | 506 | 32.43 | 5.352 | | | | |
| | 镇/村 | 375 | 29.59 | 6.956 | | | | |
| 课程实施能力 | 城市 | 688 | 23.99 | 3.845 | 26.276 | 2 | 1566 | 0.000 |
| | 县城 | 506 | 23.05 | 3.420 | | | | |
| | 镇/村 | 375 | 21.77 | 4.773 | | | | |
| 课程评价能力 | 城市 | 688 | 32.51 | 5.600 | 7.112 | 2 | 1566 | 0.001 |
| | 县城 | 506 | 31.95 | 5.139 | | | | |
| | 镇/村 | 375 | 28.86 | 5.970 | | | | |

根据方差同质性检验结果可知,违反方差同质性假定的变量为:"课程目标设计能力"检验变量的 Levene 统计量的 F 值 = 5.041（p = 0.007 < 0.05),"课程内容设计能力"检验变量的 Levene 统计量的 F 值 = 21.703（p = 0.000 < 0.05),"课程实施能力"检验变量的 Levene 统计量的 F 值 = 26.276（p = 0.000 < 0.05),"课程评价能力"检验变量的 Levene 统计量的 F 值 = 7.112（p = 0.001 < 0.05）。

由表3-16可知:课程能力各层面的整体检验 F 值分别为23.424（p = 0.000 < 0.050）、57.031（p = 0.000 < 0.050）、38.377（p = 0.000 < 0.050）、55.551（p = 0.000 < 0.050),均达到显著水平,拒绝虚无假设,接受对立假设。表示不同区域学前教师在"课程目标设

表3-16　不同区域学前教师在课程能力各层面差异比较的方差分析

| 检验变量 | | 平方和（SS） | 自由度（df） | 平均平方和（MS） | F检验 | 事后比较 | | |
|---|---|---|---|---|---|---|---|---|
| | | | | | | Scheffe法 | HSD法 | Dunnett's C法 |
| 课程目标设计能力 | 组间 | 1882.682 | 2 | 941.341 | 23.424*** | A>B<br>A>C | A>B<br>A>C | A>B<br>A>C |
| | 组内 | 62931.878 | 1566 | 40.186 | | | | |
| | 总数 | 64814.560 | 1568 | | | | | |
| 课程内容设计能力 | 组间 | 4155.430 | 2 | 2077.715 | 57.031*** | A>B<br>A>C | A>B<br>A>C | A>B<br>A>C |
| | 组内 | 57051.595 | 1566 | 36.431 | | | | |
| | 总数 | 61207.025 | 1568 | | | | | |
| 课程实施能力 | 组间 | 1204.779 | 2 | 602.389 | 38.377*** | A>B<br>A>C | A>B<br>A>C | A>B<br>A>C |
| | 组内 | 24580.652 | 1566 | 15.696 | | | | |
| | 总数 | 25785.430 | 1568 | | | | | |
| 课程评价能力 | 组间 | 3420.395 | 2 | 1710.198 | 55.551*** | A>C<br>B>C | A>C<br>B>C | A>C<br>B>C |
| | 组内 | 48210.951 | 1566 | 30.786 | | | | |
| | 总数 | 51631.346 | 1568 | | | | | |

n.s. $p>0.05$。\* 表示 $p<0.05$；\*\* 表示 $p<0.01$；\*\*\* 表示 $p<0.001$。
A=城市；B=县城；C=镇/村。

计能力""课程内容设计能力""课程实施能力""课程评价能力"上均存在显著差异，研究假设获得支持。通过事后比较可以得知：

（1）就"课程目标设计能力"因变量而言："城市"组群体显著高于"县城""镇/村"两组群体。

（2）就"课程内容设计能力"因变量而言："城市"组群体显著高于"县城""镇/村"两组群体。

（3）就"课程实施能力"因变量而言："城市"组群体显著高于"县城""镇/村"两组群体。

（4）就"课程评价能力"因变量而言："城市"组群体显著高于"镇/村"组群体；"县城"组群体显著高于"镇/村"组群体。

11. 不同办园性质学前教师在课程能力各层面的差异分析

为探究不同办园性质学前教师在"课程目标设计能力""课程内容设计能力""课程实施能力""课程评价能力"四个层面上的差异

是否达到显著,本书运用单因素方差分析的方法来比较不同办园性质学前教师群体的平均数差异、检验变量均值、标准差等信息(详见表3-17)。

表3-17 不同性质园学前教师在课程能力各层面的描述性统计量与方差齐性检验

| 检验变量 | 不同性质园 | 个数 | 均值 | 标准差 | Levene统计量 | df1 | df2 | 显著性 |
|---|---|---|---|---|---|---|---|---|
| 课程目标设计能力 | 公办园 | 954 | 39.69 | 6.404 | 3.709 | 3 | 1565 | 0.011 |
| | 民办园 | 365 | 37.20 | 6.159 | | | | |
| | 集体办园 | 233 | 35.36 | 5.539 | | | | |
| | 其他 | 17 | 40.00 | 5.668 | | | | |
| 课程内容设计能力 | 公办园 | 954 | 33.88 | 5.838 | 25.870 | 3 | 1565 | 0.000 |
| | 民办园 | 365 | 30.79 | 4.977 | | | | |
| | 集体办园 | 233 | 28.28 | 7.366 | | | | |
| | 其他 | 17 | 32.94 | 2.947 | | | | |
| 课程实施能力 | 公办园 | 954 | 23.96 | 4.030 | 1.778 | 3 | 1565 | 0.149 |
| | 民办园 | 365 | 22.11 | 3.564 | | | | |
| | 集体办园 | 233 | 21.43 | 3.979 | | | | |
| | 其他 | 17 | 24.53 | 4.125 | | | | |
| 课程评价能力 | 公办园 | 954 | 33.20 | 5.044 | 3.531 | 3 | 1565 | 0.014 |
| | 民办园 | 365 | 29.02 | 5.507 | | | | |
| | 集体办园 | 233 | 27.93 | 5.800 | | | | |
| | 其他 | 17 | 34.36 | 5.303 | | | | |

根据方差同质性检验结果可知(详见表3-17),未违反方差同质性假定的变量分别为:"课程实施能力"检验变量的Levene统计量的F值=1.778($p=0.149>0.05$);违反方差同质性假定的变量为:"课程目标设计能力"检验变量的Levene统计量的F值=3.709($p=0.011<0.05$),"课程内容设计能力"检验变量的Levene统计量的F值=25.870($p=0.000<0.05$),"课程评价能力"检验变量的Levene统计量的F值=3.531($p=0.014<0.05$)。

由表3-18可知:课程能力各层面的整体检验F值分别为37.065

(p = 0.000 < 0.05)、67.136（p = 0.000 < 0.05）、37.729（p = 0.000 < 0.05）、96.999（p = 0.000 < 0.05）。四个层面的检验变量均达到显著水平,因此拒绝虚无假设,接受对立假设。表示不同区域学前教师在"课程目标设计能力""课程内容设计能力""课程实施能力""课程评价能力"上均存在显著差异,研究假设获得支持。

表 3-18　不同性质园教师在课程能力各层面差异比较的方差分析

| 检验变量 | | 平方和(SS) | 自由度(df) | 平均平方和(MS) | F检验 | 事后比较 | | |
|---|---|---|---|---|---|---|---|---|
| | | | | | | Scheffe法 | HSD法 | Dunnett's C法 |
| 课程目标设计能力 | 组间 | 4299.668 | 3 | 1433.223 | 37.065*** | A>B<br>A>C<br>B>C<br>D>C | A>B<br>A>C<br>B>C<br>D>C | A>B<br>A>C<br>B>C<br>D>C |
| | 组内 | 60514.891 | 1565 | 38.668 | | | | |
| | 总数 | 64814.560 | 1568 | | | | | |
| 课程内容设计能力 | 组间 | 6978.885 | 3 | 2326.295 | 67.136*** | A>B<br>A>C<br>B>C<br>D>B<br>D>C | A>B<br>A>C<br>B>C<br>D>B<br>D>C | A>B<br>A>C<br>B>C<br>D>B<br>D>C |
| | 组内 | 54228.139 | 1565 | 34.651 | | | | |
| | 总数 | 61207.025 | 1568 | | | | | |
| 课程实施能力 | 组间 | 1739.130 | 3 | 579.710 | 37.729*** | A>B<br>A>C<br>D>C | A>B<br>A>C<br>D>C | |
| | 组内 | 24046.301 | 1565 | 15.365 | | | | |
| | 总数 | 25785.430 | 1568 | | | | | |
| 课程评价能力 | 组间 | 8095.181 | 3 | 2698.394 | 96.999*** | A>B<br>A>C<br>D>B<br>D>C | A>B<br>A>C<br>D>B<br>D>C | A>B<br>A>C<br>D>B<br>D>C |
| | 组内 | 43536.165 | 1565 | 27.819 | | | | |
| | 总数 | 51631.346 | 1568 | | | | | |

n.s. p>0.05。* 表示 p<0.05；** 表示 p<0.01；*** 表示 p<0.001。
A=公办园；B=民办园；C=集体办园；D=其他性质幼儿园。

通过事后比较可以得知:

(1) 就"课程目标设计能力"因变量而言:"公办园"组群体显著高于"民办园""集体办园"两组群体;"民办园"组群体显著高于"集体办园"组群体;"其他性质园"组群体显著高于"集体办园"组群体。

(2) 就"课程内容设计能力"因变量而言:"公办园"组群体显著高于"民办园""集体办园"两组群体;"民办园"组群体显著高于"集体办园"组群体;"其他性质园"组群体显著高于"民办园""集体办园"两组群体。

(3) 就"课程实施能力"因变量而言:"公办园"组群体显著高于"民办园""集体办园"两组群体;"其他性质园"组群体显著高于"集体办园"组群体。

(4) 就"课程评价能力"因变量而言:"公办园"组群体显著高于"民办园""集体办园"两组群体;"其他性质园"组群体显著高于"民办园""集体办园"两组群体。

12. 不同等级园学前教师在课程能力各层面的差异分析

为探究不同等级园学前教师在"课程目标设计能力""课程内容设计能力""课程实施能力""课程评价能力"四个层面上的差异是否达到显著,本书运用单因素方差分析的方法来比较不同等级园学前教师群体的平均数差异、检验变量均值、标准差等信息(详见表 3 – 19)。

根据方差同质性检验结果可知(详见表 3 – 19),未违反方差同质性假定的变量为:"课程内容设计能力"检验变量的 Levene 统计量的 F 值 = 1.022(p = 0.403 > 0.05),"课程实施能力"检验变量的 Levene 统计量的 F 值 = 0.596(p = 0.703 > 0.05),"课程评价能力"检验变量的 Levene 统计量的 F 值 = 1.221(p = 0.297 > 0.05);违反方差同质性假定的变量:"课程目标设计能力"检验变量的 Levene 统计量的 F 值 = 2.395(p = 0.036 < 0.05)。

由表 3 – 20 可知,课程能力各层面的整体检验 F 值分别为 21.754(p = 0.000 < 0.05)、4.452(p = 0.000 < 0.05)、14.508(p = 0.000 < 0.05)、19.646(p = 0.000 < 0.05)。四个层面的检验变量均达到显著水平,因此拒绝虚无假设,接受对立假设。表示不同等级园学前教师在"课程目标设计能力""课程内容设计能力""课程实施能力""课程评价能力"上均存在显著差异,研究假设获得支持。

表3-19 不同等级园学前教师在课程能力各层面的描述性统计量与方差齐性检验

| 检验变量 | 幼儿园等级 | 个数 | 均值 | 标准差 | Levene统计量 | df1 | df2 | 显著性 |
| --- | --- | --- | --- | --- | --- | --- | --- | --- |
| 课程目标设计能力 | 省级示范园 | 389 | 40.36 | 6.410 | 2.395 | 5 | 1563 | 0.036 |
|  | 省级一类园 | 260 | 39.32 | 6.352 |  |  |  |  |
|  | 市级示范园 | 237 | 38.75 | 6.231 |  |  |  |  |
|  | 市级一类园 | 363 | 38.14 | 5.841 |  |  |  |  |
|  | 市级二类园 | 197 | 35.53 | 5.827 |  |  |  |  |
|  | 市级三类园 | 123 | 35.81 | 7.034 |  |  |  |  |
| 课程内容设计能力 | 省级示范园 | 389 | 32.95 | 6.246 | 1.022 | 5 | 1563 | 0.403 |
|  | 省级一类园 | 260 | 32.59 | 6.370 |  |  |  |  |
|  | 市级示范园 | 237 | 32.66 | 5.749 |  |  |  |  |
|  | 市级一类园 | 363 | 32.47 | 6.186 |  |  |  |  |
|  | 市级二类园 | 197 | 31.14 | 6.251 |  |  |  |  |
|  | 市级三类园 | 123 | 30.57 | 6.647 |  |  |  |  |
| 课程实施能力 | 省级示范园 | 389 | 24.16 | 4.064 | 0.596 | 5 | 1563 | 0.703 |
|  | 省级一类园 | 260 | 23.57 | 4.046 |  |  |  |  |
|  | 市级示范园 | 237 | 23.38 | 3.754 |  |  |  |  |
|  | 市级一类园 | 363 | 22.90 | 3.970 |  |  |  |  |
|  | 市级二类园 | 197 | 21.54 | 3.887 |  |  |  |  |
|  | 市级三类园 | 123 | 22.02 | 4.051 |  |  |  |  |
| 课程评价能力 | 省级示范园 | 389 | 32.97 | 5.206 | 1.221 | 5 | 1563 | 0.297 |
|  | 省级一类园 | 260 | 32.16 | 5.771 |  |  |  |  |
|  | 市级示范园 | 237 | 31.92 | 5.710 |  |  |  |  |
|  | 市级一类园 | 363 | 31.21 | 5.561 |  |  |  |  |
|  | 市级二类园 | 197 | 28.89 | 5.648 |  |  |  |  |
|  | 市级三类园 | 123 | 29.14 | 5.935 |  |  |  |  |

表 3-20　不同等级园学前教师在课程能力各层面差异比较的方差分析

| 检验变量 | | 平方和（SS） | 自由度（df） | 平均平方和（MS） | F 检验 | 事后比较 | | |
|---|---|---|---|---|---|---|---|---|
| | | | | | | Scheffe 法 | HSD 法 | Dunnett's C 法 |
| 课程目标设计能力 | 组间 | 4217.105 | 5 | 843.421 | 21.754*** | A>D<br>A>E<br>A>F<br>B>E<br>B>F<br>C>E<br>C>F<br>D>E<br>D>F | A>B<br>A>C<br>A>D<br>A>E<br>A>F<br>B>E<br>B>F<br>C>E<br>C>F<br>D>E<br>D>F | A>B<br>A>C<br>A>D<br>A>E<br>A>F<br>B>E<br>B>F<br>C>E<br>C>F<br>D>E<br>D>F |
| | 组内 | 60597.454 | 1563 | 38.770 | | | | |
| | 总数 | 64814.560 | 1568 | | | | | |
| 课程内容设计能力 | 组间 | 859.416 | 5 | 171.883 | 4.452*** | A>F | A>E<br>A>F<br>B>F<br>C>F<br>D>F | |
| | 组内 | 60347.609 | 1563 | 38.610 | | | | |
| | 总数 | 61207.025 | 1568 | | | | | |
| 课程实施能力 | 组间 | 1143.646 | 5 | 228.729 | 14.508*** | A>D<br>A>E<br>A>F<br>B>E<br>B>F<br>C>E<br>C>F<br>D>E | A>D<br>A>E<br>A>F<br>B>E<br>B>F<br>C>E<br>C>F<br>D>E | |
| | 组内 | 24641.784 | 1563 | 15.766 | | | | |
| | 总数 | 25785.430 | 1568 | | | | | |
| 课程评价能力 | 组间 | 3052.950 | 5 | 610.590 | 19.646*** | A>D<br>A>E<br>A>F<br>B>E<br>B>F<br>C>E<br>C>F<br>D>E<br>D>F | A>D<br>A>E<br>A>F<br>B>E<br>B>F<br>C>E<br>C>F<br>D>E<br>D>F | |
| | 组内 | 48578.396 | 1563 | 31.080 | | | | |
| | 总数 | 51631.346 | 1568 | | | | | |

n.s. $p>0.05$。*表示 $p<0.05$；**表示 $p<0.01$；***表示 $p<0.001$。
A=省级示范园；B=省级一类园；C=市级示范园；D=市级一类园；E=市级二类园；F=市级三类园。

通过事后比较可以得知：

(1) 就"课程目标设计能力"因变量而言:"省级示范园"组群体显著高于"市级一类园""市级二类园""市级三类园"三组群体;"省级一类园"组群体显著高于"市级二类园""市级三类园"两组群体;"市级示范园"组群体显著高于"市级二类园""市级三类园"两组群体;"市级一类园"组群体显著高于"市级二类园""市级三类园"两组群体。

(2) 就"课程内容设计能力"因变量而言:"省级示范园"组群体显著高于"市级三类园"组群体。

(3) 就"课程实施能力"因变量而言:"省级示范园"组群体显著高于"市级一类园""市级二类园""市级三类园"三组群体;"省级一类园"组群体显著高于"市级二类园""市级三类园"两组群体;"市级示范园"组群体显著高于"市级二类园"组群体;"市级一类园"组群体显著高于"市级二类园"组群体。

(4) 就"课程评价能力"因变量而言:"省级示范园"组群体显著高于"市级一类园""市级二类园""市级三类园"三组群体;"省级一类园"组群体显著高于"市级二类园""市级三类园"两组群体;"市级示范园"组群体显著高于"市级二类园""市级三类园"两组群体;"市级一类园"组群体显著高于"市级二类园""市级三类园"两组群体。

### (二) 不同背景变量学前教师在课程能力总体水平上的差异分析

为探究不同背景变量学前教师在课程能力总体层面上是否存在显著差异,本书以"性别""编制""专业""转岗"为自变量,以"课程能力"为因变量对其进行独立样本 t 检验;以"民族""年龄""教龄""职称""学历""区域""性质""等级"为自变量,以"课程能力"为因变量对其进行单因素方差分析。

1. 独立样本 t 检验

通过分析可知(详见表 3-21),学前教师的课程能力在"性别"变量上不存在显著差异;在其他三个变量上均存在显著差异:

(1) 就"性别"变量而言:"男性学前教师"组群体与"女性学前教师"组群体在"课程能力"上无显著差异。

表3-21　不同背景变量学前教师在课程能力上的描述性统计量与差异比较

| 检验变量 | | 个数 | 均值 | 标准差 | t值 | Eta方 |
| --- | --- | --- | --- | --- | --- | --- |
| 性别 | 男 | 59 | 127.36 | 13.403 | 1.089 | 0.001 |
| | 女 | 1510 | 125.32 | 14.091 | | |
| 编制 | 有 | 1065 | 126.97 | 14.084 | 6.497*** | 0.026 |
| | 无 | 504 | 122.09 | 13.456 | | |
| 专业 | 是 | 1017 | 128.17 | 14.003 | 11.286*** | 0.071 |
| | 否 | 552 | 120.30 | 12.705 | | |
| 转岗 | 是 | 355 | 114.26 | 11.689 | -19.891*** | 0.184 |
| | 否 | 1214 | 128.66 | 12.999 | | |

n.s. p>0.05。* 表示 p<0.05；** 表示 p<0.01；*** 表示 p<0.001。

（2）就"编制"变量而言："有编制"组群体（M=126.97）显著高于"无编制"组群体（M=122.09）；"编制"变量与"课程能力"处于低关联强度，它可以解释总方差中2.6%的变异量。

（3）就"专业"变量而言："学前教育专业"组群体（M=128.17）显著高于"非学前教育专业"组群体（M=120.30）；"专业"变量与"课程能力"处于中关联强度，它可以解释总方差中7.1%的变异量。

（4）就"转岗"变量而言："非转岗"组群体（M=128.66）显著高于"转岗"组群体（M=114.26）；"转岗"变量与"课程能力"处于高关联强度，它可以解释总方差中18.4%的变异量。

2. 单因素方差分析

表3-22是"民族""年龄""教龄""职称""学历""区域""办园性质""等级"八个背景变量的学前教师在课程能力总体水平上的描述性统计量与方差齐性检验。

由分析可知（详见表3-22），未违反方差同质性假定的变量为："幼儿园等级"变量的Levene统计量的F值=1.784（p=0.113>0.05）；违反方差同质性假定的变量："民族"变量的Levene统计量的F值=4.842（p=0.002<0.05），"年龄"变量的Levene统计量的F值=8.214（p=0.000<0.05），"教龄"变量的Levene统计量的F

表3-22 不同背景变量学前教师在课程能力上的描述性统计量和方差齐性检验

| 检验变量 | | 个数 | 均值 | 标准差 | Levene统计量 | df1 | df2 | 显著性 |
| --- | --- | --- | --- | --- | --- | --- | --- | --- |
| 民族 | 汉族 | 1335 | 127.44 | 13.370 | 4.842 | 3 | 1565 | 0.002 |
| | 回族 | 102 | 118.14 | 10.222 | | | | |
| | 藏族 | 66 | 112.35 | 13.490 | | | | |
| | 东乡族 | 66 | 108.36 | 11.161 | | | | |
| 年龄 | 20岁及以下 | 32 | 118.06 | 11.013 | 8.214 | 4 | 1564 | 0.000 |
| | 21—30岁 | 713 | 123.60 | 12.861 | | | | |
| | 31—40岁 | 547 | 129.43 | 13.936 | | | | |
| | 41—50岁 | 255 | 123.10 | 16.118 | | | | |
| | 51岁及以上 | 22 | 121.14 | 9.911 | | | | |
| 教龄 | 5年及以下 | 562 | 122.59 | 12.69 | 5.285 | 4 | 1564 | 0.000 |
| | 6—10年 | 268 | 125.26 | 13.376 | | | | |
| | 11—20年 | 417 | 128.08 | 15.025 | | | | |
| | 21—30年 | 264 | 126.28 | 14.643 | | | | |
| | 31年及以上 | 58 | 130.09 | 15.045 | | | | |
| 学历 | 初中 | 7 | 97.29 | 6.211 | 5.586 | 5 | 1563 | 0.000 |
| | 高中 | 48 | 115.38 | 11.043 | | | | |
| | 中职 | 59 | 116.00 | 9.662 | | | | |
| | 大专 | 481 | 123.07 | 12.665 | | | | |
| | 本科 | 944 | 127.38 | 13.976 | | | | |
| | 研究生 | 30 | 141.57 | 16.606 | | | | |
| 职称 | 小教高级 | 391 | 130.16 | 15.425 | 7.132 | 6 | 1562 | 0.000 |
| | 小教1级 | 391 | 126.80 | 13.322 | | | | |
| | 小教2级 | 165 | 123.52 | 11.643 | | | | |
| | 小教3级 | 235 | 125.49 | 12.473 | | | | |
| | 幼教1级 | 234 | 121.03 | 13.882 | | | | |
| | 幼教2级 | 65 | 115.72 | 10.094 | | | | |
| | 幼教3级 | 88 | 120.09 | 13.108 | | | | |

续表

| 检验变量 | | 个数 | 均值 | 标准差 | Levene 统计量 | df1 | df2 | 显著性 |
|---|---|---|---|---|---|---|---|---|
| 区域 | 城市 | 688 | 129.6802 | 13.82210 | 8.716 | 2 | 1566 | 0.000 |
| | 县城 | 506 | 125.8893 | 11.77090 | | | | |
| | 镇/村 | 375 | 116.8880 | 13.59806 | | | | |
| 办园性质 | 公办园 | 954 | 130.7191 | 12.63412 | 4.500 | 3 | 1565 | 0.004 |
| | 民办园 | 365 | 119.1151 | 11.90844 | | | | |
| | 集体办园 | 233 | 113.0000 | 10.46258 | | | | |
| | 其他 | 17 | 131.8235 | 14.14759 | | | | |
| 等级 | 省级示范园 | 389 | 130.4396 | 14.27761 | 1.784 | 5 | 1563 | 0.113 |
| | 省级一类园 | 260 | 127.6385 | 13.89231 | | | | |
| | 市级示范园 | 237 | 126.7004 | 11.66113 | | | | |
| | 市级一类园 | 363 | 124.7218 | 12.70804 | | | | |
| | 市级二类园 | 197 | 117.0964 | 13.01866 | | | | |
| | 市级三类园 | 123 | 117.5285 | 14.16144 | | | | |

值 = 5.285（p = 0.000 < 0.05），"学历"变量的 Levene 统计量的 F 值 = 5.586（p = 0.000 < 0.05），"职称"变量的 Levene 统计量的 F 值 = 7.132（p = 0.000 < 0.05），"区域"变量的 Levene 统计量的 F 值 = 8.716（p = 0.000 < 0.05），"办园性质"变量的 Levene 统计量的 F 值 = 4.500（p = 0.004 < 0.05）。对于未违反方差同质性假定的变量，本书选用最为严格的 Scheffe 法进行事后比较，对于违反同质性假定的变量，选用 Dunnett's C 检验法。

为了深入了解不同变量对"课程能力"生成影响的差异情况，本书以背景变量为自变量，以"课程能力"为因变量进行单因素方差分析。通过分析可知（详见表 3 - 23），不同背景变量的学前教师在课程能力上均存在显著差异："民族""年龄""教龄""学历""职称""区域""办园性质""等级"八个变量的 F 值分别为 80.210（p = 0.000 < 0.05）、19.391（p = 0.000 < 0.05）、11.583（p = 0.000 < 0.05）、

表3-23 不同背景变量教师在课程能力上差异比较的方差分析

| 检验变量 | | 平方和(SS) | 自由度(df) | 平均平方和(MS) | F检验 | 事后比较 Scheffe法 | 事后比较 Dunnett's C法 | $\omega^2$ | $1-\beta$ | 备注 |
|---|---|---|---|---|---|---|---|---|---|---|
| 民族 | 组间 | 41348.938 | 3 | 13782.979 | 80.210*** | A>B,A>C<br>A>D,B>D | A>B,A>C<br>A>D,B>D<br>B>D | 0.132 | 1.000 | A=汉族<br>B=回族<br>C=藏族<br>D=东乡族 |
| | 组内 | 268923.702 | 1565 | 171.836 | | | | | | |
| | 总数 | 310272.40 | 1568 | | | | | | | |
| 年龄 | 组间 | 14660.205 | 4 | 8430.062 | 19.391*** | C>A,C>B<br>C>D | C>A,C>B<br>C>D,C>E | 0.045 | 1.000 | A=20岁及以下<br>B=21—30岁<br>C=31—40岁<br>D=41—50岁<br>E=51岁及以上 |
| | 组内 | 295612.435 | 1564 | 189.011 | | | | | | |
| | 总数 | 310272.640 | 1568 | | | | | | | |
| 教龄 | 组间 | 8927.233 | 4 | 2231.808 | 11.583*** | C>A<br>D>A<br>E>A | C>A<br>D>A<br>E>A | 0.026 | 1.000 | A=5年及以下<br>B=6—10年<br>C=11—20年<br>D=21—30年<br>E=31年及以上 |
| | 组内 | 301345.407 | 1564 | 192.676 | | | | | | |
| | 总数 | 310272.640 | 1568 | | | | | | | |
| 学历 | 组间 | 29710.151 | 5 | 5942.030 | 33.103*** | C>A,D>A<br>D>B,D>C<br>E>A,E>B<br>E>C,E>D<br>F>A,F>B<br>F>C,F>D<br>F>E | C>A,D>A<br>D>B,D>C<br>E>A,E>B<br>E>C,E>D<br>F>A,F>B<br>F>C,F>D<br>F>E | 0.093 | 1.000 | A=初中<br>B=高中<br>C=中职<br>D=大专<br>E=本科<br>F=研究生 |
| | 组内 | 280562.489 | 1563 | 183.749 | | | | | | |
| | 总数 | 310272.640 | 1568 | | | | | | | |
| 职称 | 组间 | 23256.548 | 6 | 3876.091 | 21.094*** | A>C,A>D<br>A>E,A>F<br>A>G,B>E<br>B>F,B>G<br>C>F,D>E<br>D>F | A>B,A>C<br>A>D,A>E<br>A>F,A>G<br>B>E,B>F<br>B>G,C>F<br>D>E,D>F<br>D>G,E>F | 0.071 | 1.000 | A=小教高级<br>B=小教1级<br>C=小教2级<br>D=小教3级<br>E=幼教1级<br>F=幼教2级<br>G=幼教3级 |
| | 组内 | 287016.092 | 1562 | 183.749 | | | | | | |
| | 总数 | 310272.640 | 1568 | | | | | | | |

续表

| 检验变量 | | 平方和(SS) | 自由度(df) | 平均平方和(MS) | F检验 | 事后比较 Scheffe法 | 事后比较 Dunnett's C法 | $\omega^2$ | $1-\beta$ | 备注 |
|---|---|---|---|---|---|---|---|---|---|---|
| 区域 | 组间 | 39895.890 | 2 | 19947.945 | 115.537*** | A>B、A>C<br>B>C | A>B、A>C<br>B>C | 0.127 | 1.000 | A=城市<br>B=县城<br>C=镇/村 |
| | 组内 | 270376.750 | 1566 | 172.654 | | | | | | |
| | 总数 | 310272.640 | 1568 | | | | | | | |
| 办园性质 | 组间 | 77936.289 | 3 | 25978.763 | 174.991*** | A>B、A>C<br>B>C、D>B<br>D>C | A>B、A>C<br>B>C、D>B<br>D>C | 0.250 | 1.000 | A=公办园<br>B=民办园<br>C=集体办园<br>D=其他性质园 |
| | 组内 | 232336.350 | 1565 | 148.458 | | | | | | |
| | 总数 | 310272.640 | 1568 | | | | | | | |
| 等级 | 组间 | 32954.348 | 5 | 6590.870 | 37.147*** | A>C、A>D<br>A>E、A>F<br>B>E、B>F<br>C>E、C>F<br>D>E、D>F | A>C、A>D<br>A>E、A>F<br>B>E、B>F<br>C>E、C>F<br>D>E、D>F | 0.103 | 1.000 | A=省级示范园<br>B=省级一类园<br>C=市级示范园<br>D=市级一类园<br>E=市级二类园<br>F=市级三类园 |
| | 组内 | 277318.292 | 1563 | 177.427 | | | | | | |
| | 总数 | 310272.640 | 1568 | | | | | | | |

n.s. $p>0.05$。* 表示 $p<0.05$；** 表示 $p<0.01$；*** 表示 $p<0.001$。

33.103（p=0.000＜0.05）、21.094（p=0.000＜0.05）、115.537（p=0.000＜0.05）、174.991（p=0.000＜0.05）、37.147（p=0.000＜0.05）。八个检验变量均达到显著水平，拒绝虚无假设，接受对立假设。表示不同民族、不同年龄、不同教龄、不同职称、不同学历、不同幼儿园区域、不同幼儿园性质、不同幼儿园等级的教师在课程能力上均存在显著差异。

其次，关联强度 $\omega^2$（omega squared）可以说明自变量与因变量之间关联的程度，其系数值越大，两者的关系就越密切，关联强度系数值的高低可以作为实用显著性的判别依据，"根据 Cohen（1988）的观点，$\omega^2$ 值大于 0.138，表示是一种高度关联强度；$\omega^2$ 值介于 0.059—0.138，变量间属于中度关联强度；$\omega^2$ 值小于 0.059，变量间属于低度关联强度。"[①] 统计检验力（$1-\beta$）表示分析推论犯第二类型错误的概率及决策正确率，"一个良好的研究结论的统计检验力最好在 0.80 以上"[②]。经分析可知：

（1）就"民族"变量而言："汉族"组群体显著高于"回族""藏族""东乡族"三组群体；"回族"组群体显著高于"东乡族"组群体。"课程能力"因变量可以被"民族"变量解释的变异量为 13.2%，"民族"变量与"课程能力"变量的关联强度属于中度关系。统计检验力（$1-\beta$）=1.000，表示此分析推论犯第二类型错误的概率为 0，决策正确率达 100.0%。

（2）就"年龄"变量而言："31—40 岁"组群体显著高于"20 岁及以下""21—30 岁""41—50 岁"三组群体。"课程能力"因变量可以被"年龄"变量解释的变异量为 4.5%，"年龄"变量与"课程能力"变量的关联强度属于低度关系。统计检验力（$1-\beta$）=1.000，表示此分析推论犯第二类型错误的概率为 0，决策正确率达 100.0%。

（3）就"教龄"变量而言："11—20 年"组群体显著高于"5 年

---

① 吴明隆：《问卷统计分析实务——SPSS 操作与应用》，重庆大学出版社 2010 年，第 354 页。
② 同上书，第 350 页。

及以下"组群体;"21—30 年"组群体显著高于"5 年及以下"组群体;"31 年及以上"组群体显著高于"5 年及以下"组群体。"课程能力"因变量可以被"教龄"变量解释的变异量为 2.6%,"教龄"变量与"课程能力"变量的关联强度属于低度关系。统计检验力 $(1-\beta)=1.000$,表示此分析推论犯第二类型错误的概率为 0,决策正确率达 100.0%。

(4)就"学历"变量而言:"中职"组群体显著高于"初中"组群体;"大专"组群体显著高于"初中""高中""中职"三组群体;"本科"组群体显著高于"初中""高中""中职""大专"四组群体;"研究生"组群体显著高于"初中""高中""中职""大专""本科"五组群体。"课程能力"因变量可以被"学历"变量解释的变异量为 9.3%,"学历"变量与"课程能力"变量的关联强度属于中度关系。统计检验力 $(1-\beta)=1.000$,表示此分析推论犯第二类型错误的概率为 0,决策正确率达 100.0%。

(5)就"职称"变量而言:"小教高级"组群体显著高于"小教 2 级""小教 3 级""幼教 1 级""幼教 2 级""幼教 3 级"五组群体;"小教 1 级"组群体显著高于"幼教 1 级""幼教 2 级""幼教 3 级"三组群体;"小教 2 级"组群体显著高于"幼教 2 级"组群体;"小教 3 级"组群体显著高于"幼教 1 级""幼教 2 级"两组群体。"课程能力"因变量可以被"职称"变量解释的变异量为 7.1%,"职称"变量与"课程能力"变量的关联强度属于中度关系。统计检验力 $(1-\beta)=1.000$,表示此分析推论犯第二类型错误的概率为 0,决策正确率达 100.0%。

(6)就"区域"变量而言:"城市"组群体显著高于"县城""镇/村"两组群体;"县城"组群体显著高于"镇/村"组群体。"课程能力"因变量可以被"区域"变量解释的变异量为 12.7%,"区域"变量与"课程能力"变量的关联强度属于中度关系。统计检验力 $(1-\beta)=1.000$,表示此分析推论犯第二类型错误的概率为 0,决策正确率达 100.0%。

(7)就"性质"变量而言:"公办园"显著高于"民办园""集体办园"两组群体;"民办园"组群体显著高于"集体办园"组群

体;"其他性质园"显著高于"民办园""集体办园"两组群体。"课程能力"因变量可以被"性质"变量解释的变异量为 25.0%,"民族"变量与"课程能力"变量的关联强度属于强度关系。统计检验力 $(1-\beta)=1.000$,表示此分析推论犯第二类型错误的概率为 0,决策正确率达 100.0%。

(8) 就"等级"变量而言:"省级示范园"组群体显著高于"市级示范园""市级一类园""市级二类园""市级三类园"四组群体;"省级一类园"组群体显著高于"市级二类园""市级三类园"两组群体;"市级示范园"组群体显著高于"市级二类园""市级三类园"两组群体;"市级一类园"组群体显著高于"市级二类园""市级三类园"两组群体。"课程能力"因变量可以被"等级"变量解释的变异量为 10.3%,"等级"变量与"课程能力"变量的关联强度属于中度关系。统计检验力 $(1-\beta)=1.000$,表示此分析推论犯第二类型错误的概率为 0,决策正确率达 100.0%。

## 二 质性研究视野下的能力现状探析

### (一)学前教师的课程目标设计能力现状

1. 课程目标取向平衡能力

(1) 普遍性目标内化为构建准则

在我国学前教育领域,《幼儿园工作规程》《幼儿园教育指导纲要(试行)》与《3—6 岁儿童学习与发展指南》是学前教师设计课程目标的主要准则。规程规定了幼儿园保育和教育的主要目标;指导纲要将幼儿的发展分为五大领域,并对每个领域的目标、内容与要求、指导要点进行规定;发展指南对幼儿五大领域的具体发展指标、教育建议做出详细说明。由于幼儿园课程的特殊性,教师需要遵循文件精神来衡量课程目标是否超出国家规定的教育范畴。

第一,从对学前教师的访谈中可以得知,教师对文件的认可度非常高,主要依据文件内容设计课程。如在对某教师的访谈中,教师十分肯定自己的课程目标设计一定会参考指导纲要和发展指南等内容。

研究者：您在设计课程目标时会不会参考工作规程、指导纲要和发展指南？

教师：会啊！肯定要参考发展指南的。

研究者：先是参考发展指南，是吧？

教师：是，肯定要和发展指南结合起来。最早的是甘肃省的那个大纲嘛！（指《甘肃省幼儿园教育指导纲要（试行）》，由甘肃省教育厅根据国家2001年颁布的《幼儿园教育指导纲要》改编而成）

研究者：参考甘肃的，还是国家的？

教师：甘肃的。因为甘肃的更加细化、更具体、更适合。国家的有些东西不适合，甘肃就把这些东西更细化了，更适合我们地方的需要。现在发展指南，我们人手一本，备课也用它，和家长交流也用它。因为很有用，人手一本，基本上都背下来了。干什么事情都根据指南的要求，因为指南是最准确的。

第二，通过对教案的分析可知，教师严格遵照文件内容制定课程目标。如某教师设计的《大班科学活动：盒子里的秘密》的课程目标："1. 引导幼儿在活动中主动观察、分类、比较、排除、预测，推断出盒子里的物品。2. 鼓励幼儿积极参与活动，乐于和大家分享自己的发现。"第一个课程目标符合《幼儿园工作规程》第五条"幼儿园保育和教育的主要目标"中的第二项要求："发展幼儿智力，培养正确运用感官和运用语言交往的基本能力，增进对环境的认识，培养有益的兴趣和求知欲望，培养初步的动手探究能力。"[①] 同时符合《幼儿园教育指导纲要（试行）》"科学领域"中的第二个目标："能运用各种感官，动手动脑，探究问题。"[②] 以及参照《3—6岁儿童学习与发展指南》中5—6岁幼儿在科学领域发展的"目标2 具有初步

---

[①] 中华人民共和国教育部：《幼儿园工作规程》，首都师范大学出版社2016年版，第2页。

[②] 中华人民共和国教育部：《幼儿园教育指导纲要（试行）》，北京师范大学出版社2001年版，第6页。

的探究能力"中第一条内容:"能通过观察、比较与分析,发现并描述不同种类物体的特征或某个事物前后的变化。"① 第二个课程目标则符合《幼儿园工作规程》"第五条 幼儿园保育和教育的主要目标"中的第三项要求:"萌发幼儿爱祖国、爱家乡、爱集体、爱劳动、爱科学的情感,培养诚实、自信、友爱、勇敢、勤学、好问、爱护公物、克服困难、讲礼貌、守纪律等良好的品德行为和习惯,以及活泼开朗的性格。"② 同时符合《幼儿园教育指导纲要(试行)》"社会领域"里第一个和第二个目标:"能主动地参与各项活动,有自信心;乐意与人交往,学习互助、合作和分享,有同情心。"③ 以及《3—6岁儿童学习与发展指南》中5—6岁幼儿在社会领域发展的"目标1 愿意与人交往"中第三条内容:"有高兴的或有趣的事愿意与大家分享。"④

第三,教学反思能够反映出教师主要遵循文件内容进行课程目标设计。"本学期,我园使用的是甘肃省基础教育课程教材中心编写的《甘肃省幼儿园快乐发展课程资源包》A版教材,该教材力图表达和践行《幼儿园工作规程》《幼儿园教育指导纲要(试行)》和《3—6岁儿童学习与发展指南》所倡导的幼儿教育理念,紧紧抓住尊重、适合、快乐、发展四个关键点,建构起符合幼儿年龄特点及发展规律的课程。本学期的美术活动将日常观察活动、主题活动、区域活动、探索性的活动相结合,让幼儿在美术活动中获得认知和技能……"通过对教师的教学反思可知,教师重视自己所选用的教材是否符合规程、纲要、指南的精神。

(2)行为目标成为主要表征方式

在收集的所有教案中,各级各类学前教师在表征课程目标中基本上都有具体的行为目标,行为目标是教师重视的目标表现方式。以下

---

① 李季湄、冯晓霞:《〈3—6岁儿童学习与发展指南〉解读》,人民教育出版社2013年版,第316—317页。
② 中华人民共和国教育部:《幼儿园工作规程》,首都师范大学出版社2016年版,第2页。
③ 中华人民共和国教育部:《幼儿园教育指导纲要(试行)》,北京师范大学出版社2001年版,第4页。
④ 李季湄、冯晓霞:《〈3—6岁儿童学习与发展指南〉解读》,人民教育出版社2013年版,第307页。

是对某中班教师设计的一周教案中课程目标的具体分析。通过分析可知：该班在一周内共有 15 次集体教育活动和 38 个具体教育目标，其中 30 个目标都属于行为目标，占总数的 79%（详见表 3-24）。

表 3-24　　对某教师一周教案中课程目标的分析

| 时间 | 课程名称 | 课程目标 | 是否行为目标 |
| --- | --- | --- | --- |
| 周一：上午 | 语言活动：诗歌《妈妈别想家》 | 1. 学习和欣赏诗歌，仿编诗歌 | 是 |
| | | 2. 尝试对父母的职业和工作进行简单描述 | 是 |
| | 美术活动：绘画《有趣的漫画》 | 1. 欣赏人物肖像漫画，初步感知漫画夸张、幽默的表现风格 | 否 |
| | | 2. 运用漫画的表现手法进行创作 | 是 |
| | | 3. 体验漫画创作所带来的乐趣 | 否 |
| 下午 | 合唱节排练：歌曲《爱上幼儿园》 | 1. 理解歌曲的内容，初步学会歌曲的演唱方法 | 是 |
| | | 2. 知道唱歌时应该用最优美的声音演唱 | 是 |
| | | 3. 学习并展示歌曲律动 | 是 |
| 周二：上午 | 计算活动：按特定规律排序 | 1. 感知周围物体的大小、颜色、形状、数量等特征，探索按物体的两个以上特征排序的多种方法 | 是 |
| | | 2. 感受与体验周围生活中物体的规律美 | 否 |
| | 音乐活动：快乐加油站 | 1. 能够区分左右 | 是 |
| | | 2. 能够按歌词内容迅速左右跳跃 | 是 |
| 下午 | 合唱节排练——歌曲《春天在哪里》 | 1. 理解歌曲的内容，初步学会歌曲的演唱方法 | 是 |
| | | 2. 知道唱歌时应该用最优美的声音演唱 | 是 |
| | | 3. 学习并展示歌曲律动 | 是 |
| 周三：上午 | 故事：《百人糕》 | 1. 通过故事，知道每一样食品都凝结了众人的劳动 | 是 |
| | | 2. 享用食品时，对劳动者产生感激之情 | 否 |
| | 美术：轮船 | 1. 学习表现轮船各个部分的结构关系，学会合理布局画面 | 是 |
| | | 2. 感受美术活动的乐趣 | 否 |

续表

| 时间 | 课程名称 | 课程目标 | 是否行为目标 |
|---|---|---|---|
| 下午 | 合唱节排练——歌曲《小宝贝》 | 1. 理解歌曲的内容，初步学会歌曲的演唱方法 | 是 |
| | | 2. 知道唱歌时应该用最优美的声音演唱 | 是 |
| | | 3. 学习并展示歌曲律动 | 是 |
| 周四：上午 | 科学：有趣的膨胀 | 1. 感知物体的膨胀现象，知道物体遇水膨胀 | 是 |
| | | 2. 会用比较的方法观察事物 | 是 |
| | | 3. 萌发对物体膨胀现象的兴趣和探索欲望 | 否 |
| | 诗歌：《春雨》 | 1. 引导幼儿感受散文诗的意境美，激发幼儿热爱大自然的情感 | 否 |
| | | 2. 帮助幼儿在理解散文的基础上感受春天的生机，知道春雨对万物生长的作用 | 是 |
| 下午 | 合唱节排练——歌曲《爱上幼儿园》 | 1. 理解歌曲的内容，初步学会歌曲的演唱方法 | 是 |
| | | 2. 知道唱歌时应该用最优美的声音演唱 | 是 |
| | | 3. 学习并展示歌曲律动 | 是 |
| 周五：上午 | 社会活动：爸爸妈妈很能干 | 1. 学习运用采访、交流等方法，了解父母及周围人们的工作及他们的工作与人们的关系 | 是 |
| | | 2. 初步了解爸爸妈妈的工作特点，了解爸爸妈妈的辛苦。学习成人认真、细心、负责的工作态度，热爱、尊重成人的劳动 | 是 |
| | | 3. 激发热爱爸爸妈妈的情感 | 否 |
| | 好玩的陀螺 | 1. 能够利用不同的材料，制作漂亮好玩的陀螺 | 是 |
| | | 2. 探索陀螺转动的奥秘 | 是 |
| 下午 | 合唱节排练——歌曲《春晓》 | 1. 理解歌曲的内容，初步学会歌曲的演唱方法 | 是 |
| | | 2. 知道唱歌时应该用最优美的声音演唱 | 是 |
| | | 3. 学习并展示歌曲律动 | 是 |

### (3) 生成性目标开始进入视阈

生成性目标逐渐成为学前教师在课程目标设计上的新取向。如某幼儿园开始尝试以生活中的节日——"国庆节"为契机，在全园的大班、中班、小班分别开设以"祖国"为核心的主题式课程设计（见图3-1）。其中，大班的主题是"祖国妈妈真伟大"，课程设计体现出目标的生成性。以下是该班教师对生成性课程的具体介绍：

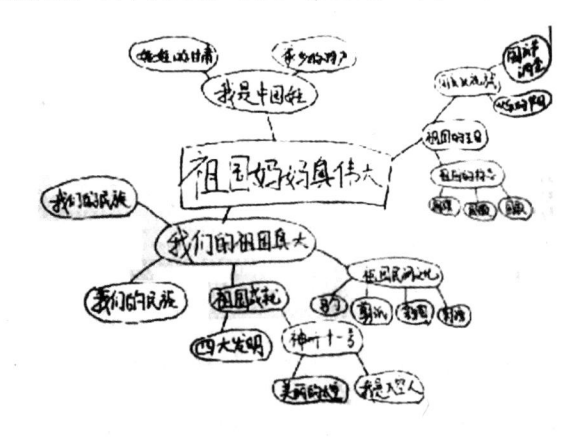

**图3-1　某教师设计的月主题活动**

我们以"祖国妈妈真伟大"为大主题。因为我觉得大班幼儿的情感已经发展得比较好了，所以对他们进行情感教育是合适的。"祖国妈妈真伟大"能够使幼儿对祖国有更多的了解，产生对祖国的热爱，为祖国感到自豪。

在主题开始前，我们跟家长和孩子进行了一个互动，这个互动是"国庆庆祝方式"。

放假的时候呢，我就让孩子在商场、公园寻找一种国庆庆祝方式。国庆节和其他节日有什么不一样？然后让孩子讲述国庆节看到了什么？爸爸妈妈做了什么？先进行叙述，叙述完以后我们设计了一个"国庆节调查"。调查表就用图画的形式来进行：上面的图就是国庆节调查，第一个就是你在街头或者公园里看到了什么？时间是怎样的？让孩子用钟表画出来。第二个就是节日的街头或者商场，你做了哪些事情？第三个就是你和谁在一起？大概有一周吧，交上来的画面都是非常丰富的。有画商场的，觉得商场做了好多促销活动；还有公园布置了很多画展；在街上看见国徽，感觉到国庆节不一样的气氛。

到了下一周，我们就开始做"新中国的生日"了。通过孩子的调查表，我觉得孩子对国庆节已经有了充分的认知，就开始进行祖国标志的认识。通过一些语言活动、绘画活动，让孩子认识国旗、国徽；还有艺术活动里面有欣赏国歌、唱国歌；然后在升旗仪式的时候，让他们充分感受升旗仪式的气氛；孩子的国旗画得也不错，还会画天安门。

然后，我们又预设了下一个主题"我们的祖国真大"。首先，从祖国的成就——四大发明开始，但是孩子在这方面好像不太了解，因为毕竟是古代的内容，孩子不是那么感兴趣。刚好这时候中国"神舟十一号"飞船发射成功，有孩子问我："老师，宇航员是什么样的呀？"我感觉孩子对这个比较感兴趣，然后就抓住了这个教育契机。这就是我们这一周正在进行的生成活动——"神舟十一号"。通过录像、图片让孩子们了解宇航员的一些知识；通过"美丽的太空"让孩子了解太空知识；然后，在"我是太空人"的活动中，孩子通过绘画、游戏、刮画加以表现。"我们的民族"是预设的，结果这周没有完成，我们就在下一周接着进行。关于"祖国民间文化"，其实我们一直在做，大班开设剪纸、彩陶、刺绣，还有马勺。

最后一个是"我是中国娃"主题。这个是通过收集我们甘肃省的旅游古迹，兰州家乡的特点，让孩子感受家乡小吃，主要是了解一些兰州的本土文化，比如说，凉皮子呀，灰豆子呀，甜胚子呀，羊皮筏子呀，等等。那么在这以后呢，"娃娃游甘肃"，让孩子当小导游来介绍家乡的知识，比如说鸣沙山、敦煌以及家乡的特产。

从对以上典型案例的分析可知，教师在开始课程之前已经具有了生成意识，图3-1中的"神州十一号""美丽的太空""我是太空人"都是新生成的主题。"神州十一号"来源于国庆节期间发生的"神舟十一号"发射新闻，幼儿知道后对其产生了好奇，教师便利用机会增设了该主题；在了解"神州十一号"的过程中，孩子们提问太空是什么样的？教师便再次利用幼儿的求知欲与兴趣，增设了"美丽的太空"与"我是太空人"两个主题。由此可见,教师的课程目标设计体现出生成性意蕴。

(4) 表现性目标尚未得到重视

表现性目标主要指向幼儿的独特性与创造性,不追求既定的预设行为目标。在幼儿五大领域的发展中,"艺术是人类感受美、表现美和创造美的重要形式,也是表达自己对周围世界的认识和情绪态度的独特方式。每个幼儿心里都有一颗美的种子。幼儿艺术领域学习的关键在于充分创造条件和机会,在大自然和社会文化生活中萌发幼儿对美的感受和体验,丰富其想象力和创造力,引导幼儿学会用心灵去感受和发现美,用自己的方式去表现和创造美"[①]。艺术领域的教育最能体现表现性目标的意蕴。本书选取9位学前教师的艺术领域活动教案课程目标进行分析(详见表3-25)。经过分析可知:在24个课程目标中,仅有两个目标属于表现性目标。由此可见,学前教师缺乏对幼儿独特性与创造性表现的重视。

表3-25 对9位教师的艺术领域活动教案课程目标分析

| 课程名称 | 课程目标 | 是否表现性目标 |
| --- | --- | --- |
| 美术活动:捏泥乐 | 1. 幼儿能够捏出瓜果蔬菜的基本现状,感受手工带来的乐趣<br>2. 锻炼幼儿手指肌肉与动手动脑能力<br>3. 能较好地捏成作品 | 否<br>否<br>否 |
| 美工活动:小小侦察兵 | 1. 能围绕望远镜的问题积极探索<br>2. 锻炼幼儿组合能力和实际操作能力<br>3. 激发幼儿动手制作望远镜 | 否<br>否<br>否 |
| 美术活动:有趣的泡泡 | 1. 幼儿尝试运用吹泡泡的方法作画,体验不同作画方式的兴趣<br>2. 激发幼儿对美术活动的兴趣<br>3. 拓展幼儿的美术表现方式 | 是<br>否<br>否 |
| 美术活动:瓷砖设计师 | 1. 用学过的花纹、色彩进行对称装饰<br>2. 感受瓷砖画的美 | 否<br>否 |
| 美术活动:报纸鱼 | 1. 能够用卷、拧的技巧来将报纸固定成鱼的外形,并装饰鱼身上的花纹 | 否 |

---

① 李季湄、冯晓霞:《〈3—6岁儿童学习与发展指南〉解读》,人民教育出版社2013年版,第325页。

续表

| 课程名称 | 课程目标 | 是否表现性目标 |
|---|---|---|
| | 2. 尝试自主解决操作过程中出现的一些问题 | 否 |
| | 3. 能体验制作带来的快乐 | 否 |
| 美术活动：会飞的花儿 | 1. 引导幼儿学习蝴蝶的折法，并粘贴到适当位置，进行添画，组成完整的画面 | 否 |
| | 2. 激发幼儿对折纸的兴趣，体验折纸活动的乐趣 | 否 |
| 美术活动：画祥云 | 1. 通过欣赏传统绘画"祥云"的图案，引导幼儿初步了解我国的民间传统文化艺术 | 否 |
| | 2. 引导幼儿临摹不同形状的"祥云"图案 | 否 |
| | 3. 鼓励幼儿大胆想象，学会涂抹渐变色 | 否 |
| 美术活动：漂亮妈妈 | 1. 能正确表现人物的面部特征、发型、服装的特点，巩固画正面人的技能 | 否 |
| | 2. 加深幼儿对妈妈的热爱之情 | 否 |
| 美术活动：一园蔬菜成了精 | 1. 学会用记号笔在蔬菜上添画表情，在饼状画纸上添加服饰、动作、兵器等细节创造各种"蔬菜精"形象 | 是 |
| | 2. 观察图片，感受中国元素绘画风格 | 否 |
| | 3. 在表现菜园热闹场面中，体验美术活动所带来的乐趣 | 否 |

2. 课程目标来源整合能力

（1）缺乏对幼儿身心发展特点的把握能力

第一，问卷调研反映出教师缺乏对幼儿身心特点的把握能力。笔者在访谈中询问教师"确定教育目标时主要考虑哪些因素？"大部分教师的回答主要是考虑幼儿的身心发展特点。但是，在回收的1569份有效问卷中，一共有406位教师提到了自己在此方面的困惑。例如，如何把握不同年龄段幼儿的学习程度？如何设计符合幼儿年龄特征的课程目标？如何把握不同家庭背景孩子的性格特点？如何使目标设计符合本班幼儿的实际情况？如何把握幼儿的已知经验？如何掌握幼儿的心理特点。如何使课程目标设计专业化？如何调动幼儿的学习积极性与参与性？如何顾及全体幼儿的学习？如何抓住幼儿的好奇心与兴趣？如何使目标设计符合幼儿的发展规律？如何依据纲要、指南制定年龄段目标？如何掌握幼儿的个体差异？如何将幼儿的身心发展特点与当地社会生活相结合？如何把握目标的难易程度？如何让每个孩子都有所发展？如何促进幼儿的有效学习？

第二，教案设计反映出教师缺乏对幼儿身心特点的把握能力。如某中班教师设计的语言活动《娃娃商店》课程目标："1. 学习分类、排序、比较 大—小、长—短、粗—细、宽—窄、高—矮、厚—薄；2. 提高比较能力、逆向思维能力和口头表达能力。"首先，《3—6岁儿童学习与发展指南》在科学领域"数学认知"模块"目标2 感知和理解数、量及数量关系"中对3—4岁幼儿的发展要求是"能感知和区分物体的大小、多少、高矮、长短等量方面的特点，并能用相应的词表示。"对5—6岁幼儿的发展要求是"能感知和区分物体的粗细、厚薄、轻重等量方面的特点，并能用相应的词语描述。"① 通过分析可知，该中班教师设计的课程目标既有3—4岁幼儿的发展要求，又有4—5岁幼儿的发展要求。该班幼儿恰好处于4—5岁阶段，教师设计的课程目标明显低于幼儿的发展需要。其次，第二个目标中有培养幼儿的"逆向思维能力"。"逆向思维能力"指的是幼儿思维的可逆性，可逆性是抽象逻辑思维的特点，幼儿的逻辑思维能力在学前末期才开始萌芽。通过分析可知，培养4—5岁幼儿思维的可逆性，教师设计的课程目标明显高于幼儿的心理特点。

（2）能较好地将社会生活需求融入课程目标

首先，学前教师在课程目标设计方面重视社会生活的需求，善于从生活中寻找相关资源。如在每年的学习雷锋日、妇女节、植树节、端午节、儿童节、教师节、中秋节、重阳节、冬至和元旦节时，教师会以节日为载体设计相关课程目标。

其次，与幼儿生活密切相关的生活主题，如"我是小厨师""我会洗袜子""我是妈妈的好帮手"等活动也成为目标设计的一个部分。图3-3是某教师设计的"甜甜的汤圆"课程目标："1. 感受做汤圆的乐趣，愿意与老师一起做汤圆。2. 学习做汤圆的方法，并训练小手肌肉。"该园幼儿每周都有一次机会通过自主操作来实践课程。图3-2是某大班幼儿正在品尝自己包的汤圆。图3—4是幼儿在课后

---

① 李季湄、冯晓霞：《〈3—6岁儿童学习与发展指南〉解读》，人民教育出版社2013年版，第322页。

记录的体验表。

图3—2 幼儿正在品尝自己包的汤圆

图3—3 "甜甜的汤圆"课程教案

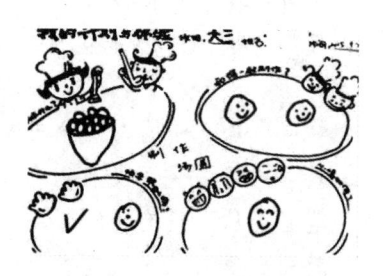

图3—4 幼儿记录的课程体验

(3) 缺乏学前教育及相关领域专家的理论指导

课程目标设计具有一定的逻辑规律与特点，教师需要学前教育及相关领域专家为她们提供视野、思路、方法、知识和技能等方面的理论指导。同时，教师对专家的指导亦有迫切希望，在回收的1569份有效问卷中，有440位教师认为自己迫切需要得到专家在把握幼儿身心发展特点，如何设计具有操作性的行为目标，如何设计情感目标等方面的理论指导。

但调研发现，学前教师缺乏一定的理论基础，在课程设计时容易出现不符合课程逻辑与幼儿发展的情况，几乎没有得到过专家的理论指导。幼儿园的普遍做法是在学期初召开一次年级组教研会，年级教研组长与年级教师根据幼儿园选定的教材或资源包一起拟定本学期的月主题；然后，教师在月主题的框架下自主设计每次活动的课程目标与内容。因此，从教材的选购、月主题的确定到每节课程的具体设计都没有相关理论专家的指导。这种状况正如访谈的某省级示范园教师所言。

笔者：你们是如何备课的？是否得到过学前教育或相关领域专家的理论指导？

教师：我们是各备各的课，完了以后我们有一个教研组长去审查。

笔者：涉及课程目标时，是否会寻找教研组长或园长的帮助？

教师：这个还没有，因为我们在学期初的一个教研活动时会这样。

笔者：在学期初设计一学期课程的时候讨论，是吗？

教师：是的，但是在每一节课的时候，因时间紧张，老师就自己弄。

笔者：那有没有与理论专家讨论课程方面的问题？

教师：嗯……还没有。

笔者：从来没有吗？

教师：嗯，从来没有。

3. 课程目标组织能力

幼儿园主要是从知识与技能目标、过程与方法目标、情感态度与价值观目标三个维度设计课程目标。首先，通过调查发现："知识与技能目标"是设计焦点，"过程与方法目标"的关注度较少，"情感态度与价值观目标"逐渐得到重视。如对某学前骨干教师一周教案课程目标进行分析可知（详见表 3-26）：在 32 个具体目标中，"知识与技能目标"有 19 个，占 59.38%；"过程与方法目标"有两个，占 6.25%；"情感态度与价值观目标"有 10 个，占 31.25%。

其次，通过问卷调查了解到，教师在"知识与技能"目标组织上存在的困惑包括：目标设计过于空泛，不够具体；目标不具有操作性；目标难以达成。教师在"情感态度与价值观"目标组织上存在的困难包括：不知道如何设计情感态度与价值观目标；目标设计太深难以实现；目标没有详细评判标准。

表 3-26　　对某骨干教师的一周教案课程目标的分析

| 时间 | 课程名称 | 课程目标 | 目标类型 |
|---|---|---|---|
| 周一：上午 | 语言活动：《猫太太生宝宝》 | 1. 能理解故事的主要内容，知道宝宝有的像爸爸，有的像妈妈 | 知识与技能目标 |
| | | 2. 懂得父母和孩子之间的血缘关系、亲情关系 | 知识与技能目标 |
| | 美工活动：小提包 | 1. 学习看图示，用正方形叠小提包 | 知识与技能目标 |
| | | 2. 喜欢折纸活动，体验折纸活动的兴趣 | 情感态度与价值观目标 |
| | | 3. 表达对妈妈的爱 | 情感态度与价值观目标 |
| 下午 | 健康活动：龟兔赛跑 | 1. 能以模仿小动物的方式巩固单脚跳 | 知识与技能目标 |
| | | 2. 能在游戏中发展小肌肉，动作较灵活、协调 | 知识与技能目标 |
| 周二：上午 | 数学活动：排排队 | 1. 尝试学习对 5—10 个物体按量的差异进行排序 | 知识与技能目标 |
| | | 2. 初步渗透序列的传递性 | 不是目标 |
| | 美工活动：给妈妈的心愿卡 | 1. 愿意为妈妈制作心愿卡，祝福妈妈节日快乐 | 情感态度与价值观目标 |
| | | 2. 能绘制简单的心愿卡 | 知识与技能目标 |
| 下午 | 健康活动：回家的路 | 1. 在活动中，使幼儿建立一定的自我保护意识 | 情感态度与价值观目标 |
| | | 2. 认识常见的交通标志，知道要注意交通安全 | 知识与技能目标 |
| 周三：上午 | 数学活动：认识梯形 | 1. 感知梯形的基本特征，巩固对几何图形的认识 | 知识与技能目标 |
| | | 2. 学习用多种方法将各种图形变成梯形 | 过程与方法目标 |
| | 音乐活动：《小鸡出壳》 | 1. 感受歌曲中小鸡出壳的有趣形象，形象地表现歌曲 | 知识与技能目标 |
| | | 2. 体验自由表现的愉快 | 情感态度与价值观目标 |
| 下午 | 语言活动：《会动的房子》 | 1. 理解小松鼠房子会动的原因，并思考和回答故事中的问题 | 知识与技能目标 |
| | | 2. 学习观察角色的表情变化，体会乌龟对松鼠的友情 | 情感态度与价值观目标 |
| | | 3. 尝试续编故事，能大胆想象，连贯地讲述自己续编的故事 | 过程与方法目标 |

续表

| 时间 | 课程名称 | 课程目标 | 目标类型 |
|---|---|---|---|
| 周四：上午 | 社会活动：给妈妈的信 | 1. 倾听故事，感悟真挚深切的母子深情 | 情感态度与价值观目标 |
| | | 2. 以生动自然的表情和真挚夸张的动作语言来表达抽象的情感 | 知识与技能目标 |
| | 健康活动：比比谁最棒 | 1. 尝试控制投掷物运动的方向 | 知识与技能目标 |
| | | 2. 能在游戏中发展小肌肉，动作较灵活、协调 | 知识与技能目标 |
| 下午 | 美术活动：花儿朵朵 | 1. 学习用一次性纸杯制作春天的花儿 | 知识与技能目标 |
| | | 2. 进一步学习正确使用剪刀的方法，学习"对称剪" | 知识与技能目标 |
| 周五：上午 | 语言活动：最好吃的蛋糕 | 1. 能较认真地倾听故事，感受妈妈与宝宝相亲相爱的情感 | 情感态度与价值观目标 |
| | | 2. 能看图理解故事内容 | 知识与技能目标 |
| | 科学活动：蛋宝宝站起来 | 1. 通过实验，学会让蛋立起来的方法 | 知识与技能目标 |
| | | 2. 树立自信心，体验成功的乐趣 | 情感态度与价值观目标 |
| 下午 | 音乐活动：《报春》 | 1. 体验音乐表演的乐趣 | 情感态度与价值观目标 |
| | | 2. 了解布谷鸟的相关知识，知道它是一种候鸟 | 知识与技能目标 |

4. 课程目标表述能力

从目标表述角度来看，课程目标应符合完整性、一致性、明确性、准确性、可行性、逻辑性等规范。但通过文本分析发现，学前教师在课程目标表述方面存在诸多问题。现以某园中班的活动计划为例（详见图3-5）。该园3月的月主题"欢天喜地"和"亲亲抱抱"的活动目标有5个：第一，教育幼儿爱清洁、讲卫生，知道良好的生活习惯与健康的关系。第二，引导幼儿主动愉快轻松地参加体育活动，相互谦让、合作、帮助。指导幼儿安全使用体育器械。第三，鼓励幼儿大胆、准确表达自己的想法和愿望。第四，初步体验他人的需要和情感。第五，培养幼儿整洁有序的绘画习惯，感受作品美。通过分析发现以下问题：

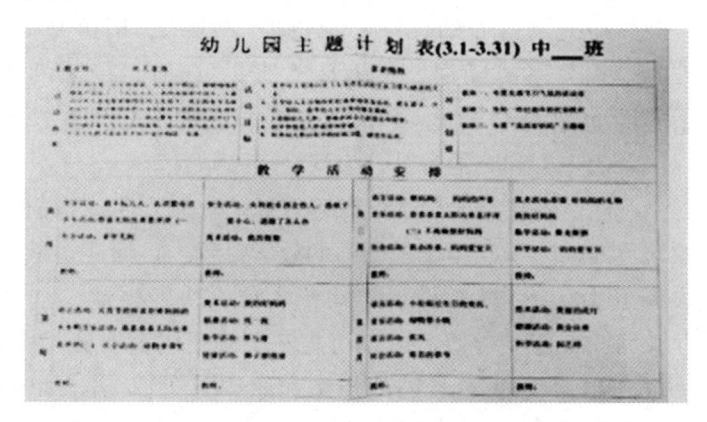

图 3-5　某园 3 月主题计划

第一，目标体系缺乏完整性。"课程目标体系包括了所有准备学习的成果。"① 即课程目标应包含教育目的和培养目标的全部价值追求，与教育目的、培养目标达成一致。考察该份主题计划发现：目标体系包含了幼儿在健康、语言、社会、艺术四个领域中某一方面的目标达成，如目标一属于健康领域，目标二属于社会领域，目标三属于语言领域，目标四属于社会领域，目标五属于艺术领域，但缺乏幼儿在科学领域的发展目标。2003 年颁布的《幼儿园教育指导纲要（试行）》明确指出："幼儿园的教育内容是全面的、启蒙性的，可以相对划分为健康、语言、社会、科学、艺术五个领域，也可作其他不同的划分。各领域的内容相互渗透，从不同的角度促进幼儿情感、态度、能力、知识、技能等方面的发展。"② 因此，该计划设计的目标体系不完整，未包含教育目的和培养目标的全部价值追求。

第二，目标表述缺乏一致性。"课程目标体系中，每个目标的叙述要与其他叙述的目标相一致。"③ 即课程目标的主谓宾语的表述要

---

① 钟启泉：《课程论基础》，教育科学出版社 2007 年版，第 127 页。
② 中华人民共和国教育部：《幼儿园教育指导纲要（试行）》，北京师范大学出版社 2001 年版，第 2 页。
③ 钟启泉：《课程论基础》，教育科学出版社 2007 年版，第 127 页。

一致,该目标体系中目标一、二、三、五的表述都是"教育幼儿、引导幼儿、鼓励幼儿、培养幼儿",主语是"教师",谓语是"教育、引导、鼓励、培养"等动词,宾语是"幼儿";但目标四的表述是"体验他人",主语是"幼儿",谓语是"体验",宾语是"他人"。五个目标体系的主语和宾语混乱,表述缺乏一致性。

第三,目标内容缺乏明确性。课程目标的叙写要明确指出幼儿需要达到的学习效果,不需要表现教师的教学过程。目标一"教育幼儿爱清洁、讲卫生",目标二"引导幼儿主动愉快轻松地参加体育活动,相互谦让、合作、帮助。指导幼儿安全使用体育器械",目标三"鼓励幼儿大胆、准确表达自己的想法和愿望",目标五"培养幼儿整洁有序的绘画习惯"都是指向教师的教育过程,不属于幼儿的学习结果。应分别改为"幼儿知道爱清洁、讲卫生","幼儿能安全使用体育器械","幼儿能主动愉快轻松地参加体育活动","幼儿能大胆、准确表达自己的想法和愿望","幼儿能养成整洁有序的绘画习惯"。

第四,目标陈述缺乏准确性。准确性包括"不能有任何含糊的内容,或者引起歧义的语词,陈述要准确无误。"[①] 目标一——"教育幼儿爱清洁、讲卫生,知道良好的生活习惯与健康的关系"——中的"爱清洁""讲卫生""良好""健康",目标四——"初步体验他人的需要和情感"——中的"初步""体验""需要""情感",以及目标五——"培养幼儿整洁有序的绘画习惯,感受作品美"——中的"习惯""感受"等词语都属于含糊、抽象的词语,容易引起歧义。

第五,目标内容缺乏可行性。可行性是指根据幼儿的身心特点、年龄、已有经验和能力以及幼儿园现有资源可以达到的目标。关于目标一"幼儿爱清洁、讲卫生,知道良好的生活习惯与健康的关系",中班幼儿的思维发展水平决定了他们无法在本质上了解良好的生活习惯与健康的关系。关于目标二"幼儿主动愉快轻松地参加体育活动,相互谦让、合作、帮助",首先,幼儿是否能主动、愉快、轻松地参加体育活动取决于各种因素的综合影响,如幼儿的身体状况、当时的心情、同伴关系、教师的指导、器械状况、天气等;其次,幼儿不可

---

① 钟启泉:《课程论基础》,教育科学出版社2007年版,第127页。

能通过一个月的活动就实现谦让、合作、帮助等亲社会行为。关于目标三"幼儿大胆、准确表达自己的想法和愿望",幼儿是否大胆与幼儿的气质有关,这是不可能在一月之内解决的问题;幼儿是否能准确表达亦取决于幼儿的情绪状态、幼儿的词汇量、故事情节的难易程度、教师的提问与引导、集体环境等客观因素。关于目标四"初步体验他人的需要和情感",他人的需要和情感是内隐的、丰富的、复杂的,表现形式是多样的,对浅层次的需要与情感,幼儿在学前早期就已能体验觉察,深层次的需要与情感则是成年人都难以捉摸的。因此,这些目标内容缺乏可行性,幼儿难以实现。

第六,课程目标与课程内容不一致。如目标一属于健康领域,目标二、目标四属于社会领域,目标三属于语言领域,目标五属于艺术领域,没有幼儿在科学领域的发展目标。但是课程内容的设置中又有"科学"单元下的"妈妈爱宝宝",前后互相矛盾,不能一一对应。

第七,每个课程目标内部之间缺乏逻辑关系。如在目标一"教育幼儿爱清洁、讲卫生,知道良好的生活习惯与健康的关系"中,幼儿爱清洁、讲卫生的习惯是建立在认知基础上的,该目标却前后颠倒了。在目标二"引导幼儿主动愉快轻松地参加体育活动,相互谦让、合作、帮助。指导幼儿安全使用体育器械"中,前一句与后一句没有因果关系,却并列放在同一目标下。

### (二)学前教师的课程内容设计能力现状

1. 课程内容取向选择能力

(1)教材是课程内容选择的主要来源

调查发现,学前教师基本都以固定的教材或资源包作为课程内容的主要来源。以某园为例。该园中班学前教师使用的是幼儿园订购的《甘肃省幼儿园快乐与发展课程资源包(A版)》中班下册教师用书,教材由甘肃省基础教育课程教材中心编写。资源包在中班下册3月的集体教学活动内容安排如表3-27所示,该班教师设计的3月课程如表3-28所示。通过对比可知,资源包在3月共有44次教育活动,该班教师在3月共设计了24次教育活动,其中有18次活动内容直接来源于资源包,所占比例为75%,且课程目标基本没有发生变化。

表3-27　《甘肃省幼儿园快乐与发展课程资源包（A版）》中班下册3月内容摘选

| 时间 | | 集体教学活动 |
|---|---|---|
| 第一周 | 1. 与主题"妈妈的爱"相关的活动 | 学诗歌：《妈妈的爱》（第25页） |
| | | 讲故事：《猫太太生宝宝》（第26页） |
| | | 社会活动：宝宝从哪里来（第27页） |
| | | 科学活动：谁会生蛋（第28页） |
| | | 歌表演：《小鸡出壳》（第29页） |
| | | 制作：给妈妈的心愿卡（第30页） |
| | 2. 主题以外的领域活动 | 体育活动：猜猜我是谁（第31页） |
| | | 数学活动：排排队（第32页） |
| | 3. 备选活动 | 阅读：《小兔孵蛋》（第32页） |
| | | 科学活动：蛋宝宝站起来（第33页） |
| | | 律动：《母鸭带小鸭》（第34页） |
| 第二周 | 1. 与主题"妈妈的节日"相关的活动 | 讲故事：《最好吃的蛋糕》（第41页） |
| | | 讲述活动：小记者（第42页） |
| | | 社会活动：妈妈的节日（第43页） |
| | | 学唱歌曲：《我的好妈妈》（第44页） |
| | | 折纸：小提包（第45页） |
| | 2. 主题以外的领域活动 | 体育活动：龟兔赛跑（第46页） |
| | | 数学活动：娃娃商店（第47页） |
| | | 科学活动：我喜欢的树（第47页） |
| | 3. 备选活动 | 阅读：《鸟窝里的树》（第48页） |
| | | 学唱歌曲：《只要妈妈露笑脸》（第49页） |
| | | 社会活动：我给布熊当妈妈（第50页） |
| 第三周 | 1. 与主题"妈妈的节日"相关的活动 | 学诗歌：《学妈妈》（第56页） |
| | | 讲故事：《给妈妈的信》（第57页） |
| | | 社会活动：爸爸妈妈爱宝宝（第59页） |
| | | 学唱歌曲：《不再麻烦好妈妈》（第59页） |
| | | 绘画：漂亮妈妈（第60页） |
| | 2. 主题以外的领域活动 | 体育活动：比比谁最棒（第61页） |
| | | 科学活动：有趣的磁铁（第62页） |
| | | 数学活动：搬家啰（第62页） |
| | 3. 备选活动 | 阅读：《大卫，不可以》（第63页） |
| | | 听辨声音：玩具的声音（第64页） |
| | | 绘画：好大的爸爸（第64页） |

续表

| 时间 | | 集体教学活动 |
|---|---|---|
| 第四周 | 1. 与主题"妈妈的节日"相关的活动<br><br>2. 主题以外的领域活动<br><br>3. 备选活动 | 谈话：我的家（第71页）<br>仿编故事：《会动的房子》（第71页）<br>社会活动：好邻居（第73页）<br>科学活动：清洁小妙招（第73页）<br>音乐游戏：逛公园（第74页）<br>制作：逛高楼（第75页）<br>健康活动：回家的路（第76页）<br>数学活动：认识梯形（第77页）<br>阅读：《我家是动物园》（第78页）<br>社会活动：环保小卫士（第78页）<br>美术欣赏：《热闹的市场》（第79页） |

资料来源：幼儿园快乐与发展课程组：《甘肃省幼儿园快乐与发展课程资源包（A版）中班下册》，北京师范大学出版社2010年版，第25—79页。

表3-28　　某园中班教师设计的3月课程内容分析

| 领域 | 集体教学活动 |
|---|---|
| 美术 | 美工活动：我的漂亮妈妈<br>给妈妈的心愿卡*<br>折纸：小提包*<br>绘画：漂亮妈妈*<br>制作：花儿朵朵 |
| 健康 | 安全教育第一课<br>龟兔赛跑*<br>比比谁最棒*<br>回家的路* |
| 语言 | 《猫太太生宝宝》*<br>《最好吃的蛋糕》*<br>《给妈妈的信》*<br>《我的家》*<br>《会动的房子》* |
| 数学 | 排排队*<br>娃娃商店*<br>搬家啰*<br>认识梯形*<br>图形拼摆 |
| 音乐 | 《小鸡出壳》*<br>《我的好妈妈》*<br>《不再麻烦好妈妈》*<br>《报春》<br>《我的小花园》 |

*表示内容来自《甘肃省幼儿园快乐与发展课程资源包（A版）》中班下册。

其次，从对三位不同地域学前教师的访谈得知，幼儿园要求教师以资源包为参考，也可根据生活调整课程内容。教师1来自兰州市某省级示范园，教师2来自秦安县某市级示范园，教师3来自临泽县某农村园。

**访谈1**

研究者：幼儿园有没有使用教材？

教师1：有，我们会用。但是如果说是需要加的，我们会自己去调整。

研究者：一学期下来使用资源包的比例大概是多少？

教师1：50%—60%，基本上都会用。三个老师用嘛，一周活动挺多的，有的活动就不够了，所以不够了我们基本上自己再选适合我们孩子的。可能刚好和资源包会有点出入，我们会自己调整。

研究者：每次写教案的时候，资源包上有课程目标，你们是直接完全按照那个目标写呢？还是有所修改？

教师1：我们会看一下，如果说合适的话我会直接用。但是如果跟我实际活动不太一样的时候会进行调整。

**访谈2**

研究者：幼儿园有没有使用教材？

教师2：有的。

研究者：用的是一套还是几套？是教育局发的还是自己购买的？

教师2：一套，都是上面发的。

研究者：上午的活动课是根据教材走，还是只作为参考呢？

教师2：我们只作为参考。我们的教材没有纸质版，只有电子版，我们选择适合孩子的用。

研究者：那其他的内容从哪儿来呢？你们每个月是四个主题吗？

教师2：就是教材里的，根据教材来的。这个教材是给甘肃省幼儿编的，是和北京师范大学联合编的。

研究者：是甘肃省教育资源包？

教师2：对，就是的，资源包，北师大出版社的。

**访谈3**

研究者：你们有没有使用教材？

教师3：教材就是那个省城的，叫甘肃省教育资源包。

研究者：老师是怎么使用资源包的？

教师3：那就作为一个参考。有些东西，就是说每月主题，就按照它那个主题去做。但还是要结合计划，根据孩子的情况是有调整的。

研究者：课程是按主题设计的吗？

教师3：是的，昨天就是按照资源包设计的。这个资源包也不是要求必须用的，他（教育局）现在不让我们给孩子们买书，我们基本上就是老师有一本，孩子们没有。教学内容，就是根据资源包上面的去设计，嗯，你可以加自己的东西。

研究者：幼儿园的主题是如何设计的？

教师3：幼儿园的主题不一定，是按照教材来设计的，按照甘肃省教育厅发的这个资源包，它里面就包括主题。比如说春天，让孩子搜集跟春天有关的一些东西。然后是夏天，根据夏天的一个节日呀，比如六一儿童节。然后到了秋天，它又是秋天的主题。

通过对以上材料的分析可知，在甘肃省城市、县城与农村中，几乎所有幼儿园都是以既定的教材作为课程内容选择与来源的基础，这些教材又以《甘肃省幼儿园快乐与发展课程资源包》为主。

（2）活动是课程内容选择的新趋势

当前，学前教师越来越注重将组织活动作为幼儿园课程的主要内容，这些活动在每年的重要节庆日、亲子游戏、幼儿园区域环境、幼儿园集体教育中均有体现。如在"三五"学习雷锋节，教师会带领幼儿去敬老院看望老人；在"三八"妇女节，教师会开展"爱妈妈"的主题活动，教育幼儿通过唱一首歌、画一张画、制作一张贺卡、做一件力所能及的事等形式表达对妈妈的爱；在"三一二"植树节，教师会带领幼儿去公园或植物园栽种树苗；在端午节，教师会组织幼儿包粽子、做香包；在"六一"儿童节，教师会组织节目编排与表演；在中秋节，教师会组织幼儿制作月饼；在冬至节，教师会组织幼儿包饺子。在亲子活动中，教师会组织幼儿与家长参观植物园、动物园、公园、博物馆，爬山、制作披萨等活动。另外，幼儿园会开辟一些公共活动区域，如"小小厨房"，教师每周组织幼儿在"小厨房"里包元宵、包饺子、制作水果沙拉等。以下摘录的内容为《我的好妈妈》课程节选，来自于某大班教师组织的3月主题教学，从课程实施过程里可以知道，教师通过让幼儿绘画、回家劳动、课堂讲述等活动实现"爱妈妈"的课程目标。

## 我的好妈妈（节选）

老师回到讲台拿出画："接下来我请几位小朋友来讲述一下他们在家里面会帮妈妈干什么啊！"

"是A的画！"小朋友喊了起来。

"那请A小朋友上来。"男孩子A立即站起来走上讲台。

老师对A说："你给小朋友分享一下你这幅画，讲的是一个什么故事？"

A接过画对大家说："我回家以后帮妈妈拖地了。"

"哦，棒不棒？"老师问大家。

"棒！"老师率先鼓起掌来，孩子们也跟着鼓掌。"掌声鼓励一下好不好？他说他在家会帮妈妈拖地啊！哎呀！我给你个大大的笑脸，真棒！"老师将Sticker贴在了他的脸上，A拿着画高兴地回到了座位上。

"那接下来呢？"老师看着画，"B小朋友，宝贝，你上来。你给我们大三班的小朋友分享一下，你在这个里面画了一幅什么小故事呀？"

"我会帮妈妈浇花。"B回答。

"他说他回到家里面可以帮爸爸妈妈浇花，他能干不能干？"

"能干！"大家回答。

"B小朋友也特别棒，还帮妈妈浇花，特别棒啊！"老师将Sticker贴到了B的额头上。……老师接着展示画，"哦，C小朋友，你上来跟我们分享一下你的小故事？"

男孩子C走了上去："嗯，我会帮妈妈搭衣服。"

"棒不棒呀？他会帮妈妈，他真是一名能干的小帮手！"老师将Sticker贴到C的脸上，"那我们就鼓励他一下，好不好？"老师和小朋友一起鼓掌。

"那我们再看一下这是谁的？哎呀，D的！"老师提高嗓门说道。"好，来，宝贝，给我们大三班的小朋友分享一下你在帮爸爸妈妈干什么？"

男孩子D走上前接过画说："我会帮妈妈……"D看了一下老师不知道该说什么，老师说："你看一下画，你在帮妈妈干什么呀？"D将画转过去仔细地看着。

"是什么？"老师问。

D没有回答，只是看着画。

"晾衣服，是不是啊？嗯，特别棒！D小朋友有点内向，所以我们小朋友在听的时候呀，声音小小的，小一点。我们再认真听他说好不好？"老师对大家说完以后又对D说道："下次回答问题的时候声音要大一点好不好？啊！真棒！"老师将Sticker贴到他的额头上，D点了点头。

（3）缺乏课程内容选择的经验取向

"课程内容即学习经验的取向把课程内容看成是儿童的学习经验，认定儿童是主动的学习者，决定学习的质和量的主要方面是儿童而不是教材，换言之，儿童是否能够真正理解和获得课程内容，主要取决于儿童已有的心理结构，取决于儿童与环境之间有意义的交互作用。根据这种取向，知识是儿童自己'学'会的，而不是教师'教'会的；课程内容应由儿童决定，而不是由学科专家支配。"[①] 但学前教师缺乏内容选择的经验取向。由上所述，学前教师在选择课程内容时基本上都是从教材、重要节日等出发，很少以幼儿的学习兴趣为立足点寻找课程内容。这种课程内容设计具有从上到下的预设性，缺乏自下而上的生成性。根据以下对教师的访谈可知，教师正是遵循这种"我认为你需要"的逻辑选择课程内容的。

---

① 朱家雄等：《幼儿园课程的理论与实践》，华东师范大学出版社2012年版，第154—155页。

研究者：三月的主题是什么？

教师："会变的我"和"古老的民间玩具"。

研究者：四月呢？

教师："神奇的工具"和"春天"。

研究者：您刚讲的"会变的我""春天""古老的民间玩具""神奇的工具"这四个主题是来自于孩子们的需要吗？

教师：没有关系。前两周就是因为刚开学嘛！孩子到大班最后一个学期了，有很多的变化，根据这个"变化的我"来进行。有两个方面：一个就是孩子的变化，"我"从小班、中班到大班的变化，包括我马上就要毕业了，以后我要上小学这个变化，是结合这个主题来进行的"变化"；还有就是变化的世界，天气的变化，包括植物的变化这些东西，这是进行的第一个主题。可能用两周时间我们把这些进行完以后，后两周就是进行"古老的民间玩具"教育。认识这些玩具有哪些？我们小时候玩过的有哪些？爸爸妈妈小的时候玩过哪些？你们又玩哪些？简单地进行介绍，根据主题来进行活动。

研究者：这个资源包上有吗？

教师：有的。

2. 课程内容组织能力

当前，学前教师在组织课程内容方面主要遵循的是单元主题活动设计模式。现选取具有典型性的某园一学期课程内容进行分析（详见图3-6），通过分析可知，该园采用主题式教学模式，一个月有两个主题：3月主题为"欢天喜地"和"亲亲抱抱"（3月实际上有5周，第1周有4个工作日，是开学入园的修正周，主要是安全教育，不进行其他主题活动；第2、3、4周分别有5个工作日；最后1周有4个工作日）。4月主题为"春天的消息"和"快乐动动动"。5月主题为"昆虫的秘密"和"奇妙的发现"。6月主题为"快乐的节日"和"清凉一夏"。通过分析发现，该园的课程内容组织存在以下问题：第一，月主题设置宽泛、不具体；第二，月主题之间没有逻辑联系；第三，每个月设置两个主题，但两个主题之间无逻辑联系。

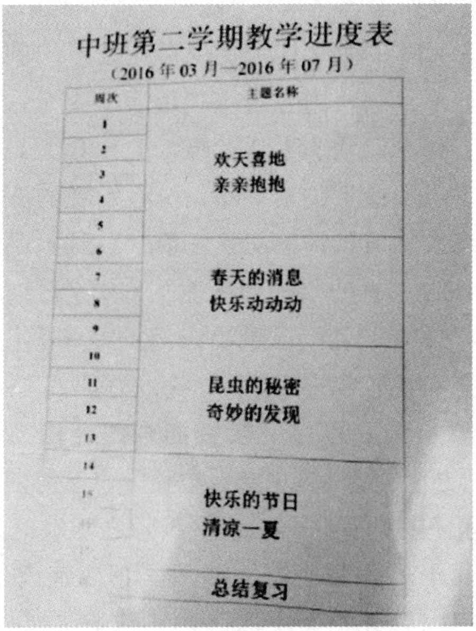

中班第二学期教学进度表

（2016年03月—2016年07月）

| 周次 | 主题名称 |
|---|---|
| 1 | 欢天喜地<br>亲亲抱抱 |
| 2 | |
| 3 | |
| 4 | |
| 5 | |
| 6 | 春天的消息<br>快乐动动动 |
| 7 | |
| 8 | |
| 9 | |
| 10 | 昆虫的秘密<br>奇妙的发现 |
| 11 | |
| 12 | |
| 13 | |
| 14 | 快乐的节日<br>清凉一夏 |
| 15 | |
| | 总结复习 |

**图3－6　某园中班一学期活动主题名称**

表3－29是该园中班第二学期的教学计划，以3月主题“欢天喜地”和“亲亲宝贝”为例。3月主题分成了“语言、安全、音乐、数学、美术、社会、科学、分享活动、生活健康”九个单元，“语言”单元下设“元宵节的传说”“想妈妈”“妈妈的声音”“给小松鼠过生日的来历”“想要妈妈的木木鸭”五个内容；“安全”单元下设“尖锐的东西会伤人”“认识紧急电话”“迷路了怎么办”三个内容；“音乐”单元下设“恭喜恭喜太阳出来喜洋洋（一）”“恭喜恭喜太阳出来喜洋洋（二）”“恭喜恭喜太阳出来喜洋洋（三）”“母鸭带小鸭，不再麻烦好妈妈”“集体舞：拉拉狗”五个内容；“数学”单元下设“舞龙舞狮”“找一找”“看电影”“厚与薄”“园艺师”五个内容；“美术”单元下设“美丽的花灯”“彩蛋”“给妈妈的礼物”“我的好妈妈”四个内容；“社会”单元下设“难忘的春节”“我会注意”“动物来帮忙”“妈妈爱宝贝”“亲密无间”五个内容；“科学”单元下设“妈妈爱宝宝”一个内容；“分享活动”下没有任何内容；

"生活健康"下设"狮子舞绣球""我会注意"两个内容。

通过分析表3-29的教学计划发现存在以下问题：第一，典型的分科教学形式。教学计划将内容按照"语言、安全、音乐、数学、美术、社会、科学、分享活动、生活健康"九个单元划分，虽然形式上以主题呈现课程，但实质上仍是将幼儿身心发展的五大领域割裂为学科形式，违背了五大领域设计的初衷。第二，月主题与内容之间无子属对应关系。三月的主题是"欢天喜地"和"亲亲宝贝"，但内容中的"想妈妈""妈妈的声音""想要妈妈的木木鸭""母鸭带小鸭，不再麻烦好妈妈""给妈妈的礼物""我的好妈妈"都是指向"亲亲妈妈"的，而非"亲亲宝贝"；"尖锐的东西会伤人""认识紧急电话""迷路了怎么办""找一找""看电影""厚与薄""园艺师"与"欢天喜地"没有直接关系。第三，各单元之间缺乏逻辑性。如"安全"单元本身应属于"生活健康"范围，但二者却是并列关系。第四，各单元之间的内容无逻辑关系，内容重叠。如"语言"下已经有与"妈妈"有关的教学，但在美术下又有"给妈妈的礼物""我的好妈妈"，在"科学"下设有"妈妈爱宝宝"。第五，各单元内容分布不均。"音乐""数学""社会"单元下都有五项内容，"科学"单元下仅有一项内容，"分享活动"单元下则未设置任何内容。第六，单元与内容之间冲突。"科学"单元下有"妈妈爱宝宝"，显然，这种归类具有逻辑上的错误。第七，内容重复。三月主题下有多个关于"妈妈"的内容，包括"想妈妈""妈妈的声音""想要妈妈的木木鸭""母鸭带小鸭，不再麻烦好妈妈""给妈妈的礼物""我的好妈妈""妈妈爱宝贝""妈妈爱宝宝"。这些内容可以一并归纳为"我的好妈妈""妈妈爱宝宝""宝宝想妈妈"。

通过对以上典型案例的分析可知，学前教师在课程内容组织能力方面呈现出以下现状：第一，课程内容以主题课程模式为主，但缺乏对主题课程的认知，形式脱离内容；第二，课程内容的组织缺乏知识与技能的逐步递进性；第三，课程内容的组织割裂了幼儿五大领域的发展关系；第四，课程内容之间缺乏逻辑性、关系混乱、结构性弱；第五，课程内容不符合幼儿的身心发展规律。

## 第三章 学前教师课程能力的现状表征

表3-29 某园中班第二学期教学计划（2016.3—2016.7）

| 月 | 主题名称 | 语言 | 安全 | 音乐 | 数学 | 美术 | 社会 | 科学 | 分享活动 | 生活与健康 |
|---|---|---|---|---|---|---|---|---|---|---|
| 三月 | 欢天喜地亲亲宝贝 | 元宵节的传说 想妈妈 妈妈的声音 给小松鼠过生日 想要妈妈的木头鸭 | 尖锐的东西会伤人 认识紧急电话 迷路了怎么办 | 恭喜恭喜太阳出来喜洋洋（一） 恭喜恭喜太阳出来喜洋洋（二） 恭喜恭喜太阳出来喜洋洋（三） 母鸭带小鸭不再麻烦好妈妈 集体舞·拉拉狗 | 舞龙舞狮 找一找 看电影 厚与薄 园艺师 | 美丽的花灯 彩蛋 给妈妈的礼物 我的好妈妈 | 难忘的春节 我会注意 动物来帮忙 妈妈爱宝贝 亲密无间 | 妈妈爱宝宝 | | 狮子舞绣球 我会注意 |
| 四月 | 春天的消息 快乐动动 | 嫩芽儿 蛤蟆种瓜 春雨的色彩 快乐是什么 书的功能 说笑话 | 浴室的隐患 | 草苞苞 化蝶 我们都是好朋友 朋友见面真开心 四季歌 | 左和右 花园里 动物排队 | 春天的花朵 小船 火车动起来 | 你该怎么说 图书的心情 清明节的由来 | 种子发芽 找春天 | 寻宝 | 小蝌蚪找妈妈 |
| 五月 | 昆虫的秘密 奇妙的发现 | 昆虫聚会 校花不哭了 雨天里的风景 谁住在皮球里 我们的节日 颠倒歌 大树妈妈 | 地震知识我知道 | 蜜蜂做工 小蜻蜓 你我拍拍手来和 吉祥三宝 小动物乐队 | 5以内的相邻数 梯形变身 | 会飞的花 捏泥乐 | 聪明的小蚂蚁 蚂蚁请客 美丽的立交桥 草原风情 我的发现 | 特殊功能的车 有趣的蚂蚁 它们藏在哪儿 走弯弯路 | 跳芭蕾的牛 | 种树 太阳公公对我笑 运动秀 快快慈蜜蜂起来 不要惹蜜蜂生气 蚂蚁搬家 |
| 六月 | 快乐的节日 清凉一夏 | 夏天在哪里 小蟋蟀找朋友 | 那些虫子会咬人 | 六一的歌 买菜歌 夏天的雷雨 小蜻蜓 | 节日聚会 海上的轮船 数香包 夏天的池塘 | 拉花装饰 有趣的泡泡 彩色蝶挂香包 祥云 折扇了 降落伞 | 全世界儿童是一家 我和你 端午节 不怕热的人们 我们的暑假 | 倒不出来的水 谁住在皮球里 弯弯绕绕 我的暑假 | 气球真好玩 全世界儿童是一家 我们来赛龙舟 雨天交响曲 小小消防员 |

注：内容摘自*园大班第二学期教学计划

### (三) 学前教师的课程实施能力现状

学前教师的课程实施能力现状主要通过课程实施过程体现出来。本书选取具有代表性的某园中班美术活动《画祥云》为例，通过对课程实施中教师的行为表现进行分析来说明教师在课程实施取向协调能力和课程实施组织能力上的状况。

画祥云

- 时间：2016 年 6 月 16 日上午
- 地点：××幼儿园中二班教室
- 年级：中班
- 教师：王老师（43 岁，小教 1 级）
- 幼儿：共计 43 人，4 人/桌
- 课程时间：30 分 16 秒（讲授时间 13 分 09 秒，发放材料时间 8 分 03 秒，自主操作时间 9 分 04 秒）
- 课程教案（根据教师设计的教案如实摘录，未删改文字与内容）

美术活动：画祥云

目标：

1. 通过欣赏传统绘画"祥云"的图案，引导幼儿初步了解我国的民间传统文化艺术。

2. 引导幼儿临摹不同形状的"祥云"图案。

3. 鼓励幼儿大胆想象，学会渐变涂色。

重点：了解我国的民间传统文化艺术。

准备：图片材料、水彩笔。

过程：

1. 谜语引题，激发兴趣。

2. 展示图片或幼儿材料，引导幼儿欣赏传统的绘画图案"祥云"。

3. 出示范例，老师边示范边讲解渐变涂色的方法。

4. 幼儿作画，老师巡视指导。

5. 作品展览，并引导幼儿说说自己想把这代表美好祝愿的图案装饰到哪里，有哪些美好的祝愿。

·课桌排列形式：

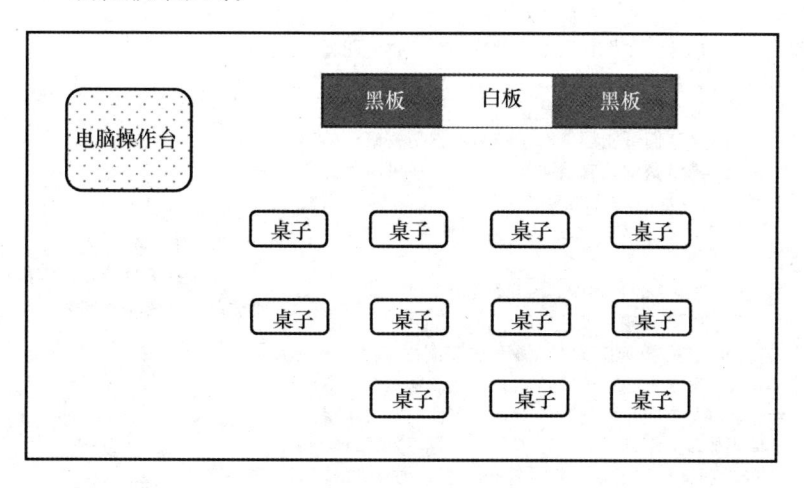

```
┌─────────────────────────────────────────────┐
│                                             │
│   ┌────────┐      ┌──┐ ┌──┐ ┌──┐           │
│   │电脑操作台│      │黑板│ │白板│ │黑板│          │
│   └────────┘      └──┘ └──┘ └──┘           │
│                                             │
│    [桌子] [桌子]  [桌子]  [桌子]              │
│                                             │
│    [桌子] [桌子]  [桌子]  [桌子]              │
│                                             │
│          [桌子]  [桌子]  [桌子]              │
│                                             │
└─────────────────────────────────────────────┘
```

·课程实录：

| 活动过程 | 内容分析 |
| --- | --- |
| "好了，开始上课了啊！"老师对全班幼儿喊道。<br>突然，窗外响起一阵鞭炮声。刚安静下来的教室又热闹起来，孩子们叽叽喳喳讨论起来，有的说去接新娘，有的说过年了，有的说过节了……老师站在讲台上看着大家，面对闹哄哄的班级只好暂时等待。<br>"好……好……好……"老师提醒，没人理她。<br>"1！2！"老师一字一顿地数到。<br>"3！"一个女孩子接过老师的话。<br>老师竖起右手食指放在嘴唇上"嘘"，左右扫视全班孩子。"好了！"在老师的再次提示下，一部分幼儿停止说话并看着她。后排的幼儿看见前面安静了，说话声音逐渐减小，转过头看向老师。但仍有两个幼儿在讨论。<br>"廖××，想不想上王老师的课？"老师问。<br>"想！"小部分幼儿一起回答。<br>"王××，想不想上老师的课？"<br>"想。"小部分幼儿又跟着一起回答。<br>"我上课的要求是什么？"<br>"安静！""坐端！"小部分幼儿回答。 | <br><br><br><br><br>教师第一次提醒纪律。<br><br><br>教师第二次提醒纪律。<br><br><br><br>教师向幼儿强调纪律要求。<br><br><br>教师对幼儿的态度带有埋怨、生气、责备、强制性。虽然老师的语气是平静的，但语言是不尊重幼儿的。 |

续表

| 活动过程 | 内容分析 |
|---|---|
| "唉……安静！管好小屁股挨凳子上啊！如果你这两样做不到，你，你，你想干啥就干啥去，啊！我就不想让你上我的课，你想我还不同意呢！想上我的课就听我的话，啊！屁股挨着凳子上面，安静，管好小嘴巴。你想说话，我会让你说，给你机会。×××，手绢装起来！嗯——，你们可能都猜对了，刚才就是放鞭炮的声音。你们有猜结婚的，有猜买车的，也有猜可能是开业了。但是过年是绝对不可能，哦！过年的时候我们是在……"老师未说完，部分幼儿开始插嘴："……是过年。"<br>"嘘！我说话的时候你插嘴礼貌不礼貌？"<br>"不礼貌。"插嘴的幼儿回答。<br>"过年是冬天，咱们讲过，啊——年刚过完！明年的新年还没来呢。好吧，今天这点儿就过了啊！今天老师要给你们画一个图，你们看看是什么东西？我不确定你们能不能认出来，我也不知道我画得好不好，请你们举手告诉我，行不行？"老师将孩子们的注意力拉回课堂。<br>"行。"大家回答。<br>"我也不知道这是什么东西。"老师一边说，一边转过去侧身对着黑板，用粉笔在黑板上画线条。（见图1）<br>"云。""云朵！"孩子们发表自己的意见，但都认出来是云朵。<br>"那说明我画得还挺像的，是吧？啊——一画你们就知道是云朵了，是吧？"老师一边说一边在黑板上画线条，"那你看这是云朵，是吧？小朋友们再看看这个呢？"（见图2）<br>"太阳！""太阳！"老师还没有画完，孩子们争先恐后地喊道。<br>"好吧，你说太阳就是太阳。"老师一边画一边回应。<br>"花！""风！"随着老师的绘画动作，孩子们不停地改变说法。<br>"风？"老师提高嗓门反问。<br>"云。"随着老师动作的结束，孩子们最终给出一个确定的答案。<br>"你看还是云。"老师做出吹风的动作，说："风是吹着刮过来，是这样的。"老师一边说，一边又在黑板上画出风的样子。<br>"非凡的风！"一个男孩子抢着说。<br>"我没有那本事哦，非凡的风我画不出来。"老师说。<br>"非凡的风看不着！"男孩子继续说。 | 教师第三次提醒纪律。<br>教师缺乏对意外内容的生成意识，忽视幼儿的兴趣与好奇心。<br><br>图1<br><br>图2<br><br>教师的教学语言不符合教育者身份。<br><br>教师缺乏对"风"的生成意识，且语言不符合教育者身份。 |

## 第三章　学前教师课程能力的现状表征

续表

| 活动过程 | 内容分析 |
|---|---|
| 　　"好了，唉！唉！唉！唉"老师用手势做"嘘"状，提示大家不要说话。"张××，第二次了哦，管好自己的嘴巴！欧×，第二次了哦！风我画不出来，为什么？风，咱们以后，下次课再说啊，下一次有机会我再给你们讲，咱们今天先讲云。这是不是云啊（指着图1问）？"<br>　　"是。"孩子们轻声回答。<br>　　"这是不是云啊？"老师问大家（指着图2）。<br>　　"是。"大家仍轻声回答。<br>　　"我再想想看画个什么样的？"老师看着窗外自言自语道。<br>　　"飞机。"一个男孩说。<br>　　"嗯？不是。"老师头也不回地回答，在黑板上画起来。<br>　　"飞机！飞机！飞机！"孩子们喊道。老师停下来看着大家，提示纪律不好，然后转过身去画图。<br>　　"桃子！""云！"有幼儿说。<br>　　"也像云，是不是啊？"老师问。<br>　　"是。"孩子们更轻声地回答。<br>　　"对，这些都是云，王老画的。然后呢，我现在把电脑打开，你们看一下云。手？"老师推开黑板，露出投影白板。<br>　　"背背后！"孩子们整齐大声地回答，将手背在身后。<br>　　"嗯，这是我画的，现在请你们看一下云。"老师走向电脑操作台，一边操作一边说。此时幼儿已经开始左右晃动、说话。<br>　　"谁在那儿说话呀？嗯？张××，你快一点儿好吗？"刚从厕所出来的一名幼儿慢吞吞地走向自己的座位。<br>　　"好！……"张××轻轻地回答。<br>　　"嗯！"老师一边说话一边打开电脑，网页是上课前已经打开的，但未下载制作成PPT。图片终于打开，显示在白板上，如图3所示。<br>　　"唉……小朋友们，看看这个像不像呢？"老师问。<br>　　"像。""不像。"孩子们轻声回答。<br>　　"哦，这个像不像呢？"教师接着打开下一张图片，因为是在网页上直接打开图片，突然跳出一个毫无关系的购物网页，小朋友们大声起哄："唉——耶——！"<br>　　"好，那这一张呢？"老师指着图4问？<br>　　"像！"孩子们又回答。 | 　　教师第四次提醒纪律。<br><br><br><br><br>　　男孩的回答说明幼儿不明白教师课程的目的。<br>　　教师第五次提醒纪律。<br><br><br><br><br><br><br>　　教师第六次提醒纪律。<br><br><br><br><br>　　孩子们表现出不耐烦。<br>　　教师第七次提醒纪律。<br><br>图 3<br><br><br><br><br>　　教师的教学准备不充分。<br><br><br>图 4 |

| 活动过程 | 内容分析 |
| --- | --- |
| "这个?"老师出示图5问。<br>"像。"孩子们的声音越来越低。<br>"好,咱们再不说像了,这都是云。给小朋友看啊,是吗?"教师出示图6。<br>"是!"部分幼儿回答。<br>老师接着滚动鼠标,注意力在寻找图片上,无暇顾及幼儿。又显示出来三张图片,前排的孩子仍回答"是"。最后一排三个孩子弯下腰在桌子底下寻找掉落的东西。显示完图片后,老师搓着手走到讲台中间白板旁。<br>"漩涡。"看着老师放出来的图片,一名幼儿喊道。<br>"小朋友们,我知道你们都看过那个动画片。"<br>"我看过……!"幼儿们开始自言自语。<br>"哎,又管不住自己的嘴了,又开始说,那你说!"老师放低声音,"你们看过那个动画片《西游记》没有?"<br>"看过——"孩子们懒洋洋地回答。<br>"里面有一个我特别喜欢的猴王叫啥?"<br>"孙悟空!""齐天大圣!""美猴王!"孩子们兴奋起来,又争先恐后地回答。<br>"唉!美猴王孙悟空,它一个跟斗云就能翻十万八千里,它每次翻的时候一下子就上空中了,是吧?"<br>"是!"<br>"那个动画片,它每次翻起来'噌'站到那儿。"老师抬脚缩手模仿孙悟空的姿势,"它都会踩一朵——?"<br>"云朵。"幼儿说。<br>"你们见了没?"老师问。<br>"见了。"孩子们肯定地回答。<br>"跟这朵云像不像?"老师指着PPT问道。<br>"像。"孩子们半信半疑地回答。<br>"像不像?像不像?"老师继续指着其他图片问。<br>"像!"孩子们仍然小声地说。<br>"啊!这些云呢,和王老师画的云有没有区别?"<br>"有。"孩子们轻轻地说。<br>"好像像,又好像不像。"老师做出端详的样子。<br>"有些不像,有些像。"欧×抢着说。<br>"哎,对,你看欧×说有些像,有些不像。看,老师今天给小朋友们带来的图片呀,实际上呢,它是咱们中国的一种古老图案。"老师走回电脑操作台让屏幕显示出图片4,然后说,"它有一个特别好听的名字,它叫什么?它叫祥云。" | 图5<br><br>图6<br><br>教师第八次提醒纪律,并带有埋怨、使气的意味。<br><br><br><br><br><br><br><br><br><br><br><br><br><br><br><br><br><br><br><br>幼儿对于教师的提问有疑惑,但是不敢提出自己的疑问。 |

第三章 学前教师课程能力的现状表征　149

续表

| 活动过程 | 内容分析 |
|---|---|
| "祥——云——!"孩子们跟着重复道,一个发音不准的孩子大声地说:xiáng yóng,但老师并未理会。<br>　　"它是什么意思？它是吉祥如意,它实际上代表着一种非常好的祝福的意思。所以小朋友以后可以注意观察,咱们过年呀,有些年画上面呀,其他画呀,都会采用这种图案来装饰角啊。或者,比如说,一幅图上的角花。"老师在黑板上比画动作,"或者是中间的大型的图案。它就是我们平时所说的祥云,它是一种固定的图案。它（图片）和王老师画的不一样,咱们来看一看哦,先看这个（指着图4）,它看着好像很密很厚,但是感觉又很漂亮,你们发现没？它实际上是一个图案在反复重复,哪个图案？"老师问。<br>　　没有幼儿回答。<br>　　"是不是王老师教你的毛线团？"老师一边说,一边在黑板上画出毛线团图案。"来,伸出手咱们一起来。"小朋友们的注意力被拉回,都举起手,随着老师在黑板上画画的节奏在空中画圈。"是不是王老师给你们教的毛线团儿？"幼儿们在凳子上左摇右晃,有的开始往后看、有的掀衣服。<br>　　"是。"孩子们轻声地回答。<br>　　"发现了没？"<br>　　"发现了！——"孩子们慢吞吞地说。<br>　　"然后呢？它重重叠叠找空隙,把它们画在一起……是不是咱们的毛线团？"老师边问边画,孩子们已经放下了手。<br>　　"是。"孩子们更小声地说。<br>　　"像了吧？"老师问。<br>　　"像。"个别孩子回答。<br>　　"继续,你还会画,来,手伸出来！……是不是跟它越来越像了？"老师不停地问。<br>　　"是。"孩子们的声音低得快听不见了。<br>　　"发现了没？"<br>　　"发现了。"只有几个幼儿在回答。<br>　　"像迷宫。"一个女孩子轻声说。<br>　　"像迷宫,对了。还有呢,咱们接着看下一幅,咱们再看一幅。"屏幕显示图6,"你发现它俩的图案在反复重复。"<br>　　"像花瓣。"另一个女孩子大声喊道。<br>　　"刚才这个图,就像你刚才说的那个图,王老师画的是花瓣,是不是像这个图案？"老师提高音量问。 | 教师忽视幼儿的普通话发音不标准。<br><br>"祥云"是一种抽象概念,教师只为幼儿提供图片来理解"祥云"的寓意。显然,幼儿听不懂教师的解释。<br><br><br><br><br>幼儿显然对教师的课不感兴趣。<br><br><br><br><br>幼儿机械地回答教师的问题,没有自己的思考,教师是课堂的中心。<br><br><br><br><br><br><br><br><br><br><br>图7 |

续表

| 活动过程 | 内容分析 |
|---|---|
| "是。"孩子们仍然不确定地轻声回答。<br>"看，它反复在重复这些图案。"老师一边说一边在黑板上画（如图7），白板右下角跳出无关网页，网页内容为网游、广告等不适宜幼儿观看的内容，老师未察觉。"这些图案在反复地重复……是不是?"<br>"是。"部分幼儿回答。<br>"对吧?"老师问。<br>"对。"孩子们用几乎听不见的声音回答。<br>"好，它们重重叠叠在一起组成了不同的祥云图案，给人带来了吉祥和美好。"老师一边说一边点击出图片4。<br>"蓝色!""红色!""毛线团儿!"幼儿看见图片后说。<br>"嗯，刚才的毛线团，是吧?"<br>"是。"一个幼儿回答。<br>"啊，这个就比较像刚才的毛线团儿，是不是?"<br>"本来就是呀。"欧×说。<br>"嗯，这本来就是，对，欧×说得对。"老师一边说一边点击着图片，"看，刚才呢，有一个，它的整个图案密集在一起，像这个图案，它画成了一个方的。"老师在黑板上将毛线团图案周围加了一个矩形方框，"刚才这个图案，它没有规则，随意画成线条。"老师指着另一个线条，边说边画，"它随意在画，是不是这样的? 然后现在这个图案画完又组成了一个什么形状?"<br>"圆形。"孩子们在凳子上左右晃动。<br>"对了，那么今天你们想不想画出祥云呀?"<br>"想——!"<br>"好了，咱们的图案就到这里。"老师边说边走到电脑操作台旁，"现在呢，我就请小朋友们也来画一幅祥云。祥云，它，但是我们没有那么多颜色。我记得那天我给小朋友们教线描画，画了吗?"老师疑惑地问大家。<br>孩子们不作声。<br>"教啦——"一个女孩子轻轻地说。<br>"用我们的记号笔，用我们的线条来画，就画在这张纸上，你也画一幅祥云，好不好?"老师拿起一沓A4白纸说。<br>"好!"孩子们大声地说。<br>"好了，看了这些图片，你们想不想再看一些?"<br>"想!"孩子们回答。<br>"那好吧，现在手?"<br>"背背后。"孩子们一边说一边双手交叉背在身后。 | 忽视生活中其他不良因素对幼儿的影响，教学准备不充分。<br><br>教师强调艺术技能的教学，给幼儿出示完图片后，自己又示范祥云的画法，并将祥云拟化为"毛线团儿"，让幼儿学会祥云的画法。<br><br><br><br>以课堂和教师为中心的课程使幼儿没有拒绝的空间。<br><br><br>幼儿机械地重复着教师教的绘画技巧，这种学习没有给孩子们留下深刻印象。<br><br><br>教师第九次提醒纪律。 |

续表

| 活动过程 | 内容分析 |
|---|---|
| "注意力集中,嗯——别吭声,啊!"老师在电脑网页上寻找图片,"这是介绍祥云的一些文字,咱们不看了啊!咱们把这些图片在眼睛里面再过一遍。你们慢慢地过,你们慢慢地看,然后你们慢慢地想一想、记一记。"<br>老师在 PPT 上不停地翻阅祥云图片,孩子们左摇右晃,有的站起来了,有的在搓头,有的在伸懒腰,有的在看窗外,有的在窃窃私语。<br>"你想一想、记一记。……记住啦?我听有人小声地告诉我:'王老师,我记住啦!'别着急!"老师继续翻阅图片。<br>过了 10 秒钟,老师关掉画面走到孩子们跟前:"想不想画?"<br>"想——"前排的孩子回答。<br>"画在这张纸上,好吧?"老师指着纸说。<br>"好。"孩子们轻声地回答。<br>孩子们实在坐不住了,有的打呵欠,有的面无表情地看着老师,有的在凳子上扭来扭去……<br>"来绕过去,端小凳子。"老师一声令下,幼儿们立刻站起来转向桌子,有的借此机会开始说话。<br>"好了吗?"老师问,没有人回答。"好了吗?"老师再问。<br>"好啦。"1 个幼儿低声回答。<br>"好!"老师回到操作台前,在办公桌下找东西,孩子们开始站起来、做鬼脸、说话、摸头、发呆……<br>"这个是干什么的呀?"老师从桌子底下抱出一沓牛皮纸档案袋,里面装着孩子们以前的画。老师开始在孩子们之间穿梭,准备把档案袋一个一个发给大家。<br>"杨××,没来吗?举手!"老师一边发放档案袋,一边对一个迫不及待要拿档案袋的孩子说,然后将档案袋扔在桌上。<br>"周××。"老师一边喊一边将档案袋扔在周××的桌子上。<br>"杨××,好像也没来。"老师自言自语道。<br>"来啦!"一个幼儿说,老师转过身去扔给杨××。<br>"声音大点儿,说个'到'!"老师提高嗓门说。"王××!"<br>"到!"王××大声地回应,老师把档案袋扔了过去。<br>"梁××!"<br>"到!"梁××响亮地回应,老师把档案袋扔了过去。<br>…… | 对幼儿的要求表明教师不理解幼儿的心理特点。<br><br>孩子们坐不住了,对课堂产生了厌烦情绪。<br><br><br><br>教师的课程以讲授为主,缺乏游戏组织。<br><br><br><br>幼儿的注意力不集中。<br><br>教师缺乏培养幼儿的自我管理意识,将档案袋分发给幼儿,而不是让幼儿自己领取或分发。<br><br><br><br>教师发放材料的行为不够礼貌,将物品扔在桌子上。 |

续表

| 活动过程 | 内容分析 |
| --- | --- |
| "有上厕所的没？没上厕所的一会儿就画画了啊！孙××。"老师一边发袋子一边提醒。有的孩子站起来，有的推凳子，教室里面热闹起来。<br>"孙××。唉！唉！唉！唉！王××。"<br>"×××掉了，捡一下啊。这是谁的，好像朱××的，是不是？"老师拿起一本蓝色包装袋询问。<br>朱××回答："是。"<br>"你都会写'朱'字儿了？不错呀！"老师一边说，一边将档案袋扔在朱××的桌子上。<br>……<br>"康××，但是我只有一双手，我得把我现在的事情干完，我才能干下面的事情。"老师对着催促她的幼儿说。<br>"老师，陈××抢档案袋。"一个女孩子告状。老师仍专心地发档案袋，没有理会。女孩子继续告状。<br>"太啰唆了吧！鲁××，太啰唆了吧？好，没有声音了我就发纸。"老师认真地数着A4纸的张数。<br>"老师，我刚才没有档案袋。"一个女孩子说。<br>"那你刚才为啥不举手？"说完将档案袋扔在桌上。<br>"×××，不要纸是吧？×××，是不是不要？"老师一边说话，一边来回走动发A4纸。"李××，嗯？你不要白纸吗？"<br>"要。"李××回答。<br>"那你为什么说话？"<br>"老师，陈××把档案袋卷成卷卷了。"蒋××告状道。<br>"好吧，你让他卷，一会儿衬的时候他就没有了，然后让妈妈再拿一个新的。"老师说道，陈××没有反应。"他觉得好看，你就让他卷。别的小朋友的都很平展，他的跟餐巾纸一样，那也行，只要他喜欢。王××，干自己的事，别管别人，把自己的事情干好，把纸放好！"<br>……终于，老师把A4纸发到了每个孩子手上。<br>"好，手？"<br>"背背后！"有的孩子把手交叉放在身后。有的孩子仍在整理纸，把A4纸放在档案袋上，竖直平铺在桌上，档案袋是用来衬白纸的。<br>"眼睛闭起来。"老师要求，大部分孩子把手背好了，闭上眼睛。"啊，你想一想，要画祥云，怎么画这条线？"老师一边说一边给每个孩子发黑色画笔，一人一支。"先想一想，想好了别说，看谁的眼睛还睁着啊！他还知道我们在发笔。"老师批评没有闭眼的幼儿。"那就 | 教师第十次提醒纪律。<br><br>对于幼儿的进步点评不到位，带有讽刺的味道。<br><br><br><br>对幼儿的告状行为没有进行合适的引导。用威胁的方式达到目的。<br><br><br>教师第十一次提醒纪律。<br><br><br><br>教师仍然没有适当引导幼儿的告状，反而用不规范的语言对待幼儿。<br>教师花费过多的时间在发放材料上。<br><br><br><br>教师第十二次提醒纪律。<br><br><br><br>讽刺幼儿。 |

续表

| 活动过程 | 内容分析 |
|---|---|
| "不对，你看人家徐××就在想。嗯！好好想，我也画一个最漂亮的祥云，我们看看是什么样子最好看呢！"有的孩子在揉眼睛，有的摇头晃脑地用手比画，有的紧闭着眼睛背着手，有的睁开眼睛看老师，有的脑袋耷拉在桌子上，有的在做鬼脸，有的在举手。<br>"不要说。对，说出来就不算数！"老师提醒大家。<br>"朱××没有想！"何××告状道。<br>"你别管，你自己想就行了，别说话。"<br>"你们几个用粗的，要小心一点儿啊！知道没？"老师对一张桌子上的4个孩子提醒到。<br>"知道。"幼儿回答。<br>"张××，拿这个水彩笔行不行？"没有中性笔了，老师询问张××，张××没有说话，看着她。"记号笔到手上就洗不掉了啊！"老师补充。<br>"好，眼睛睁开，现在开始了！用嘴？用手？"<br>"手。"孩子们拧开笔盖，准备画画。<br>"欧×，用嘴还是用手？"<br>"手。"欧×回答。<br>"用手就不要让我听见声音！"老师一边说一边走向举手的孩子，把笔递给她。<br>面对互相换笔的孩子，老师说道："干什么呀？换什么呀？都一样的！"并提醒其他说话的幼儿："好啦，再别——欧×！"然后来回走动观察，确保每个孩子都有纸和笔。<br>"王××，左手扶纸、右手画画！嗯，画得挺好的。"路过一个孩子身边，老师表扬道，"记住，祥云是同样的图案在重复，你不能光画一个框框，画成王老师的哪一种比较像，要想好，啊！……王××画的不是祥云，再想一想。"老师摸摸王××的头。<br>"老师，像不像？"一个女孩指着自己的画问老师。<br>"像。"老师边走边说，"记住祥云的特点啊，要重复、反复地重复同样一个图案。来回画，画几遍，同样的一个图案画几遍，你试试。"<br>"康××，小心别画手上啊！同样的图案，画上几遍，叠摞在一起，或者是挨在一起。……你看，我说的时候你们就在那里说，根本就不听、不想。"老师埋怨没有画好的孩子，这种埋怨引起了其他认真画画孩子的注意，抬头或回头看老师。 | 教师的回应态度不认真，没有真正解决问题。<br><br>教师给全班幼儿发记号笔画画，但少了一支。为了让张××用水彩笔代替记号笔，教师自圆其说的解释明显是在哄骗、敷衍幼儿。<br>教师第十三次提醒纪律。<br>教师干涉幼儿的自由，对幼儿的态度简单、粗暴。<br>教师第十四次提醒纪律。<br><br><br>教师强调绘画的技能学习。<br><br><br>教师强调绘画的一致性，让幼儿的行为符合自己的要求。 |

1. 课程实施取向协调能力

通过对以上典型案例的分析可知，学前教师的课程实施取向是忠实取向，缺乏课程创生取向与相互适应取向。首先，"放鞭炮""过新年""祥云"之间具有一定的联系，"窗外的意外"反而为课程提供了一个顺其自然的引入契机。此次课程的主题是画祥云，可以在此基础上引申出"放鞭炮代表喜庆，过年时为了喜庆我们会放鞭炮。过年是中国传统的、最重要的节日，中国人在过年时为了祈求幸福、吉祥、平安等美好愿望，会写对联、贴窗花，很多传统的图案中就有一种特别的图案——祥云"。这种自然的导入不仅不会强制性地破坏幼儿的好奇，反而可以帮助幼儿进行回忆，将旧经验——"过年、放鞭炮、贴对联、贴窗花"与新经验——"祥云"结合在一起。其次，幼儿说非凡的"风"，教师可以借此机会画出被风吹动的云的样子，并将它与静止的云进行对比，加深幼儿对风与云的理解，从而实现课程的顺利进入。但教师关注的焦点是教案的实施，没有创生课程的意识。

2. 课程实施组织能力

通过对典型案例《画祥云》的分析可知，学前教师的课程实施组织能力普遍存在以下问题：第一，游戏尚未真正成为幼儿园课程实施的主要形式。游戏符合幼儿好奇、爱动、爱问的心理特点，给幼儿带来愉悦情绪，通过游戏可以实现有效学习。该节课主要是教师通过语言讲解和图片呈现的方式让幼儿在视觉和听觉上接受抽象信息，教师没有设计有趣的游戏让幼儿参与，幼儿无法理解课程的真正含义，无法实现有效学习。第二，教师的教学准备不充分。首先，教师在上课前没有进行精心准备，课程中临时从网络上搜集"祥云"图片，这些行为浪费了课程时间，导致幼儿注意力分散；其次，网页上随时出现的图片和声音大多数不适宜幼儿接触，会对幼儿产生负面影响。第三，教师的角色是表演者、管理者、权威者，幼儿的角色是观众、被管理者、接受者。在该课程中，教师以课堂、教师和教材为中心，强调幼儿接受她的观点，幼儿是被动的学习者。第四，师幼互动的机械性与无效性。课程中虽然有诸多教师与幼儿的对话，但都是教师问、幼儿答。幼儿的回答主要是机械地肯定教师的答案，不敢对教师的问题提出质疑,这种师幼互动是无效的。

### (四) 学前教师的课程评价能力现状

1. 课程评价取向确定能力

在课程评价取向上,学前教师以目标评价取向为主,缺乏过程性评价取向;以幼儿为评价主体,缺乏教师自身的教育教学评价。如教师在健康领域教学的"课后反思"中写到:"在活动中,让小朋友注意训练喝水、如厕、上下楼等的排队,并让孩子养成饭前便后洗手的好习惯。小朋友已基本掌握。""通过大眼猫的童话故事,幼儿知道眼睛是需要'爱'卫生的,要保护大眼睛。通过学习,很好地培养了幼儿的健康意识。""在活动中,通过讲解、示范、实际操作等活动,让幼儿知道勤洗手是一种良好的生活习惯,要养成这种好习惯。""通过活动,幼儿知道上、下楼时要自觉排队、遵守规则,同时也养成了良好的文明行为习惯、效果良好。"教师在数学领域教学的"课后反思"中写到:"在活动中,幼儿通过操作、数数、摆弄,能很好地体会到2—3个物体数量的概念与含义,效果良好。""通过各种不同形式的活动锻炼,幼儿已基本适应了集体生活,也能跟随活动节奏,但个别幼儿还是在行动上有所被动,有待再引导。"教师在音乐领域教学的"课后反思"中写到:"幼儿在创编歌词这一环节有些困难,个别孩子还不够大胆,有些羞涩、胆怯,缺乏自信,在今后的教学中应大胆尝试创编。""小朋友能自己动手,大胆设计,用自己的方式画出妈妈,结合'三八节'活动提前让幼儿知道妇女节的意义。"从对这些典型案例的分析可知,教师倾向于对幼儿是否完成目标进行评价,这种评价取向是以目标评价为主,缺乏过程性评价;以幼儿为评价主体取向,缺乏教师自身的教育教学行为评价和反思。

2. 课程评价组织能力

在评价操作能力方面,学前教师主要以总结性评价为主,缺乏具体的量化评价指标;主要通过写教学反思的方式进行质性评价,但评价质量低,不能对教学进行深刻反思,缺乏量化评价。以下是对教师的访谈,从访谈中可以印证学前教师课程评价组织能力的表现。

研究者：每次上完课你们都会对自己的课进行评价吗？

教师：有时间的话会，没有时间的话可能过段时间才会想起来，可能会说一说上课的效果怎么样呀，孩子们接受的效果怎么样呀！

研究者：你主要评价课程目标，还是评价活动的过程？

教师：如果课程已经设定了，首先看一看我的目标是否达成，通过几个环节达成的，是否能和目标相结合。

研究者：那你反思的最多的是孩子的行为表现，还是您的教学行为？

教师：主要是孩子们的表现吧！

研究者：你们幼儿园有没有专门的课程评价量表？

教师：没有。

研究者：那你们怎么评价自己的课呢？

教师：上完课自己就会想一想，带班的教学就是自己想。

研究者：都是一些比较质性的评价方法？

教师：主要是你觉得自己这节课的亮点是什么？哪些地方做得比较好？什么地方设定比较好？孩子在哪些地方回答比较好？什么地方是比较欠缺的，还需要加强的？就这些东西。

研究者：你们会不会写反思笔记呀？

教师：会写。

研究者：每天要写吗？还是每个活动都要写？

教师：每个月有一篇，教学反思。

研究者：写教学反思是幼儿园要求的吗？

教师：是。

研究者：如果幼儿园不要求，你会写吗？

教师：不会……增加工作量呀！

从以上访谈可知，学前教师缺乏评价的主动性，主要是为了完成任务，并且不是每节课都有反思；教师的课程评价方式主要是自己写教学反思笔记，缺乏量化的课程评价标准；教师写的教学反思没有深度思考，只是泛泛而谈幼儿是否完成了哪些目标；教师主要是对课程目标是否达成进行评价，缺乏对过程的评价。

## （五）学前教师的课程认知状况

课程认知影响课程能力。在研究教师的课程能力时，必须对教师的课程认知状况有所了解。通过研究发现，当前学前教师的课程认知表现为：学科化课程认知占优势、生活化课程认知逐渐成为新导向。

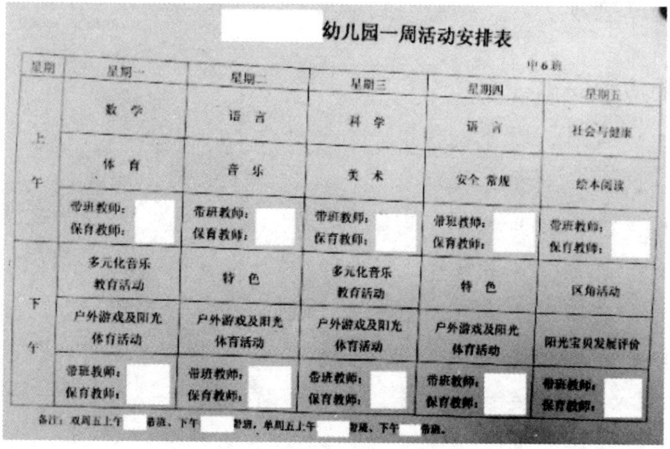

图 3-7 某班级一周活动安排

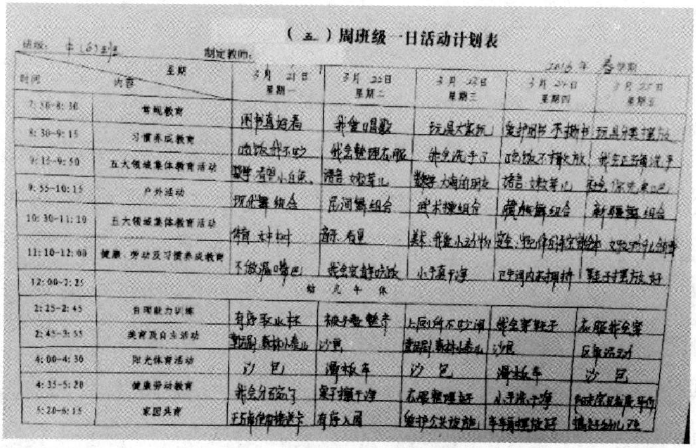

图 3-8 某班级一日活动计划

第一，学科化课程认知占优势。通过对各级各类幼儿园班级课程表的分析发现，幼儿五大领域的发展被曲解为"五门学科"，幼儿园课程仍然是变相的学科教学。将幼儿的发展分为五大领域，其目的是便于教育者从不同视角评估幼儿的发展，但学前教师却将五大领域狭隘地理解为五门学科教学。图3—7和图3—8是某省级示范性幼儿园的一周活动安排与一日活动计划，从课程内容的编排可以发现这种学科教学表现。

**一周活动安排：**
周一：数学、体育
周二：语言、音乐
周三：科学、美术
周四：语言、安全常规
周五：社会与健康、绘本阅读

**一日活动安排：**
周一：数学：看望小白兔；体育：种树
周二：语言：嫩芽；音乐：看星
周三：数学：大海的朋友；美术：我爱小动物
周四：语言：嫩芽儿；安全：守纪律的乖宝宝
周五：社会：你先来吧；绘本：妈妈为什么会有我

第二，生活化课程认知逐渐成为新导向。这种表现主要出现在城市省级示范性幼儿园中，某省级示范园教师谈到："一日生活皆课程，一日生活皆教育嘛！生活、游戏、集体教育、生活活动在幼儿园占很大一部分。你看吧，一日生活流程，孩子基本上是7：40就入园，入园的时候就必须先洗手，洗完手才活动，活动完了开始做早操，在这个过程中还要穿外衣，一进教室就要脱衣服，老师就要提醒他把衣服脱好、收放整齐，这是生活自理能力、行为习惯和生活习惯的养成。完了开始做操，半个小时锻炼。完了又开始洗手，这是一个良好的习惯养成。然后老师开始消毒桌面呀，孩子们开始用餐，早餐半个小时，午餐半个小时，晚餐半个小时，午点半个小时，光吃饭就要2个小时，生活活动多。在每个活动之间，老师提醒孩子要饮水，午休的时候，老师要提醒孩子穿脱衣服的要点。其实生活活动占了很大很大的部分，教育活动大班才半个小时。一天的集体活动，算一下比例还是比较少的，你们看到的，是因为需要集体观摩教学，才进行集体教育活动。我们幼儿园有个习惯，就是不像别的园，选15个孩子进行教学活动，老师又轻松，效果也很好，似乎老师也能把每个孩子都关注到。"从以上访谈可知，教师从广义角度理解幼儿园课程，认为一日生活皆教育，一日生活即课程，并且将教育贯彻在一日生活中。

## 三　学前教师课程能力的总体情况

### （一）学前教师的课程能力水平总体较低

在课程目标设计能力方面，学前教师的课程目标取向平衡能力表现为：普遍性目标被内化为构建准则，行为目标成为主要表征方式，生成性目标开始进入视阈，但表现性目标尚未得到重视。课程目标设计来源整合能力表现为：缺乏对幼儿身心发展特点的把握能力，能较好地将社会生活需求融入课程目标，缺乏学前教育及相关领域专家的理论指导。课程目标组织能力表现为："知识与技能"目标是设计焦点，对"过程与方法"目标的关注度较少，"情感态度与价值观"目标逐渐得到重视。课程目标表述能力表现为：目标体系缺乏完整性，目标表述缺乏一致性，目标内容缺乏明确性，目标陈述缺乏准确性，目标内容缺乏可行性，课程目标与课程内容不一致，每个课程目标内部之间缺乏逻辑关系。

在课程内容设计能力方面，学前教师的课程内容取向选择能力表现为：教材是课程内容选择的主要来源，活动是课程内容选择的新趋势，缺乏课程内容选择的经验取向。课程内容组织能力表现为：在纵向组织上不能将课程内容以从简单到复杂的顺序呈现，在横向组织上不能融合幼儿五大领域的发展需求；在直线式组织上缺乏将课程内容组织成前后具有逻辑关系的内容，亦不能在不同阶段重复组织课程内容，并逐渐扩大范围和加深程度；在课程内容的逻辑顺序和心理顺序上，既不能按照课程本身的系统和内在联系，也不能按照幼儿的心理发展特点来组织课程内容。

在课程实施能力方面，学前教师的课程实施取向协调能力表现为：忠实取向是主要价值取向，缺乏在课程实施中相互适应的意愿与能力，缺乏课程创生的基本意识。课程实施组织能力表现为：缺乏将游戏组织成为课程主要形式的能力；缺乏用多方面感官信息刺激幼儿思考的能力；缺乏充分的课程准备能力；缺乏科学的教育观、儿童观和课程观，教师的角色是表演者、管理者、权威者，幼儿的角色是观众、被管理者、接受者；过分重视纪律；缺乏有效的师幼互动能力，教师不给幼儿自我表现机会，对幼儿的反馈消极。

在课程评价能力方面，学前教师的课程评价取向确定能力表现为：以目标评价取向为主，缺乏过程性评价取向；以幼儿为评价主体取向，缺乏教师自身教育教学评价。课程评价组织能力表现为：学前教师主要是以总结性评价为主，缺乏过程性评价；通过写教学反思进行质性评价，缺乏具体的量化评价指标。

### （二）学前教师的自我能力满意度较高

在对1569名学前教师的调查中（见表3-30），对自己的课程目标设计能力呈"满意"状态的一共有928人，占59.1%；呈"不满意"状态的一共有89人，占5.7%；呈"中立"状态的一共有552人，占35.2%。

表3-30　　　　　　　　　课程目标设计能力满意度

| | | 频率 | 百分比（%） | 有效百分比（%） | 累积百分比（%） |
|---|---|---|---|---|---|
| 有效 | 完全不符合 | 10 | 0.6 | 0.6 | 0.6 |
| | 不太符合 | 79 | 5.0 | 5.0 | 5.6 |
| | 一半符合 | 552 | 35.2 | 35.2 | 40.8 |
| | 大部分符合 | 699 | 44.6 | 44.6 | 85.4 |
| | 完全符合 | 229 | 14.6 | 14.6 | 100.0 |
| | 合计 | 1569 | 100.0 | 100.0 | |

在对1569名学前教师的调查中，对自己的课程内容设计能力呈

"满意"状态的一共有 1005 人,占 64.0%;呈"不满意"状态的一共有 68 人,占 4.3%;呈"中立"状态的一共有 496 人,占 31.6%(见表 3-31)。

表 3-31　　　　　　　课程内容设计能力满意度

| | | 频率 | 百分比(%) | 有效百分比(%) | 累积百分比(%) |
|---|---|---|---|---|---|
| 有效 | 完全不符合 | 4 | 0.3 | 0.3 | 0.3 |
| | 不太符合 | 64 | 4.1 | 4.1 | 4.3 |
| | 一半符合 | 496 | 31.6 | 31.6 | 35.9 |
| | 大部分符合 | 741 | 47.2 | 47.2 | 83.2 |
| | 完全符合 | 264 | 16.8 | 16.8 | 100.0 |
| | 合计 | 1569 | 100.0 | 100.0 | |

在对 1569 名学前教师的调查中,对自己的课程实施能力呈"满意"状态的一共有 1034 人,占 65.9%;呈"不满意"状态的一共有 62 人,占 4.0%;呈"中立"状态的一共有 473 人,占 30.1%(见表 3-32)。

表 3-32　　　　　　　课程实施能力满意度

| | | 频率 | 百分比 | 有效百分比 | 累积百分比 |
|---|---|---|---|---|---|
| 有效 | 完全不符合 | 4 | 0.3 | 0.3 | 0.3 |
| | 不太符合 | 58 | 3.7 | 3.7 | 4.0 |
| | 一半符合 | 473 | 30.1 | 30.1 | 34.1 |
| | 大部分符合 | 788 | 50.2 | 50.2 | 84.3 |
| | 完全符合 | 246 | 15.7 | 15.7 | 100.0 |
| | 合计 | 1569 | 100.0 | 100.0 | |

在对 1569 名学前教师的调查中,对自己的课程评价能力呈"满意"状态的一共有 938 人,占 59.8%;呈"不满意"状态的一共有 89 人,占 5.7%;呈"中立"状态的一共有 542 人,占 34.5%(见表 3-33)。

表 3-33　　　　　　　　课程评价能力满意度

| | | 频率 | 百分比（%） | 有效百分比（%） | 累积百分比（%） |
|---|---|---|---|---|---|
| 有效 | 完全不符合 | 1 | 0.1 | 0.1 | 0.1 |
| | 不太符合 | 88 | 5.6 | 5.6 | 5.7 |
| | 一半符合 | 542 | 34.5 | 34.5 | 40.2 |
| | 大部分符合 | 694 | 44.2 | 44.2 | 84.4 |
| | 完全符合 | 244 | 15.6 | 15.6 | 100.0 |
| | 合计 | 1569 | 100.0 | 100.0 | |

从以上数据可知，超过50%的学前教师对自己的课程目标设计能力、课程内容设计能力、课程实施能力和课程评价能力感到满意，教师的自我知觉较好。

### （三）自我评价与专业评价形成鲜明对比

虽然学前教师自身的能力满意度较高，但从本书研究的现状调查与园长访谈可知，教师的课程能力实际上不理想，自我评价与专业评价形成鲜明对比。针对"学前教师在课程目标设计能力、课程内容设计能力、课程实施能力与课程评价能力方面需要得到哪些提高"的提问，园长们给出了以下回答。

园长1：一个是老师们设计的课程目标太宽泛，不够具体。……教育资源包是有，但是你要说在具体的一堂课上，资源包的目标太大了，对课程来讲没有太好的针对性。……课程实施方面就基本按照已经设定好的课程目标去操作就行。……老师们都是把"指南"作为一个大的框架，你让她去观察幼儿，她有的时候不会观察。怎么观察、怎么记录还是比较欠缺的。……对孩子们的评价是最缺乏的，她没有一个评价的具体指标，好像这节课的目标太大了。其实有些她达不到，对于一节课要完成的目标，老师好像把握不好。

园长2：在课程的实施上就能够体现出老师的专业性了，课程实施上需要得到的帮助最大。……目前来看，我觉得老师们的课程实施能力是不及格的，不及格！嗯，需要进步的空间还是非常大的，各方面都需要出去学习。真的，怎么说呢？咱们这是一个民办园，前段时间我们刚看了别的公开课，如果来比较的话，真的是不及格。

园长3：老师对孩子的评价，我觉得太欠缺了，因为没有系统地学习，也没有系统地培训过，对孩子的评价很笼统。我们也就个别地说过评价孩子要具体、不能笼统，就是说"你真棒"这种，你要具体地说棒在哪里。而且生活中怎么肯定孩子？表扬多了不行，不表扬也不行，那应该怎么表扬才能够在原有的基础上让孩子得到提升，这个评价我们欠缺。老师们这个也有学，但是生活中她习惯了。嗯，比如说"你做得很好"，这种评价很笼统，她养成习惯了。

园长4：老师自评的时候不知道自己哪个地方需要改进。而且老师自我感觉良好，然而其实早就偏离目标了。但是有时候她就在评价这一块儿，我就觉得，当然这个主要问题不是出在评价上，还是出在目标把握上。……更多的还要看那个气氛、过程是不是活跃，孩子是不是很开心，大家看上去是不是很嗨啊！就是说，不是认真地挖掘和推敲这个东西。

园长5：最主要的还是课程评价，说句实话，反思随笔都写，反正我就觉得不是很满意，不是很理想。就是写了之后，比如说，上了这两节课，然后你给我提出的建议，我接受了，应该反思我下节课怎么样做，才能更好地掌握大班孩子的年龄特点，再去设计我的课。我把这个题目抛给你，然后你把这个课设计得符合要求。然而我觉得这一点特别的难。

从以上访谈可知，园长认为教师的课程目标设计宽泛、不具体、缺乏操作性；课程内容设计主要来源于资源包，但资源包不完全符合幼儿园教育的需要，教师不会甄选内容；课程实施中教师不会观察、记录幼儿的学习状况；课程评价笼统、不具体，缺乏针对性。其中问题最为普遍的就是课程评价，之所以课程评价被提到的次数最多，是因为课程评价是课程目标设计、课程内容设计和课程实施的整体反映，现象背后反映出教师在整个课程能力上的薄弱。

# 第四章　学前教师课程能力的影响因素探析

对学前教师课程能力影响因素的探析遵从两条路径：一是从课程能力内部探寻各种能力之间的相互作用关系；二是从课程能力外部探寻其他主体是通过何种途径与方式作用于教师课程能力的。已有研究运用理论分析和实证调查两种方式分析了教师课程能力的主要影响因素，这些文献在划分内外部因素时，以"教师个体"为分水岭，凡属教师的要素归为内部影响因素，凡属教师以外的要素归为外部影响因素。教师课程能力本身是一个独立的子系统，隶属于教师的专业能力；课程能力内部包含课程目标设计能力、课程内容设计能力、课程实施能力和课程评价能力，这四种要素之间具有相互作用的关系。在对传统内外部影响因素进行调整的基础上，本书以"教师的课程能力"为分界线，将课程能力以内的诸构成要素整合为内部影响因素；课程能力以外的要素，包括教师的师德理念、专业知识、专业能力，职前院校，幼儿园，教育行政部门，家长，社会经济等归为外部影响因素。

## 一　内部因素的影响表现与作用机制

### （一）"学前教师课程能力结构模型"的验证

对学前教师课程能力内部因素之间作用机理的探讨，需建立在对"学前教师课程能力结构模型"的验证基础之上。结构模型的构造理念为：在教师的课程认知影响下，教师表现出一定的课程目标取向平衡能力、课程内容取向选择能力、课程实施取向协调能力、课程评价取向确定能力；教师的课程目标取向平衡能力作用于课程目标来源整合能力和课程目标组织能力，课程内容取向选择能力作用于课程内容组织能力，课程实施取向协调能力作用于课程实施组织能力，课程评价取向确定能力作用于课程评价组织能力；最后，所有子能力都通过能力满意度表现出来。在模型建构以后，需要验证理论模型与现实的拟合度，当运算数据达到标准，问卷调查数据与理论之间的拟合状况匹配度好时，才能进一步检验各因素之间的相互作用关系。

本书研究运用 AMOS 21.0 软件对初识模型（见图 4-1）进行运算，结果显示：卡方与自由度的比值 = 4.719 < 5，RMSEA = 0.049 < 0.08，TLI = 0.907 > 0.90，CFI = 0.913 > 0.90；但适配指数中的 AGFI = 0.873 < 0.90，GFI = 0.887 < 0.90，NFI = 0.893 < 0.90，三个指标尚未达到适配标准（见表 4-1）。因此，需对原始结构模型进行修正和重新计算。

基于以上适配度状况，对初识模型进行修正。参考 AMOS 21.0 Output 中给出的修正指标，在不违背理论基础与事实经验的原则上，建立误差变量的相关性，包括"课程认知"维度：e1—e6、e1—e2、e1—e3、e1—e4、e2—e3、e2—e4、e2—e5、e2—e6、e3—e4、e3—e6、e4—e5、e4—e6、e5—e6；"课程目标取向平衡能力"维度：e7—e8、e7—e9、e8—e9、e9—e10；"课程目标来源整合能力"维度：e21—e22；"课程目标组织能力"维度：e25—e26；"课程内容组织能力"维度：e27—e28、e27—e29、e27—e32、e28—e29、e28—e30、e28—e32、e29—e30、e29—e31、e30—e31；"课程实施取向协调能力"维度：e14—e16、e15—e16；"课程评价取向确定能力"维度：e17—e19、e17—e20、e18—e19；"课程评价组织能力"维度：e36—e37、e36—e38、e39—e36、e37—e39、e38—e39；"能力满意度"维度：e40—e41、e40—e42、e40—e43、e41—e43、e42—e43。对修正后的模型进行拟合运算，得出修正后的路径系数图（见图 4-2），修正后的模型拟合状况详见表 4-2：拟合度全部达标，卡方自由度比值 = 3.503 < 5，RMSEA = 0.040 < 0.5，AGFI = 0.906 > 0.90，

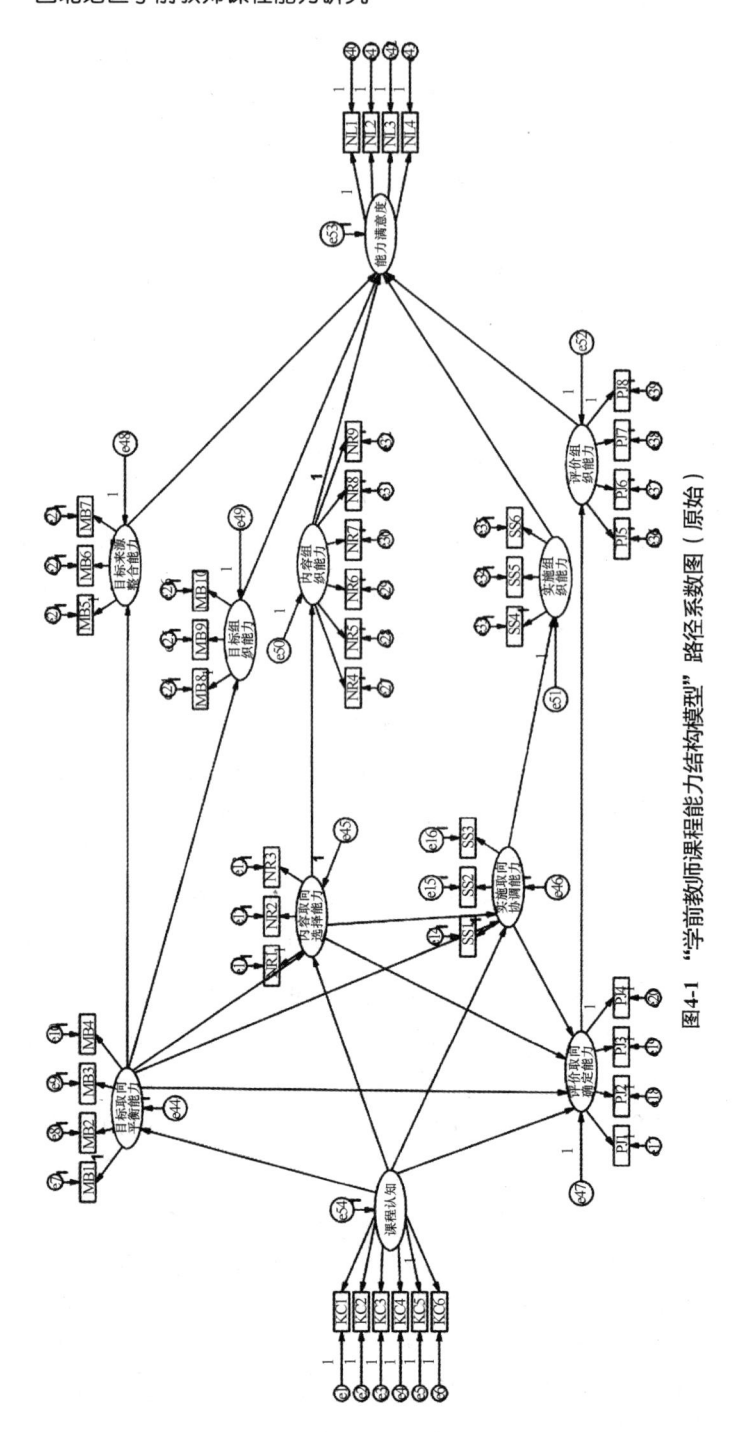

图4-1 "学前教师课程能力结构模型"路径系数图（原始）

第四章　学前教师课程能力的影响因素探析　　167

表4-1　"学前教师课程能力结构模型"整体适配度检验（原始模型）

| 拟合指标 | CMIN/DF | RMSEA | AGFI | GFI | TLI | CFI | NFI |
| --- | --- | --- | --- | --- | --- | --- | --- |
| 拟合标准 | <5 | <0.08 | >0.90 | >0.90 | >0.90 | >0.90 | >0.90 |
| 运算结果 | 4.719 | 0.049 | 0.873 | 0.887 | 0.907 | 0.913 | 0.893 |
| 是否达标 | 是 | 是 | 否 | 否 | 是 | 是 | 否 |

GFI = 0.921 > 0.90、TLI = 0.937 > 0.90、CFI = 0.945 > 0.90、NFI = 0.924 > 0.90，所有指标均达到适配要求。

表4-2　"学前教师课程能力结构模型"整体适配度检验（修正模型）

| 拟合指标 | CMIN/DF | RMSEA | AGFI | GFI | TLI | CFI | NFI |
| --- | --- | --- | --- | --- | --- | --- | --- |
| 拟合标准 | <5 | <0.08 | >0.90 | >0.90 | >0.90 | >0.90 | >0.90 |
| 运算结果 | 3.503 | 0.040 | 0.906 | 0.921 | 0.937 | 0.945 | 0.924 |
| 是否达标 | 是 | 是 | 是 | 是 | 是 | 是 | 是 |

以上路径模型图与真实数据的适配状况非常好，说明修正模型的路径系数运算结果能够真实可靠地反映课程认知、课程目标设计能力、课程内容设计能力、课程实施能力、课程评价能力、能力满意度之间的关系，可以对学前教师课程能力内部影响因素之间的研究假设进行检验。

根据既有理论[1]与研究目的，提出各因素之间相互影响的研究假设，通过 Amos 21.0 软件对各因素之间的直接影响和间接影响进行计算并得出结论（见表4-3）。在42个研究假设中，有15项假设不成立，27项假设成立。为进一步分析内部因素之间的相互影响，需要对其作用机制进行具体分析。

---

[1] ［美］Ralph W. Tyler：《课程与教学的基本原理》，罗康等译，中国轻工业出版社2008年版，第3—53页；施良方：《课程理论——课程的基础》，《原理与问题》，教育科学出版社1996年版，第83—168页；钟启泉：《现代课程论》，上海教育出版社2004年版，第345—417页；钟启泉：《课程论基础》，教育科学出版社2007年版，第104—339页；靳玉乐：《课程论》，人民教育出版社2015年版，第165—373页。

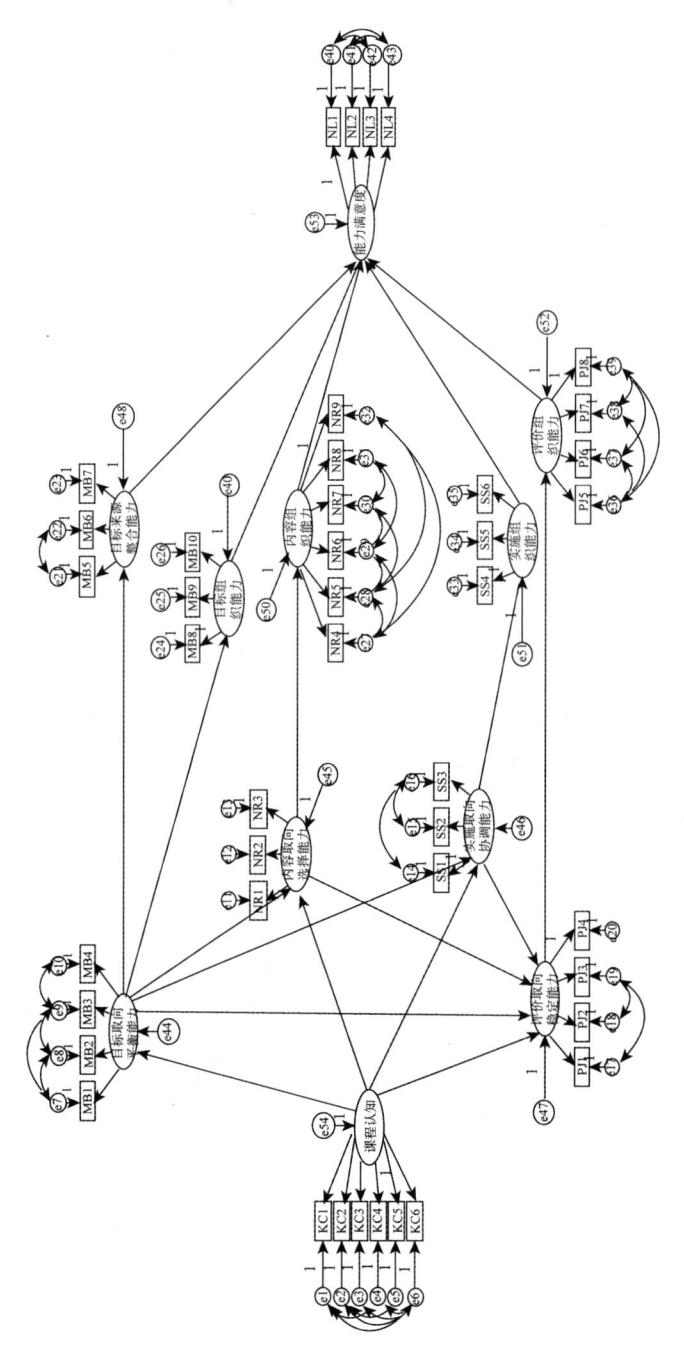

图4-2 "学前教师课程能力结构模型"路径系数图（修正）

表 4-3　　　内部因素之间影响关系的假设及研究结果

| | 研究假设 | 结论 |
|---|---|---|
| 假设一 | 课程认知对课程目标取向平衡能力存在直接正向影响 | 成立 |
| 假设二 | 课程认知对课程内容取向选择能力存在直接正向影响 | 不成立 |
| 假设三 | 课程认知对课程实施取向协调能力存在直接正向影响 | 不成立 |
| 假设四 | 课程认知对课程评价取向确定能力存在直接正向影响 | 不成立 |
| 假设五 | 课程目标取向平衡能力对课程内容取向选择能力存在直接正向影响 | 不成立 |
| 假设六 | 课程目标取向平衡能力对课程实施取向协调能力存在直接正向影响 | 成立 |
| 假设七 | 课程目标取向平衡能力对课程评价取向确定能力存在直接正向影响 | 成立 |
| 假设八 | 课程目标取向平衡能力对课程来源选择能力存在直接正向影响 | 成立 |
| 假设九 | 课程目标取向平衡能力对课程目标组织能力存在直接正向影响 | 成立 |
| 假设十 | 课程内容取向选择能力对课程实施取向协调能力存在直接正向影响 | 不成立 |
| 假设十一 | 课程内容取向选择能力对课程评价取向确定能力存在直接正向影响 | 不成立 |
| 假设十二 | 课程内容取向选择能力对课程内容组织能力存在直接正向影响 | 成立 |
| 假设十三 | 课程实施取向协调能力对课程评价取向确定能力存在直接正向影响 | 成立 |
| 假设十四 | 课程实施取向协调能力对课程实施组织能力存在直接正向影响 | 成立 |
| 假设十五 | 课程评价取向确定能力对课程评价组织能力存在直接正向影响 | 成立 |
| 假设十六 | 课程目标来源整合能力对能力满意度存在直接正向影响 | 成立 |
| 假设十七 | 课程目标组织能力对能力满意度存在直接正向影响 | 成立 |
| 假设十八 | 课程内容组织能力对能力满意度存在直接正向影响 | 不成立 |
| 假设十九 | 课程实施组织能力对能力满意度存在直接正向影响 | 成立 |
| 假设二十 | 课程评价组织能力对能力满意度存在直接正向影响 | 成立 |
| 假设二十一 | 课程认知对课程内容取向选择能力存在间接正向影响 | 不成立 |
| 假设二十二 | 课程认知对课程实施取向协调能力存在间接正向影响 | 成立 |
| 假设二十三 | 课程认知对课程评价取向确定能力存在间接正向影响 | 成立 |
| 假设二十四 | 课程认知对课程目标来源整合能力存在间接正向影响 | 成立 |
| 假设二十五 | 课程认知对课程目标组织能力存在间接正向影响 | 成立 |
| 假设二十六 | 课程认知对课程内容组织能力存在间接正向影响 | 不成立 |
| 假设二十七 | 课程认知对课程实施组织能力存在间接正向影响 | 成立 |

续表

| | 研究假设 | 结论 |
|---|---|---|
| 假设二十八 | 课程认知对课程评价组织能力存在间接正向影响 | 成立 |
| 假设二十九 | 课程认知对能力满意度存在间接正向影响 | 成立 |
| 假设三十 | 课程目标取向平衡能力对课程实施取向协调能力存在间接正向影响 | 不成立 |
| 假设三十一 | 课程目标取向平衡能力对课程评价取向确定能力存在间接正向影响 | 成立 |
| 假设三十二 | 课程目标取向平衡能力对课程内容组织能力存在间接正向影响 | 不成立 |
| 假设三十三 | 课程目标取向平衡能力对课程实施组织能力存在间接正向影响 | 成立 |
| 假设三十四 | 课程目标取向平衡能力对课程评价组织能力存在间接正向影响 | 成立 |
| 假设三十五 | 课程目标取向平衡能力对能力满意度存在间接正向影响 | 成立 |
| 假设三十六 | 课程内容取向选择能力对课程评价取向确定能力存在间接正向影响 | 不成立 |
| 假设三十七 | 课程内容取向选择能力对课程实施组织能力存在间接正向影响 | 不成立 |
| 假设三十八 | 课程内容取向选择能力对课程评价组织能力存在间接正向影响 | 不成立 |
| 假设三十九 | 课程内容取向选择能力对能力满意度存在间接正向影响 | 不成立 |
| 假设四十 | 课程实施取向协调能力对课程评价组织能力存在间接正向影响 | 成立 |
| 假设四十一 | 课程实施取向协调能力对能力满意度存在间接正向影响 | 成立 |
| 假设四十二 | 课程评价取向确定能力对能力满意度存在间接正向影响 | 成立 |

### (二)"课程认知"对其他因素的影响分析

课程认知是教师对课程的编制与实施所持有的观念。从理论角度而言，课程认知对课程目标取向平衡能力、课程内容取向选择能力、课程实施取向协调能力、课程评价取向确定能力具有直接正向显著影响；同时，课程认知对课程内容取向选择能力、课程实施取向协调能力、课程评价取向确定能力、课程目标来源整合能力、课程目标组织能力、课程内容组织能力、课程实施组织能力、课程评价组织能力、能力满意度具有间接正向显著影响。"课程认知"对各因素的影响详见表4-4。

表4-4　　　　　　"课程认知"对其他因素的影响

| | 因变量 | 影响大小 | P | 结论 |
|---|---|---|---|---|
| 直接影响 | 课程目标取向平衡能力 | 0.620 | 0.001** | 成立 |
| | 课程内容取向选择能力 | 0.027 | 0.528 | 不成立 |
| | 课程实施取向协调能力 | -0.056 | 0.184 | 不成立 |
| | 课程评价取向确定能力 | -0.061 | 0.172 | 不成立 |
| 间接影响 | 课程内容取向选择能力 | -0.092 | 0.001** | 不成立 |
| | 课程实施取向协调能力 | 0.473 | 0.001** | 成立 |
| | 课程评价取向确定能力 | 0.361 | 0.001** | 成立 |
| | 课程目标来源整合能力 | 0.354 | 0.001** | 成立 |
| | 课程目标组织能力 | 0.478 | 0.001** | 成立 |
| | 课程内容组织能力 | -0.030 | 0.024* | 不成立 |
| | 课程实施组织能力 | 0.152 | 0.001** | 成立 |
| | 课程评价组织能力 | 0.219 | 0.001** | 成立 |

\*\*表示在0.01水平（双侧）上显著相关；\*表示在0.05水平（双侧）上显著相关。

1. "课程认知"对"课程目标取向平衡能力"存在直接正向显著影响

从理论上讲，课程认知对课程目标取向平衡能力具有直接正向显著影响。数据分析表明，学前教师的课程认知对其课程目标取向平衡能力具有直接正向显著影响（p=0.001<0.05），影响因子为0.620，研究假设成立。即学前教师普遍持有的学科化教学观念，影响教师以《幼儿园工作规程》《幼儿园教育指导纲要》《3—6岁儿童学习与发展指南》为普遍性目标取向，强调行为目标，忽视生成性目标与表现性目标。

2. "课程认知"对"课程目标来源整合能力"存在间接正向显著影响

从理论上讲，课程认知通过对课程目标取向平衡能力的直接正向显著影响，再对课程目标来源整合能力产生间接正向显著影响。数据分析表明，学前教师的课程认知对课程目标来源整合能力具有间接正向显著影响（p=0.001<0.05），影响因子为0.354，研究假设成立。即学前教师的"学科化"课程认知导致其重视普遍性目标和行为目

标，忽视生成性目标与表现性目标。而生成性目标与表现性目标的设计需要学科专家的理论指导，这与教师在课程目标来源方面重视幼儿来源与生活来源，忽视学科专家的参与相契合。

3. "课程认知"对"课程目标组织能力"存在间接正向显著影响

从理论上讲，课程认知通过对课程目标取向平衡能力的直接正向显著影响，再对课程目标组织能力产生间接正向显著影响。数据分析表明，学前教师的课程认知对课程目标组织能力具有间接正向显著影响（$p=0.001<0.05$），影响因子为 0.478，研究假设成立。"学科化"课程认知导致教师在组织课程三维目标时，最为注重"认知与技能"目标，缺乏对"过程与方法"目标和"情感态度与价值观"目标的关注。

4. "课程认知"对"课程内容取向选择能力"不存在直接正向显著影响，仅存在间接负向显著影响

从理论上讲，课程认知对课程内容取向选择能力存在直接正向显著影响，或通过课程目标取向平衡能力对其产生间接正向显著影响。数据分析表明，学前教师的课程认知对课程内容取向选择能力不存在直接正向影响（$p=0.528>0.05$），研究假设不成立；课程认知对课程内容取向选择能力仅存在间接负向显著影响（$p=0.001<0.05$），影响因子为 -0.092，研究假设不成立。课程认知之所以不会对课程内容取向选择能力产生直接正向影响，主要是因为对"小学化"教育的杜绝与学前教师缺乏课程能力的实际，当地教育局为幼儿园限定了资源包，这种强制性规定打破了课程设计规律，致使学前教师以教材为主要内容取向，从而使教师的课程认知不能对课程内容取向选择能力产生影响。产生间接负向影响则源于在现实生活中，教师并非完全参照资源包进行活动组织，教师会从生活中组织课程内容，这种来源于生活需求的课程内容取向又恰好是对学科化课程认知的"反叛"。

5. "课程认知"对"课程内容组织能力"存在间接负向显著影响

首先，从理论上讲，课程认知通过对课程内容取向选择能力的直

接正向或间接正向显著影响,再对课程内容组织能力产生间接正向影响。数据分析表明,学前教师的课程认知对其课程内容组织能力存在间接负向显著影响（p=0.024<0.05）,影响因子为 -0.030,研究假设不成立。经上述分析可知,在"课程认知通过课程目标取向平衡能力对课程内容取向选择能力具有直接影响"环节发生了违背理论规律的现象,进而导致课程认知对课程内容组织能力没有产生间接正向影响的结果。其次,通过第三章中对教师课程内容组织能力现状的分析亦可知,学前教师基本上是参照资源包进行课程内容设计的,通过对资源包中的教学内容进行分析发现,资源包本身是不完善的,存在着逻辑错误。

6. "课程认知"对"课程实施取向协调能力"不存在直接正向显著影响,仅存在间接正向显著影响

从理论上讲,课程认知对课程实施取向协调能力存在直接正向显著影响,或通过课程目标取向平衡能力或课程内容取向选择能力对课程实施取向协调能力产生间接正向显著影响。数据分析表明,学前教师的课程认知对课程实施取向协调能力不存在直接正向显著影响（p=0.184>0.05）,研究假设不成立;仅存在间接负向显著影响（p=0.001<0.05）,影响因子为0.473,研究假设成立。学前教师的课程认知通过对其课程目标取向平衡能力的直接影响,再对其课程实施取向协调能力产生间接正向影响。该结果源于教师在课程实施时十分注重已经设定的课程目标,课程内容自主权的丧失导致学前教师的课程实施取向协调能力忠于课程目标取向平衡能力。

7. "课程认知"对"课程实施组织能力"存在间接正向显著影响

从理论上讲,课程认知通过对课程实施取向协调能力的直接正向影响或间接正向显著影响,再对课程实施组织能力产生间接正向显著影响。数据分析表明,学前教师的课程认知对其课程实施组织能力存在间接正向显著影响（p=0.001<0.05）,影响因子为0.152,研究假设成立。经前述分析可知,课程认知对课程实施取向协调能力仅存在间接正向的显著影响。因此,课程认知应是通过对课程目标取向平衡能力的正向直接影响,再通过对课程实施取向协调能力的间接正向

影响而作用于课程实施组织能力的。通过课程实施的忠实取向，教师在教学组织中重视既定行为目标的达成，重视教师的教学行为，忽视幼儿的学习体验。

8. "课程认知"对"课程评价取向确定能力"不存在直接正向显著影响，仅存在间接正向显著影响

从理论上讲，课程认知对课程评价取向确定能力存在直接正向显著影响，或通过课程目标取向平衡能力、课程内容取向选择能力、课程实施取向协调能力对其产生间接正向显著影响。数据分析表明，学前教师的课程认知对其课程评价取向确定能力不存在直接正向显著影响（$p=0.172>0.05$），研究假设不成立；课程认知对课程评价取向确定能力存在间接正向显著影响（$p=0.001<0.05$），影响因子为0.361，研究假设成立。学前教师的课程评价取向确定能力是以目标取向和幼儿主体取向为主，忽视过程取向和教师主体取向，学前教师主要参考预设的课程目标进行课程评价，受课程目标取向平衡能力的影响。

9. "课程认知"对"课程评价组织能力"存在间接正向显著影响

从理论上讲，课程认知通过对课程评价取向确定能力存在直接或间接正向显著影响，作用于课程评价组织能力。数据分析表明，学前教师的课程认知对其课程评价组织能力存在间接正向显著影响（$p=0.001<0.05$），影响因子为0.219，研究假设成立。学前教师的课程目标取向平衡能力通过对课程评价取向确定能力的间接正向影响而作用于课程评价组织能力，课程评价操作以具有行政色彩的定性评价和总结性评价为主，忽视对幼儿的具体量化评价，具有深度的质性评价以及过程性评价。

### （三）"课程目标取向平衡能力"对其他因素的影响分析

从理论上讲，课程目标取向平衡能力对课程目标来源整合能力、课程目标组织能力、课程内容取向选择能力、课程实施取向协调能力、课程评价取向确定能力具有直接正向显著影响；课程目标取向平衡能力对课程实施取向协调能力、课程评价取向确定能力、课程内容组织能力、课程实施组织能力、课程评价组织能力具有间接正向显著影响。通过分

析,"课程目标取向平衡能力"对各因素的影响详见表4-5。

表4-5 "课程目标取向平衡能力"对其他因素的影响

| | 因变量 | 影响大小 | P | 结论 |
|---|---|---|---|---|
| 直接影响 | 课程内容取向选择能力 | -0.148 | 0.001** | 不成立 |
| | 课程实施取向协调能力 | 0.760 | 0.001** | 成立 |
| | 课程评价取向确定能力 | 0.393 | 0.001** | 成立 |
| | 课程目标来源整合能力 | 0.572 | 0.001** | 成立 |
| | 课程目标组织能力 | 0.772 | 0.001** | 成立 |
| 间接影响 | 课程实施取向协调能力 | 0.005 | 0.107 | 不成立 |
| | 课程评价取向确定能力 | 0.216 | 0.001** | 成立 |
| | 课程内容组织能力 | -0.070 | 0.001* | 不成立 |
| | 课程实施组织能力 | 0.279 | 0.001** | 成立 |
| | 课程评价组织能力 | 0.444 | 0.001** | 成立 |

**表示在0.01水平（双侧）上显著相关；*表示在0.05水平（双侧）上显著相关。

1. "课程目标取向平衡能力"对"课程目标来源整合能力"存在直接正向显著影响

从理论上讲，课程目标取向平衡能力对课程来源选择能力存在直接正向显著影响。数据分析表明，学前教师的课程目标取向平衡能力对其课程来源选择能力具有直接正向显著影响（p=0.001<0.05），影响因子为0.572，研究假设成立。

2. "课程目标取向平衡能力"对"课程目标组织能力"存在直接正向显著影响

从理论上讲，课程目标取向平衡能力对课程目标组织能力存在直接正向显著影响。数据分析表明，学前教师的课程目标取向平衡能力对其课程组织能力具有直接正向显著影响（p=0.001<0.05），影响因子为0.772，研究假设成立。学前教师强调普遍性目标和行为目标，因而，在对课程目标进行组织时强调"认知与技能"目标。

3. "课程目标取向平衡能力"对"课程内容取向选择能力"存在直接负向显著影响

从理论上讲，课程目标取向平衡能力对课程内容取向选择能力存在直接正向显著影响。数据分析表明，学前教师的课程目标取向平衡能力对其课程内容取向选择能力具有直接负向显著影响（$p=0.001<0.05$），影响因子为$-0.148$，研究假设不成立。此结果源于学前教师不是根据课程目标去寻找相应课程内容，而是用资源包的内容。这种本末倒置的做法违背了课程设计的理论规律，导致课程目标取向平衡能力不能对课程内容取向选择能力产生直接正向影响。

4."课程目标取向平衡能力"对"课程内容组织能力"存在间接负向显著影响

从理论上讲，课程目标取向平衡能力通过对课程内容取向选择能力的直接正向显著影响，再对课程内容组织能力产生间接正向显著影响。数据分析表明，学前教师的课程目标取向平衡能力对其课程内容组织能力具有间接负向显著影响（$p=0.001<0.05$），影响因子为$-0.070$，研究假设不成立。课程内容是资源包中已经设定好的，学前教师的课程目标取向平衡能力不能对其产生有效的正向影响。

5."课程目标取向平衡能力"对"课程实施取向协调能力"存在直接正向显著影响，不存在间接正向显著影响

从理论上讲，一方面，课程目标取向平衡能力对课程实施取向协调能力存在直接正向显著影响；另一方面，课程目标取向平衡能力通过课程内容取向选择能力对课程实施取向协调能力存在间接正向显著影响。数据分析表明，学前教师的课程目标取向平衡能力对课程实施取向协调能力具有直接正向显著影响（$p=0.001<0.05$），影响因子为$0.760$，第一个研究假设成立；学前教师的课程目标取向平衡能力对其课程实施取向协调能力无间接正向显著影响（$p=0.107>0.05$），第二个研究假设不成立。由此可见，课程目标取向平衡能力不能通过课程内容取向选择能力作用于课程实施取向协调能力，只能直接对课程实施取向协调能力产生直接正向影响。该结果主要源于教师的课程内容选择受到教材影响，打破了由目标到内容，再到实施的逻辑顺序，教师直接依据课程目标进行课程实施。

6."课程目标取向平衡能力"对"课程实施组织能力"存在间接正向显著影响

从理论上讲，课程目标取向平衡能力通过课程实施取向协调能力

对课程实施组织能力存在间接正向显著影响。数据分析表明，学前教师的课程目标取向平衡能力对其课程实施组织能力具有间接正向显著影响（$p=0.001<0.05$），影响因子为 0.279，研究假设成立。学前教师的课程目标取向平衡能力对课程实施取向协调能力产生直接影响，进而直接作用于教师的课程实施组织能力，教师在课程实施过程中强调忠实取向，强调课程实施遵循既定的课程目标。

7. "课程目标取向平衡能力"对"课程评价取向确定能力"具有直接和间接正向显著影响

从理论上讲，一方面，课程目标取向平衡能力对课程评价取向确定能力存在直接正向显著影响；另一方面，课程目标取向平衡能力通过课程内容取向选择能力或课程实施取向协调能力对课程评价取向确定能力存在间接正向显著影响。数据分析表明，学前教师的课程目标取向平衡能力对其课程评价取向确定能力具有直接正向显著影响（$p=0.001<0.05$），影响因子为 0.393，第一个研究假设成立；学前教师的课程目标取向平衡能力对其课程评价取向确定能力具有间接正向显著影响（$p=0.001<0.05$），影响因子为 0.216，第二个研究假设成立。研究结论说明，学前教师的课程目标取向平衡能力既直接，又通过课程实施取向协调能力间接作用于课程评价取向确定能力。因此，教师重视评价过程中的目标取向。

8. "课程目标取向平衡能力"对"课程评价组织能力"具有间接正向显著影响

从理论上讲，课程目标取向平衡能力对课程评价组织能力存在间接正向显著影响。数据分析表明，学前教师的课程目标取向平衡能力对其课程评价组织能力具有间接正向显著影响（$p=0.001<0.05$），影响因子为 0.444，研究假设成立。学前教师的课程目标取向平衡能力通过课程评价取向确定能力间接作用于课程评价组织能力，教师的总结性评价与质性评价着眼于课程目标是否达成。

### （四）"课程内容取向选择能力"对其他因素的影响分析

从理论角度而言，课程内容取向选择能力对课程内容组织能力、课程实施取向协调能力、课程评价取向确定能力应具有直接正向显著影响；课程内容取向选择能力对课程评价取向确定能力、课程实施组织能力、课程评价组织能力具有间接正向显著影响。通过分析，"课程内容取向选择能力"对各因素的影响详见表4-6。

1. "课程内容取向选择能力"对"课程内容组织能力"存在直接正向显著影响

从理论上讲，课程内容取向选择能力对课程内容组织能力存在直接正向显著影响。数据分析表明，学前教师的课程内容取向选择能力对其课程内容组织能力存在直接正向显著影响（$p=0.001<0.05$），影响因子为0.472，研究假设成立。幼儿园主要采用教育局规定的教材或资源包，教师在选择课程内容时，基本上是直接使用，并且对课程内容的组织没有做过多更改，这种结果与调查事实相吻合。

表4-6　　　　"课程内容取向选择能力"对其他因素的影响

| | 因变量 | 影响大小 | P | 结论 |
| --- | --- | --- | --- | --- |
| 直接影响 | 课程实施取向协调能力 | -0.034 | 0.178 | 不成立 |
| | 课程评价取向确定能力 | 0.012 | 0.687 | 不成立 |
| | 课程内容组织能力 | 0.472 | 0.001** | 成立 |
| 间接影响 | 课程评价取向确定能力 | -0.009 | 0.130 | 不成立 |
| | 课程实施组织能力 | -0.012 | 0.159 | 不成立 |
| | 课程评价组织能力 | 0.002 | 0.974 | 不成立 |

＊＊表示在0.01水平（双侧）上显著相关；＊表示在0.05水平（双侧）上显著相关。

2. "课程内容取向选择能力"对"课程实施取向协调能力"不存在直接正向显著影响

从理论上讲，课程内容取向选择能力对课程实施取向协调能力存在直接正向显著影响。数据分析表明，学前教师的课程内容取向选择能力对其课程实施取向协调能力不存在直接正向显著影响（$p=0.178>0.05$），研究假设不成立。这种结果源于课程内容不是教师自由选择的，教师更重视课程目标的实现。

3. "课程内容取向选择能力"对"课程实施组织能力"不存在间接正向显著影响

从理论上讲，课程内容取向选择能力通过课程实施取向协调能力对课程实施组织能力存在间接正向显著影响。数据分析表明，学前教师的课程内容取向选择能力对其课程实施组织能力不存在间接正向显著影响（$p=0.159>0.05$），研究假设不成立。教师的课程内容取向选择能力不直接作用于课程实施取向协调能力，也就不能间接作用于课程实施组织能力；教师的课程实施组织能力主要受课程目标取向平衡能力的影响。

4. "课程内容取向选择能力"对"课程评价取向确定能力"不存在直接正向和间接正向显著影响

从理论上讲，课程内容取向选择能力对课程评价取向确定能力存在直接正向显著影响，或通过课程实施取向协调能力对课程评价取向确定能力存在间接正向显著影响。数据分析表明，学前教师的课程内容取向选择能力对其课程评价取向确定能力不具有直接正向显著影响（$p=0.687>0.05$），第一个研究假设不成立；学前教师的课程内容取向选择能力对其课程评价取向确定能力亦不具有间接正向显著影响（$p=0.130>0.05$），第二个研究假设不成立。

5. "课程内容取向选择能力"对"课程评价组织能力"不存在间接正向显著影响

从理论上讲，课程内容取向选择能力通过评价取向确定能力对课程评价组织能力存在间接正向显著影响。数据分析表明，学前教师的课程内容取向选择能力对其课程评价组织能力不存在间接正向显著影响（$p=0.974>0.05$），研究假设不成立。从前述研究结果与分析可知，学前教师在课程设计中十分重视课程目标的实现，课程内容主要来源于教材，教师缺乏一定的课程自主权。因此，课程评价的组织主要是对课程目标的衡量，忽视课程内容组织。

### （五）"课程实施取向协调能力"对其他因素的影响分析

从理论上讲，课程实施取向协调能力对课程实施组织能力、课程评价取向确定能力具有直接正向显著影响；课程实施取向协调能力对课程评价组织能力具有间接正向显著影响。通过分析，"课程实施取向协调能力"对各因素的影响详见表 4-7。

表 4-7　"课程实施取向协调能力"对其他因素的影响

| | 因变量 | 影响大小 | P | 结论 |
|---|---|---|---|---|
| 直接影响 | 课程评价取向确定能力 | 0.284 | 0.001** | 成立 |
| | 课程实施组织能力 | 0.364 | 0.001** | 成立 |
| 间接影响 | 课程评价组织能力 | 0.208 | 0.001** | 成立 |

\*\*表示在 0.01 水平（双侧）上显著相关；\*表示在 0.05 水平（双侧）上显著相关。

1. "课程实施取向协调能力"对"课程实施组织能力"存在直接正向影响

从理论上讲，课程实施取向协调能力对课程实施组织能力存在直接正向显著影响。数据分析表明，学前教师的课程实施取向协调能力对其课程实施组织能力具有直接正向显著影响（$p=0.001<0.05$），影响因子为 0.364，研究假设成立。

2. "课程实施取向协调能力"对"课程评价取向确定能力"存在直接正向影响

从理论上讲，课程实施取向协调能力对课程评价取向确定能力存在直接正向显著影响。数据分析表明，学前教师的课程实施取向协调能力对其课程评价取向确定能力具有直接正向显著影响（$p=0.001<0.05$），影响因子为 0.284，研究假设成立。

3. "课程实施取向协调能力"对"课程评价组织能力"存在间接正向影响

从理论上讲，课程实施取向协调能力对课程评价组织能力存在间接正向显著影响。数据分析表明，学前教师的课程实施取向协调能力对其课程评价组织能力具有间接正向显著影响（$p=0.001<0.05$），影响因子为 0.208，研究假设成立。

### （六）"课程评价取向确定能力"对其他因素的影响分析

从理论上讲，课程评价取向确定能力对课程评价组织能力具有直接正向显著影响。数据分析表明，学前教师的课程评价取向确定能力对其课程评价组织能力具有直接正向的显著影响（$p=0.001<0.05$），影响因子为 0.730，研究假设成立（见表 4-8）。

表4-8　"课程评价取向确定能力"对其因素的影响

| | 因变量 | 影响大小 | P | 结论 |
|---|---|---|---|---|
| 直接影响 | 课程评价组织能力 | 0.730 | 0.001** | 成立 |

**表示在0.01水平（双侧）上显著相关；*表示在0.05水平（双侧）上显著相关。

### （七）各因素对"能力满意度"的影响分析

从理论上讲，学前教师的能力满意度包括课程目标设计能力满意度、课程内容设计能力满意度、课程实施能力满意度、课程评价能力满意度。课程认知、课程目标取向平衡能力、课程内容取向选择能力、课程实施取向协调能力、课程评价取向确定能力对教师的能力满意度具有间接正向显著影响；课程目标来源整合能力、课程目标组织能力、课程内容组织能力、课程实施组织能力、课程评价组织能力对教师的能力满意度具有直接正向显著影响。通过分析，各因素对"能力满意度"的影响详见表4-9。

1. "课程认知"对"能力满意度"存在间接正向显著影响

从理论上讲，课程认知通过课程目标来源整合能力、课程目标组织能力、课程内容组织能力、课程实施组织能力、课程评价组织能力对教师的能力满意度产生间接正向显著影响。数据分析表明，学前教师的课程认知对其能力满意度具有间接正向显著影响（$p = 0.001 < 0.05$），影响因子为0.266，研究假设成立。

表4-9　各因素对能力满意度的影响

| | 自变量 | 影响大小 | P | 结论 |
|---|---|---|---|---|
| 直接影响 | 课程目标来源整合能力 | 0.089 | 0.003** | 成立 |
| | 课程目标组织能力 | 0.258 | 0.001** | 成立 |
| | 课程内容组织能力 | 0.009 | 0.680 | 不成立 |
| | 课程实施组织能力 | 0.130 | 0.001** | 成立 |
| | 课程评价组织能力 | 0.418 | 0.001** | 成立 |
| 间接影响 | 课程认知 | 0.266 | 0.001** | 成立 |
| | 课程目标取向平衡能力 | 0.472 | 0.001** | 成立 |
| | 课程内容取向选择能力 | 0.002 | 0.863 | 不成立 |
| | 课程实施取向协调能力 | 0.134 | 0.001** | 成立 |
| | 课程评价取向确定能力 | 0.305 | 0.001** | 成立 |

**表示在0.01水平（双侧）上显著相关；*表示在0.05水平（双侧）上显著相关。

2. "课程目标取向平衡能力"对"能力满意度"具有间接正向显著影响

从理论上讲,课程目标取向平衡能力通过课程目标来源整合能力、课程目标组织能力对能力满意度应存在间接正向显著影响。数据分析表明,学前教师的课程目标取向平衡能力对其能力满意度具有间接正向显著影响（$p=0.001<0.05$）,影响因子为0.472,研究假设成立。

3. "课程目标来源整合能力"对"能力满意度"具有直接正向显著影响

从理论上讲,课程目标来源对能力满意度应存在直接正向显著影响。数据分析表明,学前教师的课程目标来源整合能力对其能力满意度具有直接正向显著影响（$p=0.003<0.05$）,影响因子为0.089,研究假设成立。

4. "课程目标组织能力"对"能力满意度"具有直接正向显著影响

从理论上讲,课程目标组织能力对能力满意度存在直接正向显著影响。数据分析表明,学前教师的课程目标组织能力对其能力满意度具有直接正向显著影响（$p=0.001<0.05$）,影响因子为0.258,研究假设成立。

5. "课程内容取向选择能力"对"能力满意度"不存在间接正向显著影响

从理论上讲,课程内容取向选择能力通过课程内容组织能力对能力满意度产生间接正向显著影响。数据分析表明,学前教师的课程内容取向选择能力对其能力满意度不存在间接正向显著影响（$p=0.863>0.05$）,研究假设不成立。

6. "课程内容组织能力"对"能力满意度"不存在直接正向显著影响

从理论上讲,课程内容组织能力对能力满意度应存在直接正向显著影响。数据分析表明,学前教师的课程内容组织能力对其能力满意度不存在直接正向显著影响（$p=0.680>0.05$）,研究假设不成立。

7. "课程实施取向协调能力"对"能力满意度"存在间接正向显著影响

从理论上讲,课程实施取向协调能力通过课程实施组织能力对能力满意度应存在间接正向显著影响。数据分析表明,学前教师的课程实施取向协调能力对其能力满意度具有间接正向显著影响（$p = 0.001 < 0.05$），影响因子为 0.134,研究假设成立。

8. "课程实施组织能力"对"能力满意度"存在直接正向显著影响

从理论上讲,课程实施组织能力对能力满意度存在直接正向显著影响。数据分析表明,学前教师的课程实施取向协调能力对其能力满意度具有直接正向显著影响（$p = 0.001 < 0.05$），影响因子为 0.130,研究假设成立。

9. "课程评价取向确定能力"对"能力满意度"存在间接正向显著影响

从理论上讲,课程评价取向确定能力通过课程评价组织能力对能力满意度存在间接正向显著影响。数据分析表明,学前教师的课程评价取向确定能力对其能力满意度具有间接正向显著影响（$p = 0.001 < 0.05$），影响因子为 0.305,研究假设成立。

10. "课程评价组织能力"对"能力满意度"存在直接正向显著影响

从理论上讲,课程评价组织能力对能力满意度存在直接正向显著影响。数据分析表明,学前教师的课程评价组织能力对其能力满意度具有直接正向显著影响（$p = 0.001 < 0.05$），影响因子为 0.418,研究假设成立。

经分析,研究假设不成立的情况主要为：课程认知对课程内容取向选择能力不存在直接正向显著影响和间接正向显著影响,对课程实施取向协调能力不存在直接正向显著影响,对课程评价取向确定能力不存在直接正向显著影响,对课程内容组织能力不存在间接正向显著影响；课程目标取向平衡能力对课程内容取向选择能力不存在直接正向显著影响,对课程实施取向协调能力不存在间接正向显著影响,对课程内容组织能力不存在间接显著影响；课程内容取向选择能力对课程实施取向协调能力不存在直接正向显著影响,对课程评价取向确定能力不存在直接正向显著影响和间接正向显著影响,对课程实施组织能力不存在间接正向显著影响;对课程评价组织能力不存在间接正向显著影响,对能力满意度不存在间接正向显著影响;课程内容组织能力对能力满意度不存在直接正向显著影响。上述研究假设不成立可以归结为以下几点:

第一,课程认知不是课程能力的主导因素。教师的课程认知仅对课程目标取向平衡能力具有直接正向显著影响,并通过它间接正向影响课程实施取向协调能力与课程评价取向确定能力;对课程内容取向选择能力不具有任何影响力。

第二,课程内容取向选择能力与课程内容组织能力是整个课程能力环节的"突变"。按照理论规律,教师在课程认知作用下设计课程目标,根据目标选择内容,进而实施与评价课程。然而,现实操作违背了理论规律,课程内容的既定性超越了教师的课程认知,先于课程目标出现,成为整个课程设计的主导因素。

第三,能力满意度反映出教师在课程内容选择上缺乏专业自主权。教师的课程目标设计能力、课程实施能力、课程评价能力均能有效反映教师的自我满意状态,但课程内容取向选择能力与课程内容组织能力却对能力满意度不存在影响。之所以如此,是因为教师课程自主权的丧失与课程设计能力的缺乏。这是一个矛盾的恶性循环:教师缺乏相应的课程能力,教育行政部门为了提升教育质量便介入幼儿园课程,虽然初衷是善意的,但却导致教师课程自主权的丧失并进一步失去课程能力的提升动力。

## 二 外部因素的影响表现与作用机理

**(一) 学前教师自身因素**

1. 专业理念缺失

(1) 缺乏尊重、理解、信任的教育观

在某次美术活动中,所有的孩子都在绘画,唯独男孩 A 没有画,他托着脑袋，斜着身子，无聊地看其他孩子画画。

"你叫什么名字？"笔者问。
"我叫×××。"A含糊地回答。
"你为什么不画画？"
"因为，因为这……这桌子放不下了。"A慢吞吞地说。
"哦，放不下了就不让你画了，那每次都这样吗？"
"嗯。"A肯定地道。
"那你天天都不画画吗？"笔者问。
"嗯，那天我就把纸画破了！"A解释说。
"是这样的吗？"笔者问旁观的女孩B。
"嗯。"B肯定地说。
"那有没有时候是她不画，你画？嗯，你想不想画？"
"我昨天都画了，我今天没画。"A回答。
"那你想画吗？"
"嗯，我还是到家里画好了。"A回答。

在上述案例中，因为桌椅的空间限制，以及幼儿A在上一次绘画中的"表现不佳"，导致他失去了此次绘画的权利。教师的这种教育行为体现出教师在教育观念层面缺乏对幼儿的尊重，没有给予每个孩子一样的权利；教师不理解幼儿，没有了解孩子把纸划破的真正原因，不熟知幼儿的心理特点；教师不信任幼儿，不相信A以后能做好。在这种教育观的作用下，学前教师的课程能力深受影响。

（2）"幼儿无知"的儿童观

幼儿被教师当作无知的人，教师认为，幼儿是一个缺少常识、缺乏经验、缺乏能力，不如成人的个体。在这种儿童观的影响下，教师认为需要不断地向幼儿灌输知识，纠正幼儿的"错误"思想，压抑幼儿的想象，管理幼儿的纪律，制约幼儿的行为，这样幼儿才能成为符合社会需要的"人"。在以下节选的课程《吹画》中，可以清晰地看到学前教师的儿童观。

| 课程实录 | 内容分析 |
| --- | --- |
| 孩子们坐得很端正，大部分幼儿双手重叠放在背后，挺直腰板，认真地看着老师。<br>"欢迎来到大几班呀？"老师开始上课了。<br>"大三班！"孩子们整齐有力地回答。<br>"那想知道我的魔术袋里面装的是什么吗？"老师摇了摇手里的橙色大袋子问，孩子们没有反应。老师继续摇摇袋子，再次笑着问："想知道的小朋友请大声告诉我，你想知道吗？"<br>"想！"这一次，孩子们拖长了声音大声回答。<br>"啊，声音真好听！"老师对孩子们的反应很满意。"那你们把眼睛藏起来，我说一、二、三，一睁开眼睛，看看我会变出什么来，啊！"老师用手遮住自己的眼睛告诉大家，孩子们立即将自己的眼睛蒙了起来。<br>"一、二、三！"话音刚落，幼儿迫不及待地取下双手、睁开眼睛。老师已经从橙色纸袋里取出了一张A4白纸。"咦，这是什么呀？"<br>"纸，纸……"孩子们先后答道。<br>"这是什么颜色的纸呀？"<br>"白色！"<br>"什么颜色的呀？"<br>"白颜色！"孩子们更大声地回答。<br>"老师今天呀，要把白颜色的纸变得更神奇，想知道吗？"<br>"想！"孩子们充满激情地说。<br>"那哪一个小朋友坐得最好，我先变给他看，啊！"老师转过身放下白纸，拿起一罐蓝色的颜料。"唉，宝贝儿，你看一下我拿的这是什么颜色的水呀？"<br>"蓝色！"<br>"哦，我最喜欢蓝色了，所以今天呀，我请蓝色的水宝宝和我一起来变个游戏。请你们仔细看一看。"老师一边说一边转身拿起A4白纸，递给另一位老师，"我要把这蓝色的水呀，滴在我这神奇的白色的纸上。"老师从瓶子里沾了蓝色的水，滴了两滴在白纸上，然后放下瓶子，拿起白纸。"然后呀，轻轻地吹一口魔法的神气。"说完，老师开始轻轻吹蓝色的水滴，并转了转白纸。"哎，现在小朋友们猜猜，我变出什么来了呀？"<br>坐得端正、认真听讲的孩子们没有说话。<br>"自己想一想，动动小脑筋来猜一猜！知道的宝宝请举手。"老师鼓励大家回答问题。<br>"长颈鹿。"有的幼儿小声地与同伴猜测，个别幼儿举起了手。 | 幼儿的行为表现说明教师强调纪律与行为规范，要求每个孩子都是一样的。<br><br>幼儿的回答是整齐统一的，教师喜欢孩子们有这样的表现。<br><br>教师提问没有深度与意义，但仍强调幼儿对她的反馈，导致幼儿的机械回答。<br><br><br><br><br><br>教师强调幼儿的纪律与坐姿。<br><br>教师的提问仍然属于无效提问，大班幼儿对颜色已能清楚辨析。<br><br><br><br><br><br><br>老师的提问没有提供有益线索，幼儿只能胡乱编造答案。 |

第四章　学前教师课程能力的影响因素探析　　187

续表

| 课程实录 | 内容分析 |
|---|---|
| "那你举手回答告诉我啊！……我请周××小朋友告诉我。"老师用手势示意周××站起来回答问题，孩子们转头看向 A。<br>A 肯定地说："大象！"<br>"大象！啊，想得非常棒！不错。"老师一边夸周××，一边伸出右手，与周××击掌。"那还有谁有不同的答案呢？想一想，嗯……who can try?"<br>"Teacher, me!"孩子们突然大声整齐地回应老师，大部分孩子用标准的姿势举起手。<br>"我请马×告诉我。"老师充满期待地叫男孩 B 回答。<br>"嗯，长颈鹿。"B 不紧不慢地回答。<br>"哦，是长颈鹿吗？好，非常棒。"老师说，同时伸出右手与她击掌。旁边的助教老师赶紧给 B 的额头贴上一个 Sticker。<br>"那谁有不一样的呢？who can try?"<br>"Teacher, me!"孩子们仍大声地回答，很多孩子举起手。<br>"金×告诉我。"<br>"树。"姓金的男孩 C 站起来简单地说。<br>"大树，是不是啊？好，非常棒，谢谢宝贝。"老师也与 C 击掌以示鼓励。助教赶紧过来在孩子的额头贴上 Sticker。<br>"猜猜我变出来的是什么呀？who can try?"老师问。<br>"Teacher, me!"孩子们再一次精神起来，坐端身子，"标准"地举起了手。<br>"请杨××。"<br>"老虎。"杨××回答。<br>"哦，大老虎吗？非常棒！你的声音跟大老虎的吼声一样好听。"老师一边说话，一边过去与杨××击掌。助教赶紧过去贴 Sticker。<br>"那还有呢？who can try?"<br>"Teacher, me!"孩子们再一次打起精神。<br>"陈××。"<br>陈××："狮子。"<br>"哦，狮子，非常棒！"老师对不一样的答案很满意，走过去与她击掌。助教立马过去贴 Sticker。<br>"那现在小朋友数一、二、三，看我变出来的这个东西。一……"老师开始数数，孩子们没有反应，她问道："你们数什么呀？" | 教师第一次喊口号，对幼儿行为的机械训练。<br><br>教师的反馈不尊重幼儿的想法，看似鼓励 B，实际上语气中是对答案的否定。<br><br>教师第二次喊口号，对幼儿行为的机械训练，幼儿立马"精神"起来。<br><br>评价无针对性、不具体。<br><br>教师第三次喊口号，对幼儿行为的机械训练。幼儿看似主动举手，实则被贴纸所吸引。<br><br>教师的评价单一，内容逻辑混乱。<br><br>教师第四次喊口号。<br><br>教师不停地提问，表面上是面向全体幼儿，实质上她对幼儿回答的反馈说明她是不尊重幼儿的。 |

| 课程实录 | 内容分析 |
| --- | --- |
| "一！二！三！"孩子们开始跟着数起来，数到"三"时，老师将白纸转过来展现在大家面前。"你们看，这像什么呀？"老师一边问，一边看着纸上的颜料，表情显示出她正在头脑中迅速思考这个图案像什么，白纸上的颜料因为手势的变换而迅速在纸上移动，形状随之改变。<br>"这是什么呀？"老师问道。<br>"鹅，鹅……"<br>"看是不是大老虎呀？"<br>"不是。"<br>"但是宝宝们想得都非常的棒，对，这蓝色的像不像一只，鹅呀？"<br>"像！" | 幼儿前期所有的想象被归结为一个教师认可的统一答案。 |

通过上述课程实录可知，教师认为幼儿缺乏独立想法与思考能力，不停地对幼儿提出欠深度的、机械性的问题，幼儿则机械作答；教师不停地喊口号，提醒幼儿要主动反应，幼儿只能"被动"说出答案；教师对幼儿的评价单一、不具体，更多的是在敷衍幼儿；教师强调幼儿的坐姿与纪律。这些教育行为反映出教师秉持的是"幼儿无知"的儿童观。

（3）以教师、教材、课堂为中心的课程观

以教师为中心取向的课程观体现为教师对课堂掌握绝对主导权，幼儿处于被压迫、服从的地位；以教材为中心取向的课程观体现为教师重视课程目标与内容的实施，忽视幼儿在学习过程中的自我表现与独特性；以课堂为中心取向的课程观体现为教师重视课堂纪律与幼儿的行为规范，幼儿不能动手、动嘴，忽视幼儿思想的自由性。现以典型案例《国王生病了》为例进行说明。

| 课程实录 | 内容分析 |
| --- | --- |
| 活动开始了，老师请每个小朋友翻看自己桌上的绘本《国王生病了》，在老师的吩咐下，孩子们纷纷打开绘本，认真阅读。 |  |

续表

| 课程实录 | 内容分析 |
|---|---|
| "小朋友们看书的时候，要一页一页地翻着看，有的小朋友一下子就翻到后面了，那好多精彩的内容都没有看到。"老师叮嘱大家要慢慢看、仔细看。"一页一页翻着看啊！"<br>有的孩子看得快，已经翻完了，然后看看自己旁边的孩子在干什么；有的孩子在仔细阅读每一页内容，还发出声音念出认识的字："星期一、星期二……"有的在快速阅览，然后又从头开始看；有的孩子问老师故事里面的内容…… | 老师要求幼儿按照自己的方法阅读，其前提是老师认为自己的看书方法才是对的、有效的，不理解幼儿的心理特点。 |
| "看完了！"男孩 A 喊了起来。<br>"看完了？故事里的内容你记住了吗？"老师轻声问。<br>"他有骑马，还有游泳……"A 大声地回答老师。<br>"嘘！"老师做出轻声的姿势提醒 A："自己记在心里面。"<br>…… | 老师强调幼儿看书是为了记住书中的内容，体现了以教材为中心。 |
| 自主阅读进行了 1 分 49 秒。老师回到前面对大家说："好，看完的小朋友请你们把书合起来，面对老师坐好。"老师的话拉回了大家的注意力，孩子们纷纷抬头看了一眼老师，但是仍旧低头继续翻书。<br>"书合起来放好！看完的小朋友。"老师再一次平和地强调。"1 个，2 个，3 个，4 个，还有吗？"老师在看，有几个孩子合好了书本。"越来越多的小朋友都已经……什么呀？看完了！"老师换了一种方式提醒大家合上书。"我们看前面啊，没有看完的小朋友。"老师等不及了，拿出事先准备好的教具，准备开始她的授课。一半的孩子按照她的要求合上书坐好了，但仍有一半的孩子还在看书。 | 自主阅读时间不足 2 分钟，显然不能满足大部分幼儿的阅读需求。但教师强调课程的结构与后续内容，要求幼儿结束阅读，体现了以课堂为中心。 |
| "好，我们悄悄地数、轻轻地数三个数，请没有看完的小朋友速度快一点儿。轻轻地！"老师最后一次提醒孩子们要合上书，听老师讲课了。<br>"老师，帮我叠一下这个！"一个男孩 B 因为无法将书平整地合上，请求老师帮忙。老师快速走到他面前，拿起书本，帮助整理。"好，最后一声！"老师一边叠书一边提醒大家："三！好，请小朋友把你们的书合起来，没有看完的小朋友没关系，一会儿我们还可以继续看！"这一次，孩子们基本上都已经合上了书。 | 老师不停地催促幼儿跟上自己的节奏。<br>老师的态度看似平和，但仍是强迫幼儿放弃阅读，听她讲课。 |

| 课程实录 | 内容分析 |
| --- | --- |
| "好，小手放腿上，转过来，我们来看看。找到答案的小朋友，他的眼睛现在都在看我，肯定要告诉我，国王做了什么运动？那我现在要请……"老师拖长话音，有5个孩子已经高高地举起了手。"星期一他做了什么？你来说。"老师叫第一排的男孩 C 回答。<br>"星期一……星期一爬山。"C 站起来口齿清晰地回答。<br>"爬山？嗯，好。"老师弯腰从桌子上面拿出几张图片："我请你从这上边啊，老师这儿有图片，请你找到爬山的图片，我来帮你放到上面，好吗？你来找一找。"老师让 C 从图片中找出国王爬山的图片，然后继续问大家："星期二呢？"话音刚落，已经有7个孩子快速举起了手。 | 在老师的"不懈努力"下，孩子们终于"屈服"了，放下绘本，回到课堂。老师胜利了。体现了教师中心、教材中心、课堂中心，也说明教师没有了解幼儿的阅读特点，没有领会阅读意义。 |
| "我知道，游泳！"一个声音冒出来。<br>"嘘！星期二？你说。"老师提醒不能未经点名便回答问题，然后叫最后一排的女孩 D 回答。<br>D 清脆地说道："星期二，骑马。"<br>"嗯，她说星期二是骑马，有没有不同意见？"老师问大家，这时 C 已找到图片并递给老师，老师转身将它贴在了"星期一"旁边。<br>"请坐！"老师告诉 D，可是 D 并没有坐下。<br>"好，她说星期二骑马，有没有不同意见？你说？"<br>女孩子 E 站了起来："游泳。" | 答案是书本上既定的、唯一的，幼儿没有思考与想象空间，只能回忆。 |
| "你觉得是游泳啊？"见老师并没有给予肯定，底下的3个男孩子立马举起手。"那好，那我们来看星期三呢？你来说。"老师叫起了 A。<br>A 清晰地、大声地说："我觉得星期三才是游泳。"<br>"你觉得星期三应该是游泳？好，星期四呢？你来说。"<br>男孩子 F 站起来回答："星期四打棒球。"<br>"打棒球，嗯。星期五？"老师继续问大家。<br>男孩子 B 站起来小声回答："星期五跑马拉松。"<br>"你觉得还是跑马拉松？有没有不一样的？" | 教师的提问一直是在让幼儿验证绘本上已有的内容。提问属于封闭式的，只能考察幼儿的观察能力与记忆能力，不能开发幼儿的思维能力、想象能力。 |
| 男孩子 C 站起来凑边说："星期……星期五，我想国王是游泳。"最后一排的男孩子 B 站了起来，一直晃来晃去。<br>"你想国王是游泳？嗯！"老师并没有给出答案。她一边推开道具板，露出 PPT，一边说："我们来看看星期二和星期三，国王，有的人说骑马，有的人说游泳，我们一起看一看啊！星期二，我们一起来看一下到底是做什么啊！"老师点击出国王星期二活动的图片。<br>"骑马！"有的小朋友喊了出来。 | D 一开始便回答正确了"星期二是骑马"，教师为了增加课堂的"曲折性"却故意问有没有不同意见，后面回答问题的孩子只能胡乱编造不同答案。这种教育行为没有积极教育意义，反而容易让幼儿丧失课程兴趣与对教师的信任。 |

续表

| 课程实录 | 内容分析 |
|---|---|
| 老师问大家："哎，星期二是干什么？"<br>孩子们异口同声地回答："骑马！"<br>"你们从哪儿看出来是骑马的？"老师问大家。<br>孩子们迫不及待地抢着说："因为我看见了……"老师高高地举起了手，示意孩子们要举手回答。"举手！你来说。"<br>女孩子G站起来指着图片说："因为上面有马。"<br>"哦，那上面有几匹马？"<br>"两匹、三匹……"孩子们边数边说。<br>"三匹马是吧？有人骑着马。那好，那我再看看星期三，星期三是什么？"老师点击出星期三国王活动的图片问。<br>"游泳！"大家回答。<br>"哦，在游泳。那我现在问你们，国王在干什么？"<br>孩子们纷纷回答："吃东西！"<br>"躺着吃东西。"B仍旧站着听课。<br>"躺着，吃东西啊！他有没有在运动？"<br>"没有！"孩子们一起回答。<br>"那好，星期二是骑马，星期三是游泳。"老师拿出"骑马"和"游泳"的图片，快速走到道具板前贴在"星期二"和"星期三"旁边。然后一边走回电脑旁，一边说："嗯，好。那星期四呢？我们一起再来看看。"老师点击出星期四国王活动的图片，边看边问大家："是不是像你们说的在，在干嘛？"<br>孩子们边看边说"打棒球。"<br>"我是看到球了，那你怎么知道是打棒球呢？"老师问。<br>孩子们开始七嘴八舌地发表意见。<br>老师立马举手示意："你从哪个地方看出来是打棒球的？"<br>这时候底下有四五个孩子迫不及待地站起来举手。<br>"有棒子！"底下的小朋友大声喊道。<br>老师走到一个女孩H旁边："你来说。"<br>H回答："因为那个人拿着棒子。"<br>"哦，几个人拿着棒球棒，是吧？打棒球的东西。还有一个地方可以看出来是打棒球，"老师示意大家继续举手回答："你来说说。"<br>"手套。"男孩I站起来指着图片说。<br>"哦，哦！他戴的手套，接棒球专门用的手套，从这两个地方就能看出来，他在打棒球，那国王呢？" | 老师在面对幼儿的主动性时，总是以纪律和规范压抑幼儿。<br><br>老师再一次以纪律为由让孩子们"冷静"下来。 |

续表

| 课程实录 | 内容分析 |
| --- | --- |
| 有孩子回答:"国王躺在那个地方好奇。"<br>"他是什么样的表情,你来学一学。"老师继续问大家。<br>男孩子C站了起来:"国王稍微抬起头来。"<br>"哦!国王稍微抬起头来看了看,是吧?嗯,观察得很仔细,好,星期五,那刚才咱们说的是做什么?"<br>"跑马拉松。"有一个孩子回答。<br>"……星期五是做什么?"老师继续问。<br>"跑马拉松。"孩子仍然回答道。<br>"哦,跑马拉松?我们看看是不是?"老师一边质疑,一边点击图片显示出星期五国王活动的内容。"星期五,哎?"<br>"抬轿子!"有一个孩子大声喊。<br>"抬轿子!"老师重复。<br>"咦?这个国王怎么是这样呢?"<br>"坐轿子,"又有孩子回答道。<br>"谁在跑?"老师边做着奔跑的动作边问大家。<br>"是一个女人和一个男人。"有的孩子回答。<br>"哦,你觉得这是一个女人,好吧,那这是国王的大臣和王子,因为他是外国的,所以他的头发跟咱们中国人不一样,那国王在干吗?"<br>"坐着!"孩子们说。<br>"坐在轿子里,还在加油,嘿嘿,原来这一天呀!国王呀在?那是谁在跑?"老师一边说一边将图片贴在了道具板上面。<br>"他们。"孩子们回答。<br>"他们是谁?"<br>"是王子和他的侍从。"<br>"哦,王子和侍从在跑。好吧,我们慢慢看下去。"老师将星期一至星期五的图片都贴在了相应位置。"那星期六呢?星期六还记得不?"老师问,大家没有反应。"不记得,那你们再看看书上国王在干什么?"<br>孩子们立即转过身,翻开桌子上面的绘本。<br>"星期六找找。"<br>"星期六漫步,星期六在漫步……"大家抢着说。<br>"哎,我喜欢……找到了。好,谁来说一说星期六他在干吗?"老师示意举手回答。<br>有五个孩子举起了手。老师点名男孩子G:"嗯,你来说。"<br>G回答:"慢跑。"<br>"慢跑?星期几去跑步了?星期几?"老师指着道具板上面的"星期五"与"图片"问大家。 | 教师与幼儿之间的语言互动体现为教师的机械性提问,幼儿的回答必须是符合绘本内容的。<br><br>幼儿回答问题都是简短的,教师错过了让幼儿进行语言组织的教育机会。<br><br>老师用"我喜欢"提醒幼儿要用她要求的方式举手回答问题,强调纪律的规范性与教师的权威性。 |

续表

| 课程实录 | 内容分析 |
|---|---|
| "星期五。"大家回答。<br>"星期五，他已经，大臣们抬着轿子去跑步了，那星期六呢？"老师继续问，"你来说。"老师叫男孩子 K 起来回答。<br>"星期六做体操。"K 回答。<br>"哦，星期六做体操，我们看看是不是这样子？"老师点击开星期六国王活动的图片。男孩子 B 又站了起来听课。<br>"谁在做体操？"老师问。<br>"王后，公主……"孩子们抢着回答。<br>"哦，是王后。"老师说，"那你从哪里看出来的？哪个地方告诉我们国王没有做体操？谁给我学学他的样子？"<br>小朋友们争先恐后地举着手抢着回答。"来，你来学学。"老师叫起了男孩 C，C 使劲地弯了一下腰。"哦，原来是这个样子，那王后是什么样子的？你来学。"老师叫起了女孩 K，K 模仿王后的动作，举起右手使劲向左弯腰。B 仍旧站着举起手，希望老师点名叫他。<br>"哦，弯腰。"老师一边说一边向左向右弯腰模仿，B 也跟着做起来。<br>"那国王在干吗？"老师继续问大家。<br>孩子们七嘴八舌听不清楚在说什么。<br>"哦，国王，在给她喊节奏是吧？"老师总结道。<br>"1234，2234。"老师边说边弯腰做运动，小朋友们笑了起来，"那是谁在运动呀？"<br>"是王后。"<br>"那国王呢？"<br>"坐在轿子里。"<br>"他在干吗？他坐在哪？他还是坐在轿子里面。"这时候教室里面热闹起来了，有的孩子继续在喊"1234，2234"，有的七嘴八舌地说着其他内容……男孩子 B 仍旧站着。<br>"哦，好，星期六做体操，嗯！"老师边说边把"体操"图片贴到了"星期六"旁边。"那好，到最后一天啦，他在做什么？"老师点击图片问大家。<br>"休息。"孩子们七嘴八舌地喊道。<br>"休息。好，那我们一起看一看国王，确实星期天要休息了，那他休息的时候，经过一个星期的运动，你看看他的样子，他的病好了吗？"<br>"没有，因为……" | 孩子们的兴趣被调动起来，大家开始热烈地讨论，但老师很快将大家的注意力吸引到了课程本身上。 |

续表

| 课程实录 | 内容分析 |
| --- | --- |
| "为什么？为什么？"老师示意大家举手回答，B坐了下来，有3个孩子高高地举起手。<br>"你说。"老师叫起了女孩 L。<br>L 回答："她没有运动。"<br>"哦，她没有运动，都是谁在运动？"<br>孩子们七嘴八舌地说起来，老师举手示意，并叫起了男孩子 A。<br>A 回答："是大臣。"<br>"他的大臣和王后。那为什么国王的病没有好？他的表情很痛苦。那为什么其他三个人的表情也很痛苦？"<br>大家抢着要回答。"为什么？"眼看教室又要闹哄哄了，老师举手示意。<br>"你！"老师本来要叫一直站着的 B，但突然又转过身去叫起了女孩子 M："你吧。"<br>M 回答："他们太累了。"<br>"他们太累了，为什么太累了？"<br>M 说："因为他们……"还未说完，老师抢着说："因为他们做运动是吧？所有的运动都被他们给做了，国王没有，所以国王的病没有好。" | 教师强调一定要举手回答。 |

教师与幼儿的对话构成了此次课程的主要部分，但对话的发起者总是教师，回答者总是幼儿，幼儿没有提问的主动权，也无思考的主动权；对话的内容是绘本上的既有内容，幼儿的回答只有唯一的"正确"答案，教师强调幼儿"规范"地回答问题；教师重视幼儿在课堂上不能乱动、不能说话、必须遵守纪律，要在取得教师授权的情况下才能说话，而且幼儿说的话必须是教师"愿意"听的。

2. 专业知识匮乏

（1）缺乏幼儿身心发展知识

第一，幼儿身心发展知识的欠缺制约着教师的课程目标设计能力。首先，课程目标设计超越幼儿的已知经验，如在社会教育活动《有趣的"吆喝声"》中，教师设计课程是基于自己童年时经常听到小商贩走街串巷挑着担子卖各类小商品的经验，她认为，这种商品的贩卖有别于当前的广告，是一种亲切的、贴近生活的方式，由此便设计课程目标为："1. 热爱各行各业的劳动人民，体会生活给我们带来的快乐。2. 在活动中能友好地与同伴分工合作，并大胆地与人交往。3. 善于捕捉周围的事物，有敏锐的观察力，并能运用恰当的语言。"从课程目标设计可知，"热爱各行各业的劳动人民，体会生活给我们带来的快乐"这一目标完全不可能实现，幼儿在当今社会里没有感受"吆喝声"的经验，并且通过一次课程不可能体验各行各业劳动人民的辛苦。其次，课程目标设计低于幼儿的发展水平，如健康活动《小猴救唐僧》，其课程目标为："1. 学习竖直爬、左右爬，提高动作的灵敏性及协调性。2. 敢于自我挑战，感受与同伴一起活动的愉悦。"竖直爬、左右爬的大肌肉动作运动对于大班幼儿而言是比较简单的，课程开展虽然十分顺利，但根本原因是课程目标低于幼儿的发展水平，对幼儿而言无发展性意义。

第二，幼儿身心发展知识欠缺制约教师的课程内容设计能力。如某教师设计了一堂课程《有趣的小汽车》，设计意图是因为汽车已经成为日常生活中常见的交通工具，幼儿对其比较熟悉，符合幼儿的认知经验。但课程实施过后，不少家长有怨言，原因是孩子们通过课程认识了很多汽车及其标志，也知道了有的汽车昂贵，有的汽车漂亮。于是，家里没有汽车的孩子便闹着父母要买车，家里有汽车的孩子也闹着要父母更换昂贵的、漂亮的汽车。此次课程反而滋生、助长了幼儿的攀比心理，起到了负面价值导向作用。

第三，幼儿身心发展知识欠缺制约教师的课程实施能力。首先，在"面向全体幼儿"思想的主导下，学前教师意识到要平等地对待每个孩子，并将这种意识体现在课程实施中。但对教育理念的肤浅理解造就了新问题：教师为了体现对幼儿的平等，在课程中大量提问，以期与幼儿产生"互动"。但经过对课堂观察的分析发现，教师的大量问题都是无效提问，答案基本上是封闭式的，或者是引起幼儿回忆，缺乏促进幼儿思维和想象的提问。其次，学前教师不会与幼儿进行有效沟通，缺乏对幼儿心理的了解。在一次语言教育活动中，大班教师在用心上课，大部分孩子在听课。某幼儿故意很用力地擤鼻涕，而且不用纸巾擦拭，也不到卫生间清理，故意将鼻涕挂在鼻子下方。其他孩子转过头看他，他更用力地擤鼻涕，引得全班孩子哄堂大笑。老师见状，拿着纸巾过去递给他，还不忘狠狠地剜了他一眼，然后招呼大家继续听课。过了大概5分钟，该幼儿又"故技重施"，这一次，其他孩子笑得更厉害了，老师忍无可忍地过来将他拽出座位，气愤地推到了隔壁的睡房，使劲地关上门……在该案例中，教师对幼儿的教育是失败的，它会产生以下几个负面影响：一是"犯错"的幼儿会讨厌老师，以后不听她的话，继续用各种方式与她对着干，并且在内心会产生对自我的否定；二是其他孩子会学习到教师不友好的态度，对教师无真正的情感，并且会对"犯错"的幼儿产生抵触情绪：他不爱卫生，老师不喜欢他，我也不喜欢他……这种不良的教育后果都可以归结到教育者身上，该教师并不真正了解幼儿的身心发展特点。"犯错"的幼儿之所以哗众取宠是有其心理原因的，他想通过这种方式引起他人注意，如他所料，他的行为引起了其他小朋友的强烈反应，他觉得很自豪，感受到自己的影响力。教师如果掌握了孩子的心理因素及其产生原因，或许不会用如此简单粗暴的方式"解决"问题。这种方式看似解决了当前问题，实则是在滋长更多、更深远的教育问题。教师可以试着用温柔、平和、正常的方法对待该幼儿，耐心、尊重地递给她一张纸巾并告诉她："×××，老师知道你感冒了很难受，如果忍不住流鼻涕就轻轻地擦一下，不要太用力擤鼻涕，这样会弄出鼻血；并且，声音要小一些，不能影响其他小朋友。如果你难受得不行了，可以轻轻地到休息室躺一会儿，好吗？"相信幼儿在老师温柔、耐心、尊重的引导下，充分感受到了老师的关注，会对教师产生一种喜爱之情，愿意听取她的建议；其他孩子也能从老师身上学会美好的品质：礼貌、尊重、帮助、耐心。

第四，幼儿身心发展知识欠缺制约教师的课程评价能力。主要表现为学前教师在课程评价过程中，缺乏对幼儿进行有实质性意义的评价、激励与指导，现以《多彩的画》为例进行分析。

| 课程实录 | 内容分析 |
| --- | --- |
| 老师用手指在线条上点了点，问道："画的是什么呀？"<br>"长颈鹿！"A 说。<br>"长颈鹿。这是什么呀？"老师指着另一根线条问。<br>"唉！它的，它的头。"A 小声地说，只有老师能听见。<br>老师提醒他大声告诉小朋友，"那给小朋友们说一说吧，你刚刚给××怎么分享的，你就怎么分享。"但 A 有些害羞。<br>A 稍微提高音量看着老师说："我画的是长颈鹿。"<br>"长颈鹿。为什么要画长颈鹿呢？"老师问。<br>"因为我喜欢。"A 捏着手看着老师轻声说道。<br>"因为你喜欢。"老师重复，然后向全班孩子问道："他说什么呀？"<br>"他说他喜欢！"孩子们大声回答。<br>"画的是一个什么呀？"老师问大家。<br>"长颈鹿。"<br>"长颈鹿是动物呢？还是什么呀？"<br>"动物！"孩子们肯定地回答。<br>"那小朋友看看长颈鹿头在哪里？你们来猜一猜。"老师举着画问大家，A 则双手捏在一起，看着画，不吭声。<br>"在那里！"前排一个男孩子 B 用手指着画说道。<br>"在这儿吗？"老师用手指着线条问。<br>"是！"B 肯定地回答。<br>"那小老师，你告诉我长颈鹿的头在哪里？"老师转过来问 A。<br>A 立即用手指着刚才小朋友们指过的地方。<br>"那这是什么呀？"老师又往下指了一条细线。<br>"腿。"<br>"那这又是什么呀？"老师继续往下指了指像长颈鹿"长腿"的地方问。<br>"没有啦！"A 回答。<br>"那这又是什么呢？"老师指了指像长颈鹿"后腿"的地方。<br>"这是什么？"A 小心地问着老师，"没有啦。"<br>"也是腿，是不是呀？"老师自己归纳总结了一下。<br>"那小朋友表扬一下我们的 A。"老师总结完，立马放下画，拉起 A 的手对大家说。A 则一直看着老师，双手捏在一起。 | 　　教师问幼儿为何要画长颈鹿，幼儿说出内心的真话，教师的反馈与评价让幼儿不理解教师的态度。<br><br>　　教师的提问对于大班幼儿而言过于简单，属于无效提问。<br><br>　　幼儿的画是自己创造的作品，应该由他对画进行解读。但在课程中，教师主要让其他幼儿进行解读。这种教育方法实际上是对幼儿的不尊重。<br><br>　　教师用自己的想法让"画"完整了，更符合成人的审美，但失去了艺术教育的意义。 |

续表

| 课程实录 | 内容分析 |
|---|---|
| "来,大家给点掌声。"老师率先为 A 鼓起掌来,A 捏着双手、看着地板不好意思。"那你应该说什么呀?"老师提醒 A。<br>"谢谢!"A 赶紧双手捧腹,对大家鞠了一躬。<br>接下来,老师又请了一名男孩 C 上来介绍他的作品。 | 教师让孩子们表扬 A,但是没有将表扬的理由表达清楚。 |
| 老师不等 C 解释,自己先谈了谈对画的理解:"哇,这是恐龙吗?我也觉得好像恐龙呢。那小老师告诉我你画的是什么?"老师指着画中的图案说。<br>C 看看画,再看看老师。<br>"你告诉我是什么,好不好?"老师鼓励。<br>"恐龙。"<br>"恐龙。你的恐龙在哪里?"<br>C 用手指了指刚才老师指过的地方。<br>"那这是什么呀?"老师指了指蓝色的部分问他。C 往前凑过身子,更加近距离地看着老师指的地方,仔细看着,但是没有作答。<br>"三角龙!"底下的孩子们说道。<br>"三角龙。三角龙是什么呀?"<br>"恐龙!"孩子们齐声答道。 | 教师在孩子 C 尚未表达自己的想法之前已经前设该画是一个"恐龙",这种对画的评价方式实际上不尊重幼儿的想象力。 |
| "嗯……"老师赞许地点头,然后对 C 说:"你看朱×都帮你说出来了。那你自己来说一个吧,你觉得像恐龙,对不对?你看还有什么?"<br>C 摸了摸头,在画面上不停地扫视,但就是说不出来。<br>老师等不及了,用手指着一个橙色的块儿问下面的孩子:"那宝贝看看他画的像什么呢?"C 的注意力也集中到了老师所指的地方。<br>可是,这一次,底下的孩子也回答不上来了,老师主动说道:"我觉得像天上飞的什么呀?"<br>"恐龙!"一个男孩子 D 大声回答。 | 在教师和孩子们评价完以后才让"作者"对自己的作品进行评价。此时,C"必须"承认画里面有恐龙。 |
| "哦,天上飞的恐龙吗?是不是有飞的那种恐龙呀?"老师问孩子们,她不确定是否有天上飞的恐龙。<br>"有,是!还有……"E 抢着说。<br>"那 E 告诉我。"老师让 E 站起来回答。<br>E 解释:"还有站起来的那个大恐龙。"<br>"哦,谢谢 E 告诉我这个知识。"老师若有所思地鼓励着,然后与他击掌。老师又让面前的孩子回答:"你站起来告诉我,还有什么?"<br>"还有飞恐龙。" | 教师的通识性知识缺乏,没有对幼儿进行良好引导。 |

续表

| 课程实录 | 内容分析 |
|---|---|
| "飞恐龙哦。"老师与他击掌。"那还有没有不一样的答案呢? 李×,告诉我。"而 C 一直垂着双手、毕恭毕敬地站在上面,侧着身子,眼睛看着画,纹丝不动。老师已经忘记这幅画的主人是他,却让旁观者对他的作品进行"解读"。<br>"还有……还有地上跑着的恐龙。"F 慢吞吞地说。<br>"哦,还有地上跑的恐龙,是不是?"老师重复。<br>"是。"F 回答。<br>"好,非常棒! 请坐啊!"老师夸着 F,然后对讲台上的 C 说:"那宝贝把你的画拿下去吧!" C 接过自己的画,快速转身,一边挠头一边回到座位上。"那我们给他一点掌声。" | 教师对孩子们的评价只会运用"非常棒""非常好"一类笼统、缺乏针对性的语言。<br><br>在教师和其他幼儿的影响下,F 也认为自己的作品是恐龙。 |

通过以上案例中教师对幼儿美术作品的评价可知,教师缺乏幼儿身心发展的知识,对幼儿的评价局限于表面,不能有效激励幼儿:教师对 A 的评价是"小朋友表扬一下我们的 A","来,大家给点掌声",但实际上对 A 作品的评价并没有尊重其真实的想法;C 也被教师夸奖了,"好,非常棒!"但当 C 自己无法解释自己的作品时(中班孩子的思维特点主要是一边操作、一边思考,很少在操作前已经具有完善的计划。因此,幼儿的作品往往具有很大的随意性,自己会根据结果来即兴创编作品内容,而作品内容往往与他们的已知经验和情绪有关),老师让他人对 C 的作品进行解读,C 一定有自己的想法、感受和情绪,教师这种绑架式的评价实质上是对 C 的否定。

(2) 缺乏通识性知识

学前教师缺乏通识性知识通过课程实施表现出来。如某教师在《仙人掌》课程中讲解仙人掌,缺乏对仙人掌生长知识的基本理解与掌握,仅根据自己的已知生活经验去传递感性知识,结果导致幼儿的错误认知与推理。

| 课程实录 | 内容分析 |
| --- | --- |
| "大仙人掌看见小仙人掌就说：'哎呀，小仙人掌，你看你，要多吸收养分，小小的、一点点。啊！肯定是，开不出漂亮的花的。'哎，小仙人掌听了不服气：'嗯，我觉得我这样挺好的呀，小小的多可爱，看你们长得高高的，嗯，简直丑死了！'"老师露出夸张的表情讲故事，底下的孩子轻轻地笑了起来。"然后呢，慢慢地，春天到的时候，其他仙人掌慢慢地怎么样？"<br>"开花。"大家回答。<br>"开始开花了，长出来小毛球，那小仙人掌，开了没有？还没有。大仙人掌怎么样？长出了小毛球，长出了好多的什么呀？小毛球。它长出了好多好多的小毛球。"老师一边讲故事，一边拿出另一幅准备好的画贴在白板上。<br>"小仙人掌一看：'哎呀，你看你们长出的这些小毛球，简直丑死了！'慢慢地，其他仙人掌，怎么样呀？开出了五颜六色的花，虽然花呀，它开只有几天时间，但是也非常的漂亮。小仙人掌看了一下，心里呀，非常的羡慕。于是呀，它拼命地吸收养分，赶紧吸收，怎么样？它在干什么？等待第二年春天，它要干什么呀？"<br>"开花。"孩子们边听边回答。<br>老师继续讲道："它看见别人开出了漂亮的花，虽然它嘴巴里面说：'啊！丑死了'，但是呢，当别人开出来的时候，它心里面还是非常羡慕的。于是呀，拼命地吸收养分。然后呀，它要准备开出漂亮的花朵，就像我们小朋友吃菜，'老师，这个菜我不爱吃！'妈妈做的饭，'啊，这个菜我特别不爱吃'，不吸收养分，不吃哦，没有营养，就怎么啦？小小的，不长个子。人家什么呀，人家小朋友都不挑菜，反正只要是妈妈做的，肯定是有营养的，赶紧吃，结果呀！身体长得高高的，壮壮的。好，这个故事讲完了。"<br>孩子们坐在凳子上，小手背在身后，听得很认真。<br>"来，我问两个问题。你们觉得，这个仙人掌，哪个最厉害了？它有什么？"老师问大家。<br>A 说："刺。"<br>"刺。哦，还有呢，不一样的，它可厉害了，还有跟其他植物有什么区别？"<br>一个女孩 B 举着手站了起来，老师叫她回答，"我知道，因为它在太阳底下，它就不会晒死，它，它不需要水。它，它，嗯，它不会被干死。"B 站起来信心十足地解释。<br>"啊，它不需要水，如果太阳晒的话，它也不会枯萎，是不是？掌声送给我们的××。她棒不棒？" | 该次课程的主题是画"仙人掌"，教师准备了一个故事作为引子，试图说明仙人掌的外形，包括仙人掌上面的毛球、花朵等。<br><br><br><br><br><br><br><br><br><br><br><br><br><br><br><br><br><br><br><br><br><br><br><br><br><br>对女孩 B 回答的反馈，说明教师没有掌握仙人掌的科学生长知识，进行了错误的知识传递。 |

续表

| 课程实录 | 内容分析 |
| --- | --- |
| "棒！"小朋友们和老师一起为 B 的回答鼓掌。<br>"嗯，可棒了！那还有没有不同的，马××，你说。"<br>男孩子 C 回答："小毛球。"<br>老师疑惑地问大家："嗯，其他植物有没有？"<br>"没有。"几个孩子不确定地回答。<br>"嗯？觉得有刺，这上面也有刺。但是小毛球没有，是不是？"有两个孩子举手，老师叫起来一个男孩子 D。<br>D 回答："其他植物长在土里，它长在沙子里。"<br>老师顿了两秒，然后说道："掌声送给×××，特别的棒！"孩子们和老师一起鼓掌。"其他的植物呢？都长在什么里呀？土里面。唉，仙人掌，它怎么样呢？它长在沙子里面了。"<br>D 继续说："还有，还有仙人掌，有些花是被干死的，因为它们需要水，这个仙人掌不需要水。"<br>"对！仙人掌是有水也可以，没水也可以，是吧？所以你看我们现在呢，就是，把这个仙人掌种在自己的花盆里面，是不是？我们有没有放水呀？"<br>孩子们不确定地回答；"没有。"<br>"土里面要放什么呀？而且你看其他植物，如果你不照顾它，它会怎么样？"老师询问地看着全班。<br>"枯萎！"有的孩子回答。<br>"枯萎。那如果仙人掌呢？你把它放在哪儿，放几天，放几个月，会不会怎么样？枯萎？"<br>"不会！""没有！"孩子们肯定地说。 | 教师说"仙人掌是有水也可以，没水也可以"，这种解释缺乏逻辑性，是典型的常识错误。 |

在以上典型案例中可以看到，教师犯了最基本的错误，仅根据已知的浅显经验进行知识传递，不了解仙人掌的生活习性，认为"仙人掌是有水也可以"，尚未经过研究便得出草率结论。众所周知，所有的生物生存都需要水，水是生命之源。教师如此错误地解释，幼儿便会认可教师的说法，学到错误知识。

3. 专业能力低下

学前教师的专业能力包括环境的创设与利用、一日生活的组织与保育、游戏活动的支持与引导、教育活动的计划与实施、激励与评价、沟通与合作、反思与发展等。其他专业能力对学前教师的课程能力具有重要影响，并且通过课程能力体现出来。现以健康活动《快乐闯关》为例，从中可以看到教师在环境的创设与利用、游戏的支持与引导、教育活动的计划与实施、对幼儿的管理与评价、和幼儿的沟通与合作能力如何作用于教师的课程能力。

| 课程实录 | 内容分析 |
| --- | --- |
| 在幼儿园活动场内，孩子们整齐地排成四排八列。音乐突然大声响起："left, left, right, right, go, go, go, go, go……"老师随着节奏拍手、左右脚来回跳着。孩子们跟着老师一起拍手跳起来…… "非常棒！"老师边跳边说，接着举起双手张开手指、双腿蹲站交替。孩子们也跟着变换动作……他们做得很投入。 突然，老师一边鼓掌一边说："好，做得很好！"示意大家停下来。音乐仍在继续。 "好，我们的热身活动就到这里。"老师提示大家，孩子们逐渐停下来，有的开始左顾右盼，有的还在继续，有的睁大眼睛看花坛，好像发现了什么……"下面呀，薛老师来……我们的活动马上就要开始了。"老师做出"嘘"的动作，示意大家听她的。此时音乐才突然停止，孩子们才能听清楚老师说的话。"今天我们呢，体游活动，那小朋友们开心不开心啊？"老师充满激情地问大家。 "开心"。孩子们整齐、有力、大声地回答。 "可是我没有看到你们的笑脸呀？笑脸在哪里？"老师用手势在脸上做出笑的动作。孩子们随即笑起来，有的捏旁边孩子的脸蛋，有的张大嘴夸张地笑起来，有的笑得发出尖叫声……紧接着，老师又快速地说："好，现在请把你们的队形站好了。好，现在小朋友听老师说。"最后几个字说得抑扬顿挫。 "下面呀，请用自己的方式深呼吸，我看哪些小朋友深呼吸最棒了？薛老师先深呼吸了，啊，我看谁深呼吸最快了！"说完，老师闭上眼睛、双手叉腰、做出深呼吸的动作，一部分孩子学着老师的模样。"啊，张××，你是这样深呼吸的，真棒，我看张××是这样的。"老师向上伸展胳膊继续深呼吸，有的幼儿也向上伸展胳膊。"好，非常棒，深呼吸后，我们要进行游戏了，好，所有小朋友，看哪一组的速度最快？好，面向老师。"老师拍拍手，示意大家结束动作听自己说话，然后快步走到队伍右侧。 "转过来。"孩子们整齐地回答，向右转身。 "好，非常棒，下面呀，请我的两队女孩子插成一队，请我的两队男孩子插成一队。我看哪一组速度最快？"孩子们开始寻找队伍，话音刚落，老师又快速提醒："好，请你插队形的时候相互谦让一下、分享一下啊。"此时，助教老师也帮忙整队。 | 活动导入时间只有45秒，在孩子们刚进入状态的时候，导入结束，幼儿的情绪与注意力被打断。 幼儿并不是真正发自内心的开心，教师却希望看到大家的笑脸。 孩子们的动作和反应跟不上教师的节奏。 教师强调幼儿之间的互相谦让品质。 |

续表

| 课程实录 | 内容分析 |
|---|---|
| "好，所有小朋友，""Attention！""You know！""I know！"孩子们整齐、大声地喊着。<br>"好了，现在听我说。"老师一字一句地说道。在师幼喊口号的过程中，幼儿完成了分组，结果仍是女孩男孩混合成为一队。 | 教师第一次喊出提醒口号。但幼儿与教师无实质性的沟通，仅有机械的反应。 |
| 老师从地上拾起一个纸面具问大家："那小朋友们看一下，今天薛老师扮演的是谁呀？"<br>"小松鼠！"大家一齐回答。<br>"小松鼠是谁？"<br>"蹦蹦。"有孩子回答。此时，后排的幼儿因看不到前面的情况，不自觉地向中间空隙处聚拢。<br>老师继续说："蹦蹦呀，它说它要去闯关啦！可是呀，咱们的小朋友都没有站端，它是闯不过去的。唉！你们看我们这组小朋友站端了没有？"老师举起右胳膊，示意幼儿站成一列，后排孩子赶紧回到原位。"好，它说它要请大一班所有小朋友一起来帮薛老师闯关，好不好呀？" | 教师在布置任务时没有考虑到后排幼儿的情况，他们无法听清教师的语言，也无法顺利地看到老师的动作。但老师却继续强调幼儿要维持纪律，站回原位。 |
| "好。"孩子们大声、有力地回答。此时，助教老师走到后面帮忙维持秩序。<br>"蹦蹦呀，今天带来了很多玩具，小朋友们看一下，这是什么呀？"老师从地上拾起一个乒乓球拍问。<br>"乒乓球拍。"前排孩子整齐地回答。此时后排的几名男孩因为没有站成一队，"破坏"秩序地听老师说话，被助教老师从右队拉到左队，没有听薛老师在讲什么。<br>"这是我们自己做的球拍是不是？"老师问。<br>"是。" | 幼儿再一次努力想明白老师的指令，但仍被"纪律"阻碍。 |
| "那这是什么呀？"老师举起一个纸做的"乒乓球"问大家。<br>"球。"<br>"对，我们自己抟的纸球，是不是呀？"<br>"是。"助教老师走开，后排幼儿因为看不见老师手中的物品，仍向中间靠拢，队伍形成"V"字形。<br>"薛老师要把这个纸球放到上面，可是我要让它不掉下去。"老师一边说，一边把纸球放在球拍上面，做出保持平衡的动作，孩子们听得很认真。后排的男孩子为了听清楚老师说话的内容又向前、向中间靠拢。<br>"谁有更好的办法让它不掉下去？"话音未落，最后一排穿红T恤的男孩举起手来，见老师做出标准的举手回答问题动作时，立马又将手放下去。 | 教师没有用真实的乒乓球，而是用大家抟的纸球替代，游戏缺乏真实感。<br>幼儿对老师的活动一开始是充满好奇与兴趣的，他们很想看清楚老师手中的物品、听清楚老师的语言，但是纪律限制了他们，打消了他们的活动积极性。 |

续表

| 课程实录 | 内容分析 |
| --- | --- |
| "Who can try?"老师继续问大家。<br>"Teacher, me!"孩子们一边回答，一边做出标准的举手姿势。<br>"好，张××，你用怎样的方法不让它掉下去？你来试一下。给小朋友演示一下。"老师靠近身前的一名幼儿，将乒乓球拍和纸球交给女孩 A，所有小朋友都聚拢过来、转过头、歪着脑袋看着 A。 | 教师第二次喊出提醒口号。 |
| A 接过球拍，当她想要用动作比画思考一下的时候，老师迫不及待地提示道："要把球拍怎么样？……平平的，非常棒！"A 最终做出了老师想要的动作，但不待动作完全结束，老师快速地伸手取回乒乓球拍和纸球，并举起右掌温柔地鼓励："Give me five!"A 与老师击掌。所有小朋友看得非常认真，包括最后面的孩子。 | 教师不给幼儿思考的机会，缺乏等待的耐心，希望课程一直按照自己的预设进行，幼儿的行为是在配合自己的教学。 |
| "那下面薛老师要给小朋友们讲我们今天的游戏规则，小朋友们看一下，这边摆了什么呀？"老师退后几步，看着地面问大家。<br>"瓶子。"所有小朋友回答。因为距离太远，最后一排的孩子充满兴趣地跟着大家一起回答。<br>"那这是我们的什么？"老师继续问道。<br>后面的男孩子看起来很兴奋。<br>"那小朋友们看一下啊……我们的游戏呀，就是一起来跨过障碍物瓶子，但是你绕过的时候，能不能把这个球掉下去呀？"老师一边讲解，一边用动作示范。<br>"不能。"<br>"看一看，薛老师是绕过障碍物，还是直接碰倒的呀？"<br>"绕过障碍物。" | 教师没有考虑到后排幼儿对游戏规则的了解，忽视了后排幼儿。其实，老师可以让幼儿围成一个半圆听她讲解。 |
| "那小朋友呀，要从我们的身子底下干什么？"老师在前面示范讲解，无暇顾及后面的孩子，后排的男孩们便开始自己玩起来：有的在原地蹦跳；有的因为实在看不见，便蹲下身去从幼儿两腿之间的空隙看；有的跑来跑去转圈玩；有的在聊天……<br>"好，非常棒，转过来以后，拿着你的纸球……跑到终点以后……拿着你的纸球使劲跑……跑过来之后要给下面一个小朋友'Give me five'，然后传给下一位小朋友，是不是呀？"老师示范整个游戏过程。此时只有前面的孩子仍旧站得端正、手背身后听老师讲解，中间与后面的孩子早在做自己的事情了。<br>"是！" | 因为教师过于关注自己的课程实施，忽视幼儿的反应，导致本身对活动有强烈兴趣的后排幼儿开始走神、放弃。教师过于啰唆的语言重复与强调，导致大部分幼儿不愿意听。 |

续表

| 课程实录 | 内容分析 |
| --- | --- |
| "站得最端一组的小朋友先来进行。哪一组小朋友站得最端了？"老师的提醒拉回了孩子们的注意力。<br>"立正！"<br>"一、二！"<br>"好了，现在我们要开始游戏了，你们准备好了没？"老师充满热情地问。<br>"准备好了！"孩子们用力地回答。<br>"Attention！"<br>"Yes，Sir！"<br>两队排在第一的孩子已经右手持球拍，纸球平稳地放在上面，等待老师发号施令。<br>"好，啊！预备！"老师嘴含口哨，右手高举。右队的男孩B已经迈出左腿。<br>口哨响起，"开始！"老师示意游戏开始。音乐随即响起。B已经开始向前跑，但刚一迈步，纸球就掉了下去；左队持球拍的女孩C在刚要出发的一刻，纸球也掉在了地上。<br>"加油！"一个男孩子喊起来，其他小朋友也开始喊道："加油！加油！……"两个小朋友拾起纸球，重新放回球拍，小心翼翼地一边保持平衡，一边绕过障碍物。其间，C的纸球掉过一次，B则一直比较顺利。在到达终点时，他们分别把纸球扔进玩具桶，然后转身快速地往回跑，B的速度比较快，最先回到起点，把球拍和纸球交给下一位小朋友。<br>"然后到后面去排队！"老师提醒道。<br>"走了，走了，加油……"因为交接时间的耽误，两队又在同一时间开始出发。两位小朋友速度相当、非常稳当地绕过障碍物、穿过小拱门。其他孩子一直在喊"加油！加油！……"<br>游戏就这样有序地进行着，两队实力相当，基本上都能保持纸球不掉下来，偶尔也会用手去帮忙。老师不停地提醒规则与动作，维持队伍秩序。队伍里面的孩子则一直在喊加油，大家都等待着自己去玩这个游戏……<br>左队一位穿粉色连衣裙的女孩儿D没有办法保持平衡，纸球总是掉下来，她便两只手扶着球拍和纸球直接进行游戏。下一位穿白色连衣裙的女孩儿E也出现了同样的困难。<br>"来，我们一起来！"老师将球拍放到她的手上说。但幼儿仍是自己出发，过程中一手端球拍，一手扶纸球。 | 教师通过"竞争"的方式让幼儿获得"机会"。<br><br>教师第三次喊出提醒口号。<br><br><br><br><br><br><br><br><br><br><br><br><br><br><br><br>幼儿已经开始违背规则地进行游戏。 |

续表

| 课程实录 | 内容分析 |
|---|---|
| 　　左队高个子的女孩 F 试了几次，纸球总是要掉下来。最后，她干脆一手端球拍，一手扶着球，直接绕过障碍物走到了终点。<br>　　游戏进行到后面，大部分孩子不能遵守游戏的规则，如手扶纸球、不绕障碍物、直接跑到终点等。老师一直在起点维持纪律、告知游戏规则、鼓励孩子们游戏等。只有后面等待排队游戏的孩子不停地喊加油，甚至嗓子都有些喊哑了；已经玩过游戏的孩子们则站到一边，由另一位老师负责纪律…… | 　　教师不停地组织纪律、告知规则，幼儿却充耳不闻。教师很累，但游戏效果不佳。其他幼儿已经丧失游戏兴趣，做别的事情去了。 |
| 　　游戏结束，每个孩子都玩过一次游戏了。"好，非常棒！来，给薛老师。小朋友们告诉薛老师，今天你们玩得开心吗？"薛老师问大家。<br>　　听见薛老师提问，站在前面的 10 个孩子立即站得端端正正。<br>　　"开心！"大家一齐回答。 | 　　教师不停地强调游戏规则，幼儿听得多、做得少，并未实现游戏真正的目的。 |
| 　　"那我来问问，在这次的体游活动中你们学到了什么？请哪位小朋友来告诉老师？"老师说完，A 做出标准的举手姿势。但后面的孩子尚未回到状态。<br>　　"我请最端正的小朋友说！"薛老师自己也站得端端正正，双手贴裤缝。前面的小朋友更挺直了背，挺起小肚子，昂起头，双脚并拢站齐。后排的孩子却在神游、聊天。<br>　　"××，你学到了什么呀？"老师问站在最后面的一个男孩 G，前面的孩子立即转身回头看××，但××不知道发生了什么事。<br>　　老师立马拿起球拍和纸球一边示范，一边讲解起来："我们拿这个球拍的时候应该怎么样拿呀？应该放起来平平的，还是应该立起来拿呀？"此时，只有前面 7 个孩子在认真听老师说话并回应，站在最前面的一个女孩子甚至开始伸懒腰往后看。<br>　　"如果我稍微不注意，它就会怎么样呢？"<br>　　"掉下来。"前面的孩子回答。 | 　　教师强调幼儿一定要从课程中学到内容，希望幼儿记住保持"乒乓球"平衡的要点，如果幼儿能回答，代表他们学到了，教师的课程就是有效的，反之亦然。 |
| 　　"唉，对啦！那我们的男孩子用漂亮的声音来告诉我。嗯！找一个男孩子啊！×××，你今天在我们的活动中学到了什么？"薛老师问站在面前的男孩 H。<br>　　"……要拿稳球拍。"H 毕恭毕敬地回答。<br>　　"对，要拿稳球拍，咱们的纸球才不会怎么样呀？"老师重复提问。<br>　　"掉下来。"仍是前面的 9 个孩子在听与回答。后面的孩子则好像事不关己，各玩各的，完全不知道老师在干什么。 | 　　教师与幼儿的机械问答，大部分孩子的注意力不集中。 |

通过该典型案例可以发现，学前教师缺乏作用于课程的专业能力：教师缺乏环境创设与利用能力，以致在游戏后半部分，幼儿不能按照规则进行活动，大部分幼儿游离、走神；教师缺乏游戏支持与引导能力，游戏内容、游戏规则、游戏步骤都是教师一手包办的，幼儿缺乏游戏的主动性与对规则的认识，仅是游戏的被动执行者；教师缺乏教育活动计划与实施能力，在整个教育活动中，幼儿的参与性低，活动积极性未被调动起来，活动缺乏教育性、发展性；教师缺乏幼儿管理与评价能力，仅对跟前的幼儿进行活动组织与管理，对后排幼儿缺乏有效管理；教师缺乏与幼儿的沟通与合作能力，游戏中教师是主导者，幼儿是执行者，双方不是沟通与合作，而是命令与执行的关系。

### （二）职前院校因素

#### 1. 低门槛入学条件导致生源复杂化

首先，近年来，随着各级各类院校的生源扩招，不少初中毕业后无法考入普通高中的学生进入职业院校，入校后无法在学业上跟进，无法在生活上融入群体，无法接受教师的正常教育。一位中职院校学前教育专业的老师大吐苦水："中职院校的老师太不好当了，学生动不动就要跳楼自杀。我们班还有精神不正常的，学校也收了，现在出来了我天天打电话让班长盯着，害怕出人命，我手机一天24小时都不关机的，学校也是这样要求的……这些学生说也说不得，骂也骂不得，有的男生还把老师打了，都是些娃娃，都不到18岁……太累了，学生都是些娃娃，不懂事，你说以后出去还要带娃娃，自己还是一个娃娃！"其次，部分学生因高考成绩太差没有出路，通过各种渠道进入专科院校，将学前教育专业作为进入大学的渡口。某高校学前教育专业本科艺术班学生直言："我不喜欢这个专业，我觉得小孩子很烦，很闹，老是哭，还老是告状。……我来这个专业是我爸要我来的，他说先拿一个本科文凭再说。我们班很多同学都不喜欢这个专业，她们以后也不打算去幼儿园当老师！"最后，幼儿园教师在全社会招考，只要通过统一考试就有机会进入幼儿园，导致许多音乐、舞蹈、体育等专业学生进入幼儿园。这部分教师具有一定的艺术技能，但缺乏最基本的教育理念、专业知识与专业能力，无法胜任幼儿教育，更无法谈及课程能力的发展。

2. 专业课程设置形成刻板印象

职前教育是学前教师课程能力培养的关键与核心，院校在专业课程设置上存在一定的导向作用。当前幼儿园的课程实质上还是分科教学，其责任除与传统幼儿园的一贯认知有关外，还与高校课程设置有关，如某高校学前教育专业培养计划中开设的课程有《学前儿童健康教育》《学前儿童语言教育》《学前儿童社会教育》《学前儿童科学教育》《学前儿童艺术教育》，这种分科式课程设计使学生潜移默化地形成刻板印象，认为应该按照这种结构处理幼儿园课程，学生入职后便顺理成章地延续了这种做法。实际上，这种课程设置源于早期学前教育分科式教学中的教科法课程，教育理念变了，授课老师没变，高校课程因人而设。笔者与其中一位授课教师进行过交谈。

研究者：为什么要这样设置课程，比如《学前儿童健康教育》《学前儿童语言教育》《学前儿童社会教育》等？

教师：因为我们几个老教师以前，从九几年开始就一直这么带的，我带的主要是"健康"这一块，×××带的是"数学"这一块，×××带的是"科学"这一块，还有……嗯，×××主要带的是"音乐"这一块，后来，×××来了嘛，带的"美术"这一块。主要是这个样子的，现在也是。"

研究者：这样设置课程名称会不会给学生们造成一种误会，就是分成健康、语言、社会、科学、艺术五个科目了。

教师：其实，怎么说呢？因为我们一直都是这样分的，你不可能说不要哪个老师的课，这样也不可能，二十几年来都是这个样子的。

研究者："纲要"分成五大领域，指的是幼儿的发展可以从这五个方面去考量，不是说五个科目。

教师：我明白你的意思。其实，你也知道课不好动，一个老师几十年都是搞这个的，你不能把人家的课取消了吧？其实，我也同意你的说法。这几年学校经常修改课程计划，修改来修改去，还不是新瓶装旧酒。

从对该高校教师的访谈中可以看出，教师清楚课程设置的导向性影响，但源于诸多人事原因，课程设置的合理化在现实面前无力实施。该因素直接导致学前教师在课程设计时单方面考虑幼儿在某一领域目标的实现，在课程内容实施过程中不能实现五大领域的融会贯通。

3. 技能中心培养模式误导教育观念

首先，在当前幼儿园教师的培养中，总体趋势仍是重技能，特别是中职院校，学校注重学生声乐、美术、体操、钢琴等艺术技能的培养，这些技能易于掌握、表现与考核，亦是大多数幼儿园招聘教师时青睐的内容。其次，中职院校教师本身缺乏扎实的学前教育理论，培养的学生虽多才多艺，但不能着眼于有实质意义的幼儿教育。学生进入幼儿园后也比较注重自身才艺与技能的展现，不理解课程对于儿童发展的根本意义。

### （三）幼儿园因素

1. 物质基础缺乏均衡性

幼儿园的物质基础包括幼儿园所处的地域、幼儿园办园性质、幼儿园等级等，这些因素对教师的课程能力均存在不同程度的影响。第一，城市幼儿园获取的资源比县城、镇、村幼儿园更丰富，这些资源包括教师的晋升机会、培训频率、学习条件、家长素养等；同时，优秀的学前师资更倾向于向城市流动，师范毕业生倾向于留在城市不回农村。第二，公办幼儿园获得的行政支持远远高于其他类型幼儿园，这种行政支持包括选送教师参加省内外各级各类培训、幼儿园行政拨款、幼儿园评估等。获得的物质支持越丰富，为学前教师提供的晋升机会就越多，教师进行学习与观摩的机会也越多，越能刺激教师在课程能力上想方设法更上一层楼。第三，幼儿园等级越高，其获得的行政支持力度越大，包括工资、待遇、福利、培训机会、学习资源等，教师更倾向于流动到等级更高的幼儿园；等级越高的幼儿园的起点越高，迫使教师为了生存而不得不向前推进，从而实现自我不断学习。

2. 教师管理缺乏人文性

一个工作团队的文化与管理对员工的能力发展具有重要影响，这条原则同样适用于幼儿园内部。幼儿园管理如果是高压强制性的，教师虽然会被迫发展，但非心甘情愿的学习未必能带来长远利益；如果幼儿园管理是充满人文关怀的，那么教师的发展则是长远的、整体性的。本书研究中的某省级示范性幼儿园园长创设的人性化管理环境，不仅让教师在繁忙的工作中没有更多抱怨，反而能在苦中作乐，教师也得到了自我提升。因此，该园教师的课程能力水平整体高于其他园教师。

研究者：您觉得幼儿园文化与管理对教师的课程能力有哪些影响？

园长：我觉得，应该是要人性化一些吧！有时候，我们对老师们的管理，其实不要那么苛刻，应该宽松一点、人性一点，大家都是女人嘛！……一个是团队要凝聚起来，不要各干各的……我记得当副园长那会儿，我最愁做课，现在压根儿不愁。为啥？就是老师们都是认真对待一次一次做课的。……我觉得这些都是因为把老师们调动起来了，不是各干各的，大家互相帮助、互相提意见嘛！还有就是我经常给老师们说，你们不要浮躁，不要看别的园又怎样了，我们做的是教育，要等待，我真的希望我们静下心来去做我们自己的事情，因为我们不需要跟别人去争，是吧？我们的老师能够就教育做很多工作，而反馈过来的就是家长对你的尊重，社会对你的尊重。我觉得就是老师的这种专业成就感在支撑着她。……所以有时候我们也挺享受这个环境的，就在这样一个过程里，我给老师说为什么要把这个门彻底打开。这个活动室其实以前是个仓库，我就说要给老师创造一个舒服的、像家的环境。你看，我们这里房间其实不是很大，但是有品茶的地方，有中午可以舒舒服服躺一躺的地方，有这个音乐、很禅意的环境，还有看书的地方。修好了以后，老师特别喜欢到这里来，就觉得躺着听听音乐，大家聊聊天、品品茶、吃点点心，很舒服的。其实，我们另外还有一个想法，大家都做好了，这个行业才有希望。……所以，你不要老是逼她，大家都是人，你体谅我，我体谅你。我就想把我们幼儿园打造成一个很温馨的地方，孩子喜欢，老师也喜欢，工作起来也开心，效果就有了！

从对该园长的访谈中可以看到，幼儿园通过采取重视教师团队力量的凝聚与发挥，强调幼儿园要静心做教育，园长为教师提供人性化环境等措施，将教师的个人潜能激发出来了，教师的课程能力水平整体得以提升。

3. 职后教育缺乏针对性

教师个体的专业发展，从专业理想到专业知识、专业能力、专业心理品质等方面由不成熟到比较成熟的发展过程，是一个由专业新手发展成为专家型教师的过程。这种过程主要是在教师入职后于实践中形成的，虽然师范教育对教师的专业发展不可忽视，但许多优秀教师的优秀品质，如教育机智、交往能力、课程组织能力、课程研究能力等主要是在实践中逐步积累和发展起来的。[1] 职后教育是否具有针对性直接影响教师在课程能力方面的发展。如某园长谈到："近几年国培还是挺多的，我们觉得总体上还是比较好的，比起以前我们没有机会进修来讲确实是个很大的进步。特别是对我们老师的上课能力来说，我觉得是一个机会。……但是，怎么说呢！其实，虽然培训很多，但从园长角度来讲，效果没有想象中的好。为什么呢？应该是我们的老师送出去的机会是多了，但是培训好像不是很有针对性，比如我们有的老师都去培训几趟了，但回来你说让她给全园老师和下面来学习的老师进行总结汇报，或者我们自己磨课，老师还是不会动手做，可能是针对性吧，不太明显。……感觉出去的趟数是挺多，学的东西也不少，但效果不是很理想。"

### （四）教育行政部门因素

1. 行政检查影响课程秩序

教育行政部门对幼儿园进行检查与评估，其结果会直接影响幼儿园课程的开展。各类幼儿园十分重视行政部门的检查，它意味着幼儿园的"生死存亡"，在检查来临之前，教师会利用课程时间去创设室内外环境、清洁玩具、补齐教案、整理资料、编排节目等，有时还会

---

[1] 王邦德：《中学优秀教师的成长与高师教改之探索》，人民教育出版社1994年版，第46页。

牺牲个人休息时间。教育行政部门的检查打扰了幼儿园课程的正常开展，制约了教师课程能力的发展。在"六一"儿童节来临前的一次研究调查中，笔者路过某园大班教室，偶尔遇见如下场景：班上40名幼儿被分成两部分，一部分幼儿坐在教室后面自主游戏，另一部分幼儿在两位老师的指导下排练节目。以下内容为带班老师在排练节目中的表现：

老师情绪激动地吼道："5678！你看我干什么？你看我干什么？还行不行？不行滚出去！12345678、22345678 走、转、走、踢！……预备走！转！停！走！爬！×××，你给我快点！踢！走！1234567 走、2234567 转。你今天是不是没睡醒？你再不好好练就滚出去啊！我告诉你啊，眼睛给我看前面，再给我乱瞟的话，你给我好好等着啊！……×××那组，还有×××那组，你要给我爬那么慢，你给我等着啊！"

此时，音乐响起，老师继续喊拍子："12345678……3……4……转！5……6……左转！……123 停！别动！……"教师走近其中一个孩子，并用动作指导："哪只手，是不是用右手上的！"突然，老师暴怒："我说的时候你干啥去了，你别看我！全班就你一个人，我跟你说，你看人家×××，哪只手？手的这一边是直的，……再给我左手上去，你给我等着，我跟你说！"老师转向另一个孩子，上去先往手上给了一巴掌。然后朝向其他说话的孩子："嘴闭上，×××，我给你说我现在一肚子的火！"

音乐再次响起，"1234567 达！2234567 转……转……起，12 走！×××，你脚给我站不上来，你给我试试！1！2！3！4！5！6！7！8！……"老师面向刚才被骂的女孩儿："你还有脸给我哭！……你给我站出来啊！……转！停！转！踢！走！快！转！踢！脚底下！脚底下得转过来，你还在这里给我哭呀！就你们两个！右手在前还是左手在前？再做不好就给我滚出去啊！……转了，走！1！2！3！4！再看我，再看我，跳舞的时候你再看我试试！……眼睛看这儿，后面的！走！……×××，你给我站好！右，左，123！右，左，123！右，左，123！左！右！左！右！……跪！右！左！前！跪！转！非常好！……你要想哭，就滚到后面去！滚到后面去，你想怎么哭就怎么哭!"

从摘录的片段里可以看出,排练舞蹈的教师很生气,大声骂孩子、威胁孩子、强迫孩子。幼儿面对生气的老师只能默默承受,有苦不敢言,有泪不敢流。本是为儿童过的节日,儿童却在为此受罪。见此情形,笔者与陪同的该园老教师进行了如下谈话:

研究者:其实,这些孩子不想跳舞。这样的情况经常有吗?

教师:嗯,我特别不喜欢办大型活动,把孩子区分开了。实际上你不能这么小就给人家定性,不一定节目演得好,你就是第一,就是一个所谓的懂事的孩子!老师都把孩子们区分开来了,一部分孩子跳舞,一部分孩子在那个地方玩,你想想?如果是自己的孩子,心里很难受哦!……但是这种大型的东西啊,老师真是没办法,嗯,你说马上要拿出去给大家看,看的就是那几个光鲜亮丽的。但是这个背后,把多少课给耽误了,把多少孩子给伤害了,真的是这样的。

研究者:看那个孩子哭的样子,我也挺难受的。

教师:说心里话,没有办法按照我们真正的教育去做教育,现在很多东西充斥着。嗯——真正静下心来干点该做的事情是不可能的。……现在天天都是检查,要么区检查,要么就过"六一",要不就写材料,反正每次都是更多的事情。……我们还是应该找一些人来真正做一个引领,你总得遵循一个目标,是吧?要让她看到灯塔,是吧?那像这个课被打乱了,以后怎么办呢?检查一下来,课就给耽误了。老师怎么发展?孩子怎么进步呀?

从与老教师的谈话中可以看出,面对教育行政部门的检查,幼儿园经常会放弃正常的课程时间去编排节目,在节目排练中会将幼儿分成三六九等,目的只是迎合"上级"需求。

2. 行政管理影响课程自主权

在课程自主权方面,学前教师自身存在着矛盾:教师缺乏课程自主权,必须按照行政部门规定的教材上课;教师被赋予权利后,却又缺乏真正的课程自主能力,不会设计课程目标,不会选择课程内容,不会有效实施课程,不会评价课程。正如一位管理教学的副园长所言:"我们幼儿园也很矛盾,我们的老师缺乏这种对课程的能力,有了规定的教材,或者说是资源包,它就有一个好处,老师们备课比以前轻松了。因为,怎么说呢,不是每个老师都有能力去设计好一堂课的,像我们园有的老师是专科出身,有的虽然是本科了,但是可能就比较缺这方面的能力。我们其实也强调要有这些能力,但是,也不是说一说就有效果的。实在想不出来了,就把教材里面的拿来现用,反正书上的应该不会有啥大的问题,而且是教育局同意了的,所以,对老师们来说也是减负吧!"还有一位教师坦言:"有了教材还是比较好的,嗯——我觉得教材也没有什么问题的。如果自己去找内容,虽然有纲要啊,指南啊,还是不好处理,有时候自己也不知道做得好不好。真是没有时间,自己设计的问题还很多,教学园长不满意。……我们园老师都是会用教材的,只不过到了过节之类的,我们要创设一些主题活动,可以拿来当课上。其实,现在就挺好的,我觉得我还是需要有书才行吧,我们老师都是这样的,实在不行了,就只有到网上去搜教案来做。"从对教学园长与老师的谈话中可以看出,当前学前教师处于一个矛盾状态:既缺乏课程自主权,又无能力掌握课程自主权。

3. 行政指导缺乏教育专业性

行政官员的评价与指导对幼儿园发展具有直接的价值导向作用,但这些指导者并非都是学前教育专业出身。幼儿园为了评等级争优先,不得不迎合行政部门的要求,而教育行政部门上接政策、下达命令的机械工作方式使幼儿教育在儿童发展规律的道路上越走越远。最后的结果是:一群不懂幼儿教育的人指挥懂教育的人去实施教育,幼儿成为受害者。正如一位老教师的倾吐:"现在就是要整齐划一,你说怎么办?就是你真正地遵循了内心这种教育理念或者教育情怀。但是当你面对问题的时候,面对上面的要求的时候,就是不要说是任何一个人,而是整个幼儿园的发展了。所以这个跟评价制度是有关系的啊!真正的评价,对吧,教育行政部门,说实话,他们可能还真的不是特别懂我们这个学前教育,他们可能还是以小学或者是初中、高中这种标准来评判,那幼儿园也没有办法,这个确实可以理解。……上面说了园长就要做,园长说了我们老师也没有办法改变这个现实。说心里话,我真的是很害怕,因为我特别跟你有同感,但是我要面对的就是没办法。……但是我没有忘掉最初的东西,我没有像好多老师那样纯粹忘了,她们就是为了那个让它更整齐划一,让你的表面的东西更加漂亮,我就可以肆意地违背任何教育原则,我至少时时刻刻在想我尽量,我尽量!"还有一位园长也发出了需要专业人员管理学前教育的期望:"我对我们园老师的能力不太满意,为什么呢?因为我们幼儿园是一个公办园,但是这个公办园比较特殊,它不是教育系统办的,而是由街道办的,它以前是乡政府的,就是最早是农村性的幼儿园。我们园是五七年就建成的,已经有六七十年的历程了,应该发展得非常庞大,非常有规模的一个园,但是你看到我们非常简陋,为什么?这与重视程度有关系。……我觉得国家把这个教育规范起来比较好。教育就是教育,它不应该由别的不懂教育的人去管,或者是,这个上级部门哦,它这个重视程度就不一样,它会顾及各个方面,可能忽视这一块儿,所以我觉得我们的教育没有受到多少重视。"

### (五)家长因素

家长的教育期望对教师的课程能力具有一定的影响,主要表现为家长的"小学化"教育期望影响教师对课程内容的选择与组织,进而影响课程目标设计、课程实施和课程评价。现以笔者与某园长的对话为例,可以清晰看到学前教师的课程能力是如何受到影响的。

研究者:家长有没有施加压力?有没有让老师多教些拼音、汉字?

园长:有,就是有。家长特别不理解,认为公办园就是不好,因为你们不给孩子教东西,人家私立园的孩子都能写文章了,还别说拼音了。……从小学的教学来说,我们的孩子就是薄弱一些,因为咱们国家不是提倡学前教育零起点吗?不让教东西,但是你说什么都不教也不合适。小学老师也在说你们幼儿园的孩子,毕业了啥都不会。家长就开始埋怨我们,你看人家的孩子都是100分,我们家孩子啥都不会。这个园就吃得好,娃们就玩得好,不教东西。

研究者:这种情况下老师怎么做的呢?

园长：嗯——我还是会让老师给他们教的，特别是第二学期，我会加强这方面的教学。为什么呢？因为小学低年级的时候拼音教得很快，孩子们就是赶不上。我也跟家长、老师沟通过，我的孩子也是这样过来的，我也跟着小学去看教学。我现在还真的理解了，不学真的是跟不上，她们教得那么快。

研究者：是因为有的已经会了教得那么快，还是本身课程进度就快？

园长：应该进度也是这么快，也有孩子们都会的这个因素。老师们不能为了一个不会的就不去做，不会的是少数，多半孩子都会。……你说你零起点就是什么都不会吗？就是孩子是一张白纸，你去画吗？……家长的要求占到三分之一，教拼音、简单的字还是要写的；古诗嘛，也背，去了也考；数学，主要是十以内的加减法，最起码要会倒着数、顺着数、双数、单数。……你看一年级的孩子早就把写字厌烦了，一说写字，脸马上就变色了。……现在的孩子是聪明了，但他到底还是个孩子。说实话，他的集中力就是那点时间，最多25分钟了不起了，你让他坐40分钟，那么小，他能不多动吗？

从以上园长的谈话内容可知，家长的教育期望来源于社会压力，他们不希望自己的孩子"输在起跑线上"，期望孩子在入小学之前就能识字、数数、写拼音。这些抱怨迫使教师在组织课程内容时不得不选择部分小学知识，这种现象在幼儿园大班时期最为严重，幼儿园对于家长的压力只好做出妥协。

### （六）社会因素

市场经济依靠市场规律来调整经济发展，目前我国幼儿园的发展以公办园为主体，允许并鼓励多种形式的办园机制介入。为了抢夺市场，许多民办园想方设法迎合家长的需求，违背幼儿身心发展规律"做"教育，最明显的表现就是"小学化"教育倾向。以下是对某民办幼儿园园长的访谈：

研究者：你觉得幼儿园教育有没有小学化的表现？

园长：有呢！你既然不避讳，我肯定，有小学化倾向，像我们大班就是幼小衔接班，我们做的就是地上地下的工作。因为教育局明文规定不让小学化，但是家长给我们的压力很大呀！所以我们就是说相应地给孩子铺垫一下，也没有说是全部小学化地给孩子灌输，因为我们都是幼教专业的，不可能给人家小学化。只是一个衔接，既要应付教育局，还要应付家长。……像××幼儿园，它的大班的孩子没有教这些东西，那么在假期的时候，家长在外面给孩子去报补习班，那就是为了让人家面试呀，也没办法！面试的内容包括20以内加减法，你会背哪些古诗啊，或者是《三字经》《弟子规》，还有走迷宫，还有就是认识钟表，这其实很难的。

研究者：幼儿园在这种夹缝当中怎么做的呢？

教师：我们只能居中，只能迎合家长和教育局的需求。民办幼儿园和公办幼儿园是不一样的，家长不一样，层次不一样。我们面对的家长基本上都是外来务工人员，他们要求孩子学习好，如果不提供的话，她们就不来我们幼儿园。

研究者：目前民办幼儿园竞争状况如何？

教师：在我们附近的其他民办幼儿园布置的作业就特别的多，那么我们两个园因为离得很近，所以竞争非常激烈。那个幼儿园也是各方面，比如说教的东西都要比我们多一些，小学化现象更严重一些。然后多半家长都会选择那个幼儿园，因为家长和家长还会做一个比较。

可以看出，在激烈的市场经济竞争中，生源不稳定的民办园为了抢夺市场资源，便以各种手段满足家长的教育需求。家长作为教育的非专业者，其需求有时是违背幼儿身心发展规律的，但民办园不惜牺牲幼儿的发展为代价来满足家长的不合理需求和自身经济利益。这种影响最直接的就是带来幼儿园课程内容与目标的改变，从而影响学前教师的课程能力。

综上所述，通过对学前教师课程能力内部影响因素的分析可知（见图4-3），首先，学前教师的课程能力在现实因素影响下未能按

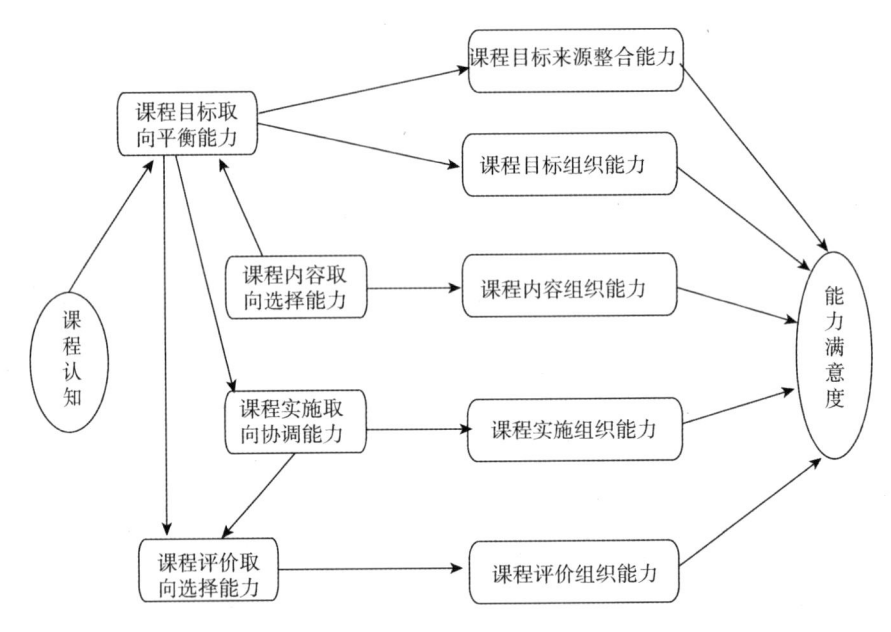

图 4-3  学前教师课程能力内部影响因素作用图

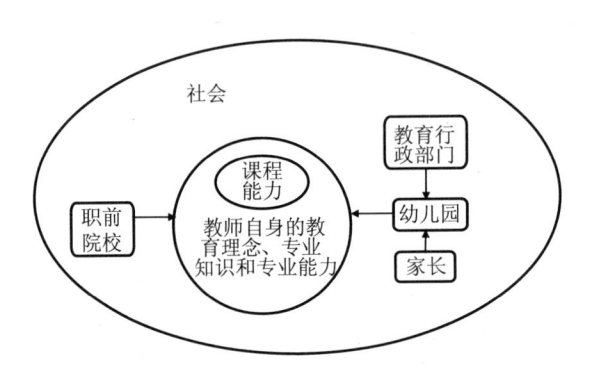

图 4-4  学前教师课程能力外部影响因素作用图

照既定规律运行。学前教师根据教育行政管理部门或幼儿园提供的教材选择课程内容，然后在此基础上对课程目标进行修改，接着在课程目标基础上实施课程与评价课程。本身应该在课程目标作用下选择相应课程内容，变成了在固定课程内容基础上更改课程目标，违背了课程设计规律。其次,在学前教师的课程能力外部影响因素中(见图4-4),职前培养决定了学前教师的教育观念、专业知识和专业能力;幼儿园的职后教育、幼儿园管理与文化氛围影响着教师课程能力的发展;教育行政管理部门在教育管理制度的指导下,与家长的教育期望一起作用于幼儿园,致使幼儿园一方面满足家长要求,另一方面迎合教育行政管理部门的要求;社会的经济发展加大了幼儿园在招生方面的竞争。

# 第五章 学前教师课程能力提升的行动研究

首先,基于对学前教师课程能力现状与影响因素的分析可知,职前院校、幼儿园、教育行政部门、家长、社会经济等因素通过教师的教育理念、专业知识、专业能力最终实现对教师课程能力的综合影响;其次,上级行政管理部门的教育措施打破了课程能力内部运作的既定规律,剥夺了学前教师的课程自主权,导致在课程能力内部因素的运作中,课程内容设计能力作为主导因素反作用于课程目标设计能力。因此,课程能力的核心影响因素是教师自身的教育观念、专业知识和专业能力。本章即是在前述研究基础上,探讨如何通过行动研究改变教师的教育观念,夯实教师的专业知识,提高教师的专业能力。

## 一 行动研究设计

"行动研究以提高行动质量,改进实际工作为首要目标。……强调研究过程与行动过程的结合,注重研究者与行动者的合作。"[①] 行动研究是多种研究方法相结合的结果,以复杂多变的问题情境为研究对象,坚持文化主体的立场,承认有主客之分,也倡导主客互动,通过对话获得情境理解,在尊重事实的同时强调理解。行动研究旨在行动,是在实践中发现问题,而后提出改进措施,并回到实践中再研究。

---

① 郑金洲:《行动研究:一种日益受到关注的研究方法》《上海高教研究》1997年第1期。

基于目的抽样性原则，本书选取了一位具有丰富信息量和具有代表性的 Q 幼儿园徐老师（化名）作为行动研究对象。徐老师出生于 1988 年，甘肃永登人，汉族，2009 年毕业于某师范类大专学院学前教育专业，2010 年应聘到 Q 园工作，6 年教龄，幼教 3 级职称，无正式编制，是 Q 园工作时间较长、资历较深的女老师，主带大一班，从事幼儿的主班教学与教育活动。调查发现，徐老师的课程能力表现水平与学前教师课程能力一般表征具有高度相似性，可以作为如何提升学前教师课程能力的行动研究对象。通过与徐老师的合作，本书探究在外部条件无法改变的情况下如何提升教师的课程能力，试图为学前教师课程能力发展策略的探讨提供实践支撑。

本书遵循行动研究的伦理道德，征得本人同意，教师完全出于意愿参与研究；教师知悉研究目的、研究过程与具体研究内容；研究采用化名形式，对教师的个人隐私进行保护；笔者与教师双方建立在平等关系基础上，遵从尊重的原则进行合作，双方都是行动研究者。[1]

### （一）行动研究框架

行动研究共有三轮，每轮行动研究分为五个步骤（见图 5-1）。步骤一是让教师通过一次课程实施表现课程能力；步骤二是教师与笔者共同对课程目标设计能力、课程内容设计能力、课程实施能力和课程评价能力进行优势与弊端的分析；步骤三是教师与研究者在能力分析基础上归纳总结，从理论层面进行问题诊断；步骤四是教师与研究者在哲学、心理学、教育学和课程理论基础上共同设计出解决策略；步骤五是教师在执行策略的过程中与研究者共同对既定方案进行调整。第一轮行动研究时间为 2016 年 9 月 26 日—10 月 25 日，第二轮行动研究时间为 2016 年 10 月 26 日—12 月 8 日，第三轮行动研究时间为 12 月 9 日—2017 年 1 月 5 日。

---

[1] Geoffrey E. Mill：《教师行动研究指南》，王本陆等译，重庆大学出版社 2010 年版，第 113—121 页。

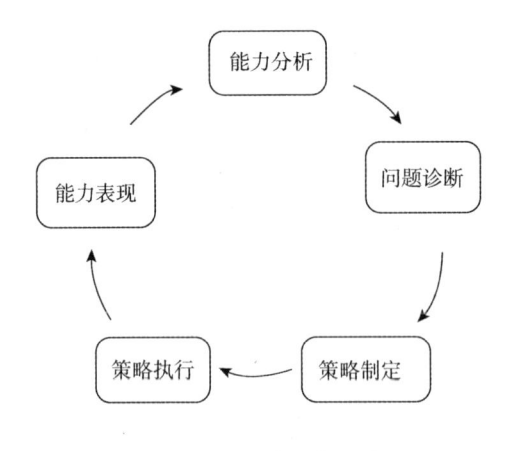

图 5-1 行动研究思路

## （二）行动研究的背景资料

### 1. 幼儿园概况

Q 幼儿园建于 2004 年 9 月，是一家民办非企业单位。该园占地面积有 3.25 亩，房屋建筑面积 1800 多平方米，绿化面积有 200 个平方米，可同时容纳 500 名幼儿入园。2016 年以来，该园经过上级教育行政管理部门评估，被评为甘肃省市级三类普惠性幼儿园。

幼儿园老板是一位印刷行业商人，因经常投资、印刷、发行与儿童有关的读物，目前，在甘肃省建立了两所幼儿园，该园是第二所幼儿园。老板除因财务关系外，基本上不来幼儿园，幼儿园的一切与教育相关事宜均交付 X 园长打理。X 园长同时担任教研主任一职，大学本科学历，小教专业毕业，具有 12 年教龄，但实际从事幼教工作 8 年时间；在其余 27 名教职员工中，有专职带班教师 19 人，保育员 8 人。在专职教师的学历方面，大学本科学历仅 1 人，占 5%；大学专科学历 15 人，占 79%；中专—高中学历 3 人，占 16%。在专职教师的教龄方面，有 5 年以下教龄的 17 人，占 89%；有 6—10 年教龄的两人，占 11%；没有超过 10 年教龄的教师。在专职教师的专业方面，有 10 人属于师范学校毕业，占 53%；有 9 人属于非师范类学校毕业，占 47%。目前，所有专职教师已取得幼儿园教师资格证书，但大部分专职教师不是学前教育专业毕业，而是音乐、舞蹈、美术、体育等专业毕业生。该园所有教师都没有正式编制，教师的流动性较大。

幼儿园共有大、中、小三个年龄段共 8 个班级，3 个大班，3 个中班，2 个小班。在园幼儿共计 279 人，班级幼儿 30 人左右。幼儿的父母主要是街道附近的打工者，文化水平层次较低，但大部分家长能够比较积极地参与幼儿园的活动。

从幼儿园的背景资料可知，该园师资力量薄弱，仅一名执行园长，总管幼儿园所有事务，无教学园长、后勤园长、年级教研组长；专职带班教师现状呈学历低水平化、教龄短期化、非专业化态势。依据上述资料与前期现状调研可知，该园专职教师的专业能力程度总体水平较低。

2. 研究初印象

第一次与 Q 园联系，是为了做前期问卷调查、访谈记录与课堂观察。以下是笔者第一次到园的简况。

2016 年，4 月 19 日早上 8：30，笔者第一次来到 Q 园。大门紧闭，因为事前与 Q 园负责人没有任何联系，在其他私立幼儿园吃了几次闭门羹后，笔者不抱希望但仍不放弃地摁了几次门铃，门卫老大爷带着老花镜出来应门。在进行简单的自我介绍与讲清来由后，老大爷犹豫地拒绝："我们园长不在哩！"（后来知道老大爷说的"园长"是投资老板）见他犹豫，笔者出示了个人证件和研究证明等资料。老大爷说等一等，他去问问……

15 分钟过去，此时正好有迟到的幼儿在家长的带领下才来幼儿园。家长摁门铃，老大爷出来开门，笔者趁机询问情况如何，老大爷说大园长不在，只有一个 Z 园长在管事，现在 Z 园长正在查班，要等等。笔者再一次将介绍信与研究计划递给他，让他拿给 Z 园长看。大爷答应后又锁上大门。

又过了 10 分钟，笔者再次摁响门铃，老大爷过来应门："给 Z 园长了，她让你进来等。"笔者有机会走进了幼儿园，园内活动区面积不大，地面铺满了方形的防摔跤板，园区内有两件大型的户外活动器具，也就是滑梯；幼儿园墙面装饰五花八门，贴上了各种教育原则、教职员工情况，挂满了各种装饰……在大爷的引领下来到了 Z 园长办公室。

在办公室内等了3分钟左右，Z园长神采奕奕地回来了，是个年轻美丽的姑娘，26岁，大专毕业。Z园长拿着笔者的资料热情地握手，一看她的态度如此热情，笔者便将自己的情况和研究需求全盘告知。Z园长满口答应，并尊敬地说希望以后多合作，给幼儿园做一些幼教讲座、传播一些学习资料。因此，笔者在一个上午顺利完成了问卷发放与回收，在大班与中班分别观察了两次课程，并对两位教师和Z园长进行了访谈。

如此顺利地在半天内完成调查是所有研究中唯一的一次。对其他园的调查一般需要在高校公务期间因便进行，或与打过交道的园长熟悉，或需人缘广络的同事介绍，或需学界资深前辈的推荐，或是自己找上门……以往任何一次研究持续的时间至少是2天，才能完成问卷调查、教师访谈、课堂观察。因此，第一次与Q园的联系让笔者对它产生了亲切感。首先，Z园长对于幼儿园教学的关注热情高于其他园长，她毫不忌讳地告知该园在招生、教育、家园合作等方面的情况，并期望通过与高校合作改善幼儿园现状。其次，其他调研的幼儿园对于笔者的到来十分谨慎，要么只能做问卷和访谈，但不能观课；要么会在到访后的一周里才让观课，这就导致每次观察的课程基本上都是经过认真筛选与精心准备的。最后，在个人方面，笔者与Z园长年龄相差不大，教育价值理念比较相似，有共同话题；且Z园长希望在学前教育领域继续深造。

3. 研究对象的确定

因前期到Q园做过一次深入调查，并且给笔者留下了好印象；同时，Q园的背景状况及教师课程能力水平都符合行动研究的要求。笔者最后决定在Q园实施此次行动研究。

9月5日早上8：30，笔者再一次来到Q园，开门的老大爷已经不认得笔者，笔者再次拿出随身携带的各种证明，并告知上学期已经来过幼儿园，现在要找Z园长。老大爷却说："Z园长不在这里呢，回敦煌老家了。现在不是Z园长，是X园长了！"笔者坚持要找X园长，老大爷犹豫地想了想，然后答应自己先进去问问X园长，但不能开门。

过了一会儿，老大爷递出一个电话号码："你给X园长打电话吧!"按照号码拨打过去,无人接听,老大爷说她在忙,等会儿再打。笔者按照吩咐等候。一会儿X园长和老大爷一起来到了门口,在自我介绍后,X园长礼貌地请笔者去办公室。X园长是目前该园的执行园长,同时担任教研主任一职,大学本科学历,小教语文专业毕业,具有12年教龄,因孩子上学原因,转行于幼教,实际上从事幼教工作8年有余。之前,X园长与Z园长共事,X园长主管教学,Z园长主管后勤,如今,Z园长因工作原因随丈夫回了老家,只剩X园长一人单挑幼儿园大梁。

笔者将此次研究计划详细告知X园长。X园长听后,对计划比较支持:"我们幼儿园也确实需要提升一下教师的课程水平,这也是我们比较弱的地方。但是,只是不知道选谁,这周五我们有教师例会,我把你的个人状况和研究情况给老师们说说看,首先征求老师们的同意,看老师们有没有自己报名的。因为我也不好说选哪个老师,万一有的老师不愿意,有的老师愿意呢!"

等了一周后仍无反馈,笔者来到Q园找X园长。X园长叹气道:"上周五开会的时候,我就把你的这个事情给老师们说了一下,我让她们自己到我这里来报名,但是到今天都没有人来,可能大家都不清楚具体要做什么?要不周五开会的时候,你本人过来一下,跟她们见个面。"

按照X园长的建议,笔者与老师们在幼儿园例会后做了一次动员,将研究计划做了具体说明。当时,还是没有老师敢于站出来,笔者便主动找到了第一次调查时做过访谈的徐老师(化名)。因为曾经与徐老师进行过谈话,了解了她的基本情况,她的课程能力水平在所有调研对象中具有一定的代表性,且该教师个性随和,带班时间较长,又有一定的教学经验。最后,在X园长的帮助下,徐老师最终答应参与行动研究。

相对民办幼儿园教师流动性大的特点,徐老师算是工作时间长的老师了。原因在于兰州离她的老家不远,且丈夫也在兰州工作,对于Q园的情况,她已经十分熟悉并且有一定的感情。在与徐老师相互熟悉后,笔者将研究目的与研究计划与其进行了沟通,但徐老师最初对自己不够自信。于是,笔者在研究过程中注意听取徐老师的意见与建议，调动对方的积极性，努力营造平等尊重的研究关系。

## 二 第一轮行动研究

### （一）课程能力的表现、分析与问题诊断

徐老师的第一次课程能力表现是在 2016 年 9 月 26 日上午，地点在 Q 园活动厅。徐老师呈现了一堂自己独立设计的课程《有营养的食物（健康）》，徐教师认为，幼儿的饮食习惯十分重要，需要培养幼儿少吃垃圾食品，多吃营养食物的意识，因此，她设计了此次课程。首先，是笔者与教师对课程目标设计、课程内容设计的具体分析，这些内容通过教案呈现出来。

有营养的食物（健康）

适合年龄：大班

活动目标：

1. 懂得吃了有营养的食物才会更健康。

2. 认识各种食物，了解哪些食物是有营养的。

3. 能对食物进行分类，并能说出哪些食物要多吃，哪些食物要少吃。

活动重点：学习了解哪些是有营养的食物。

活动难点：能对食物进行分类，并能说出哪些食物要多吃，哪些食物要少吃。

活动准备：前期经验：熟悉兰州小吃（食物）

各种食物图片（水果、蔬菜、蛋、奶、谷物、肉）

投影幕布课件

活动过程：

一 开始部分

小朋友们："你们看这是什么？你们熟习这些小吃吗？你们爱吃这些小吃吗？它们都是用什么做的呢？"（出示兰州小吃：灰豆子、甜醅子、牛肉面和手抓羊肉）

二　基本部分

1. 你们认识这些食物吗？（出示投影幕布：蔬菜、水果、鱼、肉、谷物、蛋、奶）

2. （1）请小朋友低头看看你们座位下面有什么？请你来说一说这些好吃的是用什么东西做的呢？

（2）请你再低头看一看你的座位下面有什么？这些食物都是哪类食品？你能分类吗？（将图片贴在椅背上）

3. （1）小朋友们，这两个表情符号表示什么？（出示哭脸和笑脸），请大家看看这些食物，你们认为哪些有营养？哪些没营养？有营养的放在笑脸处，没营养的放在哭脸处。请一个小朋友上来操作。

大家同意他的观点吗？为什么？

教师小结：没有营养的我们要少吃或者不吃，吃多了会不健康。

（2）请看这是什么？（分别出示胡萝卜、菠菜、肉），你们爱吃吗？如果爱吃就站在笑脸这边，如果不爱吃就站在哭脸这边。你为什么喜欢吃？为什么不喜欢吃？请你说一说理由。

4. 看绘本——《我不爱吃西红柿》：请你们说一说不爱吃西红柿会怎样。

5. 看漫画投影幕布：你看到了什么？你觉得这幅漫画告诉我们什么？

6. 出示食物金字塔：

这是我们人类一天要吃的食物。小朋友们，你们发现了什么？你们看看我们都要多吃什么？少吃什么？如果多吃了会怎样？少吃了又会怎样呢？

三　结束部分

看幼儿园吃饭视频。

这些是老师在小朋友吃饭时拍到的，你们看看这些小朋友在干什么？你们吃饭时也是这样的吗？今天中午小朋友吃午饭时，我看班里的小朋友是怎样吃饭的？你们是不是也像视频里的小朋友一样吃得那么香呢？不挑食，好不好？

（注：根据徐老师设计的教案如实摘录，未删改文字与内容。）

1. 对课程目标设计能力的分析

徐老师设计的健康领域课程《有营养的食物（健康）》共有三个目标："1. 懂得吃了有营养的食物才会更健康。2. 认识各种食物，了解哪些食物是有营养的。3. 能对食物进行分类，并能说出哪些食物要多吃，哪些食物要少吃。"从目标内容可知，徐老师重视普遍性目标和行为目标，体现出对幼儿和社会生活的研究，但是缺乏专家来源；重视"知识与技能目标"，缺乏"过程与方法"目标和"情感态度与价值观"目标。

徐老师在课程目标表述方面存在以下问题：第一，课程目标体系不完整，没有包括所有准备的学习成果。徐教师重视对幼儿知识的传授与技能培养，强调幼儿对有营养食物的分类与识记，缺乏对幼儿能力与情感的培养。第二，课程目标表述不够准确，有可能引起歧义，如"有营养的食物"一词，人们的生活经验不同，对该词语的理解也不相同，容易引起歧义。第三，课程目标不具有可行性，食物的营养体现在食物内部所含的营养物质，包括钙、铁、锌、镁等微量元素上，幼儿对这些化学名称没有理解，无法从食物的营养结构去分析哪些食物有无营养，只能做到暂时记忆，很快便会遗忘。第四，课程目标逻辑顺序颠倒。虽然徐老师只设计了三个目标，但经过分析发现，她实际上设计了五个目标，按照逻辑递进的关系排列为："1. 认识各种食物；2. 知道哪些食物有营养；3. 能够分类食物；4. 知道哪些食物要多吃、哪些要少吃；5. 懂得吃了有营养的食物才会健康。"那么，徐老师排在第一位的目标"懂得吃了有营养的食物才会更健康"应该是建立在前面四个目标的基础上，因此，第一个目标应该放在最后，教师却将其排在了最前面。第五，课程目标价值导向问题。第三个目标是"能对食物进行分类，并能说出哪些食物要多吃，哪些食物要少吃"。依据经验，人类用于日常餐桌的任何食物都有一定的营养和价值，再好的食物多吃了也会出问题，既然要少吃，为何还要吃？因此，价值导向有问题，食物的摄取不能单独以"多吃"或"少吃"来衡量，该目标可以更改为"平衡饮食，根据身体需要适当摄取"。

徐老师的课程目标表述仍存在一定的优点：目标具有一致性，每个目标叙述的主体都是幼儿；目标具有明确的学习效果；目标具有适切性，与幼儿园教育环境、家庭环境和社会环境相适应；目标具有一定的有效性，陈述的内容能够反映所代表的价值；目标的表述通俗易懂。

2. 对课程内容设计能力的分析

此次课程内容分为三个部分："开始部分""基本部分""结束部分"。"开始部分"通过展示兰州的特色食物，如灰豆子、甜醅、牛肉面、手抓来引导出课程。"基本部分"包括认识五大类食物，引导幼儿对五大类食物进行分类，让幼儿区分常吃的几种食物是否有营养；看绘本《我不爱吃西红柿》，说出不爱吃西红柿的后果；看漫画，从漫画中总结经验；出示食物金字塔，知道哪些食物要多吃或少吃。"结束部分"是观看幼儿日常饮食视频，发现是否有挑食的孩子。通过分析可知，徐老师的课程内容选择取向体现了明显的知识本位和社会本位。整个课程需要幼儿以接受和倾听的态度配合完成，课程内容缺乏幼儿主动参与的活动取向和学习体验取向。在课程内容组织方面存在以下问题：

第一，课程结构不清晰。首先，"开始部分"与"基本部分"没有直接的逻辑关系：后面的课程在内容设计上没有体现出兰州小吃与五大类食物之间的关系，那么，"兰州小吃"的导入则是多余的，不切主题。其次，结尾部分是观看幼儿在园饮食视频，发现是否有挑食的孩子，这与课程的主题没有紧密联系，课程的核心是"有营养的食物"，不是"我们不挑食"。

第二，课程内容组织不符合幼儿的心理特点。此次课程内容的呈现方式主要是图片、PPT和视频，这些方式只能满足幼儿从视觉和听觉两种感官获得对食物的认识，信息来源单一，不够生动、真实，不能引起幼儿的兴趣，不符合幼儿的学习特点。

第三，课程内容涵盖领域狭窄。该课程只局限于幼儿的健康发展领域，没有从课程内容的横向组织层面将幼儿其他领域的发展综合考虑。如对食物的认识实质上是一次科学的认知过程，教师可以从科学领域入手教会幼儿客观认识食物，也可以通过艺术表现形式让幼儿表达自己对食物的情绪情感。但徐老师的课程内容组织局限于就食物讲食物，内容单调乏味。

第四，课程内容与课程目标不对应。"开始部分"和"结束部分"与课程目标的关系均不紧密,"基本部分"能够围绕三个目标展开:认识各种食物、知道哪些食物有营养、分类食物、知道哪些要多吃哪些要少吃、懂得吃了有营养的食物才会健康。

3. 对课程实施能力的分析

此次课程是徐老师在幼儿园音乐厅开展的,配班李老师(化名)在一旁帮忙组织秩序与教学协助,同时,幼儿园其他没有主班的教师与 X 园长都来听课观摩。徐老师为了此次课程,提前一天让孩子们回家准备好了第二天要带入园的自己最喜欢的零食。于是,孩子们带来了各种糖、薯片、苹果、饼干、巧克力等食品。以下是徐老师和孩子们在课程实施中的表现。

| 课程实录 | 内容分析 |
| --- | --- |
| "好啦,眼睛看徐老师。"徐老师笑眯眯地提醒孩子们开始上课了,"我们兰州有特别多的好吃的,谁能跟我说一说我们兰州有什么好吃的?"话音刚落,孩子们积极地举起手来,徐老师让男孩 A 回答:"你来说!"<br>A 站起来:"我……我的是,我的是大王焗油酥饼。"<br>"你带的东西,是吧?"徐老师一边笑着回答,一边径直走向举手的幼儿 B:"来,兰州有什么好吃的?"<br>B 回答:"曲奇。"<br>"曲奇好吃?"徐老师继续让 C 回答。<br>C 回答:"我带的是薯片。" | 幼儿理解的"好吃的"主要是自己喜欢吃的食物,特别是零食。教师提问的"好吃的",主要指兰州特色小吃。因此,教师的问题不清晰导致幼儿答非所问。 |
| 徐老师向后退了几步看着大家,亲切地解释:"徐老师没有问你们带的什么,徐老师说的是兰州的特色小吃是什么?"话音未落,A 高高举起手说:"牛肉面。"<br>"哦,牛肉面!"徐老师惊奇地重复。然后,走向 D,"好,还有呢?你来说。"<br>D 大声回答:"牛排!"<br>"牛排。"徐老师重复道,又让旁边的女孩 E 回答。<br>E 说:"……"见 E 说得含糊不清,徐老师立即又让 F 回答。<br>F 说:"转转小火锅。"徐老师又快速地走向 G。<br>G 说:"肥牛。" | 教师的提问不严谨,幼儿不理解哪些食物属于"小吃"。<br><br>在教师的错误引导下,孩子们的回答仍然偏离教师本意。 |
| "肥牛。"徐老师一边重复一边回到讲台中间,虽然还有孩子举手,但她没有理会。<br>"来,看看徐老师,这里有几个图片,你们看看这是不是兰州的特色小吃呀?我们一起来看一看。"投影幕布上出现了一张图片。"这是什么呀?"徐老师指着图片问。 | 教师通过提问展开课程导入环节,但提问结束后,没有对幼儿的回答给予积极的反馈便直接进入下一个主题。 |

| 课程实录 | 内容分析 |
| --- | --- |
|   "黑豆。"有几个孩子大声回答。<br>  "你们吃过没?"<br>  "吃过。"大部分孩子跟着回答。又出来一张"酿皮"的图片,"再看这是什么?"徐老师继续问。<br>  这一次大家没有抢着回答,一个孩子说:"牛肉面。"<br>  徐老师说:"仔细看!"<br>  孩子们乱猜:"炸酱面""八爪鱼"……<br>  "酿皮儿,是吧?"徐老师说,"好,再看!"<br>  第三幅图片出现。孩子们争先恐后地喊:"甜醅子!"<br>  第四幅图片出现,不等徐老师问大家,孩子们已经七嘴八舌地大喊起来了:"牛肉面!"<br>  "太棒了!"徐老师很高兴,"对,你们吃的这些小吃,那我想问问大家这些小吃是用什么做的?"徐老师举手走向大家,示意大家要有秩序,"来,举手回答,你来说。"徐老师让男孩子 H 回答。<br>  H 小声地说:"嗯,黑皮……"<br>  徐老师提醒 H:"站起来说,大胆地回答。"H 看着图片,没有反应。徐老师继续问:"这些食品是用什么做的?黑皮用什么做的?"<br>  "黑豆!"旁边的孩子 I 大声说道。<br>  其他孩子也轻声说:"黑豆。"<br>  "黑豆是吗?"徐老师看着 H,希望他能亲口告诉自己,但 H 仍然笑笑不说话,大家都看着徐老师与 H。<br>  "它是用黑豆做的。"男孩子 D 也说着。<br>  "黑豆做的,哦!那甜醅子是用什么做的?"徐老师一边往 D 这边走过来一边说。"你说。"徐老师让 G 回答。<br>  G 微微起身回答:"是用麦子做的。"<br>  "麦子做的。好,牛肉面是用什么做的?"<br>  J 回答:"牛肉。"<br>  "牛肉?还有呢?"徐老师疑问道。<br>  不等 J 回答,旁边的 D 大声说:"牛肉面是用面做的。"<br>  "牛肉面是用面做的。好,酿皮儿是用什么做的?"徐老师重复并请 K 回答。<br>  K 说:"面擀成的。"<br>  "也是面了。好!"徐老师总结道,然后走回讲台神秘地对大家说:"那我们再看一看,你们的小凳子下面有什么?"孩子们都往自己的凳子底下看,有的说"什么都没有",有的说"我有……"有的说"我的下面有一张纸",大家议论纷纷。 |   教师的问题不清晰,没有具体明确说哪一种小吃是用什么材料做的,如"甜醅是用什么食物做成的?"笼统的提问造成幼儿的回答困难。<br><br>  对于孩子的回答"黑豆",教师没有给予肯定或否定的答复。<br><br>  孩子对甜醅的制作原料回答不准确,教师没有给予适当的解释,导致幼儿不清楚自己说得对还是不对。<br><br>  对于各种事物的制作材料,教师没有总结,没有给幼儿反馈正确的信息,而是敷衍了事。 |

续表

| 课程实录 | 内容分析 |
|---|---|
| 　　徐老师走到 D 跟前，拿起 D 手上的图片问大家："来，这是什么东西呀？你来说一说你拿的是什么？声音大一点！"徐老师见大家都在讨论，便对 D 说。<br>　　D 清晰地回答："鸡腿！"<br>　　"好！拿到图片的小朋友站到前面来。"徐老师嘴上说着，眼睛仍看着其他孩子。<br>　　五个孩子拿着图片来到了前面站好，座位上的孩子 I 指着台上的 B 对徐老师说："是我拿给他的。"<br>　　"好，下次还有。"徐老师回答。<br>　　"拿到图片的！"徐老师喊起来，"拿到图片的小朋友到前面来！"又有两个孩子上去了。至此，七个孩子排成一排，举着手中的图片。老师说："你们给小朋友们讲一讲，你们拿的是什么，好吗？"<br>　　徐老师问第一个孩子："你拿的是什么呀？"<br>　　"我拿的是稀饭。"第一个孩子回答。<br>　　徐老师反应："粥，是吗？稀饭是用什么做的呀？"<br>　　第一个孩子回答："稀饭是用米做的。"<br>　　"大米做的。"徐老师边说边从背后指了指第二个孩子的图片。<br>　　"菜。"第二个孩子回答。<br>　　"什么菜呀？"徐老师问，第二个孩子使劲看着图片，说不出来。第一个和第三个孩子也凑过来看着他的图片。<br>　　徐老师指着图片说："木耳、绿花菜、胡萝卜、香菇，是吧？"接下来，她走到第三个孩子后面："你的呢？"<br>　　"鸡腿。"第三个孩子回答。<br>　　"鸡腿儿。"徐老师重复道，然后走到第四个孩子身后："你的是什么呀？"<br>　　"我的是……和……"<br>　　"这是什么菜？"徐老师指着图片问。<br>　　旁边的孩子喊道："小油菜。"<br>　　"菠菜。"徐老师说，并走到第五位孩子身后："来，看看这张。"<br>　　第五个孩子说："我的是扬州炒饭。"<br>　　"扬州炒饭是用什么做的？"<br>　　"虾仁，还有肉肠，还有大米。"<br>　　"哦，这么多好吃的呀！"徐老师摸摸他的头。<br>　　接下来，徐老师问第六个孩子："你的呢？"<br>　　第六个孩子看着图片。"这是什么呀？"徐老师指着图片问她。"蛋羹，对吧？鸡蛋羹，吃过这个菜没有？" | 　　I 希望得到教师的表扬，因为他将自己的图片分享给了 B，但是教师没有理解 I 的心思，也没有积极反应。<br><br>　　教师的提问语言不规范，应问："你拿的图片上面是什么食物？"幼儿的语言表述亦不规范，教师应该通过幼儿的回答引导他们表述完整，如"我拿的这张图片上面画的是稀饭。"第二个孩子的简单回答："菜。"教师应引导他表述完整："我拿的图片上面画的是菜，有木耳、绿花菜、胡萝卜和香菇。"后面几个孩子的简单回答存在同样的问题。但是，教师都没有及时纠正，而是走马观花地浏览，错过了进行语言教育的机会。<br><br><br><br>　　第五位孩子的回答深得教师的欢心，教师用摸摸头的方式表示肯定。<br><br>　　孩子正在思考，教师等待不及，便自己说出了答案，缺乏等待。 |

第五章　学前教师课程能力提升的行动研究　　233

续表

| 课程实录 | 内容分析 |
|---|---|
| "吃过。"第六个孩子回答。<br>徐老师又问第七个孩子："你的是什么呀？"孩子还没有来得及说话，老师马上问道："鱼。你爱不爱吃鱼？"<br>"爱吃。"孩子回答。<br>"好，现在请把这些图片悄悄地放在桌子上。回到自己的座位，好！放在桌子上就可以啦！"徐老师吩咐七个孩子道。<br>接下来，徐老师指着投影幕布上不断出现的图片问大家："是什么？这是什么呀？"<br>孩子们大声回答："葡萄！西瓜！菠萝！香蕉！苹果！"<br>"这是什么呀？"徐老师指着图片上的字念："好吃的水果。那哪个小朋友还能说出几样水果呢？我们上面没有的。"徐老师举手示意请大家回答，孩子们纷纷举起了手。<br>"你说。"徐老师让 G 回答。G 说："还有橘子。"<br>"橘子。你说。"徐老师重复并让 I 回答。I 说："荔枝。"<br>"荔枝。"徐老师重复并让举手的 J 回答。J 说："还有……"<br>徐老师说："想一想。"然后让 K 回答。K 说："草莓。"<br>"草莓。"徐老师重复并让 D 回答。D 说："山竹。"<br>徐老师重复并让 A 回答。A 说："奇异果。"L 说："橘子。"<br>"橘子。真棒！我们小朋友知道这么多水果。你说。"徐老师让 H 回答。H 说："桃子。"<br>"桃子……"接下来，徐老师让没有回答的所有小朋友一一回答了自己的问题。<br>"枣！""柿子！""樱桃！""哈密瓜是我的最爱！""人参果！"……几乎每个孩子都发表了自己的想法，并且意犹未尽地与周围小朋友一起讨论。<br>"真棒！"徐老师总结道，对讨论的孩子们做出停止的姿势，"看来我们班的小朋友都吃了各种各样的水果。"<br>"还有柠果。"底下的孩子大喊道。"还有奇异果。"<br>"这么多好吃的水果都属于水果类，对不对？"<br>"对！"孩子们回答。<br>"好，我们再来看下面，这是什么？"投影幕布上面蹦出一张"卷心菜"的图片，徐老师指着问大家。 | 教师用活动的形式呈现图片，但并未达到活动应有的效果，孩子们成了活动的"道具"，被教师的思想左右着。<br><br><br><br><br>教师让大部分幼儿都一一回答了问题，看似面向全体幼儿，让每个孩子都有机会回答问题。实际上这些问题都是些记忆性问题，对于幼儿的发展没有实质性意义。<br><br><br><br><br><br><br><br><br><br><br><br><br><br><br><br>教师忽视了无关因素对教学的干扰，造成孩子们注意力分散。 |

续表

| 课程实录 | 内容分析 |
|---|---|
| "是柿子。"因为PPT模板上面有两颗西红柿，有的孩子误以为徐老师问的是这个。<br>"菜!"所有的小朋友一起喊起来。<br>徐老师再问："这是什么菜？"。<br>"白菜!""葱!"孩子们回答。<br>"这是什么菜？卷心菜，也叫包菜。"<br>"白菜!""葱!"<br>幕布上又蹦出一张"胡萝卜"图片，老师继续问："这是什么？"<br>"胡萝卜。"这一次大家异口同声地回答。<br>接下来，图片一张张地蹦出来，孩子们都能顺利地认出："茄子!""西兰花!""菠菜!""黄瓜!"<br>"这是各种蔬菜。"徐老师总结道，"你们还能说出几种蔬菜的名字？"徐老师示意大家举手回答。"我们从这边开始，你们说一样，好不好？"<br>小朋友们一一回答："香菜!""茄子!""黄瓜!""白菜!""萝卜!""菠菜!""柿子!"<br>"柿子是水果。"徐老师纠正道。<br>"西红柿。"女孩子解释。<br>"你说西红柿是吧!"徐老师明知故问。<br>"香菇!""笋子!""木耳!""黑木耳!""还有菜花!""亚米西!"孩子们回答。<br>"亚米西是什么？"徐老师问男孩子I。<br>I用动作比画着解释："亚米西是一种特别小的菜……"<br>"是吗？"徐老师一边问一边让下一个孩子回答。<br>"娃娃菜!""鱼!"<br>"鱼是菜吗？鱼属于什么？"徐老师问，大家没有回答。<br>"肉!"I抢着说。<br>"对，肉类的。"徐老师肯定道。<br>接下来，后面的3个孩子都没有回答徐老师的问题，到了A，A对徐老师说："我喜欢吃鸡蛋和土豆。"老师没有理会。<br>"茄子。"最后一个孩子回答。<br>"茄子，非常棒!"徐老师对每个孩子的回答都给予了重复的反馈。"每个小朋友都说了一种蔬菜。"<br>"我喜欢吃娃娃菜。"男孩子I说。<br>"哎!徐老师还没有让你们低头，怎么低头了？"<br>(配班老师事前又在幼儿的凳子底下放了图片，孩子们已经发现了)<br>没有人理会徐老师，大家在讨论。 | 教师又让孩子们回忆生活中有哪些蔬菜，问题简单没有教育意义，浪费时间过多。<br>教师的语言反馈表明她没有了解幼儿的想法，便主观断定幼儿是错误的，并进行纠正。<br><br>对于I的想法，教师无暇顾及，也没有耐心听他解释。<br><br>教师的提问不严谨，鱼在餐桌上可以被广义地理解为"一道菜"，此时教师的"菜"是指"蔬菜"，应准确地问："鱼属于蔬菜类，还是属于肉类？"<br><br>对于幼儿的主动表达，教师因为这些回答不是自己所需要的，便采取忽视的态度。 |

续表

| 课程实录 | 内容分析 |
| --- | --- |
| 徐老师走回投影幕布旁边，投影幕布继续蹦出了五谷杂粮的图片，徐老师指着图片问："哎！看看都是什么呀？……这是什么？"<br>"黄豆！""花生！""玉米！""黑豆！"幼儿回答。<br>"这是各种谷物。"徐老师介绍道，"那我们这个豆类里面呀有很多种，徐老师呢，展示了几种以外，那小朋友，现在我要小朋友举手回答了。我们不一个一个说了，让三个小朋友来回答。谁坐得最好我就让谁来回答。"孩子们纷纷举起了手，面对兴奋的孩子们，徐老师走过来说："谁手举得高我就请谁来。好，你来说！"<br>"黄豆。"H说。<br>"黄豆上面有啦。没有的？"徐老师让高举着手的 D 回答，"你来说。"D 站起来认真地回答："黑豆。"<br>"上面也有，你来说。"徐老师让 I 回答。I 说："大豆。"<br>"大豆，对啦！那你说。"徐老师让旁边的孩子接着说。<br>"还有绿豆。"<br>"绿豆，对啦！"<br>"小米！""白豆！""黑米！"孩子们争先恐后地说。<br>"好的，小朋友们真棒啊！"徐老师回到幕布旁，试图引起孩子们的注意，可是孩子们正从凳子底下翻出配班老师事先放好的图片，开始讨论起来。"来，我问一下小朋友……"孩子们都很忙碌地讨论着，徐老师没办法，只好再次来到孩子们中间。<br>徐老师拍了一下手掌说："我发现呀，每个小朋友手里，都有一张图片……"徐老师提高嗓门、放慢速度，"耳朵听我说，好吗？"孩子们渐渐安静了下来。<br>"现在把你们的图片放在你们的小凳子下面，谁拿在手上的话，一会儿我不让他玩游戏了啊！来，眼睛看徐老师。"小朋友们乖乖地将图片放在了凳子底下，双手放在腿上看着老师。"这一次是哪个小朋友？你拿在手上，徐老师刚才说的什么你都听不到了。"徐老师埋怨仍将图片拿在手里的孩子 I。"好，眼睛看我，我们刚才说了各种的谷物。大米是不是谷类？"<br>"是！"一个孩子回答。<br>"小麦是不是谷类？"<br>"是！"几个孩子一起回答。<br>"大米可以做出什么饭来？"……大家都不吭声了。<br>"米饭。"突然一个孩子抢着回答。<br>"小麦可以做出什么来？"徐老师继续问。 | 教师不停地向幼儿提问，课堂气氛看似非常热闹，孩子们的注意力非常集中。但这些提问都属于回忆性提问，对教育发展的促进意义不大，并且浪费了过多的时间。<br><br><br><br><br><br><br><br><br><br><br><br>配班教师的行为引起了大家的注意，幼儿的注意力被分散到了别处，想要知道自己的凳子底下有什么东西。<br><br><br><br><br>面对兴奋的幼儿，老师控制不住场面，开始使用威胁的语言要求大家保持安静。<br><br><br>对于"错误"的答案，教师采取没有听见的忽视态度。 |

续表

| 课程实录 | 内容分析 |
| --- | --- |
| "稀饭。"一个孩子脱口而出，徐老师没有说话，仍然扫视着大家，等待答案。<br>"馍馍。"突然，另外一个孩子说。<br>"馍馍。"徐老师肯定地说，"还有呢？"<br>"还可以做糖饺。"一个女孩说。<br>"对，我们饺子都是用面、用小麦做的。"<br>"还有馄饨！"另一个女孩回答。<br>"好！馄饨。真棒！好，现在我们来看这个图，这是什么呀？"徐老师指着PPT问大家。<br>"肉！肉！"<br>"这是什么肉？"徐老师指着屏幕上跳出来的"鸡翅"图片问。<br>"鸡肉！""鸡翅！"孩子们回答。<br>"这是什么肉？"徐老师指着屏幕上跳出来的"牛肉卷"图片问。<br>"大肉！"孩子们喊着。<br>"这是什么肉？"徐老师指着跳出来的"牛肉"图片问。<br>"鱼肉。"一个孩子回答，大家跟着附和。<br>"牛肉。"徐老师纠正道。<br>"都是我的最爱！"底下的一个男孩喊道。<br>"看来你们喜欢吃肉。那个呢？"徐老师指着跳出来的"红烧肉"图片问。<br>"红烧肉！"大家回答。<br>"红烧肉也是我的最爱。"一个声音喊道。<br>"这个肉还有很多种。"徐老师总结道。<br>"都是我的，都是我的。"下面的孩子开始喊起来。<br>"好，我现在还要请小朋友……"徐老师做出举手的姿势，小朋友们开始举起手来，"你说还有什么？"徐老师用手势示意。<br>"还有猪肉。"<br>"猪肉。"徐老师重复。<br>"还有羊肉。"<br>"羊肉。"<br>"你说，还有什么肉？"徐老师问道，见没有人回答，徐老师继续说："那我来问问小朋友啊，鸭肉是不是肉？"没有人回答，徐老师重复问："鸭肉是不是肉？"<br>"还有鱼肉！""还有卤肉！"……底下的孩子不回答徐老师的问题，开始自顾自地回忆。<br>徐老师继续问："虾肉是不是肉？也是肉，对吧？海鲜产品，鱼呀！虾呀！螃蟹啊都是肉。然后呢，牛肉、 | 教师没有对幼儿的回答进行总结，没有帮助幼儿理清楚饺子、面粉和小麦的关系，错过了随机教育的好机会。<br><br>教师对她认为错误的答案给予纠正，她认为正确的答案不予回答。教师的不回应导致幼儿不清楚自己到底说得对不对。<br><br>教师提供的图片不规范，既然前面有鸡肉、牛肉、猪肉，按照逻辑，下一张图片也应该是未被烹饪的肉类原材料，如羊肉等，教师却放出了"红烧肉"，说明教师的教学准备思考欠深度。<br><br>西北地区的孩子在生活中不常见鸭子，更不常食鸭肉。老师的问题体现出她缺乏对幼儿已知经验的分析。 |

续表

| 课程实录 | 内容分析 |
|---|---|
| 羊肉，还有大肉……好，刚才我们说了很多肉类。现在呢，大家看图片。"徐老师指着幕布上出现的"牛奶"图片。<br>"牛奶！"孩子们立即认了出来。<br>"鲜牛奶。"徐老师重复。<br>"这个？"徐老师指着幕布上的"牛奶饮料"图片。<br>"酸奶！"大家说。<br>"这是奶茶。"徐老师纠正道。<br>"都是奶做的。"孩子 I 总结道。<br>"好，各种奶类。我想问问小朋友们听过骆驼奶没有？"<br>"骆驼奶？"底下的孩子窃窃私语。<br>"没听过。马奶有没有？"<br>"有。"一个声音弱弱地说。<br>"羊奶有没有？"老师继续问。<br>"有。""没有。"大家回答。大部分孩子已经坐不住了，左摇右晃、伸着懒腰、看看旁边……<br>"这些都属于奶类，可以做出美味的奶制品。奶酪吃过吗？"<br>"没有。"有声音道。<br>"奶酪？"徐老师继续问。<br>"有。"又有孩子回答道。其他孩子们却纷纷开始讨论自己熟悉的冰激凌、雪糕。<br>"好，现在再看后面呢！"徐老师指着幕布上蹦出来的"咸鸭蛋""鸡蛋"等图片。<br>"鸡蛋！""鸡蛋！"大家回答。<br>"这是咸鸭蛋！这是咸鸭蛋！"一个男孩子着急地扯着嗓门喊。<br>"对，咸鸭蛋。这是什么呀？"徐老师指着"鹌鹑蛋"图片问。<br>"鹌鹑蛋！"大家喊起来。<br>"这个个子比较大的是什么蛋？"徐老师又指着图片问。<br>"鸭蛋！"大家喊起来。<br>"比鸭蛋还大的是什么蛋？"徐老师继续问。<br>停顿了一下，有孩子们喊起来："鸵鸟蛋！"<br>"这是鹅蛋。鸵鸟蛋的蛋壳要比这个蛋壳厚很多，鸵鸟蛋也是很好吃的蛋。"徐老师纠正道。<br>"比恐龙蛋还大。"底下有孩子开始想象了，大家七嘴八舌地与同伴讨论，声音很大，场面又开始失控起来。 | 　　幼儿之所以认错，是因为图片本身内容不清晰，看不清楚明显特征。<br><br>　　幼儿 I 对以上大家的回答总结到位，但是教师没有及时表扬。<br>　　"骆驼奶""马奶""羊奶"超越了该班孩子已有的认知经验，所以他们犹豫了。教师应该趁此机会总结或生成问题："哪些动物有奶？"以此作为下次活动开展的起点，从而进行科学知识的普及："哺乳动物在哺育下一代时就要分泌乳汁。"由此，发展幼儿的类经验、概括性思维和类推思维。<br><br><br><br><br><br>　　幼儿的想象力很丰富，一说到"大"就往"很大"的角度思考。但教师不应强调："鸵鸟蛋也是很好吃的蛋。"人类与动物之间不只是食用与被食用的关系，这种引导会让幼儿形成从能否食用、是否好吃的角度去对待动物。<br><br>　　教师的教学点经常会引起幼儿们主动的思考与讨论，大家在一起互相诉说自己的经历。教师应该在课前就考虑到这些知识在开展过程中的状况，就不会经常导致场面失控的状态了。 |

续表

| 课程实录 | 内容分析 |
| --- | --- |
| "好……啦！"徐老师拍手，走近孩子们总结道："我们认识了很多的蛋。现在……听我讲！"孩子们还是很吵闹，徐老师有点无奈地坐了下来，双手放在大腿上，"好！谁在看我？"徐老师一字一句地问。大家逐渐安静下来。<br>"你们在说什么？"徐老师对仍然窃窃私语的孩子们问道。"好，现在每个小朋友的手里面都有一个图片，对吧？现在从凳子下拿出来。"徐老师未说完，大家立即弯腰从凳子底下拿出图片。"我知道小朋友已经迫不及待地想拿这个图片要说一说，是吧？"<br>"是。"有人回答。<br>"但是徐老师不是让你们说一说，而是让你们来分个类，看徐老师这里。"说完，徐老师站起身来，从旁边拉过来一张黑板。黑板上面贴了5张图片，分别是谷物、蛋、肉、蔬菜、水果。"谷类的都放在这边，蛋类的放在这边，肉类的放在这里，蔬菜类的放在这里，这是什么类的？"徐老师说明了活动目的。<br>"水果类。"大家一起回答。<br>"好，我现在，我要从这边，一个一个，1、2、3、4、5小朋友，将你们的图片贴在相应的图片下面，背后有双面胶。"徐老师叫了5个幼儿上去……在徐老师的帮助下，每个孩子将图片贴在了黑板上。<br>"好了，贴好的小朋友请你们都坐好。"徐老师强调纪律，孩子们都陆续回到了座位上。<br>"来来来，眼睛看哪里呀？眼睛看哪里呀？我们来看看小朋友贴得对不对，我们检查检查好吗？"<br>"我没有座位了！"一个孩子喊道。<br>"没有座位了吗？"徐老师走过去拿出一张多出来的凳子给他，然后回到黑板旁边。"好，所有小朋友都能看到吗？我们来检查一下，第一组是水果类的，我们看对不对啊？"徐老师指着黑板问，"石榴是不是水果？"<br>"是！"<br>"苹果呢？"<br>"是！"<br>"草莓、橙子、柠檬、火龙果、对不对？"<br>"对！"<br>"真棒！来说蔬菜类的，花菜、白菜、茄子、玉米。玉米是不是蔬菜类？是谷类对吧？"徐老师将玉米的图片取下来，贴到了谷类图片下面。"好，肉食对不对？"徐老师对大家说，"羊肉卷儿、牛肉、鸡肉。蛋类的呢？鸡蛋、鹌鹑蛋。就这个是牛奶，我们把它贴到另一 | 教育过程中发生了幼儿座位被抢的情况，教师直接拿出一张多余的凳子给他，看似解决了问题，实际上产生了更多的问题。下一次发生类似的情况，幼儿首先想到的是要告诉老师，因为老师会帮忙，而不是自己主动解决问题。教师应该运用这个教育契机："请小朋友们检查一下自己坐了几张凳子。哪里有多的凳子？大家帮他找座位，好吗？"<br><br>教学环节的过渡太突兀：教师没有对刚才的活动进行小结，直接跳到下一个主题。 |

续表

| 课程实录 | 内容分析 |
|---|---|
| 类，这个小朋友说它是单独的。"分析完以后，徐老师将黑板推到一边，走到幕布前面，指着两张图片问："好，大家看看这有什么？"徐老师指着两张照片：一个哭脸娃娃、一个笑脸娃娃。<br>"不高兴、高兴。"孩子们说。<br>"嗯，高兴、不高兴。好！"<br>徐老师拿出一张"菠菜"图片问大家："这是什么？"<br>"蔬菜。"大家说。<br>"蔬菜类的，哪一类菜？"<br>"菠菜。"有人说。<br>"对，菠菜，喜欢吃菠菜的小朋友站在笑脸的地方。不喜欢吃菠菜的站在哭脸的地方。开始！"徐老师说完，小朋友们赶紧跑了上去，大部分孩子都挤在了笑脸娃娃前面，有的孩子来回犹豫不决，有的孩子喊道"菠菜驾到"。<br>"好，来！"徐老师招呼大家站好。<br>"我们是喜欢菠菜的，我们是喜欢菠菜的。"站在笑脸娃娃前面的孩子们喊道。<br>"好，喜欢菠菜的小朋友全部像菠菜一样站得直直的。"徐老师用动作示意大家站好，孩子们立马双手交叉摆在胸前，站得笔直。<br>"来，不喜欢菠菜的小朋友把手放到下面站得直直的。"另一组孩子立马按照徐老师的吩咐双手垂下来站好。<br>"好，你看看我们喜欢菠菜的小朋友多，还是不喜欢的小朋友多呀？喜欢的多，对不对？那我来问问小朋友，你能说说你为什么不喜欢吃菠菜？"徐老师问男孩 B。<br>B 回答："因为我觉得菠菜太苦了。"<br>"太苦了，真难吃，是吧？你说。"徐老师又让 H 回答。<br>H 说："我觉得，会被菠菜卡住。"<br>"卡住。你现在喉咙太小，嚼不烂。你来说。"徐老师又让另一个女孩子说。<br>女孩子回答："菠菜太硬了。"<br>"那下次叫妈妈做软一点，好不好？做软一点爱不爱吃？"<br>"爱吃。"<br>"爱吃。那你来说一下。"徐老师让另一个孩子 E 说。<br>E 说："菠菜太大了。" | 用活动的形式组织课程，有利于调动幼儿们的积极性和兴趣。但是这个环节开始偏离主题了，让课程变得冗长。<br><br>让不喜欢菠菜的孩子表达自己不喜爱的原因，了解到这些原因，教师应该记住，从而启发自己了解孩子们更喜欢什么样的食物。 |

续表

| 课程实录 | 内容分析 |
| --- | --- |
| "那我们吃菠菜的时候有切开呀,下次让妈妈切小一点好吗?来,你呢?"徐老师又让另一个孩子说。<br>"因为太涩了。"<br>"太涩了,是吧?那要是打成果汁吃是不是好一点?也不爱喝,你一点都不要吃吗?好,我们来问问这队小朋友为什么喜欢?"徐老师走到另一组孩子们前面,"嗯,你们说说你们为什么喜欢吃菠菜?先站好了,谁站得像菠菜,我让谁说。"徐老师让一个女孩子回答。<br>女孩回答:"因为我属兔,所以我喜欢吃菠菜。"<br>徐老师转过身招呼另一组孩子:"请不爱吃菠菜的小朋友回到凳子上。"孩子们蹦蹦跳跳地回到了座位。然后,徐老师继续询问爱吃菠菜的孩子们的理由。<br>"我爱吃菠菜,菠菜特别香!""菠菜好吃!""菠菜是好东西!""菠菜可以黑头发。""菠菜营养。""菠菜和肉一起好吃。"……小朋友们都说了自己爱吃菠菜的理由。<br>"小朋友们都告诉徐老师,不喜欢吃菠菜是因为它的味道不太好、太硬了,如果把这些问题都解决了,是不是都喜欢吃菠菜呀?"<br>"是。"<br>"那徐老师告诉小朋友,吃菠菜可以让我们眼睛变得明亮,知道吗?"徐老师告诉大家。"然后还有,我们再来看一看。这是什么?"徐老师拿出"肉"的图片问。<br>"肉。"一个声音道。<br>"好,喜欢吃肉的小朋友举手,喜欢吃的小朋友举手。不喜欢吃肉的小朋友,来,你说一说你为什么讨厌吃肉?"徐老师走近一个孩子蹲下身问道。<br>孩子说:"因为肉老塞在牙缝里。"<br>"为什么会塞牙缝?那说明你的牙太稀了。"<br>这时候,其他小朋友喊道:"我只喜欢吃瘦肉!""我爱吃鱼肉!"……教室里非常热闹,孩子们都有想法要表达。徐老师不得不等待孩子们讨论了10秒钟。<br>"好!"徐老师喊道。但大家仍然安静不下来。<br>又过了一会儿,"好,那你们刚才……来,安静一下,看看徐老师说得对不对啊?有的小朋友说吃肉可以让自己长得高高的,不喜欢吃肉的小朋友觉得它有味道,爱塞牙缝,对吗?那徐老师说,你要缺钙的话,可能牙齿就会慢慢地变松。然后,什么呀?缺钙就容易生龋齿,就容易把肉塞在牙缝里面。多吃肉,可以补钙呀,补能量呀,我们就会变得更壮,就会长高。那好,我们再来看这个。"徐老师又拿出了胡萝卜的图片。<br>"胡萝卜!"正在兴头上的孩子们异口同声地喊起 | 教师语言不规范,菠菜打成汁后应称为"蔬菜汁",而非"果汁"。<br><br><br><br>教师的总结性语言比较缺乏说服力,应告诉孩子们菠菜含有的营养,以及对身体的具体好处,如果不喜欢菠菜的涩味或口感,可以通过其他方式补足。<br><br><br><br>教师的回答没有积极意义,实际上是将责任推给了幼儿本身。<br><br><br><br>将缺钙与龋齿的关系进行了简单的直接因果关系总结,会让幼儿以为缺钙就一定会导致龋齿,实际上是在误导幼儿对龋齿的认知,说明教师缺乏通识性知识。 |

续表

| 课程实录 | 内容分析 |
| --- | --- |
| 来,然后又开始讨论起来。"白萝卜是粗的。"……<br>"爱吃胡萝卜的小朋友请站起来。"徐老师说完,一部分孩子从座位上站了起来。<br>"不爱吃胡萝卜的小朋友,坐着的小朋友们。你为什么不爱吃呀?"徐老师问一个坐着的孩子。<br>"因为胡萝卜味道不好!"大家议论纷纷。<br>"好,现在请坐。"大家坐了下来。<br>"来,眼睛看这边。"徐老师又拿出一个哈密瓜,"这是什么?"<br>"哈密瓜!"<br>"今天小朋友是不是带来自己爱吃的食物啦?"徐老师问。<br>"是。"一部分孩子回答,其他的孩子在打闹说笑。<br>"我现在说话好费劲耶!为什么不仔细听我讲呢?"徐老师说道,"想不想吃你们带来的好吃的零食?"<br>"想!"大家大声回答。<br>"谁带的这个?"徐老师举着哈密瓜问。<br>"我的。"一个男孩子举手高声回答。<br>"好,谁带的这个?"徐老师走到一旁的桌子边,拿起一袋薯片问大家。桌子上面摆放了小朋友们从家里带来的自己最爱吃的零食。<br>"我!"男孩子D举手回答。<br>"你带的,是吗?我请一个小朋友来分分类。你们要是不坐好,待会儿一个都不让你们吃。"这句话很管用,孩子们安静地坐着。<br>徐老师将桌子搬到教室中间,孩子们忍不住又发出声音。<br>"你认为是有营养的,你觉得是对身体有好处的,就把它放在这边。如果你认为没有营养的,是垃圾食品的,我们吃了对身体不好,你就把它放在哭脸这个位置。"徐老师转过身指了指"哭脸"的地方,并拉过去一张桌子。"好,这边放什么呀?"徐老师拍着"哭脸"前面的桌子问,"垃圾食品。你觉得、你认为它没有营养啊!"徐老师又指着笑脸前的桌子说:"这边是你认为有营养的食物。好不好?"<br>"好!"一个孩子回答道。<br>"我请一个表现最棒的小朋友。"徐老师说完,孩子们纷纷伸长了胳膊举起手。徐老师最后叫了一位小女孩上去并对她说:"你认为哪些食物是有营养的就放那边,哪些食物是没有营养的就放这边。"<br>女孩子不紧不慢地将食物一个一个往两张桌子上放。 | 课程进行到这里,时间比较长了,况且教师不停地追问,幼儿不停地机械作答,已经开始产生倦怠了。教师用零食诱惑大家听她说话。<br><br>让幼儿用守纪律的条件换取获得食物的权利,这种以条件的方式要求幼儿,不是教育应有的做法。<br><br>教师让孩子们带来了自己喜欢的零食,大部分孩子带来的都是"垃圾食品":糖、薯片、饼干等食物。教师这种做法实际上是在强化幼儿的行为。<br><br>教师再次威胁幼儿。 |

续表

| 课程实录 | 内容分析 |
|---|---|
| "那是我的苹果！……"有声音喊道。<br>"你们想不想吃你们带来的好吃的呀？"徐老师问。<br>"想！"大家喊道。<br>"那你们就要遵守纪律，要安静，看她分得对不对，要回答徐老师的问题才可以啊！"<br>"×××，你放错了。"底下的男孩子喊道。女孩子犹豫了一下，将糯米糍从笑脸这边放到了哭脸那边。<br>"让她来分，她觉得哪些是有营养的她来放。"徐老师强调。<br>观众们忍不住又喊起来……<br>最后，女孩子将口香糖、大白兔奶糖、薯片、咪咪、饼干、薯条、糯米糍、虾条、曲奇等食品放在了"哭脸"一边；将苹果、哈密瓜、切好的苹果等放在了"笑脸"一边。<br>"对！"底下有孩子夸奖她。<br>"好，太棒了，她把食物分类了。她觉得那些食物是有营养的，这些食物是没有营养的，是垃圾食品。她分得对不对？"徐老师问。<br>"对！"大部分孩子异口同声地说。<br>接下来，徐老师又打开PPT，幕布上出现食物金字塔。徐老师指着图片说："什么东西吃得最多？"<br>"饭！"有人回答。<br>"菜！"又有人说道。<br>徐老师用手指了指金字塔底端说："主食吃得最多的，这是五谷类，包括我们的薯类。好，我们再看看瓜果类、蔬菜类，还有蔬菜类要吃多少呀？"<br>"吃多点儿！"I回答。<br>"对，吃多点儿。那现在小朋友知道了哪些东西要多吃，哪些东西要少吃，你们都清楚了吗？"没有人回答。<br>"徐老师……"有一个小朋友告状，并和另一个孩子争论起来。徐老师看了看，没有理会，指着幼儿园吃午餐的图片问大家："你们看小朋友在干什么？他们在吃香喷喷的饭，桌上掉饭渣了吗？"<br>"掉了一粒，我看见了。"一个声音回答。<br>"你们看看他们在吃什么？你们看，有这个餐盘是吧？分成了好多类，米饭、蔬菜、谷物、肉类都要吃，他们在吃午餐，他们吃得很开心。你们在幼儿园的时候，幼儿园是不是做了很多有营养的食物，那你们就要多吃，像米饭、面条呀、菜呀！"<br>孩子们又开始七嘴八舌地说起话来，教室里闹哄哄的。 | 从该班幼儿的行为可知，他们心里十分清楚哪些是有营养的食物，哪些是垃圾食品。<br><br>每个教学环节的过渡都不自然，主要原因是前后环节之间缺乏一定的逻辑顺序。<br><br>教师不理会发生冲突的幼儿。 |

续表

| 课程实录 | 内容分析 |
| --- | --- |
| "对,像我们的垃圾食品,我们能不能再多吃了?"老师问。<br>孩子们忙着讨论,都没有回答。<br>"好!"徐老师说,然后拿起一盒幼儿带来的削好的苹果说:"我要奖励小朋友,这是哪个小朋友带来的?"<br>"是卓玛(化名)!"大家热情地回答。<br>"啊!是卓玛?来,请你给小朋友每人分一块儿,吃一点好吗?"徐老师将保鲜盒递给了卓玛。但是配班老师说没有牙签,于是徐老师收回了保鲜盒,说:"好,那等我们有牙签了再吃,好吗?"孩子们怔怔地看着两位老师和苹果,没有一人回答。<br>最后,徐老师总结:"今天呀,你们中午要吃什么饭?"<br>"宫保鸡丁!"一个声音回答。<br>"饭菜是吧?那一会儿我们看有没有大家不爱吃的、爱吃的,谁吃得多,谁吃得棒,好不好?"<br>孩子们没有理徐老师,纷纷站起来准备离开。 | 教师前面以食物要求幼儿们保持安静,结果最后教师并没有"履行"自己的诺言,孩子们很失望,从内心深处会对教师产生不信任,下次教师的"威胁"就不起作用了。 |

此次课程实施共计 37 分钟,活动过程充分展现了教师与幼儿的表现,反映出徐老师的课程实施能力状况:忠实的课程实施取向,严格遵循教案进行教学,每个环节都没有改变或遗漏,重视教师自身的表现,纪律管理较严;缺乏创生取向和相互适应取向。此外,课程实施过程表现出教师缺乏对幼儿尊重、理解、关怀的教育观,认为幼儿无知的儿童观,以教师、课堂、教案为中心的课程观。

第一,教育过程中传递了负面的价值导向。教师在幼儿心目中的地位是权威的,他们认为,只要是老师说的就是对的,教师的价值观对幼儿具有重要影响。在案例中,徐老师告知幼儿鸵鸟蛋很好吃,这种价值导向会引导幼儿形成对鸵鸟蛋的认知,即"鸵鸟蛋很好吃"。一旦某天幼儿长大成人,遇到鸵鸟蛋,便会萌生在幼年时期就植入的价值观,产生尝一尝的想法。因此,教师的教育是消极的,不利于幼儿形成正确的人与自然关系的价值观。

第二,为达到管理目的而欺骗、诱惑、威胁幼儿。徐教师十分重视课堂纪律,喜欢幼儿坐端和听话,当不停地强调纪律而达不到效果时，教师便以欺骗、诱惑、威胁等消极方式对待幼儿。在案例中，徐老师没有给幼儿操作、体验、活动的机会，这种说教式的教育方法本身违背了幼儿的心理发展特点，但老师为了让幼儿听教师说话、服从教师安排、遵循教师意愿，便诱惑幼儿一会儿可以吃苹果，结果却没有履行诺言，诱惑变成欺骗；为了让幼儿遵守课堂纪律，便以不能玩游戏作为威胁。这种负面教育方式所产生的后果，一方面，刺激幼儿越来越不遵守纪律，因为他们知道即使听话也得不到想要的奖励或承诺，从此对教师产生不信任，与教师不亲近，更不听教师的招呼；另一方面，教师言传身教地让幼儿学会了这些负面行为，幼儿亦会用同样的方式对待他人，不利于幼儿的社会性发展。

第三，缺乏对幼儿"无条件的爱"。《幼儿园教师专业标准（试行）》要求教师以师德为先，"关爱幼儿，尊重幼儿人格，富有爱心、责任心、耐心和细心"[①]。虽然教师的爱与家长的爱基于不同前提，家长的爱是基于血缘的本能表现，教师的爱是基于职业道德的理性表现，但是二者对幼儿的爱又具有一致性，那就是无条件地接受每一名幼儿。在案例中，幼儿回答问题必须满足教师的条件，教师的教育方式实际上在向幼儿传达一种含义：坐得好、手举得高、听老师话的人就是老师喜欢的孩子；谁要是做不到，老师就不喜欢，老师对我们的喜欢是有条件的。这种有条件的爱不符合学前教师的职业道德要求，不利于师幼关系的建立，更不利于幼儿个性品质的发展。

第四，提问性质单一，缺乏促进思维与想象力发展的提问。记忆性提问有助于幼儿对旧经验的回忆，并将其应用到新学习中；思维性提问有助于幼儿综合感知信息和旧经验进行概念重组，加深对事物的判断、理解和记忆；想象性提问有助于促进幼儿想象力和创造力的发展。记忆是心理发展机能的低级阶段，思维与想象力的发展是心理发展机能的高级阶段，具有教育意义的问题应能促进幼儿的高级心理机能发展。大班正是幼儿抽象逻辑思维萌芽时期，亦是想象力发展高峰期，教师的提问应以促进幼儿思维和想象力发展为

---

① 中华人民共和国教育部：《幼儿园教师专业标准（试行）》，http://old.moe.gov.cn//publicfiles/business/htmlfiles/moe/s7232/201212/xxgk_145603.html，2012-02-10。

目的。在案例中，徐老师的问题很多，但是几乎都是记忆性提问，缺乏思维性与想象性提问。这种提问方式不利于促进幼儿高级心理机能的发展。

第五，提问不确切，导致幼儿答非所问。有效提问意味着问题传达的意思清晰，回答问题的人才能有的放矢。在案例中，首先，老师想问幼儿兰州有哪些特产，却说："兰州有特别多的好吃的，谁能跟我说一说我们兰州有什么好吃的？"三个孩子接连都答非所问。此过程说明，老师的问题不清晰，幼儿不能明白老师的目的。其次，老师在 A 回答完后就应该反应过来自己的问题有瑕疵。然而，之所以一再出错，是因为教师对幼儿心理掌握不够。再如，徐老师在呈现了几幅典型的兰州美食（黑豆、酿皮儿、甜醅、牛肉面）的图片后问："这些小吃是用什么做的？"问题太笼统，导致幼儿的回答五花八门。教师应该问"酿皮儿是用什么食物做成的？""牛肉面里面有哪些食材？"

第六，提出超越幼儿已知经验的问题。幼儿的已知经验是课程设计的基础，他们处于具体形象思维时期，只能对自己感知过的事物进行经验重组。在案例中，教师问大家"鸭肉是不是肉"，甘肃的孩子很少食用鸭肉，有的幼儿甚至没有见过鸭子，自然无法回答。老师问大家是否知道骆驼奶和马奶，城市的孩子对骆驼和马不熟悉，没有品尝过骆驼奶和马奶，自然回答不出来。这些提问不能引起幼儿的旧经验回忆，教师却没有顾及这些环节，说明教师缺乏对幼儿心理特点的把握。

第七，对幼儿回答的反馈行为具有消极影响。在案例中，对于答非所问的幼儿，老师不理会；对于显而易见的答案，教师仅重复；对于自己意想不到的答案，教师的态度则直接肯定，这些教师的态度不能积极促进师幼关系的发展。而且，幼儿的大多数答案都是猜测的，有的猜对了，有的猜错了，有的甚至不知道自己猜对还是猜错了。但无论是哪一种结果，教师的提问都会让幼儿学习到"答案是猜出来的"，这种教育不利于幼儿逻辑思维能力的发展。幼儿的回答之所以出现诸多问题，是因为教师的提问方式与语言有问题。

第八，缺乏对幼儿语言表述的积极引导。学前期是幼儿的语言发展期，教师应遵循"生活即教育"和"随机教育"的原则，在日常对话中注意对幼儿语言发展的积极引导。在案例中，教师自身的语言表述不规范，缺乏准确性、简明性，教师对幼儿的语言亦没有进行纠正，甚至对幼儿的语言不予回应。如徐老师问哪个小朋友还能说出几样图片上没有的水果，孩子们纷纷举手回答："橘子、荔枝、草莓、山竹、奇异果、桃子……"所有回答问题的孩子都是间断地说出水果的名字，表述并不完整，但教师没有纠正，正确的表述方式应为："我还知道的水果有橘子。"

第九，忽视非教学因素对幼儿注意力的干扰。教师在制作课件的时候往往为了追求鲜明、引人注目，而故意将PPT做得花里胡哨，结果适得其反，反而导致幼儿的注意力被无关因素干扰。如徐老师给孩子们放PPT图片，想让大家认识"卷心菜"，投影幕布上面蹦出一张"卷心菜"的图片，徐老师指着问大家这是什么，幼儿却说是柿子（因为投影幕布模板上面有两颗西红柿，有的孩子误以为徐老师问的是西红柿）。这些细节体现出教师一方面缺乏幼儿心理知识，另一方面对待课程的态度不认真。

第十，运用负面方式强化幼儿的不良行为。教育有正面榜样作用，也有负面经验教训，两者都可以作为教育的方式。但是对于幼儿而言，应以正面教育为主，因为幼儿的是非判断能力弱，负面教育中的刺激因素对幼儿的学习有强化作用，即使他们知道对错，但不成熟的意志力决定了他们无法抵制诱惑。在案例中，老师让幼儿带平时爱吃的零食，于是，孩子们带来了糖果、薯片等垃圾食品，只有三个幼儿带来水果。虽然老师的目的是让大家分清楚哪些是垃圾食品；哪些是健康食品（实际上幼儿在家长的教育下早就明白哪些食物是垃圾食品，教师的这种设计也体现出她对幼儿心理把握不到位）。但这种堂而皇之地将平时父母和老师严加控制的垃圾食品带到幼儿园来，实际上是在强化幼儿对它们的认识。

第十一，教师缺乏常识性知识。案例中，老师说"缺钙就容易生龋齿，就容易把肉塞在牙缝里面……"龋齿主要是细菌、宿主、饮食三大因素相互作用致病，其中饮食与龋齿的关系表现为：食物发生的化学性作用，碳水化合物在口腔内经细菌发酵作用产生酸，往往引起龋齿发生；或者食用过多的糖，而缺少钙、磷，维生素A、D、B等皆可使龋齿发病率增高。所以，缺钙与龋齿有联系，但不是直接的因果关系。教师的解释会让幼儿错误地理解龋齿与缺钙有直接因果关系，只要补钙就不会有龋齿发生。这说明教师缺乏常识性知识。

第十二，教学环节过渡不顺畅。在课程中，每个教学环节之间应该是承上启下的关系，但徐老师的教学环节转换很突然，没有过渡，显得十分突兀。如开始时，孩子们兴高采烈地说了他们认为的兰州小吃：牛肉面、牛排、转转小火锅、肥牛后，老师没有给予任何语言反馈，径直回到电脑旁播放图片。当孩子们回答黑豆、甜醅、酿皮儿、牛肉面是用什么食物做成的时，老师则直接走回讲台神秘地对大家说："那我们再来看一看，你们的小凳子下面有什么？"然后，徐老师让七个孩子拿着图片展示完炒饭、蔬菜、鸡腿等食物图片后，没有任何总结与过渡语言，便指着投影幕布上不断出现的水果图片问大家是什么……从整个课程实施来看，教师缺乏将每个课程内容自然串联在一起的过渡能力。

徐老师的课程实施也有值得认可的地方：第一，用心设计每个环节，有一定的教学准备。比如，让幼儿提前准备零食、设计丰富的幻灯片、制作大量的食物图片。但局限于教师的能力，教学效果不理想。第二，徐老师知道用游戏与活动的方式组织课程，以及设计了三个活动：活动1——食物分类，贴图片；活动2——爱吃菠菜、爱吃肉、爱吃胡萝卜调查；活动3——对零食进行健康与非健康的分类。但因为活动设计没有充分考虑幼儿的学习特点，幼儿只是被动参与。第三，徐老师知道教育要面向每个幼儿，于是每个问题都尽量让大部分幼儿参与回答，虽然提问性质、互动效果及反馈方式存在问题，但其初衷是值得肯定的。第四，徐老师的教态总体而言比较随和、有耐心，面对幼儿经常性的答非所问，虽然老师没有积极反馈，但是也没有发怒或直接批评。

4. 对课程评价能力的分析

课程结束后，徐老师对自己的课程进行了简单的评价："我觉得今天我的表现还不错，跟预期的差不多。……这次课上得还可以，娃娃们纪律还是可以的。设计的几个课程目标基本上还是达到了，就是时间有点紧张。"可以看出，徐老师的自我感受总体而言是好的，她关注的焦点是自己按照设计好的课程目标完成了课程实施，这是一种目标取向的课程评价；她十分强调自己在课程实施中的表现；对幼儿的关注是纪律如何，如果纪律好，表明学习效果就好。

笔者与徐老师一起对此次课程能力的表现进行了分析，在课程目标设计能力、课程内容设计能力、课程实施能力和课程评价能力方面诊断出以下问题（见表5-1）。

表5-1　　课程能力的问题诊断（第一轮行动研究）

| 能力分类 | 问题诊断 |
| --- | --- |
| 课程目标设计能力 | ·缺乏创生取向与表现性取向<br>·目标选择缺乏专家来源<br>·缺乏"过程与方法"目标和"情感态度与价值观"目标<br>·目标体系不完整、表述不准确、缺乏可行性、逻辑顺序颠倒、目标价值导向错误 |
| 课程内容设计能力 | ·课程结构不清晰<br>·课程内容的组织不符合幼儿的心理发展特点<br>·课程内容涵盖领域狭窄<br>·课程内容与课程目标不对应 |
| 课程实施能力 | ·缺乏课程实施中生成新内容的能力<br>·不能有效地以游戏组织课程<br>·教育过程中传递出负面的价值导向<br>·为达到管理目的欺骗、诱惑、威胁幼儿<br>·缺乏对幼儿的"无条件的爱"<br>·提问性质单一，缺乏促进思维与想象力发展的提问<br>·提问不确切，导致幼儿答非所问<br>·提出超越幼儿已知经验的问题<br>·对幼儿回答的反馈行为具有消极影响<br>·缺乏对幼儿语言表述的积极引导<br>·忽视非教学因素对幼儿注意力的干扰<br>·运用负面方式强化幼儿的不良行为<br>·教师缺乏常识性知识<br>·教学环节过渡不顺畅 |
| 课程评价能力 | ·缺乏过程性评价取向<br>·缺乏对教师与幼儿的深入评价<br>·缺乏从量化角度对课程进行评价<br>·缺乏有深度的质性评价 |

## （二）课程能力的策略制定与执行

徐老师在课程能力方面存在的问题，既有教育理念的影响，也有专业知识和专业能力的影响。观念是关键，针对以上问题，笔者与徐老师制定了如下解决策略（见表5-2）。

在观念层面提升上，针对徐老师的教育理念，笔者主要从存在主义哲学和建构主义心理学出发，让老师明白幼儿作为生命体存在的意义，以及教育需要做的事情。第一，从存在主义哲学得出的启示出发，一是幼儿是具有差异的独立个体，有独立的思想，虽然他们表现出来的思想和行为在成人眼中十分幼稚，但表现的结果不是最重要的，能够主动表现自我就具有意义。教育需要根据每个幼儿的特点制定与之适宜的教育方法，这种教育方法是在尊重幼儿的气质、性格、能力、兴趣等心理特点基础上产生的。二是每个幼儿都是具有主体意识的生命体，教育要帮助幼儿学会思考、学会选择、学会承担责任后果。[1] 第二，从建构主义心理学得出的启示出发，让教师明白每个生命个体对世界的认知都是不一样的，学习的意义在于让每个幼儿在已有经验基础上，通过教师的教育对新知识和新事物产生不一样的认知与体验。因此，没有统一的标准答案，幼儿的主动建构与自我体验是值得肯定的，教育者不应该用统一的标尺去要求每一个孩子都变成一样。[2]

在知识层面提升上，针对徐老师的知识结构现状，主要从幼儿心理学知识中关于幼儿认知发展与常识性知识的角度入手。在幼儿心理学知识方面，梳理出3—6岁幼儿的心理结构要素以及各要素之间的关系；幼儿认知发展的知识点，具体包括幼儿的感知觉、注意、记忆、想象、思维、言语等认知能力的发展特点、规律和各种认知要素之间的相互关系，以及如何针对这些特点进行教育；针对徐老师通识性知识的缺乏，建议她在每次预设课程时，预计需要关注的知识点，然后通过书籍、网络、家长资源等途径事先查阅相关资料，做好准备。

---

[1] 黄济：《教育哲学通论》，山西教育出版社2011年版，第247—248页。
[2] 郭本禹：《当代心理学的新进展》，山东教育出版社2003年版，第308—315页。

表 5-2　　　课程能力提升的解决策略（第一轮行动研究）

| | 策略 | 阅读材料 |
|---|---|---|
| 观念层面 | ・"孩子是脚，教育是鞋"：每个幼儿都是独立的、不同的个体，表现为有自己的思想。教育需要在尊重每个幼儿个体差异（包括气质、能力、性格、兴趣等方面）的基础上，将他们培养成既符合社会规范，又具有个性的人。<br>・"幼儿是自己的主人"：具有自我主体意识。教育需要给予幼儿选择与表现的自由，使他们学会思考、学会选择、学会承担。<br>・"答案是不一样的"：幼儿根据自身的已有经验建构新经验，这种自我建构没有对错之分，不能用统一的标尺去衡量所有幼儿。 | ・《教育哲学通论》摘选<br>・《西方心理学》摘选<br>・《窗边的小豆豆》<br>・纪录片《成长的秘密》第1—6集 |
| 知识层面 | ・幼儿心理学知识：幼儿心理的构成要素及其关系，幼儿认知发展各要素的特点、规律及其关系。<br>・通识性知识应该在设计课程时考虑到，并通过查阅相关资料获取权威信息。 | ・《学前儿童发展心理学》摘选<br>・《孩子你慢慢来》 |
| 技能层面 | ・课程目标表述应遵循的规则<br>・如何与幼儿有效地谈话 | ・《课程论》摘选<br>・《如何说孩子才会听，怎么听孩子才肯说》 |

在技能层面提升上，针对徐老师的技能现状，主要从课程论角度着手，对其讲解课程目标表述需要遵循的规则，包括课程目标要具有完整性，包括所有准备的学习成果；目标叙述的主体要具有一致性；目标要有明确的学习成果；目标具有准确性，表达准确无误，不会引起歧义；目标具有适切性，与幼儿园教育环境、家庭环境和社会环境相适应；目标具有有效性，陈述的内容能够反映所代表的价值；目标具有可行性、操作性，能够测量；目标的表述还要通俗易懂。以《如何说孩子才会听，怎么听孩子才肯说》作为阅读材料，帮助徐教师分析如何与幼儿谈话，针对幼儿出现的"错误"，教师应如何进行引导。

策略制定好以后，徐老师的学习材料包括从《教育哲学通论》《西方心理学》《学前儿童发展心理学》《课程论》中摘选出的相应内容；通俗易懂的学前教育读物，如《窗边的小豆豆》《孩子你慢慢来》《如何说孩子才会听，怎么听孩子才肯说》；纪录片《成长的秘密》第1—6集。在与徐老师进行观点沟通后，徐老师自主学习。期间，与徐老师共有4次深入的交流。

## 三 第二轮行动研究

经过第一轮行动研究，在一个月的时间里，徐老师自主学习了阅读材料，并与笔者进行了交流。10月25日，徐老师进行了第二次课程展示，上课的对象是大二班幼儿。

### （一）课程能力的表现、分析与问题诊断

徐老师的课程内容依然是"有营养的食物"，但是在课程目标设计、课程内容设计、课程实施设计等环节均进行了重新改编。

#### 幼儿园大班健康活动：有营养的食物

活动目标：
1. 让幼儿知道均衡的营养对身体健康的重要性。
2. 教育幼儿养成不挑食的好习惯。

活动准备：
1. 四大类食物材料
2. 一大团和好的面
3. 幼儿园食谱
4. 双胞胎兄弟头饰：壮壮头饰和瘦瘦头饰，两碗用纸制作的米饭菜，两双筷子，用皱纹纸制作的围巾。

活动过程：
（一）导入部分
1. 教师运用导语引入主题。
2. 请小朋友观看话剧"双胞胎吃饭"。
师：小朋友，刚才这个话剧叫什么名字？
师：话剧里有谁？他们在干什么？

师：壮壮说什么？瘦瘦说什么？

（二）出示幼儿园食谱

1. 看看幼儿园的叔叔阿姨每天为我们做的餐点，是不是只有我们爱吃的食物而没有我们不爱吃的食物呢？

2. 请幼儿说说食谱中的食物是由哪些食材做成的，教师进行小结。

（三）让幼儿知道均衡的营养对身体健康的重要性，教育幼儿不要挑食

1. 分析食谱搭配原因

（1）师：小朋友，通过讲解食谱你发现了什么？

（2）师：为什么要这样搭配呢？

2. 出示四大类食材讲解

师：你们看，这是我们食谱中的食材，五谷类的食物含有热量，可以使我们的身体有力气；肉类食物中含有脂肪、蛋白质，可以补充身体的能量；蛋奶类食物中含有大量的钙，可以使我们的牙齿骨骼强壮；蔬果类食物中含有维生素，有助于我们的消化。我们的身体需要多种营养和能量，才能健康茁壮地成长，缺了其中一类食物的营养成分，我们的身体都不能强大起来，小朋友你们想让自己的身体最强壮，任何病菌都不侵犯吗？

3. 教育幼儿不能挑食

师：你们应该怎么办？

师：挑食好不好？

师：每一类食物小朋友都要吃，这样身体才会棒棒的。

（四）幼儿用面动手制作餐点

1. 师：平时在幼儿园都是叔叔阿姨为我们搭配餐点，今天我们自己动手为叔叔阿姨搭配营养均衡的食物。

2. 幼儿自己动手制作营养均衡的食物。

3. 师：请小朋友们介绍自己制作的餐点名称用到了哪些食材。

（根据徐老师设计的教案如实摘录，未删改文字与内容）

1. 对课程目标设计能力的分析

《有营养的食物》有两个课程目标："一是让幼儿知道均衡的营养对身体健康的重要性。二是教育幼儿养成不挑食的好习惯。"第一，从这两个目标中可以看出徐老师的课程目标取向平衡能力依然表现为普遍性目标取向与行为目标取向。第二，课程目标来源选择方面体现出对幼儿的研究和对社会生活的研究，但仍然缺乏专家来源。第三，在课程目标组织能力方面体现出"知识与技能目标"和"情感态度与价值观目标"，缺乏"过程与方法目标"。第四，在课程目标表述能力方面，目标体系较以前完整，虽然没有包括所有准备的学习成果，但与上次只关注知识传授与技能培养相比，开始重视对幼儿情感态度的培养；目标表述逐渐注意其准确性，如在营养前加上了"均衡"二字；目标的可行性仍然值得细究，如通过一次课程让幼儿知道了均衡营养才对身体健康有益，幼儿是否就能做到不挑食；目标的逻辑顺序比较顺畅，第二个目标建立在第一个目标的基础上；目标的价值导向没有问题；目标具有一致性，每个目标叙述的主体都是教师；目标具有明确的学习成果；目标具有一定的适切性，与幼儿园教育、家庭、社会环境相适应；目标具有一定的有效性，内容能够反映所代表的价值；目标表述通俗易懂。

第一次行动研究后，徐老师的课程目标设计能力较以前有了进步，表现在如下方面：由仅重视幼儿发展的"知识与技能"目标发展为开始重视"情感态度与价值观"目标；课程目标的表述开始注意语言的精确性；课程目标更简练，相比上一次实际包含的五个目标，此次目标精简为两个。

2. 对课程内容设计能力的分析

此次课程内容分为两个部分："导入部分"和"基本部分"。"导入部分"是让幼儿观看徐老师编排的"话剧"，从而引出"均衡饮食、不挑食"的话题。"基本部分"：（1）"出示幼儿园食谱"部分在于让幼儿知道无论自己爱不爱吃，幼儿园的厨师们为幼儿准备的食物是丰富多样的；（2）"让幼儿知道均衡的营养对身体健康的重要性，教育幼儿不要挑食"部分包括分析食谱搭配的原因、四大类食材的作用，从而引导幼儿不要挑食；（3）"幼儿用面动手制作餐点"环节主要是让幼儿自己动手制作面点，增加对食物的切身感受与喜爱。然后，课程随着幼儿面点制作活动的完成自然结束。

在课程内容取向选择能力方面，徐老师的价值取向体现了活动取向和经验取向的趋势，明显增加了游戏和活动，开始重视幼儿主动参与活动的体验对于学习的意义。如在"导入部分"创编一个小话剧，用真人演绎的小故事吸引了幼儿的注意力与兴趣；在课程后半部分准备了真实的面团和工具，让幼儿动手制作各式面点，这种动手操作内容的安排有助于丰富幼儿的体验。

徐老师的课程内容组织能力体现出以下改进之处：第一，课程内容与课程目标关系密切。如徐老师的课程目标是"让幼儿知道均衡的营养对身体健康的重要性；教育幼儿养成不挑食的好习惯"。其课程内容各环节都是围绕主题与目标展开的。第二，课程内容的结构较清晰。此次课程内容分为两大部分，每个部分之间体现出递进的关系，课程内容简洁、清晰，直切主题。第三，课程内容具有游戏性与活动性。课程内容安排了两次活动，包括"话剧"与"面点制作"，这些活动通过让幼儿从多种感官获得对食物的综合认识，比较能引起幼儿的兴趣，符合幼儿的学习特点。

但课程内容仍然存在问题：涵盖领域狭窄，课程仍然只局限于幼儿的健康领域，没有从课程内容的横向组织层面考虑，未纳入幼儿其它领域的发展要求加以综合设计。

### 3. 对课程实施能力的分析

此次课程仍在幼儿园音乐厅进行，配班李老师（化名）在一旁帮忙组织班级秩序与教学协助，幼儿园其他没有主班的教师与X园长都来观摩。以下是徐老师和孩子们在《幼儿园大班健康活动：有营养的食物》课程实施中的表现。

此次课程用时共计33分钟，活动过程充分展现了教师与幼儿的表现，反映出徐老师的课程实施能力现状：课程实施取向仍是忠实取向，缺乏创生取向和相互适应取向，老师严格遵循教案进行教学，每个环节都没有改变或遗漏。经分析，徐老师的课程实施能力存在以下问题：

| 课程实录 | 内容分析 |
| --- | --- |
| "徐老师带来了话剧，你们想不想看？"徐老师问。<br>"想！"孩子们一起大声回答。<br>"这个话剧的名字叫……一会儿徐老师有问题请小朋友们回答，好不好？"徐老师神秘地一笑，没有说是什么话剧。<br>"好！"孩子们乖乖地回答。<br>话剧开始了，旁白说："壮壮和瘦瘦是双胞胎，妈妈给他们买一样的衣服，吃一样的饭。可是壮壮又壮又高，瘦瘦又瘦又矮。看，开饭了。"<br>两个"孩子"（教师扮演）围着儿童围裙、头戴"壮壮"和"瘦瘦"的头像，手拉手走到餐桌前坐下，他们正在玩"你拍一，我拍一"的游戏，"妈妈"端着餐盘走了过来说："宝贝儿，开饭了！"然后放下餐盘离开。<br>壮壮一看面前的"饭菜"，高兴地说："哇！是我最喜欢的鸡蛋哦！我要把它全部吃完！"说完，他大口大口地"吃"起来。<br>瘦瘦双手端着下巴，一副厌恶的表情，拿起一片"荷包蛋"说："我发现妈妈煎的鸡蛋越来越像哥哥煎的鸡蛋了。"<br>壮壮边吃边说："哇！还有我最喜欢吃的米饭和蔬菜哦！我也要把它全部吃光光！"说完，端起饭碗"啊呜—啊呜"地"吃"起来。<br>瘦瘦右手指尖捏着筷子、摇着头嫌弃地说壮壮："你真是个吃货！"<br>"哎呀！太好吃了！我吃饱了！"壮壮拍着肚子说道，然后端着碗筷离开。瘦瘦仍然在"饭碗"里挑来挑去："这是肉吗？我不吃。菜吗？我不吃，我实在是没有胃口，不吃！"说完，瘦瘦将"肉"扔得远远的。"妈妈总是给我吃米饭，不能来点面条吗？"他又端起碗来，挑出"米饭"扔掉。"我只吃肥肉！"然后，大口大口地"吃"起来。"啊！都不是我想吃的，我越来越讨厌妈妈！"边说边将碗筷扔在桌子上，站起来跑开了…… | 教师故意不说"话剧"的名字，留给幼儿想象的空间，是积极的教育方法。<br><br><br>忽视故事中的负面教育因素，"厌恶的表情"和"讽刺的语言"给幼儿提供了负面学习榜样。<br><br><br>表演者夸张的表情和语言表现出了"瘦瘦"的挑食，吸引了孩子们的注意力，但忽视了教育因素，容易对幼儿产生负面教育影响。 |

续表

| 课程实录 | 内容分析 |
| --- | --- |
| 徐老师走过来问孩子们:"刚才的话剧表演完了,这个故事叫什么名字呀?"<br>"叫……'瘦瘦吃饭'!"底下一个声音慢悠悠地说。<br>"哦,真棒,他说叫'瘦瘦吃饭'!还可以取个什么名字?"<br>"'开饭了'!"一个女孩子喊道。<br>"哦,'开饭了',也是个不错的名字。你说!"徐老师肯定道,并让跟前的男孩子继续说。<br>"胖胖和瘦瘦!"男孩子腼腆地说。<br>"嗯,'胖胖和瘦瘦',也不错啊!那这里面人物有谁呀?有?"徐老师用手势做出胖瘦的动作。<br>"瘦瘦!胖胖!"几个孩子在徐老师的提醒下回答。<br>"有壮壮和谁呀?"老师纠正道。<br>"瘦瘦。"<br>"壮壮怎么啦?"徐老师做出大口大口吃饭的姿势提醒,"他吃饭的时候……啊呜啊呜,怎么啦……在?"<br>"大口。"一个孩子回答。<br>"壮壮在大口大口地吃饭,可是瘦瘦怎么啦?"徐老师问。<br>"挑食。""不吃。"孩子们回答。<br>"瘦瘦不喜欢妈妈做的食物,是不是?"<br>"还挑食。"一个孩子说。<br>"只爱吃肥肉。"另一个孩子说。<br>"哦,瘦瘦只吃肥肉是不是?"<br>"和我一样。"一个声音回答。<br>"哦,和你一样!那谁像壮壮一样,请举手!像壮壮一样什么都吃,请举手!"徐老师举起手让大家回答。<br>孩子们基本上都做出标准的姿势举起了手。<br>"哦,我看到这么多小朋友。那谁吃饭的时候瘦瘦一样,请举手?"徐老师继续问。<br>三个孩子慢悠悠地举起手,其中两个看看大家,赶紧又将手放了下去。徐老师走近唯一举手的女孩子A问:"你谈谈。"徐老师拉起她站了起来:"哦,你像瘦瘦一样,是吗?"<br>"嗯!"A回答。旁边的孩子发现徐老师的发音"瘦瘦"有问题,于是在底下与同伴笑着模仿"sou sou"。<br>徐老师没有意识到,继续问A:"那你都喜欢吃什么东西?"<br>"……"A小声回答。 | 开放性的提问有助于幼儿思考,幼儿的回答表现出他们关注的焦点不一样。<br><br><br><br><br><br><br><br><br><br>幼儿的回答简短、不完整,教师仍然没有进行及时的语言纠正与规范,错过语言教育的良好契机。<br><br><br><br><br><br><br><br>教师自身的语言不规范,普通话不标准,引起幼儿的反应。 |

续表

| 课程实录 | 内容分析 |
|---|---|
| "哦，她说她喜欢吃肥肉笋砂锅!"徐老师重复道。<br>"那你呢？你喜欢吃什么？"徐老师走到女孩子B跟前，刚才B举起手又放了下去。<br>"我只喜欢吃肉，不喜欢吃其他的了!"B回答。<br>"哦!"徐老师边说边蹲下身去拉着B说："她说她只喜欢吃肉，不喜欢吃其他的。嗯，是这样的!"这时候，女孩子C主动举起了手，徐老师转过身去："你来说一说。"<br>C站起来说："我啥都爱吃，不管爸爸妈妈做什么饭，我都把它吃完。"徐老师蹲下身去拉住了她。<br>"她说她什么都吃，爸爸做什么她都吃。"徐老师转过来对着大家说，"那我们来看一看幼儿园的食谱，是不是只有我们喜欢吃的食物，而没有我们不喜欢吃的食物，好不好？"徐老师一边说一边站起来往后退，看着大家。<br>这时候，投影幕布上出现了该园这一周的食谱清单，都是文字呈现，没有图片。<br>"今天星期几呀？"徐老师问大家。<br>"星期二。"一个声音说。<br>"星期三!"大家一齐慢慢地回答。<br>"今天星期二，还是星期三呀？"徐老师问。<br>"星期三!"孩子们伸出三个手指头回答，但没有刚才那么肯定了。<br>"我们今天早上吃的什么饭？"徐老师走到投影幕布前问。<br>没有人回答。<br>"那我们看看星期二的食谱，好不好？"<br>"好!"一个声音回答。<br>"星期二早上吃的什么？"徐老师问。<br>孩子们没有回答。<br>"吃早饭了没有？"徐老师走近大家问道。<br>"花卷。"一个孩子回答。<br>"哇!吃花卷了。"<br>"还有素鸡!"另一个孩子D也回答。<br>"还有什么？"徐老师凑近了问。<br>"素鸡。"D回答。<br>"素鸡？"徐老师疑惑地在D面前蹲了下来。<br>"素鸡是什么东西呀？是用什么东西做的呀？"徐老师问她。D回答不上来，徐老师看看其他孩子，大家都说不上来，开始左右蹭。<br>"素鸡是用什么做的？"徐老师再问大家。 | 教师呈现的故事表现了挑食孩子的行为表现和身体发育结果，目的是要告诉幼儿不要挑食。但是在实际生活中，每个人都有对食物的喜好，原因有很多：可能是食物本身的味道与口感，可能是烹饪的方式，还有可能是其他一些原因。简单的教育幼儿不能挑食，目的难以实现，也不符合人之常情。<br><br>教师的课程准备不充分，呈现一周食谱的文字版，幼儿基本不识字。<br><br><br><br><br><br><br><br><br><br><br><br><br><br><br><br>教师的课程准备不充分，事先没有了解食谱中食物的原材料，导致出现简单的常识性问题。 |

续表

| 课程实录 | 内容分析 |
| --- | --- |
| "是用面。"有个女孩子说道。<br>"要卷起来。"另一个孩子也说。其他孩子也议论纷纷。<br>"要卷起来……哦,素鸡是用面做的!"徐老师站起来说:"哦,她说素鸡是用面做的。那我们看一看,哦!看一看你们的食谱。"徐老师回到幕布前面,"那sou sou 说:'我喜欢吃鸡蛋,你们喜不喜欢吃鸡蛋呀?'"徐老师在幕布上寻找着问大家。<br>"有!"几个孩子懒洋洋地回答。<br>"有鹌鹑蛋!"徐老师终于找到周一早上食谱里有鹌鹑蛋,指着说。<br>"喜欢吃鹌鹑蛋的小朋友举举手!"孩子们纷纷高举起手。<br>"好,请放下。这么多小朋友喜欢吃鹌鹑蛋!"徐老师继续在幕布上搜索,"哇,我发现这里有鱼香肉丝!"徐老师惊奇地说道,"谁跟我说说鱼香肉丝是用什么做的呀?"<br>徐老师跑到 E 跟前说:"你来跟我说一说。"<br>E 吞吞吐吐说不出来。徐老师说:"鱼香肉丝,鱼香肉丝,我想里面有肉吧! 还有什么东西?"<br>旁边的 A 说:"……有肉!"<br>"哦,鱼香肉丝有肉,那还有什么东西? 你们平时吃的,用什么做成的?"此时,B 高高地举起了手,徐老师赶紧跑过去。<br>B 说:"里面还有肉丝。"<br>"哦,里面有肉丝……有没有菜呀? 里面有什么菜? 一起说。"徐老师再一次重复并看着大家问道,还是没有人回答。徐老师来到 C 跟前,让她回答。<br>C 说:"里头好像有各种各样的菜。比较菜……比较,菜比较少一点,它的肉多一些。"<br>"哦,有菜有肉。原来鱼香肉丝里面有菜有肉呀!"徐老师总结道,然后,回到幕布跟前,"好,那我们再来看看食谱吧!"徐老师搜寻着。<br>"还有什么?"一个女孩子稚嫩地问道。<br>"食谱里面有鹌鹑蛋,有鱼香肉丝,还有花卷,那……"徐老师边找边说。<br>"还有稀饭。"一个女孩子说道。<br>"还有黑米粥。"另一个女孩子喊道。<br>"哦,黑米粥在哪? 我都没看到。"徐老师仍然在 PPT 上找来找去。"黑米粥在哪里呀?"<br>"在星期二呢!"一个孩子回答。 | 素鸡是豆制品的一类。对于不知道的事物,徐老师没有教会孩子去求证。<br><br>教师的"推理"方式在误导幼儿,听名字猜内容,那么"鱼香肉丝"里面还应该有"鱼"才对。这些细节说明教师的逻辑推理方式不正确。<br><br>教师对一周食谱内容的分析过于啰唆,没有任何教育意义。 |

续表

| 课程实录 | 内容分析 |
| --- | --- |
| "哦,在星期二,这儿。"徐老师终于找到了,"哇!哪个小朋友说的?"孩子们指着一个女孩子。<br>"她的眼睛真亮,来,把掌声送给她!"孩子们鼓起了掌。<br>"那谁能说说黑米粥里面有什么?"徐老师问。<br>"花生。"E站起来回答。<br>"哇!里面有黑米和花生。那通过刚才的观察我们发现,食谱里面是不是只有我们喜欢吃的食物,而没有我们不喜欢吃的食物?还是全部都有?"徐老师问大家。<br>"全部都有!"孩子们回答道。<br>"哦!里面什么都有?那请小朋友们来看一看……"这时候,助教老师端来一盘蔬菜、水果放在桌上。"来,看一看,这是不是我们幼儿园里用到的食材呀?我们先看一看。这是什么呀?"徐老师拿起一个橘子问大家。<br>"橙子!"孩子们回答。<br>"这是橙子?"徐老师继续问道。<br>"橘子!"一部分孩子改变了答案。<br>徐老师拿着橘子走到孩子们跟前,让他们凑近了看。<br>"橘子!""橘子!"孩子们确定道。<br>"有的小朋友说是橙子,有的人说是橘子。那我们打开看看到底是橙子,还是橘子,好不好?"<br>"好!"<br>徐老师慢慢剥开了橘子,孩子们指着说:"橘子!"<br>"这是橙子,还是橘子?"徐老师将剥开的果肉给大家看。<br>"橘子!"大家一起回答。<br>"我猜对了!"有的孩子说。<br>"这是橘子,是不是?"徐老师总结道。<br>"是!"大家回答。<br>徐老师走回桌子旁,又拿起一根香蕉问:"那这是什么?"<br>"香蕉!"孩子们异口同声地大喊道。<br>"香蕉在食谱里星期几吃呀?"徐老师问。<br>"星期三!"一个声音大喊。<br>徐老师立即转过身去在食谱上寻找,"星期三是?"<br>"嗯!"几个孩子回应。<br>"哇!真的,星期三。"徐老师指着幕布惊奇地喊道。 | 教师不了解幼儿,不是这个孩子找到的,是她周二吃过,所以记住了。因此,教师的评价不到位。<br><br>此次,教师用真实的水果替代上次课程的图片,注意到了幼儿的学习特点。<br><br><br><br><br>通过现场检验的方式验证答案,这种方式值得肯定。让幼儿眼见为实,通过行动验证答案。<br><br><br><br><br><br>大班幼儿对香蕉的认知非常熟悉了,不用刻意提问。无意义的提问,浪费教学时间。 |

| 课程实录 | 内容分析 |
| --- | --- |
| "那还有什么?"徐老师继续从盘里挑水果,"哇,大梨子!"徐老师举起一个梨问大家。"大梨子,是不是?"<br>"是!"<br>"这是什么?"徐老师又拿起一个苹果问大家。<br>"苹果!"孩子们回答。<br>"我闻一闻大苹果。"徐老师拿起苹果闻起来,"你们喜不喜欢吃苹果?"<br>"喜欢!"<br>"那小朋友,这些苹果、梨子、橘子、香蕉都属于什么?"<br>"水果!"孩子们回答。<br>"哦,它们属于水果,是不是?"<br>"是!"孩子们肯定道。<br>"那看看这是什么菜呀?"徐老师又拿起一根油麦菜问。<br>"嗯,菠菜!""菠菜!"两个孩子回答。<br>"这是什么菜?"<br>"蒜苗!""油麦菜!""白菜!"……孩子们喊道。<br>面对吵闹的幼儿,徐老师说:"哦,这么多答案呀!原来是油麦菜。来,猜对的小朋友鼓励鼓励自己。"孩子们鼓起掌来。<br>徐老师又拿起一根问大家:"这个是什么菜呀?"<br>"菠菜!""青菜!"孩子们争吵道。<br>"这个,啊,这个是菠菜!"徐老师给出答案。<br>答对的小朋友高兴地笑了起来。<br>"那这个呢?叫什么?"徐老师拿起一个卷心菜。<br>孩子们争先恐后、七嘴八舌地喊起来。徐老师走近一个女孩子,女孩子说是"白菜"。徐老师又问还有没有别的答案,一个男孩举手,徐老师跑过去,男孩说:"是莲花菜"。<br>"莲花菜。"徐老师重复,然后转过身去问旁边的孩子,旁边的孩子也说是"莲花菜"。<br>"有的人把它叫'莲花菜',有的叫'卷心菜'。"说完,徐老师转过身去指着盘子说:"那小朋友们现在看,水果有了,菜有了,是不是?那这一类食物叫什么呀?蔬菜和水果,是属于蔬果类,它含有维生素,可以促进我们的消化。那下面请小朋友们看看这是什么?"徐老师端起一个盘子走到孩子们跟前,让每个小朋友都看了一下盘子里的肉。 | 以下对梨和苹果的提问都属于没有意义的提问。教师可以让大家现场尝一尝这些水果,孩子们应该会更开心。<br><br>对水果归类的概括性提问,有利于促进幼儿对概念的理解,属于思维性提问,是有意义的提问。<br><br><br><br>开始转换表扬方式,重视幼儿的自我鼓励。 |

续表

| 课程实录 | 内容分析 |
|---|---|
| "肉!"孩子们喊起来。<br>徐老师将盘子放到男孩子 E 跟前:"那摸一摸!"<br>小朋友用手指头在肉上面戳了一下。<br>徐老师说:"那你们闻一闻。什么味儿?"<br>E 说:"软的,没有味的。"<br>"我们的食谱中有没有肉?"<br>"有!"大家喊道。<br>徐老师端着盘子来到幕布前,在菜单上搜寻。<br>"星期二!"孩子们喊道。<br>"星期二是什么饭?"徐老师边找边问。<br>"白米饭!"一个女孩回答。<br>"白米饭和肉!"另一个孩子喊道。<br>"啊!素鸡、丝卷,有没有肉啊?"徐老师看着幕布问。<br>"有!"大家拖长声音回答。<br>"有没有肉?哦!鱼香肉丝里面有肉。还有哪里?牛肉面里面有没有肉呀?"<br>"有!""没有!"<br>"还有哪里有肉呀?"徐老师还在幕布上搜寻。<br>"星期四里面有什么?"<br>"红烧鸡块儿。"有个孩子说。<br>"哇,红烧鸡块儿,哪位小朋友说的?"徐老师惊喜道。<br>一个男孩 F 举起手来。<br>"哇,他说的,掌声送给他,好不好?"徐老师说。<br>一个男孩 G 站起来说:"王××,你真棒!"<br>"棒!棒!你真棒!"另一个声音也说。F 笑了起来。<br>"这个肉类食物啊,含有脂肪和蛋白质,可以补充身体的能量。"徐老师说完走回桌前,端起一个盘子,"好,请小朋友们看看这是什么?"徐老师端着盘子挨个儿走过去。孩子们大声喊起来,听不清楚在说什么。有的孩子已经坐不住了,互相打闹起来。<br>"有牛奶!""有酸奶!""有鸡蛋!"孩子们纷纷说道。<br>H 说:"有牛奶!"徐老师再问 H:"还有什么?"H 说:"还有鸡蛋。"徐老师再问 H:"还有什么?"H 说:"还有酸奶。"<br>"小朋友们知道吗?这个蛋奶类的食物含有钙,可以使我们的骨骼和牙齿更强壮。"徐老师总结完,又回到桌前,重新端起一个盘子并举得高高的,"这个是什么?想不想看?" | 对食物营养的讲解开始从科学概念角度着手,相对于上次的食物营养讲解有进步。<br>允许幼儿运用多种感官感受事物,产生对食物的丰富体验,是值得认可的做法。<br><br><br>幼儿看不懂复杂的文字,只能凭回忆。如果老师将文字转换成照片或图片,孩子们便一目了然了。<br><br><br><br>对幼儿的表扬比上次课程更多一些,并且调动其他孩子们对幼儿的表扬。<br><br><br><br>用科学概念对食物的讲解,有助于幼儿科学知识的普及。 |

续表

| 课程实录 | 内容分析 |
| --- | --- |
| "想!"孩子们回答,有的已经举起了手。<br>"嗯……把你们的小背挺起来。"孩子们立马坐直了。徐老师继续说:"啊!小背挺起来的小朋友我知道他很想看看是什么?"有两个男孩子甚至站起来了,只为了看看徐老师高举的盘子里是什么。"谁站起来了,我就不给他看!"两个男孩子马上坐了下去,大家都安静地坐好了,双手放在大腿上。<br>徐老师扫视了一遍,小跑到端坐好的女孩 I 跟前:"啊,来,请你先看一下,说说这里面有什么?"<br>I 看了看说:"有黄豆……"然后,停下来思考豆子的名字。<br>"还有红豆、绿豆!"旁边的 D 站起来看了后抢着说。<br>"啊,你说一说还有什么!"徐老师赶紧转到男孩 D 这边。D 还没有来得及说,远处飘来声音:"还有白米粥!""还有黑豆!""还有白米!""还有米!"……<br>"有一样我不认识的东西,这是什么呀?"徐老师盯着盘子说。几个孩子高高地举起手想要回答。"红红的是什么?"徐老师继续问。<br>"红豆!"大家喊起来。徐老师让 F 回答,F 说"是红豆。"<br>"我又长见识了,原来这个是红豆。那这个黑的是什么呀?"徐老师皱着眉头问。大家都举起手喊:"黑豆、黑豆!"<br>"哦,黑豆!唉,这个碎碎的,这个黄的是什么?"徐老师捏着小米又问大家。<br>"黄豆!"孩子们喊起来。"小米!"一个女孩说。<br>徐老师赶紧走到女孩跟前让她再说一遍,"小米!"女孩重复道。<br>"小米,小米!"其他孩子跟着修正了答案。<br>"它叫什么?"徐老师问 D。D 说:"小米。"<br>"哦,这是小米。小朋友知道这个,大米、小米、黄豆、绿豆、黑豆,还有红豆,它属于什么食物?"徐老师点着盘子里的食物问大家。<br>"豆子!……"孩子们喊起来。<br>"豆子呀?"徐老师问。"小朋友说,所有这些东西呀属于豆子,有没有别的回答?属于什么?"<br>"还有小米!"一个孩子说。<br>"都属于小米呀?"徐老师带着不可思议的表情问。<br>"白米饭!"一个孩子也说。<br>"哦,可以做白米饭呀?"<br>"是!" | 教师刚开始还能委婉地提醒纪律,到后面又开始"威胁"幼儿。<br><br>明明自己认识"红豆",却要装作不认识,将幼儿当成无知者。<br><br>老师很惊喜有小朋友说对了"小米"的名称,迫不及待地到她跟前。<br><br>幼儿的大脑中没有"谷物类"这个词汇,因此无法顺利进行归纳总结。 |

续表

| 课程实录 | 内容分析 |
|---|---|
| "哦!"徐老师失望地说。<br>K说:"这些都是……"徐老师赶紧走过去,K继续说:"这些东西都是,这里面的东西都是,有一个是小米。"<br>"哦,有小米。"徐老师再问,"所有的这些豆子属于什么?"徐老师再次失望地站起来说。<br>"还有白米。"一个孩子说。<br>"那徐老师来告诉大家,好不好?"<br>"好!"<br>"哦!这些豆子呢!属于五谷类食物,那五谷类的食物呢含有,含有热量,可以补充我们身体的能量。"说完,徐老师转回桌子放下盘子。"好,小朋友们看一看,徐老师把食材分成了几类?数一数,好不好?来,一,预备起!"徐老师指着盘子问大家,然后开始数起来。<br>这时候,孩子们根本没有听或看徐老师在做什么,他们开始走神、发呆、互相打闹、离开座位……<br>"我们数一数,好不好?"徐老师停下数数问大家。<br>"好!"几个孩子回答。大部分孩子回过神来了。<br>"好,来,预备起!"徐老师用手势带动大家。<br>"一、二、三、四!"孩子们跟着手势回答。<br>"我们分成了几类?"徐老师伸出四个手指头问大家。<br>"三类!""四类!"两种回答夹杂在一起。<br>"我们把食材分成了四类。有蔬果类,有肉类,还有蛋奶类和五谷类。好,那通过刚才的观察,我们发现食谱里怎么样?有没有这些东西?"徐老师问。<br>"有!"孩子们懒洋洋地回答。<br>"那我们每一天的食谱都安排了这些食物,是不是呀?"没有人回答。徐老师继续问:"那有没有我们?是不是我们不吃的食物食谱里面就没有呀?"<br>"是!"几个孩子轻轻地回答。<br>"小朋友不喜欢吃什么?"徐老师问。<br>"我啥都喜欢吃!"一名幼儿回答。<br>"我也啥都喜欢吃!"另一名幼儿也跟着回答。<br>"你来说。"徐老师蹲下身来让H回答。<br>H说:"我不喜欢吃西红柿鸡蛋汤,还有虾皮。"<br>"哦,他不喜欢吃西红柿鸡蛋汤,这里面有没有西红柿鸡蛋汤?星期几的饭有西红柿鸡蛋汤?"徐老师边说边快步回到幕布前在食谱里寻找。<br>"四。""星期四!"几个孩子说。 | 老师期望幼儿能得出自己想要的答案,忽略了幼儿的心理特点。问题出在自身,她应该更多地提出开放性问题,而不是封闭性的提问。<br><br>从科学概念角度说明了五谷类食物的营养。<br><br><br>课程进行的时间较长,况且主要是教师问、幼儿答,孩子们开始坐不住了。<br><br><br><br><br><br>幼儿思维的可逆性发展水平导致他们不理解反话。因此,教师的反问得到幼儿的诚实回答,教师不应该用反问形式提问。<br><br><br>教师的这一类问题都是无关主题的,这样的提问导致其他幼儿分神。 |

续表

| 课程实录 | 内容分析 |
| --- | --- |
| "哇！在这儿！"徐老师找到了。"那食谱中是不是没有哪位小朋友不喜欢吃的饭？有没有？"<br>"有！"大家回答。<br>"有，那……"徐老师刚开始说话，孩子们又说："虾皮，还有虾皮。"徐老师没有理会，继续说："那厨师，为什么要这样安排我们的食谱呢？"<br>"这些食品……"D说。<br>"哦，为什么？你来说说！"徐老师惊喜地跑到D跟前。<br>D回答："因为有营养。"说完，D和左边的孩子都捂着嘴笑了起来，两人又打闹起来。<br>"因为有营养，是不是？"徐老师总结道。"这位小朋友的小脑袋动得很快啊！他说因为这样搭配有营养。徐老师说的这四大类食物是不是各有各的好处呀？"<br>大家笑着、玩着，没有人回答。<br>"对不对呀？"徐老师再问。<br>"对。"几个孩子回答。其他的孩子都没有听徐老师说话。<br>"都对我们的身体有益处，是不是呀？"徐老师继续总结。"徐老师刚才说蔬果类的食物含有什么？"<br>"含有，含有维……"徐老师放慢语调，故意提醒。<br>"维生素！"孩子们这次很"给力"，大声回答。<br>"哦，对！含有维生素，促进我们的消化。那肉类含有什么？"虽然教室很吵，徐老师仍然问大家，没有孩子回答。<br>"脂肪和……含有脂肪和什么？"徐老师再次放慢语调提醒道，并且走近孩子们，让一个孩子L来说。<br>L说："蛋白质。"<br>"肉类食物含有脂肪和蛋白质，可以补充身体的能量。那蛋奶类食物含有什么？"徐老师走回桌边指着盘子继续问。<br>"钙！"一个声音喊道。<br>"哦，含有钙。能使我们的……"徐老师用手指着牙齿提醒，并蹲下来让M回答。<br>M说："维生素。"徐老师一听，瞪圆了眼睛，转过头去看了一眼盘子，又对M说："蛋奶类食物呀？可以使我们？"徐老师举起左胳膊做出有力的动作，"含有？含有什么？"徐老师转向旁边举手的孩子N，以为她能说正确，谁知N和旁边的孩子一起说："骨骼"。<br>"含有什么？"徐老师露出不可思议的表情问他们。 | 课程纪律越来越糟糕，主要是因为教师的语言太多，幼儿操作和活动的机会太小。孩子们的注意力完全不在教师的语言上，主要是敷衍式地回答。<br><br>课程时间过长，师幼对话过多，幼儿已经开始表现出不耐烦和注意力不集中。<br><br>幼儿根本没有记住各种营养素的名称与具体作用，所以胡乱猜测。教师的表情说明她缺乏对幼儿心理特点的掌握，提问方式说明她仍然不了解幼儿的学习特点。 |

续表

| 课程实录 | 内容分析 |
| --- | --- |
| "骨骼。"孩子们再次回答。<br>"含有骨骼呀?"徐老师反问。<br>大家哑口无言。<br>"含有钙,是不是? 能让我们的骨骼什么呀?"徐老师再一次指着牙齿提醒。<br>M 说:"牙齿。"<br>"我们的骨骼和牙齿更强壮,是不是?"徐老师总结道,然后站起身来说:"那么厨师,厨房里的叔叔阿姨,每天都在给我们做食物,辛不辛苦呀?"<br>"辛苦!"孩子们稚嫩地回答。<br>"那今天要请小朋友们为厨师做一顿饭,好不好?"<br>"好!"几个孩子回答。<br>"想不想做?"<br>"想!"大家喊道。<br>"好! 那我们今天,徐老师准备了面。"徐老师边说边到教室一角端出一盘已经和好的面团。"这是什么?"徐老师端着盘子问大家。<br>"面。""面团!"几个孩子回答。<br>"啊,徐老师给每个小朋友发一个小盘子和一坨面,然后我们来做一做食谱上的饭,好不好?"<br>"好。"一两个孩子回答,其他孩子都开始激动起来了。<br>"做一碗我们的牛肉面。"徐老师端着盘子走到幕布前看着食谱一字一句地说:"还可以做,那个叫什么? 那个菜?'素鸡丝卷'是什么? 等一会儿小朋友做了让我看看,好不好?"<br>"想做什么就做什么,好不好?"<br>"好!"大家高兴地笑着回答。<br>"我想做……"孩子们开始讨论。助教老师已经将桌子摆好,幼儿提着凳子坐到桌子前面,助教老师开始给大家一个一个发纸盘,每个孩子从盘子里取出一块已经和好的面。待准备工作就绪,孩子们挽起袖子,拿起面团开始搓,徐老师也拿起一块面揉起来。<br>孩子们很开心,脸上挂着笑,双手使劲地揉搓面团,还跟旁边的孩子讨论。徐老师提醒道:"你们现在是小厨师哦,开动你们的小脑筋。想想你给厨房里的叔叔阿姨做什么饭。"<br>有的孩子将面团在盘子里压成饼状,有的搓成条形,有的捏出形状,有的搓成小圆……教室里满是孩子们叽叽喳喳的讨论声,捶打桌子的声音……每个孩子都在投入地创作。 |  <br> <br> <br> <br> <br> <br> <br> <br> <br> <br> <br>教师运用真实的面团,在课程后部分让幼儿参与自主操作活动,这种课程形式符合幼儿的学习特点,调动了幼儿的积极性与主动性。<br> <br>教师意识到要让幼儿展开自己的想象,但又预设了前提"牛肉面",自相矛盾。<br> <br> <br> <br> <br>动手活动激起幼儿的兴趣,孩子们难得地笑起来。<br> <br>幼儿喜欢这种能够动手、动脑和动嘴的活动,在活动中,他们才能全身心投入。 |

续表

| 课程实录 | 内容分析 |
| --- | --- |
|   "你们的牛肉面，想做什么就做什么？我看哪位小朋友做得好，和别人做得不一样啊！"徐老师偶尔提醒一下。<br>  徐老师的说话声引起了D的注意，D抬起头笑着看徐老师，徐老师赶紧边跑过去边问："哇，你做的什么？"D说："啥都没做。""那你准备做什么？"徐老师不懈地问。"牛肉面。"<br>  "他说他准备做牛肉面。"徐老师宣布。<br>  "我也做牛肉面！""我要做三细。"对面的孩子立即说。<br>  "哎呀！好吵呀！"徐老师提醒大家声音小点儿。徐老师又继续问其他孩子做的什么。<br>  "馒头！"孩子K回答。<br>  "他说他要做馒头。"徐老师走到教室一角取出一个碗走到一张桌子前说："那徐老师和小朋友们一起做，好不好？"没有人理她。"我看哪位小朋友做的和其他小朋友不一样啊？"徐老师又说，她的话再次引起几个孩子抬头看她。<br>  "哦，你在做什么？"徐老师问自己对面的男孩子G，男孩子G说："二细！"徐老师重复道："他说他在做二细面呢，哦！"旁边桌的孩子又转头看了一眼。<br>  "你是几细面？"徐老师又问对面的男孩子H。"三细。"H回答。"哦，他说他要做三细。"徐老师的话又引得其他孩子抬头看这边。<br>  "那你做的啥？"徐老师继续问同桌的孩子I。I说："花卷。""哇，她说她要做花卷。她做的和别的小朋友都不一样。"徐老师又对着全班说，再次引起其他孩子的注意。<br>  孩子们继续忙碌地搓面、造型，开心地与周围的孩子说笑，使劲地拍打面团……<br>  终于，有几个孩子的作品"完成"了，徐老师迫不及待地过去拿了起来。徐老师拿起O的作品"饺子"给大家看，翻来覆去地看看："这是一个饺子，哎呀，露馅了，开了。"孩子们听后笑了。"啊！她的想法很特别呀！"<br>  然后徐老师又拿起B的作品对大家说："啊，这位小朋友的手很巧啊！"B已经"拉"出了很长的面。<br>  "桃心蛋糕用什么做的？"老师又问B。B说："用面。"<br>  "用到了什么？"徐老师又问。"用到了面。"<br>  …… |   教师有意识要让幼儿自主思考，但又说了一句"你们的牛肉面"，此话一出，立即影响了一些孩子的思考。<br><br>  教师仍然不希望孩子们动嘴，喜欢大家安安静静的。<br><br>  教师不停地问正在"工作"的幼儿，这种行为打断了幼儿的注意力。<br><br><br><br><br><br>  教师的思想与行为相矛盾，一方面希望每个幼儿做的不一样，一方面又用语言限制大家的思考。缺乏对自身教育行为的反思。 |

续表

| 课程实录 | 内容分析 |
|---|---|
| 徐老师继续在教室巡视，发现了"拉面"的孩子。"哇，这位小朋友把面拉得很长呀！"然后问："你做的什么？"<br>"牛肉面！"<br>"哇，他做的牛肉面！那这是什么？"徐老师捡起一根掉下来的"面"问他。"把你的面拿起来，好吧？"幼儿在徐老师的吩咐下将长长的拼接起来的"牛肉面"提起来给大家看。<br>"哇，这么长！"一个声音惊讶道，刚说完，长长的面又掉了一部分。<br>"面断了！"徐老师边说边捡起掉下来的面帮忙接上。此时，其他认真操作的孩子回过头来一直看着他们。"这面真长，好了没？哇，做了一根跟身高一样长的面！"孩子小心翼翼地捏着连接处，徐老师问："面高还是你高？"<br>"面高！"孩子回答，刚说完，面又断了。<br>"面高呀？"徐老师说。其他的孩子时不时地看着他们。<br>"这小朋友说面高，徐老师来比一比。"徐老师帮他在地板上接面条。"我是想验证一下面高还是小朋友高，可是这个面老是断呀！"徐老师终于将面接在一起了，"好！好！站好！待会儿面又掉了。"徐老师催促道，"面高还是你高？站好，你站直，我帮你。"徐老师拿着面条问，吸引了很多小朋友看热闹。"站直，面高还是你高？"<br>"我高！"孩子回答。<br>"你高！"接下来，徐老师又看其他孩子的进展。看到E的作品比较"成形"，便过来问E："哇！你做的什么？"<br>E说："我做的娃娃蛋糕。"<br>"哇！你做的娃娃蛋糕！"<br>"这是小嘴巴？"老师问。<br>"眼睛。"E回答，然后与右边的孩子说话。<br>"那我们把嘴巴做上？"徐老师提醒她，E答应了，她又将一小条面贴在了"娃娃"的脸上。<br>"这个是多余的吗？"徐老师帮忙移去盘子里剩余的面团，然后端起盘子："我们请小朋友看看，好不好？你做的什么？"<br>"我做的娃娃蛋糕。"E再次回答。<br>"啊！她做的娃娃蛋糕。"徐老师提高嗓门端起盘子给大家展示，孩子们的注意力又被打断，随即抬头看徐老师。 | 教师来回穿梭、不断说话，打扰了幼儿的认真工作，没有营造支持性活动环境，不利于幼儿注意力的发展。<br><br><br><br><br><br>教师始终认为自己是课程的中心，自己需要不停地说，没有意识到自己的语言和行为对幼儿并未产生支持性、引导性作用，反而破坏了幼儿的专注力。<br><br><br><br><br><br><br><br>幼儿在操作活动中不断受到教师语言的干扰。 |

续表

| 课程实录 | 内容分析 |
| --- | --- |
| "呵呵呵呵……"大家的笑声响起。一个男孩子走过来看,徐老师将盘子支给他看。<br>"她的想法很特别。请小朋友们看看。"大家抬头看了看,没有过多的兴趣表现。<br>"来,给小朋友们说一说你的想法。"徐老师让她站起来介绍自己的作品,然后对她说:"没有看懂,这是什么?"<br>E慢慢地解释:"这是房子,这是娃娃。"<br>"哦,房子和娃娃。你用到什么?"徐老师问她。<br>E说:"我用的面。"说完,她便回到了座位上。<br>"用的面。"徐老师重复。<br>"那小朋友只是做的花卷,都用到了面,那我们可以做做肉呀!捏个小鸡蛋呀!用面做一个牛奶的瓶子,装牛奶。"徐老师提醒道。这时跟前的一个男孩子主动凑近徐老师,徐老师说:"你说!"<br>"我做的是肉。"<br>"哦,他做的肉,"徐老师重复。"那我们是不是还可以揪点小面片当菜呀?"<br>旁边的孩子也说:"我还要做肉和面。"<br>"哦,还要做肉和面。"徐老师重复。"可是为什么我没有看到小朋友做鸡蛋、鹌鹑蛋?"<br>徐老师又走来走去:"哇!你的桃心蛋糕加工得这么漂亮呀?"<br>……徐老师看了看时间,然后结束课程:"好,小朋友,刚才做的这些食材是不是都用到了我们四大类食物呀?"<br>"是!"<br>"嗯,小朋友的手真巧,那请小朋友们把这个盘子放下,一会儿再继续做好不好,请小朋友们起立啊!" | 明知故问的欠深度的提问。<br><br>教师将自己的思想强加给幼儿。比如,让孩子用面做牛奶瓶、菜叶、鹌鹑蛋等食物。 |

第一,忽视潜在教育影响,存在负面教育内容。在课程导入部分的"小话剧"中,"瘦瘦"的表情是"嫌弃地",语言是"吃货""越来越讨厌妈妈",动作是"手指尖捏着筷子""将'肉'扔得远远的""挑出'米饭'扔掉""将碗筷扔在桌上"……幼儿缺乏分辨能力,容易将看到的内容默认为可以存在的事物,从而对这些行为进

行刻意模仿。这种潜在的教育影响对于幼儿的语言和行为规范具有负面作用。

第二，普通话不标准。教师将"瘦瘦"说成"sou sou"，她的不标准发音引起了幼儿的注意，幼儿觉得很好笑，便重复了一遍。这说明教师的普通话不标准，且自己一直没有在意，其结果便是让幼儿意识到老师做得不好的地方，逐渐失去教师在幼儿心目中的权威；幼儿亦会刻意模仿教师的行为，将正确发音演变为错误发音。

第三，不重视对幼儿的语言进行规范。幼儿的回答非常简单，徐老师从来没有要求幼儿在回答问题时尽量表述完整或做出引导。如徐老师做出大口大口吃饭的姿势问："他吃饭的时候……啊呜啊呜，怎么啦……在?"一名幼儿回答："大口。"徐老师又问："壮壮在大口大口地吃饭，可是瘦瘦怎么啦?"大家回答："挑食!""不吃!"徐老师再问："瘦瘦不喜欢妈妈做的食物，是不是?"一名幼儿说："还挑食。"另一名幼儿说："只爱吃肥肉。"虽然日常生活中只要明白对方的意思即可，不在意语言的完整性与规范性。但幼儿处于语言发展的关键期，《国家中长期教育改革和发展规划纲要（2010—2020）》和《3—6岁儿童学习与发展指南》明确规定要促进幼儿的语言发展，课程则是语言发展指导的良好契机。

第四，缺乏随机教育与对课程内容的生成。随机教育与对课程内容的生成能体现出教师的教育掌控能力和随机应变能力，徐老师仍然缺乏这种意识，希望课程按照既定方式进行。如在"素鸡"一事上，幼儿说它是用面做的。实际上，素鸡是一种传统豆制食品，以素仿荤，口感、味道与肉难以分辨，故名"素鸡"。面对自己未料到的情况，教师将责任交给了幼儿，幼儿的回答显然是胡乱猜测的。其实，老师可以将这个问题留作当天的"家庭作业"，让幼儿回去想办法弄清楚什么是"素鸡"，然后第二天带上真实的"素鸡"到课堂上给幼儿观察和品尝。通过这种方式，一堂新的课程自然就生成了；同时，幼儿还能从中学习到教师的实践精神。

第五，缺乏对幼儿已知经验的把握。"鱼香肉丝"是幼儿在幼儿园吃过的菜品，但老师没有介绍过"鱼香肉丝"，所以他们不知道

"鱼香肉丝"具体有哪些东西,徐老师却以为孩子们吃过就知道,结果导致课堂的尴尬。徐老师用文字的形式而非图片形式将本周幼儿园食谱呈现出来,结果幼儿识字不多,看不懂文字。教师的材料准备说明她缺乏对幼儿已知经验的有效把握。

第六,仍使用威胁达到纪律控制。徐老师通过第一次行动研究认识到不应该使用威胁和强迫的方式管理幼儿,当幼儿有活动可操作时自然就容易管理,于是在课程中开始注意自己的言行。但当课程进行到一定程度,课程内容不具有吸引力时,幼儿的注意力无法集中,老师难以控制地用威胁方式管理纪律。

第七,提问仍有不清晰的地方。如在提问食物的营养与作用环节,老师的提问是"蛋奶类食物呀?可以使我们?""含有?含有什么?""含有钙,是不是?能让我们的骨骼什么呀?"如果老师换一种方式提问:"大家想一想,鸡蛋和牛奶一类食物里面的什么营养使我们的骨骼更健康?"问题清晰了,幼儿自然能够回答。

第八,经常分散幼儿的注意力。在幼儿制作面点环节,徐老师在教室来回走动,不停唠叨,看见自己感兴趣的便主动与幼儿交谈,她的行为分散了幼儿的注意力。并且徐教师对幼儿的指导不是幼儿的主动要求,是教师的刻意打扰。这些行为不利于幼儿学习品质的培养。

第九,倾向于从成年人视角分析幼儿的作品。幼儿在创造作品时赋予的是丰富的想象力,不追求像什么,亦不追求它的实用性。成人则偏向于从"像"的角度分析作品,这就导致幼儿的作品不能被成人理解和接受,徐老师对幼儿作品的评价亦有这种表现。教师的这种实用主义评价会导致幼儿缺乏自信心,不利于幼儿想象力的发展。

第十,缺乏对幼儿的耐心等待。在制作面点过程中,不待幼儿的操作彻底完成,徐老师就急于将其作品展示给全班孩子。如徐老师发现了做"拉面"的孩子,便迫不及待地要将"拉面"进行展示。实际上,幼儿还没有完成作品,且"拉面"是用一条一条的短面条拼接而成的,当展示"面条"时,面条便经常断掉。这些细节体现出老师缺乏对幼儿的耐心等待,以课程为中心,急于看到课程但徐老师的课程实施已有明显改善之处：第一，注意尊重幼儿的思想。如在幼儿进行面点的创作中不给予一个固定的主题，而是让其自由发挥（实际上，教师的潜意识仍然是想控制幼儿，但行为层面已经开始改变）。第二，重视问题的开放性与幼儿的想象性。如在话剧表演完后，徐老师没有说故事的名字，而是让幼儿给它起一个名字。通过这个开放性问题，每个孩子关注的焦点不一样，取的名字也有区别，充分体现了幼儿的主动性。第三，重视幼儿的真实体验。徐老师带来水果（橘子、香蕉、梨、苹果）、蔬菜（油麦菜、菠菜、卷心菜）、谷物食品（红豆、黄豆、绿豆、黑豆、小米、大米）和牛肉让幼儿切身感受，不仅调动了幼儿的积极性，并且注意培养幼儿对食物种类的概括能力。第四，从科学角度解释食物的营养。徐老师对四类食物的营养性质进行了介绍，从维生素、脂肪、蛋白质、钙等营养成分着手传授科学知识："蔬菜和水果，是属于蔬果类，它含有维生素，可以促进我们的消化。""这个肉类食物啊，含有脂肪和蛋白质，可以补充身体的能量。""这个蛋奶类的食物含有钙，可以使我们的骨骼和牙齿更强壮。""那五谷类的食物呢含有，含有热量，可以补充我们身体的能量。"第五，教学环节过渡顺畅。如在话剧表演完后，徐老师提问幼儿爱吃或不爱吃什么食物，然后引导大家看一看幼儿园的食谱；在对幼儿园食谱进行分析以后需要过渡到实物呈现环节，徐老师都能够紧紧扣住一个中心。

4. 对课程评价能力的分析

从课程实施与课程访谈可知，徐老师的课程评价取向上既有目标评价取向，也有过程性评价取向。除了对课程目标的实现进行了衡量外，也对课程实施过程中的内容进行了评价；主要对幼儿在课程中的表现进行评价，认为孩子们的积极性有所提高。

研究者："今天上课感觉如何？"

徐老师："嗯，一开始我还怕组织不好大家，因为以前没有搞过这样的活动，还以为特麻烦呢，结果也没有想象的那么麻烦。那个菜是我们园厨房的,昨天跟我们大师傅借的,今天用了还回去还可以吃,也不浪费。"

研究者:"材料都是幼儿园厨房准备的吗?"

徐老师:"不是,大米和小米是厨房的,其他豆子基本上是我一样买了点,也不多,就几两。水果也是我自己买的,肉是灶台上的。还可以用,不浪费……就是面好像有点浪费了!"

研究者:"下次面点制作如果能让孩子们烤好或煮上吃了,或是干了后涂上颜色成为展示品,也就不浪费了。"

徐老师:"哦,就是就是,您说得对啊!要不然多可惜呀,每次都这样上课的话,得浪费多少东西。"

研究者:"但是今天上课效果好像不一样了吧?"

徐老师:"嗯,就是,我觉得老师对我帮助很大啊!这样多一些游戏和活动,好像孩子们的兴致也比较高了,纪律也好多了。"

研究者:"孩子们就是要动手操作,光坐着听多没意思。幼儿的学习和我们成人的学习是不一样的!您觉得此次课程哪些地方需要改善的?"

徐老师:"嗯,我觉得在讲食物的营养环节,好像娃娃们还是不能听懂什么是蛋白质、维生素这些,有点儿难了。……还有就是,在我们园的食谱展示环节,好像不是很好,孩子们有点儿不配合,我想是不是因为他们看不懂。"

研究者:"对啊,您分析得很好,全是文字的,他们怎么看得懂,如果是图片、照片,或者是其他一些直观的,他们就没有问题。"

徐老师:"是,刚才我们几个老师讨论的时候也觉得,这次活动的目标还是比较可以的,基本上完成吧,当然不说全部,80%左右吧!"

总而言之,徐老师在课程目标设计能力、课程内容设计能力、课程实施能力和课程评价能力上均有转变。但依旧存在诸多问题,现将与徐老师讨论后诊断出的问题进行呈现(见表5-3)。

表 5-3　　　　课程能力的问题诊断（第二轮行动研究）

| 能力分类 | 问题诊断 | 改善之处 |
| --- | --- | --- |
| 课程目标设计能力 | ・缺乏创生取向与表现性取向<br>・课程目标选择缺乏专家来源<br>・缺乏"过程与方法目标"<br>・课程目标体系不完整，缺乏可行性 | ・增加了"情感态度与价值观目标"<br>・课程目标表述准确、逻辑清晰、目标价值导向正确 |
| 课程内容设计能力 | ・课程内容的组织不符合幼儿的心理发展特点<br>・课程内容涵盖领域狭窄 | ・课程结构清晰、顺畅<br>・课程内容与课程目标对应<br>・课程内容具有游戏性与活动性 |
| 课程实施能力 | ・缺乏课程实施中生成新内容的能力<br>・忽视潜在教育影响，存在负面教育内容<br>・普通话不标准<br>・不重视对幼儿的语言进行规范<br>・缺乏随机教育与对课程内容的生成<br>・缺乏对幼儿已知经验的把握<br>・使用威胁达到纪律控制<br>・提问仍有不清晰的地方<br>・经常打断幼儿的注意力<br>・倾向于从成年人视角分析幼儿的作品<br>・缺乏对幼儿的耐心等待 | ・注意以游戏和活动的形式组织课程<br>・重视问题的开放性与幼儿的想象性<br>・重视幼儿的真实体验<br>・从科学角度解释食物的营养<br>・教学环节过渡顺畅 |
| 课程评价能力 | ・缺乏对教师与幼儿的深入评价<br>・缺乏从量化角度的评价 | ・出现过程性评价取向<br>・出现对幼儿学习表现的评价 |

### （二）课程能力的策略制定与执行

针对以上问题，笔者与徐老师制定了如下解决策略（见表 5-4）。

在观念层面提升上，笔者从进步主义教育观和分析哲学观出发，让老师明白教育的意义与教师的职责。第一，让教师明白教育的意义：教育应该是"主动的"，并且应该与幼儿的兴趣相联系；课堂应该以解决问题来学习，取代教材灌输；教育应该是生活本身而不是生活的准备；教师的职责不是依靠权威来指挥而是提供建议，因为应该由幼儿自己的兴趣决定他学习的东西；幼儿园应该鼓励合作而不是竞争；只有民主才可能使各种思想和个性自由发展和互相作用，民主是真正生长的必要条件。① 第二，从分析哲学得出的启示出发，让教师明白在语言表达中，要注意语言的意义，清楚地思考和传授知识，区别有意义的话和无意义的话，以避免含糊不清；教师对知识的认知必须前后一致地进行推理，遵守形式逻辑的规则；教师所传授的知识必须是客观的，没有个人的和文化的偏见；所传授的知识必须是可靠的，当证据不足时，就不下判断，直至进一步找到资料以后才决定问题；教师必须仔细考查所有明显和不明显的规范性命题，它们是什么就做什么说明；教师应该弄清楚一切言论或争论中的名词和分析标准。②

表5-4　　课程能力提升的解决策略（第二轮行动研究）

| | 策略 | 阅读材料 |
| --- | --- | --- |
| 观念层面 | ·教育的意义：教育是"主动的"，并且应该与儿童的兴趣相联系；以解决问题来学习，取代教材灌输；教育应该是生活本身而不是生活的准备；教师的职责不是依靠权威来指挥而是提供建议，因为应该由儿童自己的兴趣决定他学习的东西；幼儿园应该鼓励合作而不是竞争；只有民主才可能使各种思想和个性自由发展和互相作用，民主是真正生长的必要条件<br>·教师的职责与意义：教师必须清楚地区别有意义的话和无意义的话，避免含糊和不明确；遵守形式逻辑规则；传授的知识是客观的，没有个人的和文化的偏见；传授的知识是可靠的；仔细考查所有明显和不明显的规范性的命题，它们是什么就做什么说明；弄清楚一切言论或争论中的名词和分析标准 | ·《教育哲学通论》摘选<br>·《童年的消逝》<br>·纪录片《成长的秘密》第7—12集 |
| 知识层面 | ·幼儿心理学知识：幼儿的情绪情感发展的特点与规律<br>·在搜集资料与知识的过程中应该充分利用家长资源 | ·《学前儿童发展心理学》摘选<br>·《给孩子自由》<br>·《让孩子做主》 |
| 技能层面 | ·如何与幼儿有效谈话<br>·如何倾听幼儿的谈话 | ·《如何说孩子才会听，怎么听孩子才肯说》 |

---

① 全国十二所重点师范大学联合编写：《教育学基础》，教育科学出版社2014年版，第20页。
② 黄济：《教育哲学通论》，山西教育出版社2011年版，第258页。

在知识层面提升上，针对徐老师的知识结构现状，主要从幼儿心理学知识中关于幼儿情绪情感的发展与家园合作角度入手。在幼儿心理学知识提升中，通过对3—6岁幼儿在情绪情感发展方面的特点与规律，让徐老师明白情绪情感发展对幼儿成长的重要性。在课程资源建设中，建议老师通过调查家长的职业、兴趣，将其制作成资源列表，在遇到相关专业知识与资源短缺问题时，可以求助于具有专业知识的家长。

在技能层面提升上，主要从教师与幼儿的谈话技巧出发，通过对事件的分析，帮助徐老师学会对幼儿经常性出现的"错误"进行原因调查，以及替代惩罚的诸多方法，帮助徐老师学会分析幼儿的心理。

策略制定好以后，徐老师的学习材料包括以《教育哲学通论》《西方心理学》《学前儿童发展心理学》中摘选出的相应内容；通俗易懂的学前教育读物，如《童年的消逝》《给孩子自由》《让孩子做主》《如何说孩子才会听，怎么听孩子才肯说》；纪录片《成长的秘密》第7—12集。在与徐老师沟通观点后，徐老师进行自主学习。期间，与徐老师共有4次深入的交流。

## 四　第三轮行动研究

经过第二轮行动研究，在一个月时间内，徐老师自主学习了阅读材料，并与笔者进行了交流。12月8日，徐老师进行了第三次课程展示，上课对象是大二班幼儿。

### （一）课程能力的表现、分析与问题诊断

徐老师的课程是健康领域《黑味餐厅》，目的还是想让幼儿养成不挑食的习惯，做到营养摄入均衡。但相对前两次课程，她在课程目标设计、课程内容设计、课程实施环节进行了大的调整。此次课程的设计意图为："黑色食品含有人体需要的多种微量元素，其中锌含量喜人，对于正在成长的孩子来说，有选择地食用一些黑色食品，对及时补充生长、发育所需要的营养是大有好处的，因此，黑色食品被专

家们称赞为纯天然保健最佳食品,但在一日生活中会发现孩子们常将面包上的黑芝麻、面条以及菜汤中的黑木耳拒之于千里之外,对于黑豆、黑米、黑枣这些有营养的食物比较陌生,通过此次教学活动,目的在于让幼儿认识黑五类食品,知道黑色食品的营养价值,从而使幼儿喜欢上黑色食品。"(根据徐老师设计的教案如实摘录,未删改文字与内容。)可以看出,徐老师将课程内容的范围缩小了,内容显得更加具体、更具有操作性。

## 黑味餐厅

活动目标:

1. 认识黑五类食品的名称,了解木耳和其他四类黑色食品的营养价值。
2. 体验黑色食品的制作过程,愿意吃各种黑色食品。
3. 感受动手操作的快乐和探索新事物的乐趣。

活动准备:

1. 黑豆、黑芝麻、黑米、黑枣、黑木耳食物。
2. 关于黑五类食品的 ppt,关于木耳生长的挂图。

活动过程:

一 芝麻开门游戏导入活动

1. 组织幼儿参观黑色食品。
2. 组织幼儿讨论,认识黑色的食品。

二 讨论黑色食品的营养

1. 认识木耳,通过感官感知、探索木耳吸水会膨胀的现象,比较干木耳和湿木耳的不同之处,了解黑木耳的营养价值。
2. 了解黑米、黑芝麻、黑豆、黑枣的营养价值,让幼儿知道不同的黑色食品的营养价值不同。
3. 了解黑色食品可以做成的食物。
4. 请幼儿品尝黑色食物的味道,能接受黑色食物。

三 学做小厨师,制作黑色食品,开一家黑味餐厅。

分组制作食品(凉拌木耳、冲黑芝麻糊、榨黑豆浆、煮汤圆)

(根据徐老师设计的教案如实摘录,未删改文字与内容。)

1. 对课程目标设计能力的分析

《黑味餐厅》共有三个课程目标:"第一,认识黑五类食品的名称,了解木耳和其他四类黑色食品的营养价值。第二,体验黑色食品的制作过程,愿意吃各种黑色食品。第三,感受动手操作的快乐和探索新事物的乐趣。"从这三个目标可以看出,徐老师的课程目标取向平衡能力表现为普遍性目标取向与行为目标取向;课程目标来源选择方面是对幼儿和社会生活的研究,且具有专家来源(此次课程设计徐老师征求了 X 园长和其他老师的意见,是大家一致讨论的结果,并且就目标设计问题咨询过笔者);在课程目标组织能力方面三维目标并重。

在课程目标表述能力方面,目标体系比较完整,包括所有准备的学习成果,如"认识黑五类食品的名称,了解木耳和其他四类黑色食品的营养价值"属于认知和技能目标,"体验黑色食品的制作过程"与"感受动手操作的快乐和探索新事物的乐趣"属于过程和方法目标,"愿意吃各种黑色食品"属于情感态度价值观目标;课程目标表述准确、无歧义;目标的逻辑顺序清晰、顺畅;目标具有一致性,每个目标叙述的主体都是幼儿;目标具有明确的学习效果;目标具有一定的适切性,与幼儿园、家庭、社会环境相适应;目标具有一定的有效性,陈述的内容能够反映所代表的价值;目标具有一定的可行性;目标的表述通俗易懂。

第二轮行动研究后,徐老师的课程目标设计能力较以前又有了进步,表现在重视三维目标的平衡,课程目标表述精确,注意课程目标的可行性与操作性方面。

2. 对课程内容设计能力的分析

此次课程内容的组织主要分为三个部分,即"导入部分""讨论部分"和"活动部分"。"导入部分"通过"芝麻开门"游戏帮助幼儿认识五种黑色食品;"讨论部分"通过看、摸、闻、品尝五种黑色食品,让幼儿了解它们的营养价值;"活动部分"让幼儿分组制作黑色食品,增加对黑色食品的好感。

在课程内容取向选择能力方面,徐老师的价值取向体现了活动取向和经验取向趋势,明显增加了游戏和活动,重视幼儿的活动体验。如在"导入部分"用"闯关"游戏编造了一个小故事来吸引幼儿的注意力与兴趣；其次，在课程后半部分准备了真实的黑五类食品与辅料，让幼儿动手制作各式食品，这种安排有助于丰富幼儿的体验。

课程内容组织能力体现出以下改善之处：课程内容与课程目标关系密切；课程内容的结构较清晰，此次课程内容分为三个主要部分，每个部分之间体现出递进的关系，没有多余部分，课程内容简洁、清晰，直切主题；课程内容具有游戏性与活动性，包括"闯关故事"与"食物制作"，这些活动比较能引起幼儿的兴趣，符合幼儿的学习特点。课程内容组织仍然存在的问题表现为涵盖领域狭窄，该课程仍然只局限于幼儿的健康发展领域，仍没有从课程内容的横向组织层面考虑，未将幼儿其他领域的发展加以综合考虑。

3. 对课程实施能力的分析

此次课程仍然是在幼儿园音乐厅进行的，配班李老师（化名）仍在一旁帮忙组织班级秩序与教学协助，同时，幼儿园其他没有主班的教师与X园长都来听课观摩。以下是徐老师和孩子们在课程《黑味餐厅》实施中的表现。

| 课程实录 | 内容分析 |
| --- | --- |
| "好，我来看，小眼睛我能不能看见。"徐老师坐在前面微笑着说，孩子们立马坐得端端正正。<br>"好，孩子们，这里是'黑黑城堡'，在这里即将举行一场营养美食盛宴。"徐老师手指投影幕布一字一句地说。幕布上面出现了一幅卡通图案，写着"Castle Restaurant"，"你们想不想去参加？"徐老师精神饱满地问道。<br>"想！"孩子们大声地拖长声音回答。<br>"咦，可是，刚才呀！城堡里的主人跟我说想去参加盛宴，先要玩一个闯关游戏。"徐老师抑扬顿挫地说。两个女孩相视一笑，激动得轻轻拍手。徐老师继续神秘地讲道："在去城堡的路上呢，要经过五个王国。"两个女孩子又激动地轻轻说着："呀！"其他小朋友都在聚精会神地听着。<br>徐老师伸出五个手指说："五个王国里都住着一个食—物—精—灵！"然后，她将两只手掌并在一起做成门的形状道："王国的门儿呀，都是关着的。"接着，她的双手慢慢打开："想要通过这扇大门，我们必须要念一个咒语才能进去，"徐老师摇着头说："这咒语是什么我也不知道。"她又露出笑脸说道："但是，你们要 | 教师设计了一次"闯关游戏"作为课程的开始，期望引起幼儿的兴趣。<br><br><br>教师开始注重讲故事的技巧，包括语言、语调和表情；开始注意故事表达的效果。从两个女孩的表现里可以看出她们很期待老师的故事。 |

| 课程实录 | 内容分析 |
| --- | --- |
| 仔细地观察。观察这个食物王国里住着哪一种食物精灵，或许，我们就能破解咒语。"最后，徐老师提高嗓门问："你们想去闯关吗？"<br>"想！"孩子们大声地回答。<br>"好，那我们去第一个王国。"徐老师举起胳膊做出加油姿势。说完，站起来指着 PPT 问大家，"唉！你们觉得这个王国里，住着哪种食物精灵？"徐老师神秘地问，刚说完，便有孩子举起手来。<br>"请你说！"徐老师让 A 回答。<br>A 说："芝麻。"<br>"哦，芝麻！什么颜色的芝麻？"徐老师又问。<br>"黑色的！"全体孩子不约而同地一起回答。<br>"哦！黑芝麻。好！那现在我来带你们去闯关。第一关，徐老师去闯，好不好？""好！"大家一齐回答。<br>"咒语到底是什么呢？"徐老师思考道，"我试一试啊！试试这个门能不能打开？"徐老师转过身侧对着幕布，双手开合交叉着说："黑芝麻，开门！黑芝麻，开门！黑芝麻，开门！耶！"徐老师一边喊一边看小朋友，随着一声胜利的音乐响起，"城堡"的大门打开了，徐老师兴奋地做出"加油"的姿势。<br>"耶！"孩子们也跟着喊起来。<br>"我胜利了没有？"徐老师问大家。<br>"胜利啦！"孩子们稚嫩地回答。<br>"那你们怎么不给我鼓鼓掌啊？"徐老师"埋怨"道。孩子们赶紧鼓起掌来。<br>"第二关呀，我就不帮忙了。自己闯，好不好？"徐老师问。<br>"好！"孩子们回答。<br>"第二个王国，哎，这个王国住着哪一位食物精灵？谁认识？来，你说，你觉得是什么？"徐老师叫起了女孩子 B。<br>B 回答："黑米。"<br>"黑米？有没有不同意见的？你说！"徐老师问。<br>C 回答："黑……那个，瓜子。"<br>"哦！他说瓜子。那我们来试试是不是瓜子？来，我们觉得咒语应该怎么念？"<br>"瓜子……"一个孩子起头道。"瓜—子—开—门！瓜—子—开—门！瓜—子—开—门！"孩子们一齐喊道。可是"城堡"的门并没有打开，徐老师耸耸肩。<br>"门开了没？"徐老师问。<br>"没有！"大家轻轻回答。<br>"是不是瓜子？"徐老师问。 | 教师对待幼儿的语言开始变得礼貌，用了"请"字。<br><br><br><br><br><br><br><br><br><br><br><br>教师开始与孩子们用提问的方式互动，让孩子们为自己的成功鼓掌。<br><br><br><br><br><br>B 回答对了，但为了增加游戏的趣味性，教师却让 C 继续回答问题，以得出错误答案。这种故意创设教育困境的做法不可取。不能以幼儿的发展为代价来满足课程的"表演"效果。大班幼儿内心其实清楚教师的这种"小伎俩"。 |

| 课程实录 | 内容分析 |
|---|---|
| "不是。"大家更小声地说。<br>"刚才谁说的黑米?"徐老师问。<br>"我!"B举起手说。<br>"那我们来试一试是不是黑米,好不好?"徐老师问。<br>孩子们已经自发地一边做开门的动作一边喊了起来:"黑—米—开门!黑—米—开门!黑—米—开门!"<br>"耶!"一个男孩子喊道。<br>"成功了没有?"徐老师激动地问。<br>"成功啦!"孩子们得意扬扬地回答。<br>"闯了几关啦?"徐老师伸出两个手指头问大家。<br>"三关!""两关!"有小朋友回答。<br>"现在去第三关!"徐老师说,此时,已经有孩子举起手。<br>"唉!第三个王国里你觉得住的是什么?"徐老师问大家。<br>"黑豆!"一个声音抢着说。<br>"哦!黑豆,大家都认识啦?黑豆是不是,那我们来……"<br>"黑—豆—开门!黑—豆—开门!黑—豆—开门!黑—豆—开门!"孩子们一齐大声喊道。<br>"当—当—当当!"胜利的旋律响起,"城堡"大门打开了。<br>"耶!"孩子们高兴地喊,一个孩子高兴得站了起来。<br>"闯了几关啦?"<br>"三关!"<br>徐老师又点击出下一张图片道:"不难吧?"孩子们已经举起了手。"黑木耳!"大家情绪高涨地喊道。<br>"一起念咒语!"徐老师说。<br>孩子们拍着手喊:"黑—木—耳—开门!黑—木—耳—开门!黑—木—耳—开门!耶!"<br>"我们去第五个王国,比较难哦!最后一关了,它总要难难你们,是不是?我们来看第五个王国住的谁?"徐老师指着第五张图片说道。<br>"黑枣!""黑枣!"孩子们争先恐后地说道。<br>"孩子们都认识黑枣,哦?"徐老师高兴地说。"那我们来试一下……"徐老师做出开门的姿势。<br>"黑—枣—开门!黑—枣—开门!耶!""城堡"的大门又顺利打开,孩子们很开心地做出胜利的手势。 | 教师的游戏设计比较成功,外加教师设计的"悬念"效果和自身表现力度,成功地调动了幼儿参与游戏的积极性。 |

续表

| 课程实录 | 内容分析 |
|---|---|
| "你们真棒！比我想象得要厉害！"徐老师一边说一边坐在了正前方，"刚才我们闯了几关？"<br>"五关！"<br>"经过了几个国家？"<br>"五个！"<br>"那谁告诉我这五个王国里住着哪些食物精灵？"徐老师做出标准的举手姿势问大家。孩子们纷纷举起手，"请你说！"徐老师让 D 回答。<br>D 说："有黑木耳。"<br>"请你说！"徐老师让 E 回答。<br>E 说："嗯，黑枣。"<br>"黑枣。请你说！"徐老师让 C 回答。<br>C 说："黑豆。"<br>"黑豆。还有呢？"徐老师让 F 回答。<br>F 说："黑芝麻。"<br>"哦，黑芝麻。还有吗？请你说！"徐老师让 G 回答。<br>G 没有说话。<br>"唉！还有一种什么？"徐老师转而问大家，又有几个孩子举起了手。"好！请你说！"<br>H 回答："黑米！"<br>"哦，黑米。那我们接下来呢，我们就要去看看……"徐老师转身指着 PPT，孩子们等待着，"去'黑黑食品屋'逛一逛啦，那'黑黑食品屋'呀，出售了一些食品。"徐老师说着揭开了面前桌上覆盖的桌布，"请小朋友们来看一看！"<br>"啊……嗯……啊……"孩子们发出惊讶的声音，桌子上有五个玻璃透明碗，分别装着黑豆、黑米、黑芝麻、黑木耳、黑枣五种食物。<br>"唉！现在请小朋友轻轻地走上来看一看'黑黑食品屋'里出售的都是什么食品？"孩子们走上去围着桌子观察，"你们可以看一看、摸一摸、闻一闻，看一看这些食品都认识吗？"孩子们边看边说，有的拿起来放到鼻子跟前嗅一嗅，有的用手摸一摸，有的只是看一看。<br>"你要是认识了就悄悄的！"徐老师放低声音提醒，"好，不要撒出来。"徐老师有点愠怒孩子们将食品撒在了桌上，转而又温柔起来："要不然食品店的老板会生气的哦！好，看完的小朋友都回位置啦！"徐老师拍一下手说道。 | 对幼儿的评价依然笼统、不具体，没有说明幼儿究竟棒在哪些地方。<br><br>教师依然将记忆性提问作为师幼互动的主要形式。<br><br><br><br><br><br><br><br>教师运用第二个故事开启课程的主干部分，以"黑黑食品屋"等充满趣味的词语引起幼儿的兴趣。<br><br><br>从闯关游戏的设计到五种黑色食物的准备可以看出，教师的教学准备认真，都是利用幼儿喜闻乐见的材料。这些材料可以让幼儿通过观察、触摸、闻嗅去了解事物的特征。<br><br>徐老师面对幼儿将食品撒在桌上的表现，一开始是不高兴的，但很快控制住了情绪。 |

| 课程实录 | 内容分析 |
|---|---|
| "谁来告诉我'黑黑食品屋'里,你认识哪种食物?"徐老师做出举手姿势问大家,孩子们纷纷举起手。"请你说吧!"徐老师让 E 回答。<br>　　E 说:"黑芝麻!"<br>　　"你看见了黑芝麻。还有呢?请你说!"徐老师让 H 回答。<br>　　H 说:"黑枣!"<br>　　"黑枣,哦,好!请你说!"徐老师又让 I 回答。<br>　　I 说:"黑豆。"<br>　　"黑豆。还有呢?"徐老师让 D 回答。<br>　　D 回答:"黑木耳。"<br>　　"黑木耳。还有呢?请你说!"徐老师让 J 回答。<br>　　J 说:"黑芝麻。"<br>　　"黑芝麻。还有呢?请你说!"徐老师让 K 回答。<br>　　K 说:"黑米。"<br>　　"哦,黑米。刚才我发现啊,食品店老板太粗心了!"徐老师皱着眉头提高嗓门问:"卖食品有没有标签?"<br>　　"没有!"孩子们摇着头回答。<br>　　"那我们小朋友帮他把标签贴上,好吗?"徐老师站起来问。<br>　　"好!"<br>　　"那徐老师去取一点标签。"说完,徐老师到教室一角取上事先准备好的标签。"这是什么?"徐老师举起标签问大家。<br>　　"黑米!"孩子们看着标签上的字喊道。<br>　　"谁帮老板把黑米找出来?"徐老师刚问完,小朋友 J 冲了上来,其他孩子也都站起来举起手。"我只请坐得好的小朋友哦——!"徐老师提醒道,孩子们马上退回座位。"好,就你吧!你既然这么激动,就请你吧!"徐老师让 J 上来贴"标签"。<br>　　J 接过标签,撕开双面胶,往其中一个玻璃碗的边上贴去。"好,谢谢!你觉得是这个!贴上吧!贴在这面。"徐老师轻声对 J 说道,在徐老师的指示下 J 将标签贴好了。<br>　　"好,黑米!"徐老师又拿出一张标签,"这是什么?"<br>　　"黑枣!"孩子们边举手边回答,有的孩子着急地站了起来。<br>　　"谁愿意帮他,来,请你吧!"徐老师让 K 上来,"对,就请你,黑枣在哪里?" | 教师将课程设计得有情节性。<br><br><br><br><br><br><br><br><br><br><br><br><br><br>在管理纪律方面,教师仍然用"威胁"的方式来达到目的。<br><br><br>教师使用礼貌性语言"谢谢"。 |

| 课程实录 | 内容分析 |
| --- | --- |
| K将标签顺利地贴了上去。"哇！好棒！都找见了，来鼓鼓掌！"孩子们为K鼓起掌来。<br>"好，这是什么？"徐老师举起手问。<br>"黑豆！"所有孩子都高举起手，"我，我！"I小声说。<br>"那请你吧！黑豆在哪里？"I如愿以偿地上去为黑豆贴上了标签。<br>"好！什么？"徐老师又举起了标签问。<br>"黑木耳。"还没有上去贴标签的小朋友着急地高举着手摇晃，希望徐老师看见自己。"请你。"徐老师让C上去贴标签，有几个孩子一直举着手没有放下。<br>"最后还有什么？"徐老师举起最后一张标签问。<br>"黑……"孩子们回答，高举起手。<br>"请你吧！"徐老师让L上去，一次也没有参与的孩子一边放下手一边发出失望的声音："哼！"<br>待所有标签都贴上去后，徐老师问大家："好！看看我们小朋友贴得对不对？"<br>"对！"大家齐声回答。<br>"来，鼓鼓掌。"徐老师与大家一起鼓掌。"我们刚才发现啊！这个食品店里的食品都有什么样的特征？"<br>"都是黑的。"一个声音回答。其他孩子举起了手。<br>"都是黑的，有几种食品？我们数一数。"徐老师点着碗说。<br>"一—二—三—四—五！"孩子们数道。<br>"所以呢，我们把这五种黑色食品呢，称为'黑五类'食品。称为什么？"徐老师甜甜地笑着问。<br>"黑—五—类—食—品！"孩子们重复道。<br>"那谁来告诉我你吃过这里面的哪种食物？"徐老师问完立马做出标准的举手姿势。孩子们都齐刷刷地举高小手。"哇！都吃过，请你说！"徐老师让E回答。<br>E指着玻璃碗说："黑木耳。"<br>"哦，黑木耳！还有呢？"徐老师又问，孩子们这次站起来举手。徐老师让站着举手的J回答。<br>J往桌前走过去，指着一个碗说："嗯……我吃过……"徐老师压低声音问："这是什么？""黑枣。"J说完走回自己的座位。<br>"哦，黑枣！唉！那我们来看，他吃过黑枣。"徐老师端起碗，取出一颗黑枣问大家："黑枣长什么样的？"<br>"黑——色——！"孩子们说。<br>"然后呢？" | 注意调动其他幼儿为K鼓掌，重视对幼儿的鼓励。<br><br><br><br>"教师使用礼貌用语'请'"。<br><br><br><br><br><br>教师的提问注意语言的精确、规范，如"这个食品店里的食品都有什么样的特征？"<br><br><br><br>通过食物的特征和数量，最后总结出这些食物被称为"黑五类"食品，逻辑顺序清晰。 |

| 课程实录 | 内容分析 |
| --- | --- |
| "小小的。"<br>"黑的、小小的，跟我们吃的红枣比，它有什么区别？"徐老师看着孩子们，有的孩子举起了手。<br>"一个大一个小。"一个声音抢着说。<br>"哦，一个大一点，一个小一点。是不是？好！谁还吃过其他的呢？"徐老师问完，刚放下的小手又举了起来，"说过的就不说了。"徐老师让 M 回答："请你吧，上次你没有说上。"<br>"嗯——黑芝麻。"M 不紧不慢地小声说。<br>"哦！吃过黑芝麻！咦！那你吃过用黑芝麻做的什么美食？谁来说一说？请你说！"<br>"有黑芝麻做的元宵！"E 回答。<br>"哦，黑芝麻的元宵。还有呢？请你说！"<br>"有黑芝麻味的饼干。"J 回答。<br>"哦，黑芝麻做的饼干。还有呢？请你说！"<br>"有黑芝麻汤圆！"L 回答。<br>"哦，黑芝麻汤圆，是不是？粥，是不是？好，还有呢？"徐老师继续问大家，"呃——请你说！"<br>"有黑芝麻味的汤圆。"A 回答。<br>"哦，黑芝麻的汤圆。刚才好像有小朋友说过了！请你说！"<br>"嗯——黑芝麻蛋糕。"F 回答。<br>"哦，黑芝麻蛋糕，好！哎呀！黑芝麻可以做这么多的食品，是不是？好！还有呢？谁再来说说你还吃过这里面的哪种食物？"徐老师举起手又问，"来，请你吧！"<br>O 小声地说："黑豆。"<br>"哦，黑豆！好，黑豆。"徐老师端起盛黑豆的碗，"唉！黑豆长什么样子呀？"<br>"圆圆的，小小的，黑黑的……"孩子们七嘴八舌地说。<br>"圆圆的，小小的，黑黑的。刚才你们摸的时候，有什么感觉？"<br>"圆圆的！""硬硬的！"孩子们回答。<br>"硬硬的。嗯！谁吃过，黑豆可以做成什么美食呢？请你说，你觉得做成什么？"<br>C 站起来回答："稀饭。"<br>"哦，稀饭，黑豆稀饭。请你说！"<br>D 回答："米饭。"<br>"哦，黑豆，黑豆米饭？"徐老师露出疑惑的表情，"黑豆米饭，你们觉得，黑豆米饭可以吗？" | 教师应该让每个幼儿都品尝一颗黑枣，幼儿的回答就不局限于枣子的外部特征"黑""小"了，孩子们可能会说出两种枣在口感、甜度、软硬、个人喜好上的区别。可惜的是教师没有抓住这个良好的教育机会。<br><br>教师使用礼貌用语"请"。<br><br>教师帮助幼儿分析事物的外部特征。 |

续表

| 课程实录 | 内容分析 |
|---|---|
| 孩子们一脸茫然。<br>"这个好像，有点费劲。是不是？因为米饭跟黑豆是两种食品。是不是？好，谁再说一说？请你说！"徐老师让 E 回答。<br>E 小声回答："……黑豆！……八宝粥！"<br>"哦，八宝粥里面有，非常好！"徐老师重复道，"请你再说一说。"徐老师让 J 再回答。<br>J 站起来看着远处想着说："嗯——黑，豆，蛋糕。"<br>"哦，黑豆蛋糕。"徐老师压低声音重复，然后又笑盈盈地说："徐老师也吃过黑豆，我呢，把黑豆炒着吃。我呢，还可以把黑豆磨成豆浆来喝。谁喝过？"孩子们立马举起手。<br>"我！"一个声音回答。<br>"哦，都喝过，既然都喝过，待会儿请你们制作，好不好？"<br>"好——！"孩子们回答。<br>"哦，我们刚才说啦！"徐老师点着五个碗道："黑枣、黑木耳、黑豆。"徐老师的手落在黑米上面："还有什么？"<br>"黑米！"<br>"啊！黑米，"徐老师端起盛黑米的碗，"那刚才呢，我在小朋友们观察的时候，发现了一个问题，有两个小朋友，他们对这个黑米和黑芝麻干脆分不清楚。来，我请小朋友轻轻地上来，把黑芝麻和黑米呢，仔细地看一看，摸一摸，看看有什么区别！"孩子们嗖地一下，全拥了上去。<br>"不要拥挤，不要着急哦！看完的小朋友可以先下去。没看的小朋友到这来看。摸一摸，看一看，对比一下。"看了 10 秒钟，徐老师招呼："好啦！看完的小朋友可以回位置啦！"徐老师拍着手催促道。"不要撒出来哦，食品店的老板会生气的哦！好，好啦！都回到位置上了。"……<br>待大家归位，徐老师又开始提问："我现在请小朋友说一说，刚才都观察了。宝贝儿，你坐在那边，好吗？哦，你就坐在那边，没有关系。"徐老师对座位被其他孩子抢占了的 K 说道。"好，谁来说一说黑米和黑豆，哦，和黑米有什么区别？"面对举手的小朋友，徐老师点了 G。<br>G 回答："黑芝麻小小的，黑米稍微有一点大，跟白米一样大。" | 对于幼儿五花八门的回答，超出教师已有经验的内容就没有得到认可。对于这种不确定，教师应该以此生成课程，如回去自己尝试一下，在班级里作为下一次课程的内容。<br><br>对于黑芝麻和黑米的区别，教师让幼儿们看、摸，但没有让他们品尝、咀嚼，失去了教育机会。<br><br>缺乏教育等待的耐心，没有留给幼儿慢慢感受与对比的时间。<br><br>上次课程中发生过同样的事情，这次教师仍是帮助幼儿解决问题，没有引导大家一起商量对策。教师应该引导幼儿自己解决问题。 |

| 课程实录 | 内容分析 |
| --- | --- |
| "她说得好不好？给她鼓鼓掌！"徐老师对G的回答很满意，率先鼓起掌来。"啊，观察得非常仔细，黑芝麻要怎么样？要小一点，黑米呢？稍微，大一点。"徐老师端起两个碗总结道，然后，又捏起一小撮黑芝麻和黑米说："那么，黑芝麻呢，摸起来有点扁扁的。黑米摸起来呢，什么？"<br>"圆圆的。"一个声音回答。<br>"圆圆的感觉，是不是？"徐老师总结道："唉！刚才我们认识了黑枣、黑芝麻、黑米，还有黑豆，那它对我们小朋友的身体有没有什么好处呢？"<br>"有！"大家回答。<br>徐老师说："有什么好处呢？我们来看一看。"然后转过头，往后面的幕布望去，幕布上面出现了一个卡通娃娃。"那我们先来看一看哪种食物？如果吃了……这是什么？"<br>"黑米！"大家看着图片说道。<br>"如果吃了黑米，对我们小朋友有什么好处？谁来说说？请你说！"徐老师让H回答。这时，卡通娃娃的眼睛突然变大了。<br>H说："眼睛大。"<br>"哦，眼睛大。"徐老师重复。<br>"眼睛变漂亮！"另一个声音说。<br>"哦，眼睛变漂亮。还有，请你说。"<br>"眼睛亮！"<br>"哦，都觉得是眼睛。那你说。"<br>I将两只手做成圆形放在自己的眼睛上面说："那个眼睛还有点儿这个……"<br>"哦，是不是这样的，我们来看一看。"徐老师指着幕布说："我说你们怎么知道，原来这个小朋友的眼睛有变化呢？"<br>"有！——"孩子们回答。<br>徐老师笑了起来，那我们再来看看："唉！那如果吃了黑芝麻会有什么变化呢？谁来想一想？请你说！"幕布上出现了黑芝麻的图片。<br>G摸着自己的头发说："对我们的头发、细胞有好处。"<br>"对我们的头发都好，对我们浑身的细胞都好！她说。"徐老师在自己身上比画着兴奋地重复道。"请你说！"<br>J说："可以补钙。"<br>"哦，可以补钙。还有呢，请你说！" | 对幼儿的及时表扬，但仍然没有说出来哪里好，教师应该表扬："她说得很好，观察得非常仔细，看到了黑芝麻和黑米在形状上的差异。请问小朋友，这两种食物除了形状上的区别以外，还有哪些特征是不一样的？比如说颜色、软硬、味道……"<br><br>"如果吃了黑米，对我们的小朋友有什么好处"这个问题对于幼儿而言没有办法回答，幼儿如果没有事前的预备，是不清楚黑米对眼睛的好处的。图片诱导出了幼儿的答案，幼儿仍是在猜测，不是在"推理"。<br><br>教师对问题回答到位的幼儿表现出积极反应，但是没有说明表扬的理由。 |

续表

| 课程实录 | 内容分析 |
|---|---|
| O 回答："可以让头发变得越来越黑。"<br>"哦，可以让头发变得越来越黑。是不是这样的呢？我们来看小朋友有什么变化。"徐老师指着图片，"哇，真的让我们头发……怎么样？"<br>"又黑又亮！"徐老师和孩子们一起说。"好，我们再来看看，这是什么？"图片上又出现了黑豆。<br>"黑豆！"<br>"哦，那吃了黑豆对我们有什么好处？谁说一说？哦，你说一说！你猜一猜！"徐老师叫起了一直举手的 B。<br>B 细声细语地说："能让我们开胃。"<br>"哦，开胃，她回答得真棒！"<br>"唉！那我们来看小朋友们有什么变化。"图片上的娃娃露出两个红脸蛋。徐老师提高嗓门，抚摸着自己的脸："对我们的什么有好处？"<br>"脸！""脸蛋！"孩子们看着图片不确定地说。<br>"哦，可以使我们的气色怎么样？"老师问，但孩子们说不上来。"红润！"徐老师补充道，"然后呢，皮肤光滑。另外哦，回去要告诉爸爸妈妈，吃黑豆呢，还有美容和减肥的功效哦。好，再来看看。这是什么？"图片上出现黑枣。<br>"黑枣！"<br>"那黑枣对我们身体有什么好处？"<br>"补脑！"H 简短地回答。<br>"哦，补脑。再猜一猜，来，请你说！"<br>"我也觉得补脑。"<br>"哦，你也觉得补脑。那到底有什么作用，我们来看一看……咦！这个小孩儿在干什么呀？"图片上的孩子有了新变化。<br>看着图片，孩子们七嘴八舌地猜起来。"你觉得黑枣的营养帮助我们什么？"徐老师的声音压过孩子们的声音问。<br>"睡眠。"<br>"哦，可以让我们睡眠怎么样？睡眠好，是不是？哦，有助睡眠。"徐老师做出睡觉的姿势。"咦！刚才我们认识了这四种黑色食品，还有哪种没有认识？"徐老师走到桌子前问。<br>"黑木耳！"大家一齐说。<br>"原来黑木耳呀，是这个店里面的镇店之宝。"徐老师端起盛黑木耳的碗说："唉！什么是'镇店之宝'？知道'镇店之宝'是什么意思？"徐老师举起手。"来，请你说。" | 　　幼儿的回答表明教师的问题有点困难了，超越了他们的已知经验。<br><br>　　具有主观价值导向的语言不应出现在课堂上。<br><br><br><br><br><br>　　教师的问题是让幼儿去猜，不是思考。<br><br><br><br>　　幼儿的语言表达简单、不完整，教师仍没有适时进行引导。 |

| 课程实录 | 内容分析 |
| --- | --- |
| G回答："就是这个店里最好的宝贝。"<br>"哦，最好的宝贝。请你说！"<br>I小声回答："是最能……的宝贝。"<br>"哦，最能什么？"徐老师疑惑地问。<br>I："最能抵抗的。"<br>"哦，吃了它很有抵抗力，是不是？哦，还有呢？请你说！"<br>J："嗯……最有代价的宝贝。"<br>"哦，有代价的宝贝！"徐老师笑起来重复道。"好！那我知道，'镇店之宝'呢许多小朋友不知道，'镇店之宝'呢，就是这个店里最有价值、最宝贵的东西。"徐老师端着碗认真解释道，"哇！既然是最有价值、最宝贵的东西，那我们是不是得重点研究一下啦？"孩子们开始窃窃私语起来。 | 对于"镇店之宝"，教师以为幼儿不知道，但幼儿的简练回答却出乎教师意料。为了让课程按照既定想法进行，教师仍然不停地追问。 |
| "好，那徐老师这里呢，有一些木耳，还有一些湿木耳。"徐老师走到教室一角，孩子们也转过头来好奇地看她……<br>徐老师端过来一碗浸泡过的湿木耳走回桌前，"好，请小朋友呢，现在上来——"孩子们已经飞奔过去，"可以观察一下。轻轻地！轻轻地！"徐老师赶紧提醒，"不要着急，轻轻地哦！可以摸一摸，来看一看，黑木耳是什么样的。"孩子们争先恐后地伸手去摸湿木耳，"摸一摸，闻一闻，看一看，然后呢，你们可以讨论一下，黑木耳是什么样的。"……"好，看完的小朋友可以回位置了！"徐老师催促道，"快，给没有看的小朋友一个机会！"孩子们纷纷回到自己的座位上。"好，还有三个小朋友，上来看一看吧！你们看完了没有？"徐老师对最先坐在座位上的三个孩子说。<br>孩子们点点头。<br>"看完了。好！那谁来给徐老师说一说？"徐老师举起手示意大家回答，虽然还有孩子没有找到座位，但早已有小朋友举起了手，"谁来给徐老师说一说？你坐到这边，好吗？"徐老师提醒没有座位的孩子。<br>待所有孩子入座后，徐老师又问："好，谁来给徐老师说一说木耳是什么样的？来，请你说！"徐老师叫起了P。<br>"木耳，圆圆的，坑坑洼洼的。"P比画着回答。<br>"哦，他说木耳坑坑洼洼的。"徐老师取出一片湿木耳给大家看，"这个词语形容得真好！还有呢？谁再来说说？"<br>"木耳，弯弯的一条线！"F比画着回答。 | 准备了干、湿两种木耳，让孩子们观察。这是很好的教育方式。<br><br>给幼儿们观察的时间短，强调课程进度。<br><br><br><br><br><br><br><br><br><br>教师此次的表扬稍微具体一些："这个词语形容得真好！"表扬得有针对性。 |

## 第五章　学前教师课程能力提升的行动研究

续表

| 课程实录 | 内容分析 |
|---|---|
| "哦，弯弯的一条线！"徐老师也比画着重复，"这条线是弯弯的，说明木耳的形状是不规则的，干木耳的形状是不规则的。"徐老师又拿起一块干木耳给大家看。"好！刚才你们对比了干木耳和湿木耳，这两个有什么区别？来，请你说！"<br>"干木耳很硬，湿木耳很软。"K站起来小声地说。<br>"哦！她说干木耳摸起来很硬。"徐老师拿起一块干木耳，又取出一块湿木耳，"湿木耳摸起来很软。说得真好！"徐老师对K跷起了大拇指。"那关于木耳呢，还有一个非常好听的故事。"徐老师娓娓道来，"想不想听一听？" | 幼儿只能对木耳的形状、触感进行表述。如果能让幼儿品尝一下，他们还可以说出两种木耳的口感、味道、个人喜好。 |
| "想！"孩子们大声回答。徐老师起身从旁边拉出一张黑板，黑板上面有一幅制作好的图片，"哇！"孩子们惊叹道。<br>悠扬的音乐响起，徐老师拿出两个"木耳"贴纸，一个"木耳宝宝"，一个"木耳妈妈"。徐老师左手拿着"木耳妈妈"，右手拿着"木耳宝宝"，开始笑盈盈地娓娓道来："木耳的故事，我的名字叫小木耳，这是我的妈妈，有一天小木耳对妈妈说：'妈妈，妈妈，可以给我讲一个故事吗？''好啊，你想听什么故事呢？''那就来讲一讲，我是怎样来到这个世界上的吧？'妈妈说：'我们的名字，叫黑木耳，黑木耳的种子是随风传播的，有的长在了朽木上；有的长在了树干上；小木耳，落在了树桩上。在一片茂密的大森林里，小木耳，在又阴又湿的空气中，它越长越大！越长越大！渐渐地，它长成了人们爱吃的一种菌类食物，所以，在中国许许多多的大森林里面，长着许许多多的木耳。小木耳，现在，你知道自己是怎样来到这个世界上的了吗？'故事讲完了。"孩子们听得聚精会神。"哎，刚才我们在故事里面呀，知道了木耳是长在哪里？"徐老师一说完，一些孩子立即举起手，"请你说！"<br>"有的长在树干上，还有，树桩上。"D回答。<br>"哦，树干上、树桩上。好！还有，请你说！"<br>G回答："还有些长在了悬崖峭壁上。"<br>"哦！悬崖峭壁的树木上面。是不是？"徐老师纠正道。"还有呢？请你说！"<br>"它还长在树干上呢！"F回答。<br>"哦！树干上、朽木上，还有树桩上。那木耳生长在什么样的环境？谁听见了？什么样的环境？好，请你说！"徐老师总结后又问。<br>K回答："潮湿的！" | 教师用故事讲述木耳的生长环境，把枯燥的知识编成妈妈与宝宝的对话，将故事讲得绘声绘色，听起来通俗易懂，非常好地达到了教学效果。<br><br>教师仍然从人的角度去认识事物，强调物对人的利用价值。<br><br>教师仍强调幼儿对故事的记忆。 |

续表

| 课程实录 | 内容分析 |
|---|---|
| "哦,潮湿的环境,是不是?又阴又湿的环境。唉!那木耳既然是个宝,对我们小朋友有什么好处呢?徐老师给木耳起了一个好听的名字。我们来看一看!"徐老师站起来请小朋友们观看幕布上的图片——湿木耳,"我呢,把木耳称为'肠清宝',为什么呢?因为它可以排除我们人肠道里的一些脏东西,可以让我们呢,气色变得红润起来。好,刚才我们了解了这几种食品,那接下来呢,我们,你们想不想做一个小厨师?就用这些食品去做一些美味的食品呢?"<br>"想!"孩子们大声、高兴地回答,有的激动得鼓起掌来。<br>"好,待会儿谁坐得好,我带你们去参加美食盛宴,好不好?"<br>"好!"孩子们立马坐端,手放腿上,眼看前方。<br>"好,那接下来,徐老师分组,四个小朋友一组。在四张桌子上呢,徐老师准备了一些黑色食品的食材,请你们呢,自己去动手,自己去动脑,应该做什么?"孩子们已经跃跃欲试。<br>"好,来,请你们四个去这张桌子。"徐老师指着桌子一,上面有揉好的面团、月饼塑料模型、方便手套等物品。<br>"请你们四个去那张桌子。"徐老师指着桌子二,上面有切好的红椒、洗好的木耳、醋、香油、盐、筷子、一次性手套、碗、盆等物品。<br>"好,请你们四个去那张桌子。"徐老师指着桌子三,上面有浸泡好的黑豆、黑米、豆浆机、一次性手套、碗等物品。<br>"请你们四个去那张桌子。"徐老师指着桌子四,上面有袋装的黑芝麻糊、白糖、碗、勺子、开水壶等物品。<br>第一组是做黑芝麻馅的月饼,第二组是做凉拌木耳,第三组是做黑豆浆,第四组是冲黑芝麻糊。<br>活动开始了,孩子们都非常投入。……徐老师在四个组之间来回走动、指导。<br>在第二组里,E激动地戴上手套说:"咋做呀?!"然后,大家取出碗和筷子,四个人你看我、我看你。在徐老师的提示下,I用筷子夹起几块木耳、一些彩椒放在碗里,然后用筷子蘸了一点盐,轻轻地放了一点儿醋和香油,用筷子在碗里不停搅拌。I夹起一小块木耳尝一尝,满意地点了点头。看到I点头说好吃,F才勇敢地夹起一块放进嘴里。 | 教师将故事过渡到了食品制作环节,课程过渡得自然、顺畅。<br><br>教师仍用"威胁"的语言强调纪律。<br><br>教师设计的第四个重要环节:自己制作食品,将课程的气氛推向高潮,孩子们非常乐意能够自己动手制作食品。并且教师准备了四种不同的制作方法,将课程内容的五类食品都能涵盖进去,紧扣主题;从主料、辅料到制作工具,材料准备充分。<br><br>此次活动非常丰富,教师一组一组地指导,相对上次而言,语言少了些。 |

续表

| 课程实录 | 内容分析 |
| --- | --- |
| 最后，第三组孩子们的豆浆还没有打磨好，没有品尝到。<br>第四组的黑芝麻糊冲调好了，孩子们品尝到了。<br>"你们的月饼做好了没有？快点哦，最后一个啦！加油！"徐老师催促。"徐老师，做完了！"J喊道。<br>"好，做完了，第一组呢，做了很多的月饼，徐老师呢，带你们去小厨房，我们去烤月饼，好吗？好，孩子们都过来，跟徐老师去小厨房啦！"此时，第一组的其他孩子还在忙着压月饼。"还没有做完，还不想走啊？好了，我们去厨房啦！我们去厨房做，好不好？来，孩子们都过来，我们去小厨房了。" | 教师强调课程时间，在最后环节开始催促幼儿。其实，这个环节的时间应该更多一些。 |

通过分析，发现徐老师在课程实施能力方面存在以下问题：

第一，过分注重课程的预设性。徐老师仍然注重课程的预设性，当幼儿回答正确了，却非要寻找一个"不正确"的答案，以期活动进入预设的课程环节。如在"闯关游戏"中，老师问第二个王国住着哪一位食物精灵，女孩子B说是黑米。B的答案是正确的，老师却问大家有没有不同的意见，故意引出错误答案，以增加活动的曲折性，达到课程预设效果。

第二，缺乏对教育的耐心等待。因为课程时间有限，课程内容比较丰富，徐老师在教学过程中缺乏对教育的等待。如在对黑米和黑芝麻的分辨环节，老师只留给大家10秒左右时间，孩子们还没有来得及仔细观察两者的外形，或是用手感受两者的软硬，或是用嘴尝试两者的口感，老师便宣告时间到了。

第三，缺乏对课程的生成能力。面对新生成的问题，老师仍是自圆其说，没有实证精神，这样的做法会传播错误的知识观和方法论。比如说，当老师问黑豆可以制作成何种食物时，有孩子说可以做成黑豆米饭，徐老师却不可思议地反问大家，言外之意就是这种做法很离谱。老师应该让孩子们回家尝试一下，或者自己回家试一试，或将其作为下一节课的生成内容。

第四，缺乏对幼儿想象力的尊重。想象力是幼儿创造力发展的基础，但老师对于不在自己已知经验中存在的事实则不予支持，没有趁机激发幼儿的想象力。如有小朋友说可以做黑豆蛋糕,徐老师没有给予肯定。从生活经验角度而言,黑豆是杂粮类,也是可以做成蛋糕的,J 的回答实际上是想象力的一种表现。但是徐老师的反应不尊重幼儿的想象力。

第五,重视幼儿对问题的猜测,而不是思考。猜测的答案对幼儿没有价值,反而会打击孩子的思考积极性。提问不仅要引起幼儿的记忆、思考、想象,而且要促使幼儿在"证据"的基础上回答问题。徐老师鼓励幼儿"猜"答案,对于幼儿的思考缺乏积极意义,只会促使幼儿将感性认识加以组合,而不是对其进行理性认知。

尽管仍然存在一些问题,但是此次课程与前两次相比,仍有了明显进步:

第一,教学准备认真。教学准备包括教具准备和知识准备。徐老师的教具准备很充分,包括黑五类食品(黑豆、黑米、黑枣、黑芝麻、木耳)、课件 PPT、木耳生长挂图、背景音乐、活动食材(切好的红椒、泡好的黑木耳、泡好的黑豆、醋、香油、面团、黑芝麻糊等)、操作工具(碗、筷子、豆浆机、月饼模具、开水等)。徐老师在知识准备上也进行了精心设计,包括游戏设计、黑五类食品的营养知识、黑木耳生长知识等。

第二,注意用游戏的形式实施课程。此次课程实施最大的特点,就是课程内容几乎都是用"游戏"串联起来的。在开始部分,徐老师设计的是"闯关黑黑王国"游戏;在课程中间部分,徐老师自编了一个木耳妈妈给木耳宝宝讲授木耳生长历程的故事;在课程结尾部分,徐老师组织了亲手制作食物的活动。

第三,教学方式灵活,教学策略丰富。老师在讲故事时语速缓慢、抑扬顿挫、引人入胜,让幼儿有想象与思考的空间。本来是枯燥的科学知识,徐老师将其设计成木耳母子之间的对话,使孩子们听起来有亲切感且通俗易懂。

第四,重视幼儿的感知觉体验。徐老师在课程中关注幼儿的动手操作,提供了许多让幼儿切身体验事物的机会。在这些机会中,幼儿通过看、闻、摸、捏等动作,实现了对食物的真切感受。在对食物的体验中,幼儿主动建构出对事物的不同认识。

第五，语意清晰、语速缓慢、语言礼貌。徐老师此次课程中刻意关注了自己的授课语言，在表达问题时尽量清晰、简练，并且注意用语的礼貌性，使用了"请""谢谢"等礼貌用语。

4. 对课程评价能力的分析

课程结束后，徐老师与本园其他教师又进行了讨论，其他教师对此次课程的评价较高，特别是课程结束时，有的教师品尝了幼儿制作的"凉拌黑木耳""黑芝麻糊""黑豆豆浆"。徐老师亦很高兴："我觉得这节课孩子们的兴趣非常高，从来没有看到他们这么认真听课过。以前觉得这样开展活动很麻烦，娃娃们的纪律更是没有办法控制，结果和我以前想象的完全不一样。……园长前面还怕场面太乱，其实我发现娃娃们就是要有事情做才行啊。……虽然准备过程长了点，黑枣我是从网上才买到的，但是这种活动好像更有意思。……并且，目标也都达到了。"徐老师通过此次课程实施，对自己的能力充满了信心，对课程的自我感觉非常好。从徐老师的评价里亦可以发现：徐老师秉持的是目标取向和过程取向并重，主要看的是幼儿的表现，在评价时主要是质性评价，但这种评价并不是很深入，只是谈了自己的总体感受。

总而言之，徐老师在课程目标设计能力、课程内容设计能力、课程实施能力和课程评价能力上均有转变。但依旧存在诸多问题，现将与徐老师讨论后诊断出的问题进行呈现（见表5-5）。

表5-5　　课程能力的问题诊断（第三轮行动研究）

| 能力分类 | 问题诊断 | 改善之处 |
| --- | --- | --- |
| 课程目标设计能力 | ·缺乏创生取向与表现性取向 | ·参考其他教师和专家的意见<br>·增加了"过程与方法"目标，三维目标表述完整<br>·课程目标具有可行性与操作性 |
| 课程内容设计能力 | ·课程内容涵盖领域狭窄 | ·课程内容的组织符合幼儿的心理发展特点 |
| 课程实施能力 | ·过分注重课程的预设性<br>·缺乏对教育的耐心等待<br>·缺乏对课程的生成能力<br>·缺乏对幼儿想象力的尊重<br>·重视幼儿对问题的猜测，而不是思考 | ·教学准备认真<br>·注意用游戏的形式实施课程<br>·教学方式灵活，教学策略丰富<br>·重视幼儿的感知觉体验<br>·语意清晰、语速缓慢、语言礼貌 |
| 课程评价能力 | ·缺乏对教师与幼儿的深入评价<br>·缺乏从量化角度的评价 | ·过程性评价取向<br>·对幼儿学习表现的评价 |

## (二) 课程能力的策略制定与执行

针对此次徐老师的课程能力表现，通过对其进行分析与诊断，发现徐老师在观念层面、知识层面和技能层面均有一定的进步与改善。但是仍然存在诸多问题，最核心的体现在观念层面和技能层面。

在观念层面提升上，针对徐老师的教育理念，让老师明白教育要发挥幼儿的潜在能力。即教育就是要培养能够适应变化和知道如何学习的人；倡导幼儿的内在学习和意义学习；知识的学习是手段，目的是通过学习的过程影响学生的思想、情感、个性和价值观；尊重学习者的本性与要求；强调认知与情感的整合发展；承认幼儿的学习方式同成人的学习不一样；幼儿园课程与幼儿的生活应联系起来。[①]

在知识层面提升上，针对徐老师的知识结构现状，主要从幼儿心理学知识中关于幼儿的个性与社会性发展入手。在幼儿心理学知识提升中，通过3—6岁幼儿在个性和社会性发展方面的特点与规律，让徐老师明白个性与社会性发展对于幼儿成长的重要性。

在技能层面提升上，针对徐老师的技能现状，主要从教师与幼儿的谈话技巧出发，通过对事件的分析，帮助徐老师认识到对幼儿经常性出现的"错误"应该如何分析原因，以及有可以替代惩罚的诸多方法，从而帮助徐老师学会分析幼儿的心理。

表5-6　　课程能力提升的解决策略（第三轮行动研究）

| | 策略 | 阅读材料 |
| --- | --- | --- |
| 观念层面 | ・教育就是要培养能够适应变化和知道如何学习的人；倡导幼儿的内在学习和意义学习；知识的学习是手段，目的是通过学习的过程影响学生的思想、情感、个性和价值观；尊重学习者的本性与要求；强调认知与情感的整合发展；承认幼儿的学习方式同成人的不一样；幼儿园课程与幼儿的生活应联系起来 | ・《教育哲学通论》摘选<br>・《儿童的利益》<br>・纪录片《成长的秘密》第13—18集 |

---

① 车文博：《人本主义心理学》，浙江教育出版社2003年版，第445—446页。

续表

|  | 策略 | 阅读材料 |
| --- | --- | --- |
| 知识层面 | ·幼儿心理学知识：幼儿的个性与社会性的特点与发展规律 | ·《学前儿童发展心理学》摘选<br>·《谁误解了孩子的行为》<br>·《接纳孩子》 |
| 技能层面 | ·如何与幼儿有效对话 | ·《倾听孩子》 |

策略制定好以后，徐老师的学习材料包括以《教育哲学通论》《学前儿童发展心理学》资料中摘选出的相应内容；通俗易懂的学前教育读物，如《儿童的利益》《接纳孩子》《倾听孩子》《谁误解了孩子的行为》；纪录片《成长的秘密》第13—18集。在与徐老师沟通观点后，徐老师进行自主学习。期间，与徐老师共有三次深入的交流。

## 五 行动研究的结果分析

通过三个月时间的行动研究，徐老师的课程能力有了显著改善，表现在课程目标设计能力、课程内容设计能力、课程实施能力、课程评价能力各层面（见表5-7）。

通过该次行动研究发现，徐老师在知识和技能层面的变化最为显著，思想层面变化相应较小。其中，课程目标取向平衡能力、课程实施取向协调能力几乎没有发生变化，仍然秉持普遍性目标与行为目标，坚持课程实施的忠实取向，缺乏对课程的生成，以及在课程中根据幼儿的表现随机应变以促使课程更加适应幼儿学习的取向；但其课程内容取向选择能力由以往的教材取向转变为具有活动取向和一定程度的经验取向；课程评价取向确定能力由目标取向发展为重视过程性评价取向。徐老师在知识和技能层面的变化表现为：三维目标组织完善，目标表述规范；课程内容组织符合幼儿心理发展特点；课程准备充分，重视幼儿的参与，强调幼儿的真实体验，故事设计丰富，游戏活动精彩，切合幼儿的生活与心理特点；课程评价关注幼儿的学习表现以及教学过程。

表 5-7　行动研究的结果分析

| 能力分类 | 初期问题 | 提升表现 | 仍然存在的问题 |
| --- | --- | --- | --- |
| 课程目标设计能力 | ・缺乏创生取向与表现性取向<br>・课程目标选择缺乏来源<br>・缺乏"过程与方法"目标和"情感态度与价值观"目标<br>・课程目标体系不完整，表述不准确，逻辑顺序颠倒，目标价值导向错误 | ・课程目标选择来源于专家指导<br>・三维目标均衡设置<br>・课程目标体系完整，表达准确，具有可行性，逻辑清晰，无错误价值导向 | ・缺乏创生取向与表现性取向 |
| 课程内容设计能力 | ・课程结构性不清晰<br>・课程内容的组织不符合幼儿的心理发展特点<br>・课程内容涵盖领域狭窄<br>・课程内容与课程目标的关系不对应 | ・课程结构清晰，顺畅<br>・课程内容的组织符合幼儿的心理发展特点<br>・课程内容与课程目标对应 | ・课程内容涵盖领域狭窄 |
| 课程实施能力 | ・不能有效地以游戏组织课程<br>・教育过程中传递负面的价值导向<br>・为达到管理目的欺骗、诱惑、威胁幼儿<br>・缺乏对幼儿的"无条件的爱"<br>・提问性质单一，缺乏幼儿答非所问<br>・提问不确切，导致幼儿已知经验的提问<br>・提出超越幼儿已知经验的提问<br>・对幼儿回答的反馈行为具有消极影响<br>・缺乏对幼儿语言表达的积极引导<br>・忽视非教学因素对幼儿注意力的不良行为<br>・运用负面方式强化幼儿的不良行为<br>・教师缺乏常识性知识<br>・教学环节过渡不顺畅 | ・能有效地以游戏和活动的形式组织与实施课程<br>・开始从行为上表现出对幼儿的尊重<br>・提升注意语言表达的准确性与清晰度<br>・语言表达清晰，语速缓慢，语言精练<br>・教学准备认真<br>・重视对幼儿的体验与操作<br>・教学环节连贯，顺畅<br>・注重通过讲故事激发吸引幼儿的好奇心 | ・忠实取向，缺乏课程实施中生成新内容的能力<br>・过分注重课程的预设性<br>・缺乏对教育的耐心等待<br>・缺乏对课程与幼儿的生成能力<br>・重视对幼儿想象力的尊重<br>・重视对幼儿对问题的猜测，而不是思考 |
| 课程评价能力 | ・缺乏过程性评价取向<br>・缺乏对教师与幼儿的深入评价<br>・缺乏从量化角度对课程进行评价<br>・缺乏有深度的质性的评价 | ・出现过程性评价取向<br>・出现对幼儿学习表现的评价 | ・缺乏对教师与幼儿的深入评价<br>・缺乏从量化角度的评价 |

# 第六章 学前教师课程能力的发展策略

基于上述调查研究、理论研究和行动研究所获得的研究成果，以及笔者在长期从事学前教育工作中对理论与实践的思考。本书研究认为，学前教师课程能力的发展策略应从教师自身与外部影响因素两个方面来探寻。其中，教师应通过自主理论学习或教师培养，树立科学合理的教育观、儿童观和课程观，在保育与教育实践中历练专业理念、专业知识和专业能力，从而提升自我的内在素养，并主动增强对课程的控制能力，创生课程自主权意识。职前培养院校应严把入学招生条件，优化教育培养质量，为幼教机构输出优秀人才。幼儿园应完善园本管理机制，为教师的发展营造"学与教共同体"环境，建立与高校或研究机构的专业合作，实现家园合作的有效沟通。上级教育行政管理部门应转换工作角色，为教师的发展提供支持性条件。

## 一 转变教师思想意识，重塑教师教育观念

人类作为地球上的高级生命形态，自然赋予人类最宝贵的财富——思想。人的思想是行动的先导，思想的高度决定行为的深度，思想的宽度决定行为的广度。任何能力的提升都以意识形态的转变为前提，没有思想引领的行为纠正仅是刻意的形式模仿，知其然而不知其所以然，教师最终会陷入"遇到困难—尝试解决—运作失败—害怕改变—遇到困难"的恶性循环中。主体意识形态的重建就是要转变教师已形成的教育观、儿童观和课程观，让教师的意识得到洗礼，思维得到净化，从而形成科学的教育理念、平等的儿童观和发展指向的课

程观。

### （一）树立"引导、支持、发展"的教育观

在传统的教育观念中，幼儿园的产生是为了成人的便利，幼儿园让孩子吃饱喝足与健康安全就是完成任务；学前教师就是"孩子王"，只要能够带孩子，不需要过多的文化和能力即能胜任。加上幼儿身形矮小、经验缺乏、表达欠缺、能力不足，在教师眼中，幼儿就是一个一切生活都需要成人帮忙的"小不点"；教师可以对幼儿大喊大叫，他们不听话时可以随意呵斥、恐吓、威胁、辱骂和嘲讽；对幼儿的教育就是要让他们听成人的话，如果不听话，教师就要好好"教育"，以使他们变成成人眼中的"可爱"孩子；对幼儿的教育就是要教会他们唱歌、跳舞、画画、写字、算数，如果他们没有学会，幼儿教育就是失败的、无意义的。在这种意识形态下，幼儿园教育严重偏离教育本意，与教育规律背道而驰，甚至对幼儿身心发展造成负面影响。

随着对教育研究的不断深入与发展，近年来，人们才逐步意识到学前教育的长远意义，它是幼儿健康、安全和幸福生活的基础。幼儿教育的目的不再是人们心目中的"可有可无"，而是幼儿身心发展所必需的影响因素。通过高品质的幼儿教育，可以促进幼儿身心的健康发育，养成良好的生活习惯、卫生习惯和学习习惯；可以增进幼儿对环境的认识，激发求知欲望，形成对事物的探究能力；可以培养幼儿诚实、自信、友爱、勇敢、克服困难、讲礼貌、守纪律等良好品德，形成健康开朗的性格；可以培养幼儿感受美和表现美的情趣与能力，激发幼儿的创作潜能。因此，时代对教育的认识改变了，教师的教育观念亦要随时代的改变而进步，它要求教师树立"引导、支持、发展"的教育观。

第一，"引导"意味着幼儿的发展有其内在客观规律，这种规律是自然所赋予的，人为不可改变。学前教师要遵循幼儿的身心发展规律进行教育；教师不可催促幼儿的成长，不可扼杀幼儿的主动性，当孩子的发展偏离轨道时应进行适当的牵引，以使其重新走上正轨。

第二，"支持"意味着在幼儿的发展过程中，幼儿是主体，教师

是引导者。为了实现教育目的，教师要为幼儿的发展提供精神与物质的支持，包括创设相应的环境，提供支持性的材料、施予适当的指导。在教师的专业性"支持"下，幼儿的发展才能变得顺利。

第三，"发展"意味着教师要考虑对幼儿施以的教育是满足当前发展的需求，还是有利于幼儿未来发展的需要。在幼儿的发展中，教师不能只满足于幼儿的暂时性需要，以未来发展为代价。教师应协调教育的影响因素，为幼儿的发展提供既有利于长远发展，又能满足当前需要的环境。

### （二）树立"平等、自由、信任、尊重"的儿童观

在传统的儿童观中，幼儿被作为传宗接代的工具对待，人们生养孩子就是为了家族繁衍，幼儿的生命被认为是父母给予的，父母对其拥有生杀予夺大权。当今，虽然儿童的生命与权利有法律保护，但在现实生活中，父母仍将幼儿视为家庭的私有财产，对其身心进行控制，孩子不听成年人的话便会遭到嫌弃、埋怨或打骂。甚至儿童成为父母将自己未完成的愿望加以实现的化身，成人将自己的思想和情感强加给幼儿，期望幼儿成龙成凤，并打着"都是为了你好"的幌子对其进行道德绑架，迫使幼儿在伦理面前不得不屈服。于是儿童逐渐在现实面前被迫成为新的"大人"，又反过来对自己的下一代复制同样的教育。学前教师作为专业者亦有认为幼儿无知的思想，她们迫不及待地将知识和技能灌输给幼儿，期待他们早日成才，如果有哪个幼儿达不到教师的"教育理想"，教师就会失望地告诉家长她已经尽力了。

随着对儿童研究的不断深入与发展，儿童生命本有的光辉逐渐呈现出来。看似身体娇嫩的幼儿，其精神并非如外表般弱小，他们拥有自然赋予的最美好品质，他们脆弱的内心拥有世界上最强大的力量。在儿童面前，成人世界变得如此渺小，儿童的善良、纯洁、诚实、同情、童趣、勇敢等品质是如此美好，以致儿童才是成人的"老师"。因此，学前教师需要确立"平等、自由、信任、尊重"的儿童观，这样才能呵护儿童天生的优秀品质，实现有意义的教育。

第一，"平等"意味着幼儿与成人拥有平等的权利。不能因为幼

儿的身形弱小，就被剥夺生活的自理能力；不能因为幼儿做事"不完善"，就被剥夺尝试错误的机会；不能因为幼儿经常"犯错"，就成为被指责的对象；不能因为幼儿诚实，就被剥夺说话的权利；不能因为幼儿生活经验不丰富，就被剥夺选择的权利；教师应该让幼儿学会操作、思考、"犯错"、表达、选择。正是这种权利的赋予，幼儿才能成为具有主体意识的个体。

第二，"自由"意味着幼儿具有独立的思想。幼儿的小脑袋装着比成人更广阔的世界，虽然没有成人"知道"得多，但他们比成人"想"得多。"知道"得多的脑袋好比一个容器，只需要往里面复制外部世界的"知识"，脑袋的主人就是一个被操纵的机器；"想"得多的脑袋总是在不停地创造，它们能开出世界上最美丽的花朵。

第三，"信任"意味着教师应该坚定不移地知道：所有的孩子都是天性善良、禀赋各异、诚实守信的小主人。信任有着神奇的力量，心理学上称之为"教师的期望"，如果你信任幼儿，他会做得比你想象得还要棒；如果你不信任幼儿，他也会做得比你想象得还要糟糕。因此，给幼儿以"信任"，不仅能在幼小的心灵里灌溉出美丽的花朵，也能滋养教师的心田。

第四，"尊重"包括身体的尊重与思想的尊重。身体的尊重意味着教师不得对幼儿实施体罚或变相体罚，不得让幼儿的身体和安全受到任何威胁；思想的尊重意味着教师不得以行为、语言或表情对幼儿的精神造成任何的侮辱，教师要真心接受幼儿天马行空的想法与语无伦次的表达。

### （三）树立"以幼儿为中心、游戏为精神、体验为目的"的课程观

在传统的课程观中，教师是课程的主要实施者，是"传道授业解惑者"，是整个课程的中心；幼儿是教师进行知识传授的对象，是教师表演的配合者；一堂课的优劣之分在于教师的教态是否亲切，教学语言是否规范，课程结构是否清晰，教学环节是否顺畅等。在这种教师中心思想的主导下，为了展现教师风采，课程主要是教师一人在讲台上表达；要表达就要准备大量的知识点，否则不足以表现教师的学识丰富和备课态度认真；教师还要设计丰富的表演环节，如唱歌、跳

舞，否则不足以彰显出她的教学水平；教师为了让自己的表现顺利，还要控制好"观众"的情绪，如果观众不听、不看、离开座位，教师就要展现他严厉的纪律管理手腕，要么吼、要么威胁、要么批评，以让"观众们"听从自己的指挥。因此，课堂变成了幼儿的"监狱"，他们最讨厌上课，课堂上，说话的权利要征得教师的同意，美其名曰要有规范、有纪律、有秩序；偶尔能说话了，却总是"说错"，老师还不给好脸色，关键是他们不知道为什么自己说得总是错的，于是他们学会了察言观色，专拣老师爱听的话讲；他们偶尔创造了一件自以为绝佳的作品，老师却硬要说"大海应该是蓝色的""长颈鹿的脖子就是长的""汽车应该在马路上"之类的语言纠正他们。总之，老师与幼儿的思想是两条不相交的平行线，可悲的是，老师的线非要盖过幼儿的那条线。这种传统的课程观扼杀了无数幼儿的想象力，约束了无数幼儿的天性，浇灭了无数幼儿内心燃烧的火花。

　　建构主义心理学告诉我们，学习不是将知识由教师到幼儿的简单转移或传递过程，而是在师幼共同的活动中，通过教师提供帮助和支持，使幼儿从原有的旧知识经验中"生长"出新的知识经验，在此过程中，幼儿不是被动的信息接受者，而是主动地建构自我的个体。杜威的实用主义教育学启示教师："生活就是发展，而不断发展，不断生长，就是生活。用教育术语来说，就是①教育过程在它的自身以外别无目的；它就是自己的目的。②教育过程是一个不断改组、不断改造和不断转化的过程。"① 既然教育就是幼儿个体经验的不断增长，教育过程就应体现出以幼儿的经验为中心，重视幼儿的主体思想与独立发现，尊重幼儿的个性差异与自我体验；教师的角色是为实现幼儿自我不断生长的引导者、帮助者和支持者；课程应该具有游戏精神，让幼儿在体验中学习，从而生发出个体生命的自我觉醒与内在潜力。

---

　　① 赵祥麟：《杜威教育论著选》，王承绪编译，华东师范大学出版社1981年版，第154页。

## 二　倡导教师自主学习，提升主体内在素养

自主学习是教师的主动性学习。主动性"是人的社会积极性和政治积极性的表现形式，它与'被动性'相对，指不待外力推动而自觉行动。主动性表现在为实现某种愿望和理想，为确保个人或他人、集体或国家利益的实现而形成的自觉自愿的行动；对社会生活创造性的预见和设计；创造性的劳动和工作态度以及形成的某种行为方式等。"[1] 由此可知，主动性作为人所特有的性质，它促使个体发自内在需求与动机而实施行为。学前教师的主动性是其课程能力提升的基础。教师的主动性表现为主动与专家配合、主动设计课程并将自己的真实能力进行表现、主动接受专家对自己存在问题的分析、主动与他人制定解决策略，并结合策略进行积极的改善等行动。正如所有外因都必须通过内因才起作用，如果没有教师的主动参与，课程能力的改变是无法实现的。

自主学习是教师内部学习动机的体现。外因通过内因起作用，无论外部影响因素如何作用，在教师自身内部能实现能力转变的唯一途径就是学习，这种学习包括外部学习与内部学习。外部学习是指教师从职前教育到入职教育后整个阶段中外部提供的学习机会，包括大中专院校的正式学习、在校期间的教育实习、入职幼儿园后的新手教师学习、在园进行的园本学习、教育部门提供的各级各类培训等。内部学习是指教师发于内心的、主动的，不为获得学位、证书或完成任务所进行的自觉的、以学习本身为目的的学习。前者是外部动机的学习，学习是达到目的的桥梁，后者是内部动机的学习，学习本身即是乐趣。教师在学前教育领域的学习最初一般都是源于外部学习动机，一部分教师在学习过程中会将外部学习动机转化为内部学习动机。内部学习动机是教师主动的学习，学习效果优于外部学习动机的激励，因此，提升学前教师的内部学习动机是关键。

自主学习是教师的自我终身教育。学习既是一种能力，也是一种

---

[1] 徐少锦、温克勤：《伦理百科辞典》，中国广播电视出版社1999年版，第306页。

态度，要将学习内化为教师生活的常态，成为终身教育的一部分。终身教育之父保罗·朗格朗指出，不管传统教育制度的发展速度有多快，规模有多大，现有的学校教育再也不能适应时代的迅速发展，教育应该贯穿于生命的全过程。《学会生存——教育世界的今天和昨天》指出："终身这个概念包括教育的一切方面，包括其中的每一件事情。整体大于其部分的总和。世界上没有一个非终身的而又分割开来的'永恒'的教育部分。换言之，终身教育并不是一个教育体系，而是建立一个体系的全面组织所根据的原则。而这个原则又是贯穿这个体系的每个部分的发展过程之中的。"[①] 学前教师的主动自主学习即是终身教育的体现。

　　学前教师的自主学习首先是对教育理念的学习，通过阅读哲学、心理学、教育学著作，了解关于人的本质发展是主体自我属性的主动塑造，从而转变已有的人生观、世界观和价值观；了解儿童的身心发展特点与规律、儿童生命的特性、儿童精神的实质与儿童的利益，从而树立科学的儿童观，重新审视教师与儿童的关系，改变对待儿童的态度；了解教育的终极意义在于教育过程本身，在于为幼儿未来健康、安全和幸福的生活打下坚实基础。其次，学前教师通过对专业知识与通识性知识的学习，掌握与幼儿生存、发展和保护有关的法律、法规、政策规定，不同年龄段幼儿身心发展的教育学和心理学知识，有特殊需要幼儿身心发展教育的相关专业知识；熟知幼儿园教育的基本要求，掌握幼儿发展各领域的特点，掌握环境创设、一日生活安排、游戏与教育、保育和班级管理的知识；熟知幼儿园安全应急预案及必要的急救方法；掌握观察与了解幼儿的方法和幼小衔接知识；具有自然科学、人文科学、艺术欣赏、信息技术等通识性知识。通过教师的主动自主学习，才能提升其内在素养，形成科学的教育观、儿童观和课程观。

---

[①] 联合国教科文组织国际教育发展委员会编著：《学会生存——教育世界的今天和明天》，华东师范大学比较教育研究所译，教育科学出版社1996年版，第223页。

## 三 保育教育实践结合，修炼主体品格能力

知行合一，"行"因"知"得到引导，"知"因"行"得以实现。亚里士多德说过："对于那些必须要学的东西，在能够掌握它们之前，我们需要从做中学。通过砌墙垒瓦，人们成了建筑师；通过弹奏七弦琴，人们成了琴师。因此，天天凑合做事，我们就成了凑合的人；平庸行事，我们就成为平庸的人；勇敢行事，我们就成为勇敢的人。"① 学前教师通过将学习到的教育理念和专业复合知识应用于教育实践，从而成为"名副其实"的教师。

第一，通过保教实践，教师才能将知识凝练成一日生活的组织与保育能力：有效合理安排幼儿的一日生活各个环节，科学照料幼儿的生活；有效保护幼儿的身心安全，及时处理常见事故；利用教育契机进行随机教育，渗透教育于生活之中。第二，通过保教实践，教师才能将知识凝练成对幼儿的游戏活动进行支持与引导的能力：为幼儿提供符合其兴趣、需要、特点和发展目标的游戏条件；提供丰富、适宜的游戏材料，支持、引发、促进幼儿的游戏能力；支持幼儿主动地、创造性地开展游戏活动，在游戏活动中获得多方面的发展。第三，通过保教实践，教师才能将知识凝练成对教育活动的计划与实施能力：制定出阶段性的教育活动计划和具体活动方案；在教育活动中对幼儿进行观察与记录；根据幼儿的表现和需要适时调整活动，给予适宜的指导；在教育活动的设计和实施中体现趣味性、综合性和生活化特点；灵活运用各种组织形式和适宜的教育方式，并为幼儿提供更多的操作探索、交流合作和表达表现的机会。第四，通过保教实践，教师才能将知识凝练成对幼儿有效激励与评价的能力：关注幼儿日常表现，及时发现和赏识幼儿的点滴进步；注重激发和保护幼儿的积极性、自信心；有效运用观察、谈话、家园联系、作品分析等多种方法，客观地、全面地了解和评价幼儿；有效运用评价结果，指导下一

---

① Aristotle, *Nicomachean Ethics*, translated by W. D. Ross, Whitefish, MT: Kessinger, 2004, p. 18.

步教育活动的开展。第五，通过保教实践，教师才能将知识凝练成与幼儿的有效沟通与合作：使用符合幼儿年龄特点的语言进行保教工作；善于倾听，和蔼可亲，与幼儿进行有效沟通。第六，通过保教实践，教师才能将知识凝练成教学反思与发展能力：主动收集幼儿日常生活表现并分析相关信息，不断进行反思，改进保教工作；能针对保教工作中的现实需要与问题，进行探索和研究。

## 四 增强课程自主权力，创生主体课程意识

"权力"，在我国最初是由权与力所组成的复合词，"权者，称物平施，知轻重也"①，是指测量物体重量的器具；"力"在本义上是指"力气"，其引申义有三种：权势、能力和努力。现代意义上的权力已不再是"权"与"力"的简单相加，而是各种引申义的融合与发展。大多数学者将权力看作一种支配力量或者强制力量，比如，在合法的社会关系中，拥有权力的一方主体基于其意志对另一方主体所拥有的可支配性的能动力量。"课程自主权力"即指课程的主体对课程所具有的可支配性力量的表现。

幼儿的身心发展特点决定教师需要且应该拥有一定的"课程自主权力"。由于幼儿的思维尚处于具体形象思维阶段，对事物的认识必须依据具体形象进行操作；且幼儿的已知经验少，仅对生活周围的环境比较熟悉，幼儿园需要开发出园本课程，从本土资源中提炼出适合该园幼儿的课程内容。因此，即使是同一地区的幼儿园也不能以相同的内容作为课程，在这种情况下，学前教育的特性赋予了学前教师一定的课程自主权力。

教师在国家统一规定的《幼儿园工作规程》《幼儿园教育指导纲要（试行）》《3—6岁儿童学习与发展指南》文件指导下，拥有对本园课程从课程目标设计、课程内容设计、课程实施到课程评价的主导权。在课程目标设计自主权方面，首先，教师应根据本班幼儿发展的年龄阶段、身心特点、已知经验、兴趣、需要和个性差异出发，设计

---

① 现代汉语辞海编委会：《现代汉语辞海》，光明日报出版社2002年版，第948页。

符合特点的目标，并随时根据幼儿的发展变化调整、完善课程目标；其次，课程内容的选择也是根据当地社会生活的现实基础，挑选幼儿喜闻乐见、熟悉了解的内容进行组织，让幼儿学习起来得心应手，贴近生活实际；在此基础上，课程实施和课程评价就可以开展为带领幼儿领略当地人土风情，将本土的自然资源和社会资源纳入幼儿园课程当中，设计成园本课程的一部分。因此，幼儿教育的特性赋予了学前教师极大的课程自主权，上级教育行政部门和幼儿园应该对学前教师课程自主权的行使给予一定的支持性条件，不能以行政权力压倒教师的自主选择。

## 五 优化职前教育体系，培养优质后备力量

### （一）严把入学条件

随着近几年来国家对学前教育的重视，各地幼儿园广泛兴建、扩建、改建，从物质上基本满足了学前儿童的入学需求，但随之而来的问题是师资力量的缺乏。于是，各种补缺幼教岗位的方式层出不穷，各级各类中高职院校、大专本科院校都实现了对学生的大面积扩招，这就导致大量学生涌入学前教育专业。其中，不乏初中毕业后无法考入普通高中的学习成绩差生，这些学生中大部分存在心理或品行问题，进入职校后无法在学业上跟进，无法在生活上融入群体，无法接受教师的正常教育；还有一部分学生因高考成绩太差无出路，却通过各种渠道进入专科院校，甚至有大部分学生将学前教育专业作为进入大学的渡口。低门槛的入学条件对本来出身就低的幼教行业仅能进行数量上的填补，却没有注入新鲜的教育血液。要提高教师的能力，就应该从源头上吸纳优秀人才进入该领域，而不应让社会误认为"学前教育就是带娃娃，幼儿教师就是娃娃头"的思想成为学前教育专业入学门槛低的理由。

职前教育院校在招生方面，一方面要回应市场需求扩大招生数量，另一方面要严把学前教育学生的入学门槛，宁缺毋滥，不能只图招生率而引入一部分素质不合格的学生；同时，学院要摒弃传统上所

认为的幼教生一定要有才艺基础的理念，注重学生的文化课成绩与自身素质。特别是对学生的就业取向和入学动机要有一定的掌握，对于并非青睐学前教育专业，只是为了获得证书的学生不予接纳或进行劝转。通过严把质量关才能筛选出有发展前景的学生，才能培养出卓越的学前教师后备力量。

### （二）优化培养质量

传统的学前教师培养过程存在如下倾向：第一，重技能技巧训练，轻理论基础学习。学校强调对学生进行声乐发音、钢琴指法、舞蹈技巧、美工技能等方面的培养，教师花大量时间要求所有学生学习这些才艺科目，并且十分强调技能的精准性；学生的学习时间本来紧张，外加要不断重复训练，并且对理论知识不感兴趣，其结果便是学生毕业时只掌握了一些基本技能，缺乏理论修养，在课程表现方面十分强调自己的表现性。第二，重知识传授，轻情感态度价值观培养。高校教师强调知识的输出，忽视在知识基础上培养学生的情感，虽然学生已经成年，其个性与价值观基本定型，但并不意味着他们的人生观不会随着教育的出现而发生转变。但教师经常是上完课便走人，平时疏于与学生进行思想交流以及在课堂上对其进行价值观引导，少有机会对学生的精神进行关注。第三，重学校课程学习，轻幼儿园教育实践。学生缺乏在幼儿园进行操作实践的学习，偶尔有去幼儿园见习与学习的机会，仍然可能出现教师疏于管理、引导的情况，学生便从幼儿园带班教师那里习得教师行为方式的直接认知，且不区分好坏地加以使用。

职前院校对学前教师的培养应强调基础知识的传授，采用学生喜闻乐见的方式进行授予，并强调通过知识的传授和技能的培养，达到影响学生的思想，对其实现价值观的导向作用，从元认知角度培养学生分辨是非和认识教育现象的能力。职前院校应意识到技能技巧只需适当掌握，现代社会可以借助多媒体技术手段代替技能技巧，应强化学生将理论知识应用于实践的能力。另外，还要加强对学生教育实践能力的培养，指导学生应以何种角色和态度进入幼儿园成为教师，以优秀学前教师的标准要求学生，帮助学生学会分辨是非。

### （三）严格人才输出

大部分学生都认为，只要进入学校学习，学校就一定会让自己毕业。在学习期间，学生也发现虽然教师说考试不认真就要挂科，考场舞弊就要记过与退学。但实际上，在教育管理中教师和学校只是以此吓唬他们，老师不希望自己的学生挂科，这样他会很没面子；学校不会劝退学生，这样家长会找麻烦；毕业论文不管有多糟糕都能通过；甚至缺少的学分，学校也会在毕业之前通过各种办法补齐，因为学校关注的是毕业生就业率。于是，学生知道了教师和学校都是"纸老虎"，对于本身不爱好此专业的学生而言，他们就可以大摇大摆地不去上课，只等补考，反正，学校会让他们毕业的。学校和教师的这种行为其实已经在教育学生了，他们用自己的行为告诉学生：你们一定要毕业，如果不毕业，学校就会颜面扫地，下一届招生就会受到影响。

学前教师是做教育的人，学校和教师对其情感态度价值观的教育更是通过点滴的教育实践体现出来的。如果学校一边喊着"教育"，一边做着违背教育规律的事情，如何能够培养出优秀的学前教育后备力量？如何能够在教育道路上对学生进行正确的价值导向？因此，高校应该做出师范院校应具有的教育风范，不能只顾学校的就业率，而向社会输送并不合格的学生。

## 六 完善园本管理机制，营造人文发展环境

### （一）营造"学与教共同体"环境

一个人的成功与否，除了自身的努力以外，还需要团队的合作与支持。在团队里，各成员通过互帮互助与互通有无，促使成员能够整合信息，实现"1+1>2"的功能。因此，学前教师的课程能力提升需要有人际文化的支持，通过"学与教共同体"来实现。"学与教共同体"实质上包括"学习共同体"和"教学共同体"两层意蕴。首先，教师的教育者身份决定了"教"，她需要通过自身的专业理念、专业知识和专业能力作用于对幼儿学习的有效引导、支持和协助；其

次，教师作为教育者应是一名学习者，通过不断地学习教育理念、幼儿身心发展知识和通识性知识，以及一定的技能技巧，提高自我的修养与能力，才能实现对幼儿的"教"，才能应付瞬息万变的时代步伐。"学"是为了更好地"教"，"教"是将"学"进行深化的过程，二者相辅相成，以"教"促"学"，以"学"促"教"，教师在"学"与"教"的过程中提升自我素质、优化教育能力。

学前教师的"学"与"教"除了自主学习与自主带班外，还需要强大的后备支持，这种支持即是在园长的整体引导下，幼儿园教师形成一个"学与教"的共同体，该共同体的目的在于通过相互交流、相互合作、相互帮助，以促使学前教师形成一个整体。大家不仅共同研究如何学与教，而且通过人际纽带的相互联系获取各种资源，最终提高教师的内在修养、品格与能力。在这个共同体当中，教师之间通过相互的书籍传递与分享、园本课程的设计与探讨、环境资源的创设与利用、家园沟通的协作与交流、课程观摩的学习与修正、教育反思的沟通与完善等形式，实现精神层面的交流。这样，教师每天都能成长，能够将自己的思想分享给他人、将自己的困惑与人交流、将自己的教育理念付诸实践。

### （二）建立与高校或研究机构的专业合作

在传统的学前教育发展中，幼儿园与高校或研究机构各自为政，幼儿园在关门做教育，高校或研究机构也在书斋中做学问。当学前教师遇到瓶颈问题时缺乏正确的理论引导，最新的学前教育科学研究成果不能及时传达给教师，导致幼儿园教育问题频出；高校教师亦谈不上专业发展，每天重复着同样的理论工作，最后对教育实践失去热情。幼儿园与高校或研究机构双方的这种局面亟待改善。

幼儿园是教育实践的地方，如果没有理论的指导，其教育可能是错误的，导致学前教育向负面发展，最后受伤害的是幼儿。理论专家可以指导学前教师的教育与教学，从思想层面不断输入合乎规律的教育观念、儿童观念和课程观念，促使幼儿园教育与时俱进，走上发展的正轨。另外，高校或研究机构的研究要立足幼儿园实践，没有经过实践检验的理论就是"伪理论"，脱离实践的理论是不符合教育规律的，这种错误的理论输出最终导致错误地引导社会价值取向。因此，高校或研究机构需要将教育理论应用到幼儿园实践中，通过教育实践检验理论的正确性，从而促进实践的提升与理论的发展。幼儿园应主动为学前教师的发展建立与高校或研究机构的合作纽带，请专家进园，通过国家级培训、专家讲座、课题研究和在线课程指导等形式将专家的理论知识传递给学前教师。学前教师有教育、教学和研究方面的问题时，可以与专家面对面或在线交流，以及与专家建立一定的研究关系，以理论促实践，以实践促理论，最终实现幼儿园与高校或研究机构的双赢。

### （三）家园合作注重沟通的有效性

在传统的家园合作中，家庭被动地向幼儿园提供物质资源，如生活中使用剩下的纸筒、牛奶箱、易拉罐和菜油桶等物品；家长来幼儿园进行讲课，但家长不懂幼儿心理，课程开展往往不理想；家长与幼儿园一起开展亲子户外活动，仅是象征性地做几个游戏；家长帮助幼儿园制作玩教具，主要目的是完成任务。以致许多家长抱怨幼儿园布置的任务太多，家长无暇顾及。按道理，家长与幼儿园合作的目的在于共同促进幼儿的成长与发展，家园沟通是以幼儿的教育为前提，但这种表面热闹的沟通形式并没有真正实现家园共育的目标。

在有效的家园合作中，幼儿园应主动与家庭合作，为家长提供科学的育儿知识，传播"去小学化"的教育理念；帮助家长创设良好的家庭教育环境，指导家庭对幼儿的教育方式和策略；建立幼儿园与家长的联系制度，及时与家长沟通幼儿的发展与问题；指导家长正确了解幼儿园保育和教育的内容与方法；定期召开家长会议，接待家长来访和咨询；建立家长开放日制度，邀请家长来园学习与合作；发挥家长的专业和资源优势，支持幼儿园保育教育工作；成立家长委员会，对幼儿园的重要决策和事关幼儿切身利益的事项提出相关意见和建议等。

## 七 转换教育行政角色，提供发展支持条件

上级教育行政部门在学前教育的发展过程中充当着上传政策、下达命令的角色，幼儿园依照其指示办事。上级行政部门的政策只有符合学前教育规律，方可规范幼儿园的办园行为，促进教育的良好发展；一旦决策与当地幼儿园实际情况有不符合的情况，便会造成幼儿园的盲目服从，阻碍学前教育的发展。因此，上级教育行政部门对幼儿园发展起着引导性作用，它应为幼儿园教育提供支持性条件。

首先，教育行政部门要提高办事人员的教育素养，选择具有一定学前教育背景与经历的人员从事学前教育管理工作，方能在行政与幼儿园之间互通有无，建立尊重平等的工作关系，统一目标与方向。其次，教育行政部门应赋予幼儿园与教师一定的决策权和自主权，鼓励他们在不违背国家法律法规和政策的前提下，创造性地开展符合本园实际的教育活动。最后，教育行政部门对幼儿园的指导不只是政策的传达与任务的检查，而应该建立专业的教育指导，加强双方之间专业性的沟通，促进双方对学前教育理解得深化，在实践中提升双方的学前教育能力。

# 参考文献

车文博：《人本主义心理学》，浙江教育出版社2003年版。
陈帼眉、冯晓霞、庞丽娟：《学前儿童发展心理学》，北京师范大学出版社1995年版。
陈侠：《课程论》，人民教育出版社1989年版。
陈向明：《质的研究方法与社会科学研究》，教育科学出版社2000年版。
傅敏、田慧生：《课堂教学叙事研究》，教育科学出版社2009年版。
高敬：《幼儿园课程》，浙江教育出版社2010年版。
郭本禹：《当代心理学的新进展》，山东教育出版社2003年版。
黄甫全：《现代课程与教学论》，人民教育出版社2011年版。
黄甫全：《现代课程与教学论》，广东教育出版社1993年版。
黄济：《教育哲学通论》，山西教育出版社2011年版。
黄希庭：《普通心理学》，甘肃人民出版社1982年版。
靳玉乐：《课程论》，人民教育出版社2015年版。
李定仁、徐继存：《课程论研究二十年》，人民教育出版社2004年版。
李季湄、冯晓霞：《〈3—6岁儿童学习与发展指南〉解读》，人民教育出版社2013年版。
李玮、李艳丽编著：《幼儿园课程》，中国轻工业出版社2016年版。
李孝忠：《能力心理学》，陕西人民教育出版社1985年版。
李雁冰：《课程评价论》，上海教育出版社2002年版。
李跃儿：《谁误解了孩子的行为》，广西科学技术出版社2008年版。
联合国教科文组织国际教育发展委员会编著：《学会生存——教育世

界的今天和明天》，华东师范大学比较教育研究所译，教育科学出版社1996年版。

廖哲勋、田慧生：《现代课程论》，教育科学出版社2003年版。

刘放桐：《新编现代西方哲学》，人民教育出版社2000年版。

龙应台：《孩子你慢慢来》，生活·读书·新知三联书店2009年版。

罗树华、李洪珍：《教师能力概论》，山东教育出版社2001年版。

罗树华、李洪珍：《教师能力学》，山东教育出版社1997年版。

孟育群、宋学文：《现代教师论》，黑龙江教育出版社1991年版。

全国十二所重点师范大学联合编写：《教育学基础》，教育科学出版社2014年版。

让—保罗·萨特：《存在与虚无》，陈宣良等译，安徽文艺出版社1998年版。

上海市教育委员会教学研究室：《幼儿园课程图景——课程实施方案编制指南》，华东师范大学出版社2013年版。

施良方：《课程理论——课程的基础、原理与问题》，教育科学出版社1996年版。

王策三：《教学论稿》，人民教育出版社2005年版。

王春燕：《幼儿园课程概论》，高等教育出版社2014年版。

王道俊、王汉澜：《教育学》，人民教育出版社1989年版。

小巫：《接纳孩子》，广西科学技术出版社2009年版。

小巫：《给孩子自由》，民主与建设出版社2008年版。

小巫：《让孩子做主》，民主与建设出版社2008年版。

徐继存、周海银、吉标：《课程与教学论》，山东人民出版社2010年版。

袁爱玲：《幼儿园课程》，北京师范大学出版社2015年版。

张大均：《教学心理学》，西南师范大学出版社1997年版。

张华：《课程与教学论》，上海教育出版社2000年版。

郑其恭、李冠乾：《教师的能力结构》，广东教育出版社1993年版。

《幼儿园工作规程》，首都师范大学出版社2016年版。

《幼儿园教育指导纲要（试行）》，北京师范大学出版社2011年版。

钟启泉、李雁冰：《课程设计基础》，山东教育出版社2000年版。

钟启泉：《课程论基础》，教育科学出版社 2007 年版。

钟启泉：《现代课程论》，上海教育出版社 2004 年版。

朱家雄：《建构主义视野下的学前教育》，华东师范大学出版社 2009 年版。

朱家雄：《幼儿园课程论》，中央广播电视大学出版社 2007 年版。

朱家雄等：《幼儿园课程的理论与实践》，华东师范大学出版社 2012 年版。

Geoffrey E. Mills：《教师行动研究指南》，王本陆等译，重庆大学出版社 2010 年版。

Tyler，R. W.：《课程与教学的基本原理》，罗康等译，中国轻工业出版社 2008 年版。

虞永平、钱雨：《幼儿园课程评价》，江苏教育出版社 2009 年版。

弗朗索瓦兹·多尔多：《儿童的利益——学会尊重孩子》，王文新译，上海社会科学院出版社 2012 年版。

阿黛尔·法伯等：《如何说孩子才会听，怎么听孩子才肯说》，安燕玲译，中央编译出版社 2016 年版。

艾伦·C. 奥恩斯坦、费朗西斯·P. 汉金斯：《课程：基础、原理和问题》，柯森译，江苏教育出版社 2002 年版。

帕蒂·惠芙乐：《倾听孩子》，陈平俊译，北京大学出版社 2013 年版。

威廉·F. 派纳等：《课程：走向新的身份》，教育科学出版社 2008 年版。

威廉·F. 派纳等：《理解课程》，教育科学出版社 2003 年版。

约翰·杜威：《民主主义与教育》，王承旭译，人民教育出版社 2001 年版。

佐藤学：《静悄悄的革命——课堂改变，学校就会改变》，李季湄译，教育科学出版社 2014 年版。

菲利普·泰勒等：《课程研究导论》，王伟廉等译，春秋出版社 1989 年版。

梅兰妮·克莱茵：《儿童精神分析》，林玉华译，世界图书出版公司 2016 年版。

《我心目中理想的幼儿教师》,《学前教育研究》2003年第9期。

包兵兵:《幼儿教师课程能力的意蕴与结构》,《教育科学论坛》2015年第6期。

陈丽、李芒、陈青:《论网络时代教师新的能力结构》,《中国电化教育》2003年第4期。

陈侠:《课程编订:概念和原则》,《课程·教材·教法》1983年第5期。

陈向明:《教育行动研究中如何使用质的方法》(一),《基础教育课程》2005年第4期。

崔相录:《能力的概念及培养》,《天津市教科院学报》1999年第2期。

范诗武:《新世纪教师专业能力与教育行动研究》,《外国教育研究》2003年第5期。

高利明等:《高校教师课程能力之研究》,《北京大学教育评论》2004年第7期。

胡森:《21世纪法国中小学教师专业能力标准探析》,《比较教育研究》2011年第8期。

江苏省教委:《〈幼儿教师职业素质基本要求〉(试行)》,《早期教育》2000年第1期。

李方:《新课程对教师专业能力结构的新要求》,《教育研究》2010年第3期。

刘艳超、于海波:《中小学教师课程能力培养模式研究》,《教育理论与实践》2013年第29期。

吕长生:《教师课程能力缺失的原因与对策》,《教育科学论坛》2011年第10期。

田秋华:《论教师的课程能力》,《课程·教材·教法》2013年第8期。

汪霞:《课程设计的几个基本问题》,《教育理论与实践》2001年第11期。

威廉·派纳:《意识与课程能力:虚拟的还是具身的经验》,屠莉亚、陶阳译,《教育发展研究》2015年第8期。

吴国珍：《国外课程设计改革问题研究》，《比较教育研究》1998 年第 2 期。

吴惠青、刘迎春：《论教师课程能力》，《高等师范教育研究》2003 年第 2 期。

肖杰：《幼儿教师专业发展研究》，《教育探索》2011 年第 6 期。

姚慧：《幼儿园课程能力建设的内涵与路径探索》，《基于〈3—6 岁儿童学习与发展指南〉对幼儿园课程的要求》，《上海教育科研》2015 年第 7 期。

姚敬华：《基于整合理念的教师课程能力提示》，《江苏教育》2013 年第 12 期。

袁顶国、朱德全：《论主题式教学设计的内涵、外延与特征》，《课程·教材·教法》2006 年第 12 期。

张华：《论课程目标的确定》，《外国教育资料》2000 年第 1 期。

赵文平：《教师课程能力——一个不容忽视的问题》，《江西教育科研》2007 年第 2 期。

郑金洲：《行动研究：一种日益受到关注的研究方法》，《上海高教研究》1997 年第 1 期。

《基础教育课程改革纲要（试行）》，《中小学图书情报世界》2001 年第 5 期。

《教育部关于深化中小学教师培训模式改革 全面提升培训质量的指导意见》，《云南教育》（视界时政版）2013 年第 6 期。

《教育部关于实施卓越教师培养计划的意见》，《云南教育》（视界时政版）2014 年第 10 期。

《幼儿园教师专业标准（试行）》，《云南教育》（视界时政版）2011 年第 12 期。

《幼儿园教职工配备标准（暂行）》，《云南教育》（视界时政版）2013 年第 2 期。

《国务院关于当前发展学前教育的若干意见》，《辽宁省人民政府公报》2010 年第 23 期。

朱超华：《新课程视角下教师课程能力的缺失与重建》，《课程·教材·教法》2004 年第 6 期。

陈效飞:《教师课程能力研究——以西北四省区中小学教师为例》,博士学位论文,西北师范大学,2015年。

吕立杰:《课程设计的范式与方法》,博士学位论文,东北师范大学,2004年。

吕勇江:《哲学视野中的能力管理》,博士学位论文,中共中央党校,2006年。

唐芳丽:《新课改视野下湘西高中教师课程能力研究——基于对溆浦县几所高中的调查》,硕士学位论文,湖南师范大学,2009年。

王治高:《发展教师课程能力的实践探索——以武汉市常青第一学校为例》,硕士学位论文,华中师范大学,2007年。

徐继红:《高校教师教学能力结构模型研究》,博士学位论文,东北师范大学,2013年。

徐建平:《教师胜任力模型与测评研究》,博士学位论文,北京师范大学,2004年。

袁顶国:《从两极取向到有机整合:主题式教学研究》,博士学位论文,西南大学,2008年。

朱超华:《教师核心能力发展与教师管理模式变革的研究》,硕士学位论文,华南师范大学,2006年。

庞丽娟:《新〈纲要〉与幼儿教师的专业素质》,《中国教育资讯报》2002年第12期。

赵祥麟:《杜威教育论著选》,王承绪编译,华东师范大学出版社1981年版。

Almina Pardhan. "Influence of Teacher-student Interactions on Kindergarten Children's Developing Gender Identity within the Pakistani Urban Classroom Culture." *Early Child Development and Care*, 2011, 181 (7).

Auakov, R. M. (ed.). The Future of Education and the Education of the Future, 1978.

Aviva Dan. "Teach Me How to Be a Kindergarten Teacher: Expectations of Kindergarten Student Teachers from Their Mentor Kindergarten Teachers." *Creative Education*, 2016, 07 (10).

Becker, W. C. "The Relationship of Factors in Parental Ratings of Self and

Each Other to the Behavior of Kindergarten Children as Rated by Mothers, Fathers, and Teachers." *Journal of Consulting Psychology*, 1960, 24.

Bi Ying Hu, Lisa Dieker, Yi Yang, Ning Yang. "The Quality of Classroom Experiences in Chinese Kindergarten Classrooms across Settings and Learning Activities: Implications for Teacher Preparation." *Teaching and Teacher Education*, 2016.

Bi Ying Hu, Xitao Fan, Jennifer LoCasale-Crouch, Liang Chen, Ning Yang. "Profiles of Teacher-Child Interactions in Chinese Kindergarten Classrooms and the Associated Teacher and Program Features." *Early Childhood Research Quarterly*, 2016.

Carmen Dalli. "A Curriculum of Open Possibilities: A New Zealand Kindergarten Teacher's View of Professional Practice." *Early Years*, 2011, 31 (3).

Carolyn Y. George-Remy. "Improvement of Kindergarten Children's Expressions with the Language Arts: Short-term Instruction on the Parts of a Story and Story Re-telling with Teacher Feedback." *Early Child Development and Care*, 1991, 73 (1).

Ching-Shu Chen. "Reflections on Learning How to Teach Mathematics: The Initial Training of Kindergarten Teachers." *Creative Education*, 2015, 06 (12).

Clancy Blair, Rachel D. McKinnon. "Moderating Effects of Executive Functions and the Teacher-child Relationship on the Development of Mathematics Ability in Kindergarten." *Learning and Instruction*, 2016, 41.

Eija Pakarinen, Marja-Kristiina Lerkkanen, Anna-Maija Poikkeus, Martti Siekkinen, Jari-Erik Nurmi. "Kindergarten Teachers Adjust Their Teaching Practices in Accordance with Children's Academic Pre-skills." *Educational Psychology*, 2011, 31 (1).

Elsie Doliopoulou, Charitomeni Rizou. "Greek Kindergarten Teachers' and Parents' Views about Changes in Play since Their Own Childhood." *European *Early Childhood Education Research Journal*, 2012, 20 (1).

Hye Young Jung, Stuart Reifel. "Promoting Children's Communication: A Kindergarten Teacher's Conception and Practice of Effective Mathematics Instruction." *Journal of Research in Childhood Education*, 2011, 25 (2).

Laura L. Brock, Timothy W. Curby. "Emotional Support Consistency and Teacher-Child Relationships Forecast Social Competence and Problem Behaviors in Prekindergarten and Kindergarten." *Early Education and Development*, 2014, 25 (5).

Lewis, A. J. "Education for the 21th Century." *Educational Leadership*, Vol. 41, No. 1, 1983.

Li Yuen Ling. "What Makes a Good Kindergarten Teacher? A Pilot Interview Study in Hong Kong." *Early Child Development and Care*, 2003, 173 (1).

Maria Sakellariou, Konstantina Rentzou. "Greek Pre-service Kindergarten Teachers' Beliefs and Intensions about the Importance of Teacher-child interactions." *Early Child Development and Care*, 2012, 182 (1).

Marianne N. Bloch, Wiwan Wichaidit. "Play and School Work in the Kindergarten Curriculum: Attitudes of Parents and Teachers in Thailand." *Early Child Development and Care*, 1986, 24 (3-4).

Marilyn Cochran-Smith (2008). *Handbook of Research on Teacher Education: Enduring Questions in Changing Contexts*. N. Y.: Routledge.

Mesut Saçkes. "How often Do Early Childhood Teachers Teach Science Concepts? Determinants of the Frequency of Science Teaching in Kindergarten." *European Early Childhood Education Research Journal*, 2014, 22 (2).

National Association for the Education of Young Children (1993). A Conceptual Framework for Early Childhood Professional Development. Washington (11).

National Association for the Education of Young Children (2010). 2010 NAEYC Standards for Initial & Advanced Early Childhood Professional

Preparation Programs. Washington.

National Association for the Education of Young Children. NAEYC Standards for Early Childhood Professional Preparation Programs.

NBPTS (2001). Career and Technical Education STAN-DARDS (for Teachers of Students Ages 11 – 18 + ). Arlington: National Board for Professional Teaching Standards.

NBPTS (2001). Early Childhood Generalist Standards for Teachers of Students Ages 3 – 8 (2ed Edition). 2001.

Ratanachu-ek Suntaree, Moungnoi Pranee. "The Effect of Teacher Education on the Prevalence of Obesity in Kindergarten Children." *Medical Association of Thailand. Journal*, 2009, 91.

Shu Sing Wong. "A Narrative Inquiry into Teaching of In-service Kindergarten Teachers: Implications for Re-conceptualizing Early Childhood Teacher Education in Hong Kong." *Early Child Development and Care*, 2003, 173 (1).

Speybroeck Sara, Kuppens Sofie, Van Damme Jan, Van Petegem Peter, Lamote Carl, Boonen Tinneke, de Bilde Jerissa. "The Role of Teachers' Expectations in the Association between Children's SES and Performance in Kindergarten: A Moderated Mediation Analysis." PL o S One, 2012, 7 (4).

久保 いと. "Problems Regarding Curriculum for Training of Nursery and Kindergarten Teachers." The Japanese Journal of Educational Research, 1968, 35 (3).

# 附　录

## 一　学前教师课程能力表现水平测量问卷

尊敬的老师：

您好！感谢您在百忙之中接受此次问卷调查。该问卷的目的在于了解学前教师的课程能力现状，请根据您在工作中的实际情况选择符合的答案并打"√"。

本问卷是匿名调查，每个答案无对错、好坏之分，回答的信息将被保密，并仅用于学术研究之用。对您的大力支持与合作，我们在此表示衷心的感谢！

（一）单项选择题（请在您认可的答案"□"内画"√"）。

| 题项内容 | 完全不符合 | 多数不符合 | 一半符合 | 大部分符合 | 完全符合 |
|---|---|---|---|---|---|
| 1. 幼儿园课程是健康、语言、社会、科学、艺术五个领域的教学。 | 1 | 2 | 3 | 4 | 5 |
| 2. 幼儿园课程是幼儿在园的一切活动，包括一日生活、集体教学、户外游戏、区域活动。 | 1 | 2 | 3 | 4 | 5 |
| 3. 幼儿园课程是教师制定的一切教学计划，包括课程内容、教学方法、玩教具准备等。 | 1 | 2 | 3 | 4 | 5 |
| 4. 幼儿园课程是教师预期的幼儿能实现的学习结果。 | 1 | 2 | 3 | 4 | 5 |
| 5. 幼儿园课程是教师整体的教学内容与进程，包括对"纲要""指南"和教材的内容整理与实施。 | 1 | 2 | 3 | 4 | 5 |

续表

| 题项内容 | 完全不符合 | 多数不符合 | 一半符合 | 大部分符合 | 完全符合 |
| --- | --- | --- | --- | --- | --- |
| 6. 幼儿园课程是幼儿个体的学习体验。 | 1 | 2 | 3 | 4 | 5 |
| 7. 我主要根据"规程""纲要""指南"中的要求确定课程目标。 | 1 | 2 | 3 | 4 | 5 |
| 8. 我在课前就已经设计好幼儿需要达到的具体行为目标。 | 1 | 2 | 3 | 4 | 5 |
| 9. 我会在教学过程中生成一些新的课程目标。 | 1 | 2 | 3 | 4 | 5 |
| 10. 我设计的课程目标非常重视幼儿的表现，不过分强调幼儿的具体行为目标。 | 1 | 2 | 3 | 4 | 5 |
| 11. 确定课程目标时，我会考虑幼儿的身心特点、年龄、兴趣、需要、已知经验等。 | 1 | 2 | 3 | 4 | 5 |
| 12. 确定课程目标时，我会考虑日常生活的需求。 | 1 | 2 | 3 | 4 | 5 |
| 13. 确定课程目标时，我会咨询学前教育专家的意见。 | 1 | 2 | 3 | 4 | 5 |
| 14. 我能有效地组织"知识与技能"目标。 | 1 | 2 | 3 | 4 | 5 |
| 15. 我能有效地组织"过程与方法"目标。 | 1 | 2 | 3 | 4 | 5 |
| 16. 我能有效地组织"情感态度与价值观"目标。 | 1 | 2 | 3 | 4 | 5 |
| 17. 我从幼儿园发放的教材或资源包中选择课程内容。 | 1 | 2 | 3 | 4 | 5 |
| 18. 我选择现实生活里的节日、事件或活动作为课程内容。 | 1 | 2 | 3 | 4 | 5 |
| 19. 我选择的课程内容重视是否能让幼儿享有充分的学习体验。 | 1 | 2 | 3 | 4 | 5 |
| 20. 我按照由简到难的顺序组织课程内容。 | 1 | 2 | 3 | 4 | 5 |
| 21. 我将幼儿发展的五个领域结合到一起来组织课程内容。 | 1 | 2 | 3 | 4 | 5 |
| 22. 我设计的课程内容是不重复的。 | 1 | 2 | 3 | 4 | 5 |
| 23. 我设计的课程内容，会在不同时间重复出现，但内容会逐渐加深。 | 1 | 2 | 3 | 4 | 5 |
| 24. 我强调课程内容之间要有一定的逻辑关系。 | | | | | |
| 25. 我强调课程内容要符合幼儿的心理发展顺序。 | 1 | 2 | 3 | 4 | 5 |
| 26. 我遵循已设定的课程目标上课，并确保教学环节不要跑题。 | 1 | 2 | 3 | 4 | 5 |

续表

| 题项内容 | 完全不符合 | 多数不符合 | 一半符合 | 大部分符合 | 完全符合 |
| --- | --- | --- | --- | --- | --- |
| 27. 我会随时根据课堂情况对课程目标、课程内容、组织形式进行调整。 | 1 | 2 | 3 | 4 | 5 |
| 28. 在教学方面，我已十分熟练，能够灵活自如地根据幼儿的需要来协调课程目标与课程实施之间的关系，并且能取得非常好的效果。 | 1 | 2 | 3 | 4 | 5 |
| 29. 每次上课前，我的课程准备都非常充分。 | 1 | 2 | 3 | 4 | 5 |
| 30. 我能有效地组织游戏作为课程的形式。 | 1 | 2 | 3 | 4 | 5 |
| 31. 在课堂上，我与幼儿的互动，如提问、讨论等是十分有效的。 | 1 | 2 | 3 | 4 | 5 |
| 32. 每次课后，我都会评价课程目标是否达成。 | 1 | 2 | 3 | 4 | 5 |
| 33. 每次课后，我都会评价课程实施过程中存在的优势与不足。 | 1 | 2 | 3 | 4 | 5 |
| 34. 每次课后，我都会对自己的教学行为进行反思。 | 1 | 2 | 3 | 4 | 5 |
| 35. 每次课后，我都会对幼儿的学习状态和学习效果进行评价。 | 1 | 2 | 3 | 4 | 5 |
| 36. 在课程实施过程中，我会不时地评价课程是否按照预设进行，并随时做出相应调整。 | 1 | 2 | 3 | 4 | 5 |
| 37. 课程结束后，我会对课程的整体效果进行评价。 | 1 | 2 | 3 | 4 | 5 |
| 38. 我会参照书中的具体指标对课程进行评价。 | 1 | 2 | 3 | 4 | 5 |
| 39. 我会在课后写教学反思，将内容形成文字、图片、录音或视频。 | 1 | 2 | 3 | 4 | 5 |
| 40. 我对自己的课程目标设计能力非常满意。 | 1 | 2 | 3 | 4 | 5 |
| 41. 我对自己的课程内容设计能力非常满意。 | 1 | 2 | 3 | 4 | 5 |
| 42. 我对自己的课程实施能力非常满意。 | 1 | 2 | 3 | 4 | 5 |
| 43. 我对自己的课程评价能力非常满意。 | 1 | 2 | 3 | 4 | 5 |

您认为自己在以下方面需要得到专家的哪些帮助与指导？

1. 课程目标设计能力：_____

2. 课程内容设计能力：_____

3. 课程实施能力：_____

4. 课程评价能力：_____

## （二）个人基本情况

1. 年龄：

2. 教龄：

3. 性别：A. 男　　　　　　B. 女

4. 民族：A. 汉族　　　　　B. 回族

　　　　C. 藏族　　　　　D. 东乡族　　　E. 其他

5. 职称：A. 小教高级　　　B. 小教1级

　　　　C. 小教2级　　　D. 小教3级

　　　　E. 幼教1级　　　F. 幼教2级　　　G. 幼教3级

6. 学历：A. 初中　　　　　B. 高中　　　　C. 中职

　　　　D. 大专　　　　　E. 本科　　　　F. 研究生

7. 是否有编制：　　　　A. 是　　　　　　B. 否

8. 是否学前教育专业毕业：A. 是　　　　　B. 否

9. 是否转岗教师：　　　A. 是　　　　　　B. 否

10. 幼儿园所在区域：　　A. 城市　　　　　B. 县城

　　　　　　　　　　　C. 镇/村

11. 幼儿园性质：　　　　A. 公办　　　　　B. 民办

　　　　　　　　　　　C. 集体办园　　　D. 其他

12. 幼儿园等级：　　　　A. 省级示范　　　B. 省级一类

　　　　　　　　　　　C. 市级示范　　　D. 市级一类

　　　　　　　　　　　E. 市级二类　　　F. 市级三类

问卷到此结束，衷心感谢您的回答，祝您生活愉快！

## 二　学前教师课程能力表现水平访谈提纲（教师）

访谈时间：

访谈地点：

### （一）访谈内容

1. 您认为学前教育的目的是什么？每个年龄段的教育有何不同？
2. 您认为幼儿园课程是什么？这些内容之间有什么关系？集体

教学活动相对其他活动而言有什么意义?

3. 您怎么理解"幼儿园的集体教学活动就是'五大领域'的分科教学"?

4. 您是如何确定课程目标的?(根据"纲要"和"指南"等文件?或是教材?还是其他?)

5. 是否会在课前不设计具体的课程目标,而是根据课程的实施再生成课程目标?

6. 您认为学到知识和技能重要,还是幼儿的自我表现和自我体验更重要?

7. 课程目标的设计如何考虑幼儿和社会生活因素?

8. 课程目标的设计是否有学前教育专家的指导?

9. 您确定的课程目标主要有哪些维度?

10. 您是如何确定课程内容的?幼儿园有无统一教材?教材是如何使用的?

11. 您选择的课程内容,主要强调幼儿在知识和技能方面的学习,还是幼儿学习活动的具体操作,或是更关注幼儿的学习体验?

12. 您设计的课程内容是按照由简到难的顺序组织的吗?

13. 您设计的课程内容一般包含几个幼儿的发展领域?

14. 您设计的课程内容是不重复的,还是会重复出现,内容逐渐加深?

15. 在组织课程内容时,是否考虑课程之间的关系或幼儿的心理特点?

16. 在课程实施中,您是严格按照课程目标开展教学,还是根据情况有所调整?

17. 在教学方面,您是否十分熟练,能够灵活自如地根据幼儿的需要来协调课程目标与课程实施之间的关系,并且能取得非常好的效果?

18. 您的课程准备是否充分?包括玩教具准备和个人知识准备等。

19. 教学实施的主要方式是教师讲授、幼儿游戏、幼儿自主操作或是其他?

20. 在课堂上，您与幼儿互动的形式有哪些？效果如何？

21. 课后，您会对课程的目标完成度和实施过程进行评价吗？怎样评价？

22. 课后，您会对自己的教学行为和幼儿的表现进行评价吗？怎样评价？

23. 在课程实施过程中，您会不断评价课程是否按照预设进行，并做出相应调整吗？

24. 课程结束后，是否会对课程的整体效果进行评价？

25. 对课程进行评价时，您是参照具体书籍中的指标进行，还是会将具体的内容形成文字、图片、录音或视频记录下来？有无建立幼儿评价档案袋？

26. 您对自己的课程目标设计能力、课程内容设计能力、课程实施能力和课程评价能力满意吗？

27. 如果有专家指导，您希望在以上哪些方面得到帮助？

## （二）个人基本情况

1. 年龄：
2. 教龄：
3. 性别：A. 男　　　　　　B. 女
4. 民族：A. 汉族　　　　　B. 回族　　　　　C. 藏族
　　　　D. 东乡族　　　　E. 其他
5. 职称：A. 小教高级　　　B. 小教 1 级　　　C. 小教 2 级
　　　　D. 小教 3 级　　　E. 幼教 1 级　　　F. 幼教 2 级
　　　　G. 幼教 3 级
6. 学历：A. 初中　　　　　B. 高中　　　　　C. 中职
　　　　D. 大专　　　　　E. 本科　　　　　F. 研究生
7. 是否有编制：　　　　A. 是　　　　　　B. 否
8. 是否学前教育专业毕业：A. 是　　　　　　B. 否
9. 是否转岗教师：　　　A. 是　　　　　　B. 否
10. 幼儿园所在区域：　　A. 城市　　　　　B. 县城
　　　　　　　　　　　　C. 镇/村

11. 幼儿园性质： A. 公办 B. 民办
C. 集体办园 D. 其他
12. 幼儿园等级： A. 省级示范 B. 省级一类
C. 市级示范 D. 市级一类
E. 市级二类 F. 市级三类

# 三 学前教师课程能力表现水平访谈提纲（园长）

**访谈时间：**

**访谈地点：**

## （一）访谈内容

1. 您认为学前教育的目的是什么？每个年龄段的教育有什么不同？

2. 您认为幼儿园课程是什么？五大领域之间有什么关系？集体教学活动的意义是什么？

3. 您怎么理解"幼儿园的集体教学活动是'五大领域'的分科教学"？

4. 本园的教师队伍现状如何（师资来源、年龄、职称、学历、转岗情况等）？

5. 幼儿园为教师提供了哪些培训与提升机会？

6. 您对教师的教学满意吗？有无小学化倾向？存在哪些问题？大班如何与小学进行衔接？

7. 您认为制约教师课程能力的主要因素是什么？

8. 教师是如何准备集体教学活动的（如何设计课程目标、如何组织课程内容）？

9. 幼儿园有无教材？如何使用（使用比例、各领域平衡）？

10. 幼儿园有无开发园本课程或本土资源课程？教师是如何从生活中寻找课程资源的？

11. 家长对教师的教学满意吗？为什么？

12. 如果有专家指导，您希望教师在课程目标设计能力、课程内容设计能力、课程实施能力和课程评价能力方面得到哪些帮助？

## （二）个人信息

1. 年龄：
2. 从事幼儿园管理工作时间：
3. 性别：A. 男　　　　B. 女
4. 民族：A. 汉族　　　B. 回族　　　C. 藏族
　　　　D. 东乡族　　E. 其他
5. 职称：A. 小教高级　B. 小教1级　C. 小教2级
　　　　D. 小教3级　E. 幼教1级　F. 幼教2级
　　　　G. 幼教3级
6. 学历：A. 初中　　　B. 高中　　　C. 中职
　　　　D. 大专　　　E. 本科　　　F. 研究生
7. 是否有编制：A. 是　　B. 否
8. 是否学前教育专业毕业：A. 是　　　B. 否
9. 是否转岗：A. 是　　　B. 否
10. 幼儿园所在区域：A. 城市　　　B. 县城
　　　　　　　　　C. 镇/村
11. 幼儿园性质：A. 公办　　　　B. 民办
　　　　　　　C. 集体办园　　D. 其他
12. 幼儿园等级：A. 省级示范　　B. 省级一类
　　　　　　　C. 市级示范　　D. 市级一类
　　　　　　　E. 市级二类　　F. 市级三类